O GUARDIÃO
DO SÉTIMO PORTAL

© 2015 por Maura de Albanesi
© iStock.com/DianaHirsch

Coordenadora editorial: Tânia Lins
Coordenador de comunicação: Marcio Lipari
Capa, diagramação e projeto gráfico: Equipe Vida & Consciência
Preparação: Janaina Calaça
Revisão: Equipe Vida & Consciência

1ª edição — 5ª impressão
3.000 exemplares — outubro 2024
Tiragem total: 17.000 exemplares

CIP-BRASIL — CATALOGAÇÃO-NA-FONTE
SINDICATO NACIONAL DOS EDITORES DE LIVROS, RJ

A287g

    Albanesi, Maura de
    O guardião do sétimo portal / Maura de Albanesi. - 1. ed. — São Paulo: Vida & Consciência, 2015.
    416 p.

    ISBN 978-85-7722-439-5

    1. Espiritismo. 2 Romance espírita. I. Título.

15-22618   CDD: 133.9
                               CDU: 133.9

Todos os direitos reservados. Nenhuma parte desta edição pode ser utilizada ou reproduzida, por qualquer forma ou meio, seja ele mecânico ou eletrônico, fotocópia, gravação etc., tampouco apropriada ou estocada em sistema de banco de dados, sem a expressa autorização da editora (Lei nº 5.988, de 14/12/1973).

Este livro adota as regras do novo acordo ortográfico (2009).

Vida & Consciência Editora e Distribuidora Ltda.
Rua das Oiticicas, 75 – Parque Jabaquara – São Paulo – SP – Brasil
CEP 04346-090
editora@vidaeconsciencia.com.br
www.vidaeconsciencia.com.br

O GUARDIÃO
DO SÉTIMO PORTAL

MAURA DE ALBANESI
Romance ditado pelo espírito Joseph

PREFÁCIO

Maura de Albanesi, em seu primeiro romance psicografado, apresenta-nos uma gama muito grande de informações a serem somadas à nossa bagagem, que podem nos servir de ferramentas para nossa evolução.

Muitas vezes, nós nos sentimos propensos a julgar tudo e todos. "Este deveria ter sido mais firme; aquele outro deveria ter tido atitudes mais pacíficas", e por aí afora...

Porém, ao acompanharmos a narrativa de Joseph, que se inicia na reencarnação em que ele se apresentou como Roumu, homem ainda dominado por seus instintos, vamos, aos poucos, percebendo como são imaturos os julgamentos que tecemos, pois tanto os sucessos como os fracassos fazem parte do nosso processo evolutivo.

Impossível ler *O guardião do sétimo portal* sem nos emocionarmos. Os relatos de Joseph são envolventes, quer sejam de suas reencarnações ou de suas experiências em outros planos. Isso sem mencionar as reflexões que suscitam em nós, leitores, os rumos de nossa jornada pessoal. Aqui me despeço, deixando-os à vontade para desfrutar esta obra. Desejo que a leitura lhes seja tão gratificante quanto foi para mim.

Cleide D'Infante

Lara, sua participação na confecção deste livro foi, além de fundamental, uma grande alegria, pois mais uma vez compartilhou comigo o ideal de divulgar e expandir conhecimentos.

Receba, minha querida filha, meu eterno amor e minha gratidão.

APRESENTAÇÃO

Certo dia, após minhas meditações habituais, um ser trazido por uma querida amiga do mundo espiritual apresentou-se dizendo:

— Quero contar minha história a você. Diga-me quando iniciaremos.

Como todo convite espiritual não é bem um convite, mas uma intimação, rapidamente reservei alguns dias para me recolher e ouvi-lo. Conforme ele me ditava sua história, me dei conta de que me presenteava com um maravilhoso e assustador caminho de evolução. Diante de sua exposição, me emocionei e refleti muito sobre minha vida. Ouvi-lo me fez sentir mais profundamente meu coração.

Desvendar os mistérios do mundo espiritual da maneira como ele trouxe pareceu-me, em muitos momentos, fascinante, por saber que estamos com uma oportunidade ímpar de grandes mudanças, mas, em outros, um pouco aflitivo. Creio ser natural sentir um pouco de aflição quando nos deparamos com a enorme responsabilidade que temos em nossas vidas.

As pessoas que não tiverem uma visão espiritualista lerão este livro como uma obra de ficção. A maneira como receberão a mensagem não é mais importante que a própria mensagem. E esta, sim, eu espero que encontre eco no coração de quem ler, como encontrou no meu.

**Um forte abraço,
Maura de Albanesi**

CAPÍTULO 1

O vento soprava como numa tempestade. No chão, os corpos caídos, banhados pelo sangue da batalha, faziam Roumu sentir-se vivo. Naquele tempo, a mescla de terra e sangue era sinônimo de poder.

Os homens do bando já estavam erguendo as barracas, e as mulheres acendiam o fogo para a preparação dos alimentos. Tudo corria em perfeita normalidade.

Mais uma vez, a vitória concretizava-se, e Roumu era ainda mais aclamado, temido e tido como invicto. Tantos vilarejos já saqueados, aquele era apenas mais um, de conquista mais simples que os anteriores. A cada batalha, os guerreiros ficavam mais fortes e determinados.

"O mundo é pequeno para mim. Vou conquistar muito mais, vou conquistar tudo."

A esse pensamento seguia-se uma profunda respiração, que acendia a determinação e o fulgor de uma glória alcançada.

Da pequena colina e com o peito arfante, Roumu olhava para a tribo sob seu comando. Ele já se vislumbrava rodeado de riquezas, vinho e mulheres à mercê de suas vontades.

Orgulhoso de sua força e fama, seu olhar varria os arredores, regozijando-se com a quantidade de homens que jaziam com tripas expostas e cabeças decepadas.

"Nada como a força bruta para impor nossa vontade! Isso a vida me ensinou, e eu aprendi rápido."

— Prepare imediatamente minha barraca e algo que eu possa comer. Estou faminto — ordenou à primeira mulher que avistou. — E avise Jamir para selecionar uma boa fêmea e levá-la até mim em pouco tempo.

Obedecendo, a mulher correu para cumprir o ordenado.

Em minutos, Roumu estava em uma barraca confortável, com comida para nutrir o corpo e vinho para saciar a sede. Logo ele começou a comer e beber com voracidade.

Jamir adentrou a barraca com a mulher que selecionara, e Roumu observou-a de relance.

— Ordenei que me trouxesse uma boa fêmea, e você me oferece um corpo murcho e sem graça. Traga uma boa fêmea, e vamos ver se você realmente entende disso!

— Senhor, eu pensei...

— Não está aqui para pensar e, sim, para obedecer. Vá, me traga outra! — interrompeu-o no instante em que Jamir abaixava a cabeça e saía da barraca.

Após algum tempo, Jamir regressou com outra mulher. Esta, de estatura baixa, pele morena, sabia ser doce como fruta, cabelos negros deslizando por cima dos ombros e que logo acariciariam o peito de Roumu na hora do encontro; os seios fartos lhe preencheriam as mãos e as pernas grossas se enroscariam nas suas. O rosto, marcado talvez pela tristeza e pelo desespero, se contorceria quando ele a possuísse.

Roumu levantou a mão, e Jamir saiu da barraca.

— Dispa-se — resmungou Roumu para ela, enquanto mastigava um pedaço de carneiro.

O pavor da mulher excitava-o ainda mais, e ele logo deixou de lado o alimento, avançando para cima dela. Batalha, sangue e mulheres eram a combinação perfeita para todos os dias, principalmente para aqueles em que a vitória saltava aos olhos.

Puxou-a com força, gostando de ver a marca que suas unhas deixavam na fragilidade daquela carne. Ela chorava baixo, e aquilo era como brasa que prevê fogo violento, irritando-o e excitando-o de forma intensa.

Roumu batia-lhe no rosto para tirar-lhe dor e prazer num único momento. Da boca da mulher escorria sangue, e, a cada grito dela, ele tornava-se mais animalesco e feroz. Roumu impunha todo o seu vigor àquela vulnerabilidade tênue, penetrando-a com força.

Contemplando a mulher sendo espancada pela força de seus movimentos, ergueu a mão para disparar mais um golpe naquele rosto ensanguentado, quando uma dor terrível em seu coração fez seu corpo arder e tremer. Ele sentiu algo pontudo perfurar-lhe a carne.

Levou as mãos ao coração para aplacar a dor, e, para sua surpresa, elas voltaram vermelhas. Seus olhos encontraram os da mulher, e ele viu o pavor instaurado neles.

Agarrou-se a rompantes de força, tentando respirar, mas esse esforço parecia arranhar-lhe a garganta. Puxou-a para que ela o ajudasse, mas, no mesmo instante, sentiu algo lhe perfurar a carne novamente e suas forças se esvaindo.

Roumu não se movimentava mais. Seus olhos, ainda abertos, buscavam entender o que podia estar acontecendo. Pousou, então, o olhar na mulher de rosto ferido e viu uma pequena lâmina em suas mãos.

No pouco de consciência que lhe restava, Roumu pensou tratar-se apenas dos sonhos ruins e frequentes que cotidianamente o assombravam.

De repente, ele viu-se como se estivesse fora de si mesmo. A mulher aterrorizada desvencilhava-se do corpo de Roumu e reunia toda a sua fragilidade no ímpeto instintivo de defesa. Ele, então, pressentiu que ela empurraria mais uma vez a afiada lâmina em seu peito.

"Cadê minha força? Por que não consigo me mexer?

Essa mulher está conseguindo tirar minha vida?"

O desejo de acabar com a vida da mulher fundia-se ao desespero de não conseguir se movimentar. A contraditória realidade de a vulnerabilidade vencê-lo era inadmissível, já que, durante toda a sua vida, ele lutara bravamente, angariando grandes aliados e inúmeros servos dominados.

"Como pôde essa mulher frágil causar tantos ferimentos em meu corpo? Em meio a tantas batalhas e lutas que travei, nunca fui ferido. Por ironia do destino, logo uma mulher, uma simples e frágil mulher, me desfere golpes tão violentos e mortais!"

Roumu não se sentia morto, mas, pela primeira vez, sentia-se impotente. Sua mente ágil tentava resgatar qualquer coisa que o salvasse. Ele buscava a mulher e, quando voltou o rosto para cima, foi impedido por algo que fugiu totalmente do alcance de sua compreensão.

Voltando da inconsciência, Roumu não compreendia o que se passava. Sua visão estava turva, as imagens se tornavam cada vez mais escuridão. A lucidez embaçou-se, sendo possível a ele vislumbrar vultos a seu redor, mas sem conseguir identificar quem lá estava.

"Quem são esses homens? Como entraram em minha barraca?"

Roumu tentava, em vão, se movimentar. As palavras que vinham à sua mente não encontravam passagem por sua garganta. Sentia-se sendo puxado, e a dor lancinante despontava abruptamente.

"Hei de matá-los! Minha tribo logo atacará esses inimigos."

Esse pensamento foi o último de Roumu, que adentrou novamente a escuridão total.

Em dado momento, Roumu abriu os olhos, mas quase nada conseguiu enxergar. Quanto tempo havia se passado? Por que seu corpo, agora sem feridas, parecia tão fraco e dolorido? Sua respiração acelerou-se com o sentimento de impotência, e a dor das feridas que ele não via aumentava.

Tratou logo de apalpar o terreno na tentativa desenfreada de reconhecer o local onde estava. Suas mãos doíam, e a investida pareceu-lhe inútil após a constatação de pesadas correntes prendendo-o.

Até onde pareceu possível, movimentou-as, percebendo um terreno mole, pegajoso, como uma areia movediça, e, quanto mais se movia, mais afundava no que pensou ser lama.

O frio congelante atingiu-o, dificultando seus movimentos outrora ágeis. O ar parecia-lhe estático e custoso de inspirar. Suas narinas registraram uma mistura de odores fétidos, que ele logo associou às carnes que apodreciam após suas batalhas. A fraqueza limitava-lhe os sentidos, e Roumu forçava os olhos, inutilmente.

"Como vim parar aqui? Que tribo é esta que me capturou?"

As lembranças da vitória, da barraca, da mulher que o havia golpeado começavam a enfileirar-se em sua mente confusa, como quadros sem lógica. Roumu já não sabia quando, exatamente, tudo isso havia acontecido. Estar ali era cada vez mais sufocante.

"Eu vou matá-los, arrancar suas tripas, comer suas carnes. Na primeira oportunidade, me libertarei deste lugar, e eles verão quem realmente sou."

Ele sabia. Estava vivo, apesar de ter sido mortalmente ferido.

Alternava entre realidade e sono profundo. A cada lapso de consciência, respirava e transpirava vingança e ódio.

"Eles sofrerão! Hei de acabar com cada integrante de suas famílias. Eles conhecerão quem é Roumu! Será que nunca ouviram falar de minhas vitórias e crueldades?"

Ele não entendia com que tribo lidava. Durante toda a sua vida, construiu uma legião de povos que o temia. Nas planícies, não havia homem mais temido. O nome Roumu sempre significou maldade e crueldade.

"Vão se arrepender do dia em que me puseram neste cárcere!"

O desejo de vingança era como uma chama que ardia em seu peito, consumindo todo o seu ser e dando-lhe forças sobrenaturais que o mantinham vivo.

Com o passar do tempo, as dores amenizaram, mas a irritação devido à sua situação de impotência aumentava. Estar preso a pesadas correntes naquele estranho local calava fundo na alma de Roumu. Em um instante de lucidez, ouviu gritos:

— Maldito! Você ainda me paga! Deixou-me na miséria sem nem sequer um pano para armar uma barraca! — Roumu ouvia sem ter a menor ideia de quem dizia aquelas palavras.

— Cadê minha filha? O que você fez com ela? Diga-me agora! — Ouvia outra voz, que lhe parecia de uma mulher.

— Nojento! Bruto! Ainda sinto seu cheiro asqueroso em mim! Você me paga!

— Meus filhos, onde você colocou meus filhos? O que fez com eles? Meus meninos... — Chorava outra voz, que também lhe parecia feminina.

Esses gritos e tantas outras lamúrias não cessavam na mente de Roumu. Vozes de homens e mulheres agrediam-no. De algumas ele conseguira lembrar-se, mas não conseguia recordar-se de quando ou onde as ouvira. Conforme escutava as vozes, Roumu esforçava-se para decifrar a quem pertenciam ou o porquê delas. À medida que ele se concentrava, as pessoas apareciam à sua frente.

No primeiro momento, não as enxergou nitidamente. Tratou logo de piscar freneticamente, buscando ajustar seus olhos à realidade a que tanto queria ter acesso. E desta vez estava funcionando.

Quanto mais Roumu se empenhava em reconhecer as pessoas, mais elas ficavam visíveis. Ele começou a reconhecer centenas de rostos — mulheres e crianças, em sua maioria — , e os olhos de todas faiscavam. Os gritos ficavam cada vez mais longínquos, dando lugar à perplexidade.

"Eu as matei! Eu as matei todas! Como elas podem estar aqui, aliadas a esses inimigos? Como podem estar vivas, se eu mesmo as matei ou ordenei que as matassem?"

Roumu desesperou-se com tamanha confusão ilógica. Tentava com fúria se libertar das correntes e avançar sobre cada pessoa, num ato de loucura desenfreada, agindo sob o comando do ódio que sempre nutrira. As mulheres e crianças gargalhavam e o amaldiçoavam com mais intensidade.

"Eu só posso estar louco. Mas, se isto é loucura, é muito próximo da sanidade!"

Ele apenas aguardava a oportunidade de se libertar daquele lugar e se vingar de todas elas.

Roumu não adentrou mais a escuridão. Aos poucos, foi obtendo clareza sobre o que se passava à sua volta. Assim como ele, muitos outros estavam encarcerados na lama, com os punhos envoltos em pesadas correntes de ferro pregadas nas paredes de barro úmido, limitando-lhes os movimentos.

Havia homens e mulheres, mas a maioria era composta de homens. Lamúrias, gritos, pedidos de socorro, xingamentos e correntes se batendo constituíam o som agoniante que prevalecia naquele lugar.

Mesmo enxergando, Roumu não tinha a visão nítida. Uma névoa espessa sustentava-se naquele local, impossibilitando a visão clara e perfeita do que se passava.

— Quem são vocês? Por que estamos aqui? — questionava Roumu.

— Cale a boca! — respondeu o prisioneiro ao lado. — Se não fossem essas correntes, eu acabaria com você! — E o prisioneiro uniu seus dedos, erguendo o punho.

Com o passar do tempo, Roumu foi obrigado a aguçar suas percepções e seus sentidos. Utilizava-se das mudanças de odores, ora fétido, ora de um doce extremamente forte, das sensações térmicas e do tato na investigação constante do que acontecia ao seu redor.

Pouco a pouco, ele conseguiu, por meio dos sentidos, perceber alvoroços e certa agitação. Homens altos, baixos, carrancudos e bem armados passavam constantemente agredindo aqueles que gritavam ou se moviam demais. Roumu, diante disso, mantinha-se em silêncio para evitar mais ferimentos.

Em dado momento, dois homens caminharam em sua direção, um de feição já familiar, daqueles que sempre apareciam para "colocar ordem" na total desordem, e outro completamente diferente, alto, magro, com uma negra capa que impedia que enxergassem seu rosto, estando visível somente o que pareciam ser os olhos pretos, fundos, que se movimentavam incessantemente, com um brilho obscuro e peculiar.

Roumu não se atreveu a dizer nada, somente observou e absorveu tudo quanto possível desse novo homem que tanto lhe chamou a atenção.

— Eu quero este — disse o homem da capa escura, apontando para Roumu com seus longos dedos esqueléticos. — Os acordos farei depois com seu senhor. Entregue-me este.

— Sim, senhor — acatou o carrasco, enquanto soltava as correntes que prendiam Roumu.

"Este é o momento ideal para fugir", pensou Roumu, porém o pensamento se foi como veio: "Não conheço muito deste estranho local e muito menos desta tribo, mas eles me parecem poderosos...".

Ele perguntava-se onde seria a saída e, cada vez se sentia mais perdido e refém de todos que ali estavam. Depois de muito refletir, chegou à conclusão de que qualquer tentativa de fuga seria débil e que a perspicácia o orientava a obedecer em silêncio.

O carrasco puxou Roumu brutamente, que, sem saber como, conseguira se manter de pé. Suas pernas ainda doíam e latejavam, e sua cabeça girava descontroladamente.

Sentiu ânsia e fraqueza. O homem que havia ordenado que o libertassem o encarava com aqueles olhos cuja movimentação envolvia todo o corpo de Roumu.

Num rompante, sentiu-se com força. A fraqueza de antes havia se transformado em vitalidade. Nos olhos daquele homem residia um poder nunca visto por Roumu.

Ele encarou-o, e, naquele instante, faíscas saíram daquele olhar e foram diretamente para a cabeça de Roumu, dando-lhe a sensação de que quem comandava sua mente e seu corpo era aquele homem.

— Você está morto, grande Roumu. E, a partir de agora, sob meu domínio. Não adianta lutar ou esbravejar, pois agora é meu servo.

A voz daquele homem soava como uma ordem naquele calabouço. O timbre daquela voz tinha poder, Roumu logo compreendeu.

"Morto? Será que ele disse morto? Isso não é possível, pois cá estou!"

— Sim, você está morto e mais morto ainda ficará.

Essa frase intrigou Roumu. Como seria possível alguém ficar mais morto do que estava? Porém, ele logo percebeu que não havia espaço para questionamentos e novamente sentiu sua cabeça dominada pela força daquele ser.

Era impossível enxergar seu rosto. Ele vestia uma capa, e um capuz escuro envolvia o topo de sua cabeça, sobressaltando somente os olhos. Nem quando o homem falava era possível ver sua boca.

Nunca havia estado perto de alguém tão tenebroso. Aquilo o fez lembrar, por instantes, como, antes, sua realidade era outra; acreditava ser um grande e temido homem, mas agora, diante deste, não tinha mais tanta certeza do que pensava acerca de si mesmo. Sentia-se perdido.

O homem nada mais falou e muito menos Roumu se atrevia a falar alguma coisa. Começaram a caminhar. A saída que antes buscava agora se apresentava a eles. Conforme andavam, abriam-se túneis nos quais o homem se enveredava com maestria. As pernas de Roumu já não doíam como antes, e ele sentia apenas um leve incômodo. A cada passo, Roumu tinha a sensação de estar sendo conduzido além de qualquer vontade ou esforço, simplesmente porque tinha de ser assim.

Ele caminhava e, a cada movimento, percebia uma névoa oriunda do corpo daquele que seguia e vinha ao encontro dele, envolvendo-o por inteiro, como se o aprisionasse aos movimentos do homem.

Constatou que grande parte de sua disposição provinha dessa névoa. Quando respirava, ela entrava por suas narinas, provocando alívio e frescor que repercutiam por todo o seu corpo. Sentia-se forte para continuar a segui-lo, porém sem tanta clareza que tinha outrora. Era como se estivesse sob o domínio dessa força, hipnotizado, mas com certa noção de seus movimentos.

Assim seguiam, e o homem pegava para si mais pessoas encarceradas como Roumu estivera havia instantes sob a mesma névoa que as envolvia.

Por muito tempo andaram, sempre em silêncio, pelos labirintos daquele calabouço. Roumu estava impressionado com o poder daquele homem. A simples presença dele instaurava o silêncio e a ordem, sem espaço para titubeios, dúvidas ou questionamentos. Novos caminhos surgiam e novos acordos eram feitos.

Para Roumu era esquisito pensar que noutro tempo era ele quem guiava uma tribo e que agora era ele o guiado. A raiva, sentimento de longa data, ainda o sustentava.

Depois de muito caminhar, Roumu, à frente do grupo de encarcerados, percebeu-se em um terreno plano. Não estava mais entre os labirintos de antes. À sua frente, descortinava-se uma planície até o infinito. A terra sob seus pés era dura, seca e poeirenta. Em suas narinas, aquela poeira dificultava a inspiração do ar.

Roumu, aos poucos, retomava a sensatez. Surpreendeu-lhe que da terra seca subiam galhos ressequidos e velhos. Fora isso, parecia que não havia vida naquele lugar. O tenebroso homem estava à sua frente e os outros resgatados atrás dele.

Por trás dos galhos secos, surgiram quatro homens que se puseram de pé, parados. O tal homem, Roumu e os demais recém-libertos se encaminharam em direção ao quarteto. Mais uma vez, Roumu dava-se conta de que quem sempre ia à frente era aquele que os tirara do calabouço.

O misterioso homem nada falou; apenas movimentou a cabeça em direção aos quatro homens e foi se distanciando até desaparecer. Roumu sentiu-se forçado a parar devido à névoa. À sua frente, estavam prostrados os quatro homens.

— Vocês são servos do Senhor das Trevas — disse um dos homens. — Estão, a partir de agora, sob meu comando.

Movido pela incredulidade e irritação que lhe permeavam o corpo todo, Roumu afastou-se do centro do grupo em direção ao interlocutor:

— Mas quem você pensa que é para ordenar que eu o siga? E quem é essa gente que está comigo e por que está comigo? Por que eu, Roumu, tenho que obedecer a um comando de quem nunca sequer ouvi falar?

Daquele homem saiu de repente uma névoa que fez o antigo guerreiro calar-se. Todos que ali estavam se puseram num semicírculo, curvando-se ao lado de Roumu, que, involuntariamente, os acompanhou no gesto.

Naquele momento, uma dor dilacerante espalhou-se pelas pernas e pelos braços de Roumu, como se o ato de se curvar diante daquela figura misteriosa que os mandava seguir fosse a causa da dor.

A vista de Roumu escureceu, e seu coração encheu-se de uma súbita dor e fúria. Uma dor fora do comum e sobre-humana. Não só isso, ele também sentiu a terra tremer sob seus pés e sua cabeça ser forçada ao chão por uma mão que ele, cego, não via.

— Não ousem me desafiar. Repito e não tornarei a falar novamente: vocês são servos do Senhor das Trevas e estão sob meu comando.

Aquela voz ressoou na mente de cada um que ali estava. Naquele instante, perceberam que não havia saída. Sentiam-se odiosamente subjugados. Uma onda de fúria os invadiu, e uma coragem desenfreada dominou o espírito de cada um. A dor transformou-se em ódio.

Vocês foram grandes valentes quando viviam na Terra. Aqui, usarão de sua valentia para fazer o que deve ser feito, segundo o que o Senhor das Trevas determinar. Nós o seguimos e a ele servimos. De agora em diante, suas forças estão a serviço do submundo e do grande Senhor. — Ele fez uma pausa, parecendo respirar fundo, e continuou: — Atrás daquelas muralhas, a batalha iniciada na Terra prossegue. Nós vamos capturar os comandantes e aprisioná-los. Vocês, por ora, apenas observarão.

Naquela planície ressequida, as palavras proferidas ecoavam num silêncio paralisador. Nada se movimentava. Roumu sentiu-se grande novamente. A agitação das batalhas sempre o motivava e dava sentido à sua vida. Apesar de não saber ao certo por que iria lutar, toda a sua incompreensão apresentava-se agora como certeza irrefutável.

Mal esperava a hora de começar. Não sabia de que guerra se tratava, mas o ambiente fervilhava. Isso o animava. Ele estava pronto para o que quer que lhe fosse confiado. Havia centenas de guardas na muralha para a qual Jessé — este era o nome do temível homem que os comandava — apontara. Roumu e os outros não trocaram uma palavra, apenas seguiram o comandante em direção aos guardas. Sensações afloradas, instintos acesos, firmeza de corpo, atenção ininterrupta. Essas pareciam ser as batalhas que Roumu tanto conhecia.

Ironicamente, ele agora era quem seguia, e não mais o que era seguido. Essa lembrança entorpeceu-o por alguns instantes, assim como ao grupo, que, em sua maioria, também era composto de grandes líderes bárbaros quando ainda viviam na Terra. Nada, contudo, se alongou, pois, como já bem sabiam, um guerreiro não demonstra fraqueza em tempo algum, e o senso de responsabilidade, uma vez delineado o objetivo, não é mais passível de discussões.

A grande muralha era imensa. Roumu olhou intrigado para cima, com a sensação de que já fora mais alto. Aquela muralha parecia diminuir seu tamanho. Respirou fundo e lembrou-se de quantas vezes já enfrentara tribos muito maiores que a sua, e, mesmo assim, a vitória lhe era concedida.

"Agora não há de ser diferente! Sou Roumu! E o que quer que tenham me confiado, minha grandeza e força me garantirão!"

Munido da coragem que sempre lhe foi peculiar, aguardou as instruções daquele que agora ele entendia ser seu comandante.

Jessé deu sinal aos guardas, e os portões abriram-se. O silêncio de antes foi lançado para muito longe dali. Gritos e urros inebriavam o ambiente. O tilintar das espadas e os zunidos das flechas fizeram Roumu contrair seu corpo. Seu olhar varria o local. O perfeito caos inerente a qualquer batalha estava instalado.

O cheiro de sangue parecia penetrar as narinas de todos que ali estavam. Seus corpos soltavam-se, acostumados com aquele momento. Aquilo era tudo o que Roumu precisava para ter seu instinto selvagem e cruel à flor da pele.

Jessé abriu os braços orientando:

— Vocês niciarão suas funções com a perspicácia da mente. Analisem e vejam tudo o que ocorre. Atenção aos meus movimentos. Por enquanto, aqui ficarão e controlarão seus instintos. A vontade da batalha que lhes sobe pelas veias dará lugar à precisão mental da análise dos movimentos.

E, assim, o grupo ficou para trás, enquanto Jessé corria em direção à batalha com mais três guerreiros. Roumu e os outros observavam atentamente.

Jessé posicionou-se a certa distância do campo de batalha, seguido por seus guerreiros, que se enfileiravam a seu lado, dois à sua esquerda e um à sua direita. Ficaram parados, o que intrigou Roumu.

"Eles não vão matar? Não temos que capturar pessoas?"

Curioso, só lhe restava aguardar.

A batalha desenrolava-se, e Jessé permanecia de pé, aguardando o momento oportuno. De repente, em certos corpos aparecia, na altura do coração, uma escura placa de ferro envelhecido. Essas placas cobriam o coração. Roumu não entendia.

"Como surgiram essas placas? Nunca vi nada igual. Como se grudam ao corpo dessa forma?"

Roumu observou atentamente os próximos passos de Jessé. Das mãos do comandante e de seus guerreiros partia um fio como de ferro, que avançava sobre os guerreiros que tinham a placa no coração, envolvendo-lhes o corpo. Roumu percebeu que esse fio imobilizava os que entendia serem os inimigos de Jessé.

Num solavanco, todos os inimigos foram puxados e levados para onde estavam Roumu e o restante do grupo. Eles urravam de indignação, e o grupo ficava cada vez mais perplexo. Em um curto espaço de tempo, Jessé e seus guerreiros haviam capturado aqueles inimigos.

Nunca, em toda a sua vida, Roumu vira um movimento tão rápido e certeiro. Ele buscava compreender que arma era aquela e de que modo Jessé fora tão veloz na missão que cumprira.

"Esses guerreiros têm conhecimentos que eu não tenho. Aqui estou em boa tribo."

Em instantes, estavam todos no portão da muralha: Jessé e seus guerreiros, o grupo ao qual Roumu pertencia e os inimigos capturados.

Jessé ergueu a mão em que estava o fio e abaixou-a velozmente, circundando todo o grupo. Roumu não sentia mais o chão, sua respiração estava parada e sentia certo sufocamento. Ele estava em queda livre, sem nenhum controle de seus sentidos. Não enxergava nada; somente a imensidão o engolia.

Depois de um tempo, os pés de Roumu encontraram terra firme. Ele abriu os olhos, percebendo logo onde estava. O cheiro daquele lugar era inconfundível. A podridão lhe invadiu o nariz, e o ar gélido de repente envolveu seu corpo. Ele chegara ao calabouço onde estivera encarcerado a pesadas correntes de ferro.

Jessé dirigiu-se ao grupo dizendo:

— Este lugar é conhecido de vocês. Não mais serão presos; agora vocês é que prenderão estes às correntes da justiça. — E apontou para os capturados.

Roumu e mais um do grupo seguiram Jessé. Os demais seguiram os guerreiros. Os prisioneiros debatiam-se contra o fio que os prendia, sem sucesso. Estava claro para todos que ali estavam que não havia escapatória. Seguiram Roumu, Jessé e outro com mais três prisioneiros.

Ao chegarem a um espaço vazio, Jessé deu um passo e ordenou a Roumu que lhe passasse o prisioneiro. Assim fez Roumu e, ao primeiro toque de suas mãos no prisioneiro, ele sentiu um calor dilacerante nos dedos. O fio lhe queimara as mãos.

— Vá com calma, Roumu. Não pode tocar no prisioneiro enquanto está sob meu poder. Veja o fio desaparecer e o pegue com força, colocando-o neste espaço.

Assim Roumu fez. O fio desapareceu, e ele, bruscamente, puxou o prisioneiro e o prendeu às pesadas correntes. O inimigo debatia-se em vão perante a força de Roumu, que se sentia bem realizando aquela ação.

Havia tempos que não podia infligir sua força a alguém. Assim, ao descarregá-la naquele inimigo, isso lhe trouxe uma sensação de alívio. Percebeu, então, a necessidade que tinha de lutar, de ver sangue e dor.

Jessé orientou Roumu a repetir a ação com outro prisioneiro. Alertado pela dor que sentira havia pouco, ele aguardou que o fio desaparecesse como da outra vez. O prisioneiro começou a se debater, e logo Roumu o puxou violentamente, forçando-o a cair de joelhos, com a cabeça entre as pernas. Então, ele pressionou o corpo do prisioneiro, imobilizando-o.

Uma névoa saía timidamente do corpo de Roumu e envolvia o prisioneiro. Ele estava cada vez mais satisfeito com a força que lhe saía dos braços e com o resultado de suas ações.

Roumu agachou-se, ficando na altura do prisioneiro ao qual infligia a força. Deu-lhe um forte tapa na cara, regozijando-se da marca que deixara e do sangue que esguichava. Suas pesadas mãos afrouxaram as pernas do homem, e Roumu, num solavanco, desferiu um soco do queixo para cima e segurou a cabeça do prisioneiro, buscando seus olhos.

Quando os encontrou, Roumu não conseguiu articular nenhum som. Seu corpo retesou-se, soltando assustado aquele rosto banhado em sangue. Apesar da mancha vermelha, aquelas feições lhe eram extremamente familiares. Ele recuou, incrédulo do que estava vendo.

"Não é possível!"

Olhou no fundo dos olhos daquele que já fora seu principal inimigo, em seu momento de auge nas planícies. Roumu já o havia matado. Ele próprio havia fincado uma lança em seu coração. O torpor da incompreensão crescia cada vez mais dentro dele. Desesperado, buscou por Jessé, que o fitava.

— Não compreende ainda onde está, Roumu? Não se recorda de ter matado esse homem?

— Sim! Eu o matei! O que faz ele aqui? — indagou Roumu por meio de um grunhido quase sem sentido.

— Ele está morto, Roumu. Você está morto. Vê alguma de suas servas? Vê seus servos? Não os vê, pois eles não estão aqui. Eles permanecem vivos nas planícies. Veja por si mesmo.

Nesse instante, Jessé aproximou-se de Roumu e colocou a mão em sua testa. Uma leve tontura tomou conta do guerreiro, que, por alguns momentos, se deixou levar pelo que Jessé dizia.

— Vamos até lá. Venha comigo. Você verá o que ocorre com aqueles com quem convivia.

Subitamente, Roumu se viu no momento de sua morte. A cena da mulher enfiando-lhe a pequena lâmina no coração pareceu-lhe presente. Ele viu os vários golpes desferidos pela mulher e enxergou seu corpo jazendo no chão de terra seca, sangrando.

Uma dor lhe invadiu o corpo, e ele se recordou claramente daquele momento. Vislumbrou os homens que o cercaram e reconheceu Jessé entre eles. Lembrou-se do calabouço e do cheiro que lhe torturava os sentidos.

Jessé ergueu os braços e pôs novamente a mão na testa de Roumu.

— O que aconteceu depois você já sabe. Agora, voltemos à tribo que você liderava.

Roumu observou a mulher que o matara gritando em desespero. Viu o sangue em suas mãos e aqueles que foram seus servos entrando na barraca assustados com o que se desenrolava à sua frente.

— O que aconteceu aqui? Mulher, o que você fez? — gritou Jamir.

— Eu não sei! Algo tomou conta de mim! — E os gritos de desespero da mulher ecoavam longe.

Jamir empurrou a mulher ao chão e aproximou-se do corpo de Roumu. Colocou as mãos sob suas narinas, e a ausência de ar saindo delas lhe confirmou o que havia ocorrido. Sacudiu-lhe o corpo e nada. Nenhum som, nenhuma vitalidade.

— Senhor Roumu! Senhor Roumu! Responda-me! Tragam água! Tragam água! — urrava, aumentando o pavor entre os servos.

Uma mulher trouxe água, que Jamir despejou de uma vez sobre o corpo desfalecido. Mas nada. Nenhuma reação.

— Ele está morto. Roumu está morto. — Os olhos de Jamir brilharam diante da constatação: — Convoque a tribo!

Quando Jamir saiu da barraca, todos estavam à sua espera. Ele comunicou:

— Roumu está morto. Oklauh, Jerí, tragam a mulher até mim.

Assim feito, Jamir se pôs a bater na mulher com vigor. A tribo repetia em coro algumas palavras. Finalmente, após muito espancar a mulher, ele a matou. Uma grande onda de satisfação, gritos e aplausos ecoaram pela planície. Jamir ergueu a mão, e a tribo saudou o novo líder.

Roumu pôde sentir e viver a cena como se lá estivesse: "Estou mesmo morto, e Jamir lidera minha tribo... Aquela mulher me matou".

Essa constatação o esgotou. Pensou ter sido capturado por uma tribo desconhecida, mas de fato estava morto e sua tribo tinha agora um novo líder.

"Logo Jamir, que é fraco para o comando... irá desmantelar a tribo com sua inconstância."

Roumu estava ficando cada vez mais exausto. A realidade estava diante de seus olhos e não havia como negá-la. Estava morto.

Jessé tirou a mão da cabeça de Roumu.

— Sim, Roumu. Está morto, mas a morte, que você acreditava ser o fim, não é o que se apresenta. Aqui, no pós-morte, mais trabalho você terá, mais tribos conquistará a serviço do Senhor das Trevas. Quanto mais fácil essa ideia lhe permear a mente, mais rápido construirá um grande comando.

— Por que não posso voltar para lá?

— Porque a vida exige de você novas conquistas. Como vê, eles têm um novo líder e, pelo visto, mais aclamado que você um dia. Deixe-os lá e concentre-se onde está agora.

Uma onda de compreensão tomou conta de Roumu. "Não é tão mal quanto parece. Aqui tenho grande oportunidade de aprender. Um dia, hei de dominar essas armas e esses poderes que Jessé possui." Jessé riu do pensamento de Roumu.

— Esse é o pensamento que deve ter. Use sua determinação e força para fazer daqui o seu império. Mas, como nada é pela vontade sua e, sim, pela do Senhor das Trevas, de baixo começará e, quanto mais empenho tiver, tanto mais serão suas conquistas.

Nova chama acendeu-se dentro de Roumu. Ele sentia que, gradualmente, recuperava a lucidez. Retornavam-lhe os sentidos, e ele examinava o calabouço, entendendo, sem que ninguém lhe dissesse, que ali começaria seu trabalho.

Jessé reuniu o grupo. Lá estavam os guerreiros de Jessé, Roumu e todos os outros.

— Vocês farão como nos viram fazer. Cada um que aqui está foi homem ou mulher que usou na Terra a força bruta e violenta. Como já viram, em seus olhos o ódio e a raiva espicham, e suas bocas espumam a irritação. É aí que vocês entram. Nossa missão é causar o máximo de dor e provocar a ira profunda desses seres. Vocês serão armados e atuarão sob meu poder. Respeitem minha força, para que dela se aproveitem. Ignorem-na e verão realmente até onde consigo ir.

O grupo ouvia em silêncio. Sentiam-se fortes e preparados. Ninguém tinha o mínimo lampejo de desafiar Jessé. Seu comando era natural e poderoso. Sua voz lhes envolvia os sentidos, e sua direção parecia-lhes a certa a seguir. Mal podiam esperar a hora de começar.

Conforme os dias se seguiam, Roumu realizava sua tarefa com mais naturalidade. Ele agia com tudo o que já tinha de conhecimento. Impunha medo da mesma forma que respirava.

O cheiro fétido já não lhe causava incômodo, e sua pele adaptara-se ao ar gélido. Parecia que ele e o calabouço eram um só, como se um fizesse parte do outro. Os labirintos já não eram confusos, e ele sempre sabia exatamente para onde se dirigir.

A vida nas planícies ia ficando cada vez mais longe em seus pensamentos, e ele aplicava-se mais a cada explicação de Jessé. Todos os prisioneiros que lhe eram confiados rapidamente reconheciam que ali não era lugar para titubeios. Roumu aprendia a canalizar sua raiva nos momentos propícios e infligia a dor lancinante na medida necessária a cada prisioneiro. Isso o satisfazia.

Ele se percebia cada vez mais forte e no domínio de seus impulsos. As reações animalescas que lhe eram habituais transformavam-se em ações certeiras, que lhe conferiam resultados excelentes, mas nunca sem perder a brutalidade ou diminuir a rudez. Ele tornara-se conhecido pela concentração, disciplina e ordem.

Logo, Jessé entregou três guerreiros aos cuidados e comandos de Roumu, que se sentia orgulhoso de seu desempenho. Mais prisioneiros ficavam sob sua égide. Sua atuação era cada vez mais impiedosa; e seus resultados, mais surpreendentes. Gradualmente, ele desenvolvia o controle da mente e adquiria novas habilidades com velocidade.

Fazia exatamente o que Jessé lhe dizia e, aos poucos, tomava consciência da justiça que imperava no calabouço. Os

prisioneiros lhe eram trazidos, ele os acorrentava, machucava-
-os e deixava-os sob os cuidados de novos guerreiros que lhe foram conferidos, observando e garantindo que cada prisioneiro adentrasse no primeiro sinal de lucidez. Quando isso ocorria, ele trazia aqueles que o prisioneiro havia prejudicado em vida, para que se conscientizassem ainda mais do que haviam feito. Ele compreendia que participava de um grande complexo de ordem importantíssima, e seu coração, que já fora duro e impenetrável, abria-se ao sentimento da justiça.

Sentia-se, de certa forma, fazendo um bem, por mais contestável que pudesse parecer. Obedecia a Jessé sem pestanejar, identificando-o como um admirável comandante. No grupo que iniciara com Roumu, houve um guerreiro que se rebelou contra o trabalho que realizava. Jessé, então, requereu a Roumu que o ensinasse, através da dor, o poder que aqueles que faziam como ele pedia adquiriam. Assim, ele o fez. Tomou esse guerreiro como seu prisioneiro de forma rude e violenta, aplicando-lhe a dor não só corporal, mas também mental. Jessé satisfazia-se com o trabalho desempenhado por Roumu e deu-se conta de que ele apresentava sinais da lealdade necessária para os próximos passos.

Uma lei incontestável imperava naquele calabouço, e Roumu sabia exatamente o que deveria ou não ser feito. Nada o paralisava. Ele exercia a justiça sem dó. Seu coração endurecido era a ferramenta que servia ao grande Senhor das Trevas.

A lei não permitia piedade e muito menos fraqueza. As rudes qualidades de Roumu encaixavam-se perfeitamente naquele ambiente sombrio e rígido. Ele maltratava quem outrora maltratou. Ele espancava quem outrora espancou. Ele sentia-se na lei absoluta de causa e efeito. Sua força era usada para a justiça que a lei determinava. E assim permaneceu por longos anos, até que, certo dia, algo inesperado aconteceu.

Durante o encarceramento de novos prisioneiros, Jessé acenou para Roumu, que entendeu imediatamente que deveria ir encontrá-lo. Assim fez, deixando sob os cuidados de um guerreiro de confiança os recém-chegados ao calabouço.

— Roumu, tenho algo importante a lhe dizer. Você deverá habitar novamente um corpo físico. Deverá renascer na Terra. Recebi o comunicado.

— Mas por quê? Não estou fazendo o que deve ser feito?

— Sim, está. O trabalho que realiza aqui nos é de grande valia, porém, chegou a hora de provar-se na carne. Tudo aquilo que aqui aprendeu e viveu você deverá colocar em prática em meio oportuno à justiça. Terá de servir com o que aprendeu até aqui.

— Mas tenho muito ainda que aprender. Você mesmo me diz isso! Ainda nem fui resgatar os prisioneiros como fizemos daquela vez.

— Um passo de cada vez, Roumu. Não deixe que a ansiedade e a curiosidade o façam pular as etapas de seu desenvolvimento. Tudo caminha como deve ser. Estar no corpo físico é a oportunidade propícia de validar os conhecimentos que você obteve. De nada adianta prestar bons serviços aqui, se reencarnado não os praticar como é esperado. A Terra é celeiro de provações para certificar que realmente seu espírito assimilou as experiências. Você esquecerá tudo o que vivenciou aqui, mantendo no íntimo de seu ser o compromisso assumido.

— Como saberei o que fazer, se está me dizendo que esquecerei tudo? Como terei acesso a esse compromisso? E qual é ele?

— Saberá o que fazer, e isso basta. Diga-me você. O que tem aprendido aqui?

— Aprendi a segui-lo e, mediante suas ordens, executo a justiça do Senhor das Trevas.

— Isso mesmo. A justiça imperará em tudo o que fizer. A preparação para o reencarne não será difícil para você, pois estamos em uma faixa vibracional ainda muito próxima da Terra. Por isso, permanecemos com as sensações corpóreas afloradas. Praticamente experimentamos as mesmas sensações físicas que os encarnados experimentam, e isso facilita o reencarne.

— Não vou mais vê-lo?

— Você com certeza não, porém, eu irei vê-lo. — Percebendo que Roumu não o compreendia, Jessé continuou: — Lá, no mundo físico, os conhecimentos adquiridos estarão com você, porém, a maneira como os utilizará será sua provação. Estarei com você em diversos momentos, contudo, me ver só lhe traria confusão. Siga com sua força e determinação de sempre e tudo dará certo. Em breve, nos encontraremos.

Roumu compreendeu este diálogo mais como uma ordem inquestionável e ousou uma última pergunta a Jessé:

— Mas onde nascerei e com quem irei conviver? Pode me dizer como será esta vida?

— Isto não lhe é permitido saber. Tudo já foi providenciado. Siga e lembre-se de que o Senhor das Trevas sabe o que faz.

Sabendo que nada poderia ser mudado e que a contrariedade não o levaria a lugar algum, Roumu encheu-se da força e da coragem que lhe eram usuais e disse a Jessé:

— Estou pronto para o que me é destinado.

Olhou firmemente nos olhos de Jessé e despediu-se deste a quem servira e aprendera a admirar. Novas experiências estavam por vir. O coração de Roumu palpitava ansioso pela batalha que viria a seguir.

CAPÍTULO 2

A chuva caíra a tarde inteira, e as plantações jaziam molhadas na imensidão da terra. O pôr do sol despontava tímido no céu nublado, gerando a sensação de melancolia em toda a aldeia.

Os últimos raios de sol daquele dia repousavam no topo das singelas moradias, construídas com madeira e barro. Na casa de Budak, havia uma movimentação frenética, exalando a tensão que o momento requeria. Urla sentia as contrações a lhe rasgarem as entranhas, e seus dolorosos gritos rompiam a tranquilidade da aldeia, causando enorme apreensão em Budak. Do lado de fora da casa, ele andava de um lado para o outro, numa ansiedade que não lhe cabia. Urla contava com três mulheres que a ajudavam naquele momento tão esperado. A cada espaçar das contrações, a mulher respirava profundamente, ganhando novo ímpeto de força para empurrar a criança que estava em seu ventre. Urla já estava havia oito horas nesse sofrimento, e seu corpo, molhado com a transpiração incessante, dava indícios de exaustão.

— Não vou aguentar. A criança não quer sair! — dizia desesperada.

As mulheres à sua volta incentivavam-na a aguentar um pouco mais, animando-a quando conseguiram ver a cabeça da criança. Urla ouviu seu marido gritar:

— Aguente firme, mulher! Esse é nosso filho!

Apesar do esgotamento físico, Urla buscou suas últimas forças para embrenhar-se em mais uma tentativa de empurrar o bebê para fora de seu corpo. De uma vez, ela reuniu a coragem e determinação numa força descomunal.

O choro da criança lhe invadiu os ouvidos, e uma onda de alívio e felicidade preencheu a casa de Budak. Um sorriso estampou o rosto de todas as mulheres. Urla custava a acreditar que estivera prestes a desistir, quando ouviu o choro da criança como bálsamo reconfortante.

Com uma faca, uma das mulheres cortou o cordão que ligava Urla ao filho e enrolou-o em uns panos que estavam sobre a mesa, enquanto outra secava a testa da mais nova mãe e a parabenizava.

Quando colocaram o bebê no colo de Urla, ela apertou-o contra o peito e sorriu numa felicidade que não tinha fim. Ela conseguira. Agora, era mãe.

— Será chamado de Zirrá.

Zirrá crescia forte e saudável. Seus olhos castanhos eram vivos, sua pele morena e seus cabelos negros lisos escorriam pela testa.

Desde cedo, Budak o ensinou a mexer na terra e a extrair os frutos das árvores, instruindo-o a semear o próprio alimento. Isso era comum na aldeia.

Zirrá gostava de estar no meio da terra, mas gostava ainda mais de brincar com as crianças da aldeia. Era um menino querido por todos, mas tinha o costume de sempre conduzir as outras crianças a fazer o que ele quisesse. Mostrava-se cada vez mais ser um menino incontrolável, impetuoso e muito sagaz.

Quando algo não saía a seu gosto, ele arrumava confusão com as outras crianças, mas logo tudo voltava ao normal. Budak tinha afeição pelo filho, apesar de senti-lo distante e pouco amável com ele e a mãe.

Urla o cobria de carinhos, contudo, Zirrá sempre se desvencilhava irritadiço. Budak reconhecia em seu filho uma determinação que admirava.

"Ele me respeita e isso basta. Está crescendo normalmente, e esse gênio incontrolável há de cessar quando crescer", acreditava.

Na aldeia, todos ajudavam com a colheita, que era dividida entre as famílias. Os dias corriam tranquilos. As famílias se davam bem, e as crianças sempre brincavam juntas e nadavam no rio, que ficava próximo.

Fazia um lindo dia, e Zirrá despertara feliz. Era o dia de seu aniversário. Ele completava onze anos. Mal podia esperar para encontrar as outras crianças. Levantou-se rapidamente e tratou logo de acordar seus pais e sair para brincar.

O dia corria normalmente, e Zirrá decidiu ir ao rio com as crianças. Nadavam havia horas, quando ele ouviu sua mãe chamando-o aos berros.

— Zirrááá! Zirrááá! — Ele ouviu os gritos repleto de pavor e disparou a correr em direção à aldeia. As outras crianças o seguiram, assustadas.

À medida que se aproximava, berros e urros ficavam cada vez mais intensos, e ele corria sem parar, quase lhe faltando o ar. Já próximo à aldeia, viu famílias correndo apavoradas, fugindo de algo que não entendia.

Dirigiu-se aflito para o meio da aldeia em busca de seus pais, quando viu corpos caídos e ensanguentados sobre as plantações e vários homens desconhecidos atacando todos os que Zirrá conhecia.

Enlouquecido, correu para sua casa na esperança de encontrar seus pais. Entrecortou os homens numa velocidade extrema, desviando dos corpos que jaziam no chão.

Zirrá disparou pela porta de casa e viu seu pai deitado no chão. Precipitou-se em direção a ele, sacudindo-o debilmente. Varreu o olhar pela casa, procurando pela mãe, que estava com a cabeça na parede e com o peito repleto de sangue. Aquilo o apavorou. Gritou por Urla em desespero e a ouviu dizer baixinho:

— Salve-se, meu filho. Coragem!

Após dizer isso, Urla cerrou os olhos. Zirrá entendeu que aqueles homens haviam matado seus pais. Seu coração pulsava em ódio. O menino era pequeno para tamanho ódio que crescia dentro dele.

Os invasores só pouparam os meninos. Mulheres, homens e meninas foram mortos. Não havia mais aldeia. Não havia mais famílias. Não havia mais tranquilidade.

Em meio à tragédia, os pássaros cantavam como que ironicamente. Da porta de casa, Zirrá deparou-se com o caos. Tudo o que conhecia não existia mais. A terra que cuidara com seu pai no dia anterior estava agora em péssimas condições.

Olhou para cada corpo no chão, recordando-se da última vez em que conversara com cada uma daquelas pessoas.

"E agora todos estão mortos", pensou estarrecido.

Havia dias, rumores de ataques bárbaros em vilarejos chegaram à sua família. Ficaram preocupados, mas de alguma forma não pensaram que pudesse acontecer com eles.

Recuperando o bom senso, foi para os fundos da casa. Vários meninos com os quais Zirrá brincara horas antes no rio estavam no centro da aldeia. Antes de ir ao encontro deles, analisou se deveria fugir.

Os invasores, homens estranhos, altos e fortes, com uma espessa barba a cobrir-lhe os rostos, seguravam lanças de madeira que Zirrá nunca vira antes.

Reparou que no braço deles havia um pano branco amarrado com um sinal preto que não lhe era familiar. Ele conseguiu, a distância, notar um círculo preto com uma lança entrecortando-o.

"De onde eles são?", questionou-se.

Zirrá não entendia, mas logo percebeu que isso pouco importava.

"Tenho de conquistar esses homens. Ganhar a confiança deles. Se não mataram os outros meninos, talvez me deixem viver também."

Seus pensamentos foram interrompidos pelo aviso de um homem cuja voz arrepiava os pelos dos meninos sobreviventes:

— Vocês, garotos, terão a opção de nos obedecer ou morrerão como seus familiares. Não faremos mal algum a vocês, porém terão de trabalhar para nós. Vão nos mostrar como aram a terra e preparam o solo.

Os meninos choravam baixinho, com medo deles. Estavam tão apavorados que seus olhos não podiam ver a desgraça que acontecera.

Mas não Zirrá. Determinado como sempre foi, não externava uma emoção sequer. Sua feição estava plácida, e de seu coração não brotava nenhum sentimento de tristeza, mas o desejo de matar os homens que acabaram com sua vida. Tinha vontade de avançar sobre eles, no entanto, lembrou-se de seu pai lhe dizendo que para tudo tinha hora: "Espere o momento certo. Se tirarmos a fruta cedo demais, ela não estará boa para comermos. Mas, no momento ideal, terá um suco delicioso que nos abastecerá e nutrirá nosso corpo".

Ele estava determinado. Teria a paciência que seu pai insistia que tivesse. Aguardaria o momento certo e recuperaria sua vida que lhe fora tomada.

Quatro anos se passaram. Zirrá completava quinze anos e era dia de seu aniversário. Nem parecia aquele menino alegre que fora aos onze anos, animado com o dia que para muitos é especial. Para ele, não era mais.

A lembrança de seu aniversário de quatro anos antes ainda estava viva em seus sonhos e, quando olhava para cada homem que ocupava as terras que outrora fora dele, sua raiva aumentava e o desejo de vingança era seu alimento preferido. Assim como ele, os meninos com quem brincava anos antes já estavam crescidos e se transformaram em garotos ágeis e ávidos por vingança.

Os homens que lá estavam não maltratavam os garotos, sendo severos somente quando lhes pediam algo e os meninos não o faziam. Se isso acontecesse, eles eram chicoteados no centro do vilarejo para servirem de exemplo. Zirrá nunca havia sido chicoteado. Mostrava-se cada vez mais um competente ajudante, e Jalez, responsável pelo trabalho da terra, criara até certa afeição por ele, conferindo-lhe tarefas diferenciadas, que não lhe exigiam tanto esforço físico.

Zirrá fora inteligente. Percebera logo nos primeiros meses que de nada adiantava dar vazão à sua raiva, pois ainda não tinha corpo e muito menos força para lidar com tantos homens. Também sabia que, apesar de numerosos, os meninos eram apenas crianças, assim como ele. A cada dia que passava, porém, eles ficavam mais crescidos. Quando Zirrá completou treze anos, iniciou reuniões com os outros meninos que buscavam vingança.

E, no dia que completou quinze anos, eles estavam novamente criando estratégias e pensando em como iriam reverter a situação.

Essas reuniões passaram a ser um prazer para Zirrá. Ele acordava pensando no momento que iria encontrar seus amigos para falarem da tão esperada reviravolta.

Mais aniversários se passavam, e menos Zirrá se lembrava deles. Mais o tempo passava, menos Zirrá se esquecia do dia da tragédia em que perdera seus pais e sua vida. As horas corriam, e corria o sangue sedento de vingança pelo corpo de Zirrá.

Eles eram trinta meninos, e este número ia crescendo conforme os invasores capturavam novos garotos para trabalharem nas plantações e na elaboração das armas. Jalez era o responsável pelos meninos e pela distribuição de tarefas entre eles. Era homem de grande confiança do líder dos invasores.

Jalez não pressentia nenhum perigo nos meninos que trabalhavam para ele. Sentia que eles já haviam se acostumado à nova realidade. Tinha certa confiança em Zirrá, que sempre cumpria as ordens com perfeição e ainda liderava muito bem

35

os garotos que compartilhavam sua origem, mantendo sempre a ordem.

Com a chegada de novos meninos oriundos de mais uma invasão de outro vilarejo, fez-se necessária a reorganização das tarefas.

Jalez adentrou a casa onde moravam os meninos e fez um comunicado:

— Acordem! Mais meninos chegaram. A partir de hoje, Konu substituirá Zirrá no controle do revezamento das plantações. Zirrá será o responsável pela casa das armas e controlará a produção e o armazenamento. No mais, tudo se manterá igual. Zirrá, acompanhe-me.

Zirrá e Jalez retiraram-se da casa e foram para o centro do vilarejo. O dia estava quente, e o sol brindava as plantações.

"Era o que precisava. A oportunidade se apresenta. As frutas estão quase maduras", exultou Zirrá.

Jalez virou-se para Zirrá, informando:

— Você tem se mostrado muito prestativo. A tarefa que lhe confio, todos sabem, é a mais importante no vilarejo. Não me desaponte, Zirrá! Quero ver a produção aumentar e a qualidade também. Muito já lhe ensinei sobre as armas. Acredita ser capaz de desempenhar essa tarefa?

— Sim, senhor. Muito já me ensinou. Já fiz armas as quais o senhor aprovou. Não o desapontarei. Sinto-me honrado com a confiança que deposita em mim. Não o desapontarei, tenha certeza disso.

— Assim espero, Zirrá.

— Tenho uma sugestão a fazer. Há dois garotos que, acredito, serão melhores na casa de armas por já terem sido ensinados. Posso remanejá-los para a casa de armas e colocar, com sua permissão, dois dos novos nas plantações.

— Sim, aja como diz. Queremos qualidade e aumentar nossa quantidade de armas. Pode remanejá-los.

Jalez sentiu-se satisfeito. Era isso o que mais gostava em Zirrá. Era astuto, tinha prontidão e visão.

Zirrá festejava por dentro. Sabia da importância que tinha essa nova tarefa para a concretização do plano de ataque. Perspicaz, jamais deixou transparecer qualquer traço do ódio que nutria por todos aqueles que invadiram seu vilarejo. Inclusive Jalez, que acreditava nele, habitava seus sonhos maléficos de tomar sua vida de volta.

"Hoje sirvo a Jalez. Chegará o tempo da colheita, em que ele irá servir-me, querendo ou não. Irei vingar todos os meus conhecidos, cujas vidas foram injustamente ceifadas."

Seguiram para a casa de armas. Esta era, como todas as outras do vilarejo, de barro e madeira, mas maior e com pesadas trancas na porta. Jalez entregou a Zirrá o ferro que abria a porta. O jovem mostrou, propositadamente, certa dificuldade para abri-la, enquanto Jalez o orientava, e logo adentraram a casa.

— Aqui está a mesa de confecção e as madeiras — tornou Jalez apontando para a esquerda. — Ao findar o dia, um encarregado lhe trará mais madeiras brutas, que exigirão o perfilamento. Como pode ver, as armas prontas devem ser armazenadas nesses ganchos. — E apontou para a direita, no fundo da casa. — Quero-as exatamente nessa disposição. Os homens poderão vir, ao amanhecer, retirar algumas para um novo ataque.

— Sim, senhor. — De feição séria e compenetrada, Zirrá respondia a Jalez. Por dentro, regozijava-se com a quantidade de armas já prontas e que ele poderia utilizar para o ataque.

— Selecione os garotos que acredita serem bons para essa tarefa. Aqui ficarão por um tempo dois homens nossos avaliando seu trabalho e o dos meninos.

— Sim, senhor. Compreendi e repito que não irei desapontá-lo.

Saíram da casa de armas. Decidido, Zirrá encaminhou-se para a casa dos meninos a fim de selecionar os que com ele trabalhariam. Seu coração estava acelerado. O grande dia estava próximo. Naquela noite, certamente Zirrá e os meninos festejariam em silêncio, mas com grande alvoroço íntimo.

Durante meses, Zirrá trabalhou na casa de armas sob a vigilância de dois homens da tribo de Jalez. Percebendo que o trabalho corria normalmente e com outras importantes incumbências aos homens que o vigiavam, Jalez deixou a casa de armas sob os cuidados de Zirrá.

Ele já conhecia todos os horários de entrada dos homens e quando eles iam retirar as armas. Estava experiente na confecção e, continuamente, aperfeiçoava os outros meninos.

Todos eles gostavam do trabalho que faziam, pois o tinham como a chave de sua libertação, aplicando-se cada dia mais. Zirrá havia dado a ordem para que começassem, com muito cuidado, a produzir suas próprias armas.

Avisou-os de que deveriam aumentar a velocidade do trabalho e, sem que ninguém visse, aproveitar os horários de lazer para fabricarem suas armas. Sugeriu que as fizessem menores, com lâminas afiadas envoltas num cabo de madeira, para que pudessem levar, escondidas nos panos que vestiam, para a casa onde dormiam.

Desta forma, eles foram, aos poucos, armazenando em esconderijos as armas que produziam. Pequenas facas e algumas lanças de madeira já estavam em posse dos meninos na casa onde dormiam.

Algumas eles enterravam atrás da casa, na calada da noite, quando todos dormiam, e colocavam as menores embaixo das folhagens sobre as quais dormiam. Zirrá acreditava que não estavam correndo risco, pois era raro homens entrarem na casa onde repousavam.

Jalez estava cada vez mais satisfeito com a produção e a qualidade das armas e não desconfiava das armações dos garotos. Orgulhava-se de ter escolhido Zirrá, apesar da desconfiança do líder de sua tribo. Ganhava cada dia mais notoriedade dentro da organização do vilarejo, que estava em ascensão.

Todas as noites, antes de dormirem, os meninos reuniam-se e discutiam incansavelmente sobre o grande dia do ataque. Os dias passavam e mais determinados eles ficavam.

Zirrá completara dezessete anos e sentia que a hora do ataque estava muito próxima. Os meninos já não eram meninos e, sim, homens, e o corpo enxuto agora se revelava com grande corpulência e vigor. As tarefas na terra e na casa de armas deixaram seus corpos musculosos e ágeis. Zirrá havia se transformado em um homem alto e musculoso, e sua personalidade havia se endurecido com o rancor e a vingança que ele nutria dentro de si. Sem se lembrar de que era seu aniversário, definiu a data do ataque na reunião usual com o grupo, que se estabelecia com determinação e competência.

— Haverá, dentro de três dias, a festa de comemoração da Mãe Terra. É nossa grande oportunidade. Vamos atacar durante a festa, enquanto eles estão despreocupados e desarmados — disse Zirrá, com o cenho franzido.

— Bem sabem que minha presença é obrigatória ao lado do nojento Jalez, portanto, no dia estarei armado e darei conta dele e de mais quatro. Os que trabalham comigo na casa de armamentos deverão trazer todas as armas prontas para cá no dia da festa. Fecharemos a casa de armas, e ninguém perceberá a falta delas. Amanhã, Faoch falará com todos aqueles que chegaram depois e que simpatizam com nossa causa. Duvido que haja um entre aqueles que tiveram suas casas destruídas e famílias mortas que não irá aderir à nossa causa. Se hoje já somamos trinta, com os novos somaremos um total de cinquenta. Esse é um número suficiente para tomarmos o vilarejo!

Um urro de satisfação saiu do pulmão de todos.

— Nós estaremos separados, cada um em um canto do vilarejo. Faoch liderará os novos na ponta esquerda do vilarejo, e Zurik estará no comando de vocês, no lado direito. Um dia antes da festa, desenterraremos as armas e as colocaremos aqui em nossa casa. Todos, sem exceção, irão para a festa, munidos das lâminas afiadas que produzimos.

"As lanças ficarão com um grupo menor de boa pontaria, que aproveitará a oportunidade de reposição do vinho, quando sempre nos pedem para trazê-las. Temos de ser organizados e ágeis. Ao meu sinal, atacaremos de uma só vez. Estarei atento a Jalez e ao líder na hora que pedirem o vinho. Todos nós devemos saber que esta será a hora do ataque, porém, somente com meu sinal, iremos combatê-los. Se perdermos o momento oportuno, tudo estará perdido. Cada um de nós deve matar tantos quantos virem. Não pouparemos ninguém, não teremos misericórdia nem piedade com crianças, mulheres, homens e meninos. Todos aqueles que nos roubaram a vida hão de nos pagar!

Os garotos-homens estavam em êxtase. Não viam a hora de ver sangue esguichando dos corpos daqueles que mais odiavam.

Eles passaram a noite em claro, delineando cada movimento e explicitando a função de cada um.

Logo cedo, a movimentação na aldeia era intensa, tudo tinha que sair como planejavam, pois todos os guerreiros-chefes estariam presentes. As mulheres cuidavam da comida e da decoração, os homens, por sua vez, encarregavam-se de empilhar toda a colheita do ano.

Era um dia muito importante: a celebração da benevolência da Mãe Terra. Para Zirrá, aquele dia seria a celebração da sua vingança tão esperada.

Ao pôr do sol, as tochas foram acesas ao redor da colheita, e os alimentos dispostos no meio do círculo onde todos mais tarde se sentariam. Os homens aguardavam ansiosos a chegada do grande líder para dar início à festividade.

Zirrá estava atento a toda movimentação, e seu grupo mantinha-se em estado de alerta. Eles perceberam a chegada do grande líder, e o coração de Zirrá abasteceu-se de gana de sangue. A festa iniciou-se, então, com um misto de alegria e ansiedade. Deliciavam-se com as especiarias preparadas e festejavam despreocupados.

A noite passava, e o torpor do álcool já inebriava o corpo e a mente dos que ali festejavam. Zirrá sentia que o momento ideal se aproximava e fez sinal para que todos se posicionassem. Apesar do som do agito externo e das gargalhadas altas, o silêncio calava no coração do grupo de Zirrá.

O olhar de Zirrá varreu o ambiente, e ele escutou Jalez pedir vinho para Faoch. Chegara o momento. Olhou para cada um do grupo e abaixou ligeiramente a cabeça em sinal de que, quando Faoch e os demais retornassem, deveriam atacar.

Zirrá, apesar do que se seguiria, estava alerta e firme no propósito. Nada lhe tirava a concentração e a determinação. Em alguns dos meninos a agonia crescia, numa mistura de medo e ansiedade. Todos se mantinham alerta.

De longe, Zirrá avistava Faoch se aproximar com precaução, junto aos demais, munidos de lanças. Ele estava entre Jalez e o líder dos bárbaros. Faoch posicionou-se no local combinado e olhava para Zirrá em busca do sinal para avançarem. Não havia medo em Faoch, e muito menos em Zirrá.

Num rompante, Zirrá puxou a faca escondida nas vestes e cravou no coração do líder, que estava à sua direita. Rapidamente, tirou a lâmina e a cravou no coração de Jalez. Os dois caíram mortos. O sinal fora dado. A batalha começava.

O alvoroço tornou-se um completo caos. O grupo de Zirrá avançava com fúria sobre os bárbaros. Pareciam animais dominados pelo ódio e pela vontade de matar. As lanças que Faoch e os demais seguravam voavam, produzindo o zunido premonitório da morte que seguiria, e cravavam fundo na cabeça de vários homens que estavam em festejo.

Não houve tempo de reação. A surpresa fora a maior arma de Zirrá. Os homens não entendiam o que se passava e rapidamente caíam no chão, desfalecidos. O sangue banhava a terra de onde outrora germinava viçosos legumes e coloria os alimentos que estavam ordenadamente dispostos em círculos.

Não havia sequer um menino dos recém-chegados que não houvesse aderido à batalha. O número de bárbaros era maior, mas eles nada previram acontecer e não estavam armados. Conforme matavam, os garotos-homens engrandeciam-se com o poder da vingança.

A cada facada, viam o sangue daqueles homens que haviam acabado com suas vidas derramar, dando-lhes impulso e força colossal jamais sentidos. Pouco a pouco, diminuía o número de bárbaros vivos. Zirrá havia dito que não poupassem ninguém ligado a eles e assim foi.

Os corpos jaziam no chão, não havia mais um bárbaro vivo.

"Eles foram vingados. Minha aldeia foi vingada. Ninguém mais fará de mim o que quiser. Eu farei o que é melhor, e a justiça prevalecerá enquanto viver", Zirrá exultava.

Urravam e gritavam de satisfação pelo que tinha ocorrido. Sentiam-se mais vivos do que nunca. Clamavam o nome de Zirrá e aplaudiam-no. A vitória e a liberdade descortinavam-se para esses, já grandes, meninos.

Zirrá pediu silêncio e começou a falar:

— A vitória é nossa! A terra é nossa! Enquanto eu viver, não seremos mais usurpados daquilo que nos pertence. Trabalharemos e reconstruiremos o vilarejo que nos pertence desde sempre. E isso será por nós e por ninguém mais! — Uma onda de gritos se ouvia em aprovação ao que Zirrá dizia. — Hoje, dormiremos em nossas casas. Praticaremos a luta que os vimos praticarem. Usaremos do conhecimento que aprendemos com eles e vamos aprimorar nossa defesa. Em momento algum, ficaremos vulneráveis de novo! — E todos aplaudiam.

Um líder despontava. Eles acreditavam estar em segurança. Sentiam no mais íntimo de seus corações que uma nova era estava se iniciando. A sensação de conforto e segurança era geral. Zirrá era conclamado como líder de todos eles.

Nos dias que se seguiram, Zirrá coordenou os responsáveis por cada área. Já haviam retirado os corpos do centro do vilarejo, e pouco a pouco a paz foi se estabelecendo e a rotina se intensificando.

Esse feito correu por vários vilarejos. Zirrá foi expandindo sua fama de justiceiro impiedoso e era aclamado por todos os que tinham sido usurpados pelos bárbaros. Em seu vilarejo, começaram a aparecer famílias clamando por justiça, pedindo a ajuda de Zirrá para reaver suas terras.

Zirrá achava justo ajudar as famílias que iam até ele, mas sempre lhes propunha uma troca. Ele reavia as terras, mas metade delas deveria pertencer a ele e à sua aldeia.

A princípio, todos concordaram, e Zirrá passou a dar prioridade aos homens fortes para que lutassem com ele. Pouco a pouco, criou uma legião de guerreiros como ele, ávidos por vingança e justiça. Cada dia que passava, Zirrá sentia-se mais e mais poderoso e onipotente.

Os acordos feitos por Zirrá eram muito claros. Ele reaveria as terras se metade delas lhe fosse conferida. Após a entrega da terra, alguns daqueles que ele ajudava se rebelavam e se negavam a entregar metade das colheitas. Percebendo que esse comportamento poderia se alastrar, treinou um grupo seleto de guerreiros que ia até os homens que se rebelavam e instaurava a ordem, torturando e matando os líderes que não o respeitassem.

Começava um caminho de terror que se alastrava pelas redondezas, tornando Zirrá cada vez mais temido. Com o tempo, famílias temerosas das consequências de ir contra o guerreiro pediam para adentrar a aldeia dele. Ele as aceitava somente após inúmeros testes aplicados através de dor, que comprovavam que seus membros não estavam ali a mando de ninguém.

Passaram-se anos, e Zirrá tornou-se impetuoso. Seu coração preenchia-se orgulhoso da fama que construíra. Compreendia que o medo que infligia lhe garantia respeito e obediência e, assim, tornava-se cada dia mais impiedoso e cruel.

Aqueles que não o respeitavam eram chicoteados, como outrora os bárbaros faziam com os meninos que capturavam. Tinha aliados fiéis, como Faoch, que se tornara seu homem de confiança. Copulava com as mulheres daqueles que lhe desobedeciam, sem sentimento algum, somente pelo prazer que gerava em seu corpo. Não as maltratava, mas era bruto e hostil.

Certo dia, Faoch encaminhou a Zirrá uma família que buscava abrigo. Um homem curvou-se perante ele:

— Grande Zirrá, peço-lhe que nos abrigue em sua aldeia. Os ataques às aldeias vizinhas se intensificam, e o chefe de minha aldeia se rebelou. Eu e minha família ouvimos dizer que aceita algumas famílias, então, peço que acolha a minha em misericórdia. Busco somente comida e ofereço meu trabalho, de meus filhos e minhas filhas e de minha mulher.

Zirrá observava atentamente o homem, quando seus olhos pousaram em uma mulher que também estava curvada perante ele. Tinha o corpo magro, esguio, pele clara e longos cabelos na cor caramelo que escorriam pelos ombros. Algo nela chamara sua atenção. Ele, então, decidiu aceitar a família.

— Eu os aceito, porém, ela é minha. — E apontou para a mulher que havia chamado sua atenção. — Faoch, instale-os em alguma casa e leve a mulher para a minha.

Faoch surpreendeu-se com essa reação. Nunca uma família tinha sido liberada, e em momento algum Zirrá pedira uma mulher como ordenara dessa vez. Entendeu que eles não iriam passar pelos procedimentos habituais de quem adere à aldeia.

— Ela é sua, Grande Zirrá. Obrigado por nos aceitar — disse o pai da família.

Zirrá assentiu, e Faoch, em silêncio, levou a família para uma casa que tinham construído havia poucos dias, instalando-os lá. Quando se retiravam para ir à casa de Zirrá, a mulher voltou os olhos para sua família e, dando um sorriso, disse:

— Não se preocupem comigo. Ficarei bem. — E seguiu Faoch com tranquilidade.

Na casa de Zirrá, havia mulheres que auxiliavam na preparação de alimentos. Quando avistaram Faoch trazendo mais uma, não entenderam o porquê, mas aguardaram ansiosas para conhecê-la.

Ao entrar com a mulher, Faoch ordenou às outras:

— Vocês devem ensiná-la a preparar os alimentos. Ela as ajudará com os trabalhos da casa. Alojem-na onde dormem. — E saiu da casa, deixando a mulher sob os cuidados das outras.

As mulheres não gostaram de ter mais uma na casa. Não havia tanto trabalho assim, e elas já eram em muitas. Apesar disso, nada questionaram, sentindo certa pena da mulher. Elas sabiam como Zirrá era grosseiro na cama e certamente aquela moça nunca fora tocada, visto sua jovialidade. Deixaram esse pensamento para lá e começaram a explicar os procedimentos para a nova moradora.

Tarde da noite, Zirrá entrou em sua casa e pediu comida. Rapidamente, as escravizadas começaram a servi-lo.

— Onde está a mulher que mandei trazer para cá?

— Vou chamá-la, senhor — disse uma das mulheres, alta e forte.

Em instantes, a mulher voltou com aquela que havia lhe chamado a atenção.

— Muito bem. Qual é seu nome? — perguntou Zirrá, o que causou estranhamento nas mulheres. Ele nunca se preocupava em saber o nome delas.

— Me chamo Zarah, senhor. — A voz dela era doce como o cantarolar dos pássaros.

— Sirva-me, Zarah — exigiu Zirrá.

A presença dela causava certo desconforto em Zirrá. Ele não compreendia o que sentia. Certo embaraço confundia-lhe as palavras, permanecendo em silêncio enquanto Zarah o servia.

Zirrá acompanhava com os olhos cada movimento da muher, que se movimentava de forma leve e sutil. Um agradável odor exalava dela e inebriava-o. Um cheiro doce de pêssegos maduros tomava conta do ambiente.

Ele observou a pele lisa de Zarah e fez esforço para controlar a impetuosidade de pegá-la. Ele sempre pegava o que quisesse, na hora que melhor lhe aprouvesse. Com ela, algo o paralisava. Passou o resto do jantar observando-a curioso, mas sem nada falar. Ela, definitivamente, havia mexido com os sentidos brutos de Zirrá.

Os dias se passaram, e cada vez mais Zirrá se sentia estranhamente incomodado e atraído por Zarah. A presença da moça transmitia-lhe uma paz inexplicável.

Em uma noite, após o jantar, Zirrá disse a Zarah que o encontrasse no quarto. Ela assim o fez.

Ao abrir a porta, Zirrá viu-a em pé com o mesmo olhar sereno e tranquilo, o que o perturbou. Todas as outras mulheres, na mesma situação, mostravam-se tensas e assustadas, mas aquela não parecia temer a virilidade de Zirrá. Isso o desconcertava, sem saber de que maneira poderia tocá-la. Pela primeira vez, não sabia como agir. Ficaram parados na porta por breves instantes até que Zarah deu um passo à frente e disse:

— Senhor, parece que o dia lhe foi duro. Permita-me acalmá-lo. — E, levemente, pegou na mão de Zirrá e o conduziu até o banco à frente.

Zirrá seguiu-a como que hipnotizado pela docilidade angelical. Ela tinha um toque macio que ele jamais sentira. Nada disse. Zarah ajudou-o a tirar o calçado e, em silêncio, massageou seus pés.

Ele sentiu o corpo relaxar com mais rapidez do que quando bebia os vinhos corriqueiros. Nenhum pensamento habitava sua mente, a não ser o momento presente. Zirrá deliciava-se com o toque de Zarah, que o excitava de maneira diferente.

Zirrá tocou as mãos da moça e começou a apalpar sua pele macia. Ergueu-a pelos braços, deitando-a na cama, e pôs-se a despi-la. Cada parte de seu corpo o surpreendia. Os seios eram como duas peras, delicados e firmes.

Zirrá não compreendia a estranha atração que aquele corpo lhe propiciava. Passou as mãos pelo corpo todo de Zarah, encantando-se com tamanha maciez. Beijou sua boca, sentindo o frescor dos morangos silvestres. Sem muita demora, penetrou-lhe o corpo.

A respiração de Zarah excitava-o de forma descomunal. Sentia que aquele corpo obtinha prazer através de si e que nenhum traço de medo existia ali. Essa constatação satisfez Zirrá. Copularam durante horas e dormiram juntos, abraçados. Pela primeira vez na vida de Zirrá, o sexo preenchera-se de amor.

A vida de Zirrá ganhou novo sentido com a presença de Zarah. Os momentos com ela eram válvulas de escape dos problemas que ele enfrentava. Conversavam muito, longamente, sobre vários assuntos. Crescia a ligação entre os dois, e ele a apreciava profundamente.

Aprendera a confiar nela e confiava-lhe suas ideias. Ele se sentia à vontade, como se não houvesse julgamento algum nela. De alguma forma, Zarah tornava-se importante a Zirrá.

Os dias corriam e com eles mais casos de rebeldia chegavam a Zirrá. Sua aldeia havia crescido, e o controle tornara-se mais difícil. Ele percebeu que era preciso agir com mais rigor e aumentou a quantidade de homens e mulheres que eram chicoteados a seu mando. A ordem estava abalada, e a maneira de controlá-la era com a inflição da dor.

Muitas outras aldeias foram resgatadas com a legião de guerreiros sob seu comando. Muitos se opunham à repartição da colheita, e as mortes tornaram-se corriqueiras. Elas serviam de exemplo para que ninguém se opusesse a Zirrá, que queria que tudo isso diminuísse. Sem dó ou piedade, matava ele mesmo as famílias que se opunham e mandava tantos outros torturarem aqueles que eram negligentes.

Certo dia, mais cedo que de costume, Zirrá chegou em casa e não encontrou Zarah.

— Onde está Zarah? — perguntou Zirrá a uma morena alta e forte que trabalhava em sua casa.

— Ela não está aqui, senhor — respondeu a mulher, de cabeça baixa.

— E onde ela está? Quem deu permissão para ela sair desta casa? — Quis saber Zirrá com o cenho franzido, irritado.

A mulher acabrunhou-se. Ela conhecia a ira de Zirrá e sabia que dali nunca provinha coisa boa.

— Meu senhor, ela sempre sai às tardes levando curativos e alimentos consigo — confessou, sabendo da fúria que isso causaria em Zirrá.

Zarah, como preferida de Zirrá, nunca fora benquista pelas mulheres da casa, que se sentiam cada vez mais enciumadas com a forma como ele a tratava.

— Levando curativos e alimentos de minha casa? Para onde ela leva tais coisas? — urrou Zirrá, batendo com força o punho na mesa.

— Ela os leva para a casa dos doentes, meu senhor.

Zirrá saiu furioso em direção à casa dos doentes. Faoch o viu de longe e o seguiu, sabendo que algo não estava bem.

— O que houve, Zirrá? — inquiriu Faoch, mas não encontrou resposta, a não ser uma longa bufada. Seguiu-o.

Abrindo num estrondo a porta da casa dos doentes, Zirrá petrificou-se com a cena que vira. Zarah estava debruçada sobre o corpo de um homem, de costas para a porta, limpando-lhe o ferimento. Zirrá percebeu que aquele era um homem que o havia peitado naquela tarde.

— O que este homem faz aqui? — berrou Zirrá. — Quem permitiu que este homem entrasse nesta casa?

— Eu que o trouxe, meu senhor — respondeu Zarah, com tranquilidade. Aquilo enfureceu ainda mais Zirrá.

— E quem lhe deu essa permissão, mulher ingrata? Com que direito vai contra minhas ordens? Que liberdade é essa que acha que tem? — vociferou Zirrá. Havia muito tempo que Faoch não o via tão descontrolado.

— Aqui é uma casa de doentes. Ele está doente — tornou Zarah, sem se abalar com o tom e a altura da voz de Zirrá.

Aquilo o irritou profundamente. "Onde está o respeito dessa mulher por mim?", pensava consigo mesmo.

— E vocês? Como permitiram isso? — berrou para todos ali presentes. — Quem está envolvido nisso? Confesse agora!

Ninguém disse uma palavra.

— Sou eu quem sempre os traz para cá — respondeu Zarah.

— Isso é impossível. Mulher imprestável! Diga quem a ajuda, e veremos se poderá ser poupada! — rugiu Zirrá.

Zarah, placidamente, abaixou a cabeça e nada disse. Zirrá sentia-se enganado e faltava-lhe o ar. Uma pontada em seu coração o deixou imóvel. Ele não acreditava no que via. "Ela não pode estar fazendo isso. Ela sabe qual é a lei para a traição!", torturava-se Zirrá.

Aquilo era inadmissível. Ele não podia pôr a perder o respeito que angariara durante todos aqueles anos. Se agisse com piedade para com Zarah, ninguém mais o respeitaria.

Todos sabiam qual era a punição para a traição. Zarah o traíra, e a aldeia inteira ficaria sabendo, pois se ouviam seus berros de longe.

Zirrá saiu furioso da casa dos doentes, com Faoch em seu encalço.

— Senhor, o que faremos? Devo providenciar a madeira? — perguntou Faoch, apreensivo.

— Deixe-me pensar! Saia de minha frente! — bradou Zirrá, enquanto caminhava para casa.

Chegando lá, Zirrá deitou-se. Seu coração estava pequeno, e ele sentia-se sufocado. Pensou por longos minutos. Não havia o que fazer. Não lhe restava outra opção.

Naquela noite, Zirrá mandou Faoch preparar o tronco, e assim foi feito. Na aldeia e nas redondezas, rumores de que Zirrá havia sido traído por sua preferida, Zarah, corriam soltos, o que diminuía ainda mais as chances de o guerreiro ser piedoso.

No centro da aldeia, estava o tronco. Essa era uma cena corriqueira, mas, naquela noite, todos sentiam a fúria e decepção de Zirrá. Era uma noite diferente.

Trouxeram Zarah e penduraram-na no tronco com grossas cordas. Ela mantinha o semblante sereno, que sempre lhe fora habitual. Aquilo confundia a todos. Eles não entendiam quem, prestes a morrer, podia estar com tamanha serenidade. Zirrá pronunciou-se:

— Aqui está uma traidora, e vocês sabem qual é a punição para isso. A ela darei uma última chance. Zarah, sua vida está em minhas mãos. Diga quem a ajudou a tratar dos meus inimigos e será solta — disse ele, com feição séria, sem deixar transparecer a esperança de ouvi-la confessar. O silêncio imperava na aldeia, e todos estavam surpresos com a fala de Zirrá. Essa não era uma atitude comum a ele. A curiosidade aumentava, e a demora na resposta de Zarah nada ajudava.

Apesar de toda a agitação dos presentes, ela manteve-se em silêncio, fitando Zirrá. Seus olhos castanhos brilhavam e exalavam uma paz profunda que incomodava Zirrá.

O olhar meigo de Zarah fazia doer o coração de Zirrá. Seus lábios estavam serenos, sem o menor indício de movimento. Ele irritava-se e ficava cada vez mais confuso. Aquilo não era possível. Pensava: "Não significo nada para ela? De que lado ela está?".

— Confesse e estará livre! — disse com veemência. Ela nada disse. Permanecia imóvel. O vento soprava, e com ele os cabelos longos de Zarah dançavam, embelezando-a ainda mais. Sua vulnerabilidade, em união à sua tranquilidade, intrigava a todos e, ao mesmo tempo, os comovia.

O tempo esgotou-se. Zirrá não tinha outra opção, senão matá-la. Imbuído da determinação em fazer o que era correto e justo, tomou sua decisão. Desviando o olhar de Zarah, procurou Faoch.

— Mate-a. Essa é a punição para traidores. E que ninguém mais ouse ir contra minhas ordens! — urrou com furor.

Virou o corpo em direção à sua casa e seguiu determinado.

Após a morte de Zarah, Zirrá nunca mais foi o mesmo. Sentia-se triste, e a lembrança dela era constante, o que lhe causava mais dor. Aquele dia assombrava-o em sonhos, em que ele lhe implorava que voltasse e confessasse.

Acordava molhado todas as noites com o suor que a agonia lhe causava. Revivia aquele dia em seus sonhos e despertava com a imagem de Zarah em seus pensamentos. O remorso o acometia numa mistura insana de raiva por ela tê-lo obrigado a fazer aquilo.

"Ela só precisava confessar. A culpa é dela por estar morta e não minha! Ela me obrigou a fazer isso!", justificava-se.

Zirrá não andava mais pelo centro da aldeia. O tronco dos traidores era colocado constantemente para matar aqueles que iam contra ele. Olhar para o tronco era reviver a tristeza daquele dia.

Ele não se pronunciava mais diante das mortes, ficando a cargo de Faoch essa tarefa. As pessoas da aldeia percebiam que Zirrá havia mudado após aquele dia.

Ele não tinha mais com quem conversar. Zarah era a única pessoa com quem ele se sentia livre para falar sobre o que quisesse. Um vazio interminável tomou conta de sua existência.

Em seu coração residiam a tristeza e a raiva, e Zirrá insistia em culpar Zarah pelo ocorrido. Era uma mistura de amor e ódio.

Os anos passavam, e as conquistas já não o atraíam mais. Zirrá não encontrava sentido em nada que ele fazia. Envelhecia numa rotina fatigante e sem sentido. Passara a maior parte de suas funções a Faoch, que as aplicava com vigor. Cansava-se com facilidade, e seu corpo doía frequentemente ao findar do dia.

Mais um dia havia passado, e Zirrá estava na porta de sua casa, contemplando a aldeia e as plantações. De repente, sua respiração tornou-se ofegante.

Um aperto no coração o fez pensar que estava sendo golpeado, mas não havia ninguém ao seu lado. Tentou caminhar, e a pontada se fez mais forte, roubando-lhe os movimentos e os sentidos. Sentiu seu corpo caindo, mas ninguém o atingira. Ele não enxergava sangue; apenas sentia seu corpo privado de qualquer movimento.

Em vão foram suas tentativas para se mover. As palavras não lhe saíam da boca, como se não pudessem passar pela garganta.

Zirrá sentia a agonia do que supunha ser a morte. Suas forças esvaíram-se totalmente, e ele de repente viu seu corpo no chão.

A confusão tomou conta de sua mente. Pensou ser mais um corriqueiro sonho que lhe invadia todas as noites, mas este era diferente.

Não entendia ser possível estar em dois lugares ao mesmo tempo. Olhou para suas mãos e percebeu que seu corpo estava envolto numa névoa espessa e clara. Abaixou as mãos e olhou para a frente.

Para sua surpresa, em meio à névoa, Zarah surgiu com perfeição diante dele, que suspirou aliviado, acreditando estar imerso em mais um de seus sonhos.

Zirrá, além da visão nítida de Zarah, ouviu sua voz que dizia:

— Está tudo bem. Estou aqui com você. — E acariciou suas mãos como sempre fazia.

Zirrá foi arrebatado por uma onda de sentimentos que o agitou de tal forma que nada conseguiu dizer; apenas começou a chorar compulsivamente pela primeira vez em milhares de anos.

Ele não entendia o que se passava, somente dava vazão a um choro de alegria, dor e remorso, que brotava do mais fundo de sua alma.

Tudo isso assolou seu coração com uma dor jamais sentida, e a vontade era enorme de se lançar nos braços frágeis daquela mulher, não para possuí-la, mas para senti-la.

Ela continuava linda e meiga, como se nada tivesse acontecido. Zirrá estava tão envolto nesses sentimentos que não conseguiu dar vazão à razão. Olhava-a incrédulo e estranhamente feliz. Então, ela lhe disse:

— Você morreu, Zirrá. Isto não é um sonho. Olhe para seu corpo imóvel. — Seu semblante era calmo e sereno.

Zirrá voltou o olhar para seu corpo caído no chão, e a perplexidade tomou conta dele. Sentia a mão de Zarah sobre a sua, o que lhe confirmava estar em dois lugares ao mesmo tempo.

Num impulso, dirigiu-se ao corpo caído e, para sua surpresa, sua mão transpassou-o, impossibilitando-o de tocá-lo. Aquela situação causou tremenda confusão em Zirrá, que apenas encontrou sentido nas palavras de Zarah, pois sabia que ela estava morta.

— Venha comigo — convidou Zarah, com um olhar terno e confiante.

Sem saber como, Zirrá a seguiu entre a névoa clara que os envolvia. Ele não via nada, a não ser Zarah, e estar em sua presença era o que o confortava.

Aos poucos, a névoa dissipou-se, e eles chegaram a um lugar tranquilo, onde havia muitas flores e árvores e algumas casas posicionadas entre o imenso jardim.

Zirrá sentia-se cansado, como se tivesse transcorrido um longo caminho. Zarah conduziu-o a uma das casas, e lá encontraram outras pessoas com o mesmo olhar meigo, que o receberam com docilidade, instalando-o confortavelmente em um solo macio.

— Descanse, meu querido. — Ele ouviu Zarah dizer, enquanto adentrava num sono profundo.

Passou-se um longo tempo, segundo a percepção de Zirrá. Ele despertou sentindo-se mais revigorado e tranquilo, quando notou Zarah ao seu lado.

— Venha. Antes de mais nada, é necessário que veja algumas coisas — avisou Zarah com voz suave.

Ela encaminhou Zirrá a outro ambiente, cujas paredes o surpreenderam por lhe parecerem translúcidas, como se fosse possível atravessá-las.

— Eu estarei o tempo todo aqui com você — aquiesceu Zarah.

Zirrá sentiu seu coração apertado. Estava confuso e mal conseguia concatenar as ideias. Tudo lhe era novo em demasia.

Zarah posicionou-o em uma cadeira próxima, e as paredes começaram a se movimentar, fazendo-o ver cenas de sua vida. Viu a morte de seus pais, e o sentimento de amor e perda que ele não experimentou naquela época o assolou, fazendo-o perceber que o transformara em apenas ódio e vingança.

As cenas de crueldade emergiram. A forma como ele tratara várias pessoas agora lhe causava uma dor agoniante, e Zirrá se deu conta de que a justiça que acreditava estar fazendo teria sido suficiente sem a crueldade que impusera. Percebeu que o desejo de poder e vingança que nutrira de forma insaciável se sobrepuseram a tudo o que fizera.

Numa tentativa desenfreada de aplacar sua dor, Zirrá dizia a si mesmo que não havia outra maneira de impor a ordem e o respeito, mas o remorso que sentia não o convencia disso. Dentro dele, sabia que agira erroneamente. À sua frente, surgiram algumas pessoas que foram submetidas à sua crueldade, e ele pôde ver o ódio estampado em seus olhos, sem saber como reverter a situação que ele mesmo causara. Zirrá arrependia-se amargamente de tudo o que havia feito e chorava como uma criança em desespero. A cena da morte de Zarah surgiu à sua frente. Ele reviveu aquele momento com a tristeza calando fundo em sua alma. Percebia que aquela era a hora em que devia deixar o sentimento que tanto negava agir por si.

Mas não. Mais uma vez, o desejo de poder comandou seus atos. Ele olhou em desespero para Zarah, culpando-se pelo mal que causara não só a ela como a ele também. Percebeu aquele momento como sendo a chave que o libertaria daquele sofrimento atroz.

Ele chorava e acabrunhava-se. Sentia-se cada vez mais fraco, e seu corpo retesava-se na dor lancinante que o dilacerava por dentro. Já não acessava os sentidos. Não via mais nada, somente sentia a dor que lhe dilacerava a alma.

Durante longos dias, Zirrá permaneceu revivendo sua vida, cada segundo, cada pensamento, cada ato.

Zarah retornou com Zirrá para a casa, onde ele se deitou e ficou sob os cuidados dela e de seus amigos até que se restabeleceu.

— Chegou o momento de você confrontar o peso de sua consciência em um lugar propício e já conhecido por você — orientou Zarah com voz doce, porém firme.

Num instante, Zirrá sentiu um quê de despedida. No fundo, ele sabia que uma alma como a dele não tinha o direito de permanecer naquele lugar.

— Estaremos distantes, porém próximos. Estarei sempre ao seu lado, meu querido. — Zarah abraçou-o, e ele sentiu paz e confiança nos próximos passos que daria.

Não viu mais Zarah. Olhou para os lados, e não havia ninguém. Seu coração acelerou, e ele sentiu alguém lhe tocar os ombros. Virou-se e se deparou com o Senhor das Trevas, que o fitou por instantes. De seus olhos saíam faíscas que envolviam Zirrá, que logo recordou sua trajetória espiritual e reconheceu aquele ser. De repente, tudo ficou claro, e ele encontrou sentido em tudo o que vivera.

— Não creio que poderei servi-lo como antes, senhor, pois estou fraco — tornou Zirrá.

— Vai continuar a me servir, Roumu, mas de outra forma — replicou o Senhor das Trevas, com a voz firme e tenebrosa que lhe era peculiar.

Zirrá foi readquirindo a forma que tivera como Roumu. No mesmo instante, o Senhor das Trevas abriu os braços, e uma névoa escura os envolveu, sugando-os para as profundezas da terra.

Os pés de Roumu encontraram solo seco. Ele abriu os olhos e reconheceu imediatamente aquele local que lhe era tão familiar. O Senhor das Trevas não estava mais com ele. Roumu olhou para os lados, na esperança de ver algum dos guerreiros com quem trabalhara anteriormente. Para sua surpresa, Jessé caminhava em sua direção.

— Bem-vindo de volta, Roumu! Quem ao inferno pertence, ao inferno retorna! Temos muito trabalho a fazer. Seu trabalho será outro. Acompanhe-me — convidou Jessé, e começaram a caminhar.

Embrenharam-se no calabouço, onde, anteriormente, Roumu infligira dor aos prisioneiros. Ele não sabia o que deveria fazer, mas seguia determinado e em silêncio os passos de Jessé.

Pararam diante de um prisioneiro cabisbaixo que murmurava sons incompreensíveis. Jessé pediu a Roumu que se aproximasse do prisioneiro. Ao fazê-lo, Roumu ouviu as lamentações e percebeu que ali existia uma dor diferente.

Aquele espírito sofria com as recordações do passado. Roumu olhou para Jessé, sem entender o que deveria fazer.

— Olhe profundamente para esse prisioneiro e envolva-o em seu campo, como costumava fazer quando infligia dor. Perceba o que passa na mente e no coração desse espírito — ordenou Jessé.

Roumu, aproximando-se do prisioneiro, expressou:

— Ele está com a alma em desespero, assim como a minha, tomado pelo remorso do que poderia ter feito diferente. Em sua mente passam várias cenas de quando estava vivo. Ele as revive intensamente.

— Isso mesmo. Veja o que acontece quando tentamos infligir dor nele. — Jessé ergueu a mão e lançou uma chibatada no prisioneiro, mas nada aconteceu. Roumu não viu reação alguma.

— A dor física não lhe causa nenhum efeito, pois a cegueira do ódio e da vingança esvaneceu-se pelo próprio padecimento imposto por nossos guerreiros ao seu corpo etérico. O corpo etérico é como o corpo físico; guarda as memórias e a sensibilidade física. Repare em sua trajetória, Roumu. Quando chegou aqui, você era comandado pela sede de poder e pelo ódio, e as dores que lhe infligíamos eram sentidas por você da mesma forma como quando estava encarnado. Você tinha apenas acesso ao seu corpo etérico, por isso sentia as dores. Você começou a trabalhar para nós da forma como conhecia de vida, ou seja, por meio da imposição da dor. E foi assim, utilizando-se da qualidade de seu espírito, que fez um bom trabalho. Perceba que tudo em nós é aproveitado para nosso crescimento e o dos outros. Sempre serviremos com o que temos para servir. Nada é desperdiçado. Até os maus servem à lei, mesmo sem o saberem.

Roumu ouvia atentamente e absorvia tudo o que Jessé lhe dizia. Curioso, perguntou:

— Naquela época, me sentia muito mais forte. Hoje, me sinto fraco. Isso tem a ver com o corpo etérico de que está falando?

— A fraqueza não advém da falta do corpo etérico e, sim, da fraqueza da alma. O remorso aponta para o que você poderia ter feito melhor e não fez, colocando-o na perspectiva do outro, não mais apenas na sua. Como isso é recente e você ainda não sabe como corrigir a rota, vem a sensação de fraqueza. É seu primeiro contato com o corpo emocional, que guarda os sentimentos mais íntimos e que foram reprimidos na maioria das vezes pela ignorância de não nos atermos ao fato de que o que fazemos para o outro também fazemos para nós. Essa é a lei da reciprocidade. A única forma de sentir essa lei és, primeiramente, por meio do remorso e, em seguida, da autocompaixão.

Roumu ouvia atentamente, e Jessé prosseguiu:

— Os corpos de energia são níveis de consciência. Sua consciência, outrora, estava totalmente voltada para o poder por meio das conquistas materiais e da satisfação dos desejos carnais. Era só isso que você enxergava. Se qualquer coisa lhe fosse dita, não faria o menor sentido. A vitalidade e a força bruta advêm do corpo etérico. Nessa última encarnação como Zirrá, apesar de ainda agir sob os impulsos dos desejos pessoais, você teve contato com o arrependimento de alguns atos. Lembra-se de como a tristeza o acometeu quando perdeu Zarah?

Roumu balançou a cabeça:

— Sim.

— Pela primeira vez, você conseguiu sentir o outro como pessoa e não como animal. E, quando a tratou da mesma forma como tratava a todos, um lampejo de arrependimento se fez presente. Foi como se estivesse fazendo mal a si mesmo.

Roumu compreendeu finalmente por que fora escolhido pelo Senhor das Trevas para servi-lo daquela forma brutal e violenta. Apesar de todos os sofrimentos pelos quais passara no calabouço, em nenhum instante ele havia sentido remorso. O ódio sempre imperava em seu pensamento. Quanto mais o deixassem encarcerado, mais ódio ele nutriria e não chegaria a lugar algum. Serviu com o que podia.

Jessé continuou:

— Seu serviço agora será entrar em contato com os prisioneiros e detectar se há algum sinal de remorso. Estes deverão ser conduzidos ao local de onde você acaba de retornar, para que Zarah os receba da mesma forma como você foi recebido.

Roumu alegrou-se com a possibilidade de rever Zarah. Percebendo-lhe os pensamentos, Jessé o interrompeu:

— Não poderá vê-la. Apenas estarão ligados pelo serviço que você prestará. Observe como farei com esse prisioneiro.

Jessé aproximou-se do prisioneiro e envolveu-o num rubro cilindro. Uma luz desceu instantaneamente e envolveu o prisioneiro, que foi conduzido à dimensão onde Zarah se encontrava para que revisse sua vida.

Roumu havia prestado muita atenção, mas continuava sem saber como faria.

— Para emitir esse tubo, você deverá envolver o prisioneiro em seu próprio sentimento de remorso. Basta se aproximar e se concentrar naquela alma. Vá na confiança de sempre e veja o que acontece — explicou Jessé, que apontou um outro prisioneiro. Roumu entendeu que era para lá que deveria se dirigir.

Aproximando-se do prisioneiro, Roumu ouviu seus murmúrios:
— Como pude fazer isso? Tinha que ter feito diferente. Não posso acreditar que fiz isso — lamentava-se.

Aquilo remeteu Roumu aos próprios arrependimentos. Automaticamente, o tubo rubro formou-se, e o prisioneiro foi libertado pela luz que desceu rapidamente, levando-o.

— Percebeu como foi fácil?

— Sim, e o quanto é doloroso, pois minha tristeza se intensificou — confessou Roumu.

— Perfeito, é assim que deve ser. Pelo menos está utilizando sua tristeza em algo útil.

O tempo passava, e cada vez que Roumu formava o rubro cilindro, eram acionadas nele todas as lembranças de que ele se arrependia e sua dor intensificava-se. Como pedra bruta sob o efeito de água que constantemente cai, assim amolecia o coração de Roumu, abrindo-se paulatinamente a novas sensações e a novos sentimentos.

Durante sua tarefa, em certo momento, algo lhe chamou a atenção. Roumu estava agachado diante de um prisioneiro e envolvia-lhe como costumava fazer. Seu corpo era bruto, cabelos claros desordenados, grudados ao rosto marcado por cicatrizes e pelo suor. Aquele espírito alucinava dentro de sua dor, repetindo as palavras:

— Eu fiz isso! Confesso! Eu cortei aquela mulher! Sem um pingo de misericórdia! Preciso voltar e fazer diferente. Preciso fazer diferente. Por favor, tenham piedade e deixem-me voltar — lamentava-se em desespero o prisioneiro.

Uma única cena passava na mente dele. Roumu teve acesso a ela por meio do campo formado e viu mulheres sendo rechaçadas. Uma delas gritava: "Guah, não faça isso!", mas o homem não parava, espancava uma mulher com muita força e no final cortou seu corpo em pedaços.

Roumu viu, pela cena e pelos atributos físicos, que aquele homem era o espírito que estava à sua frente. Era curioso como uma alma com tanto vigor como via na cena estivesse tão maltrapilha, indefesa e acabada na frente dele.

Ele sentiu o remorso profundo e percebeu que aquela era uma alma que deveria fazer seu trabalho habitual. Abriu o cilindro, mas, para sua surpresa, a luz que deveria ir para cima foi para a diagonal, em direção à Terra.

"O que fiz de errado?", pensou Roumu, logo se levantando e se dirigindo ao próximo prisioneiro, quando avistou Jessé vindo em sua direção.

Aproximando-se, Jessé explicou:

— Você não fez nada de errado. O caminho que cada um segue no plano astral é individual e peculiar. A nós cabe o trabalho, como você fez. No caso deste e de vários outros, a subida a Zarah, para reverem sua vida toda, ainda não lhes será proveitosa, visto a dureza em que os espíritos estão. O remorso que este espírito sentiu o fez querer agir diferente, com um impulso de alma. A dureza em que ele se encontrava não lhe permitiu refletir minuciosamente sobre o que passou, mas, ao se deparar com o que fez, sentiu uma abominação tão grande pela maneira como agiu que foi impelido a voltar à carne e imediatamente tentar fazer diferente. Ele não agirá mais da mesma forma, por isso a permissão.

Roumu mostrava-se cada vez mais curioso. Nas vezes em que Jessé se dispunha a esclarecê-lo, um novo sentido ao seu trabalho lhe era dado. Ele o realizava com mais afinco e vontade, sorvendo as palavras como orientações para aprimorar o que fazia. A admiração que sentia por Jessé aumentava, e Roumu tomava-o como valioso professor do astral.

Um bom tempo havia passado, e Roumu viu muitos espíritos no estado da lamúria intensa seguirem para Zarah e outros para a Terra. Seu trabalho era desempenhado com maestria. Era um trabalho solitário, diferente daquele que desempenhara anteriormente, em que contava com guerreiros que o ajudavam a infligir dor. Neste ofício, ele, por sua conta, ia de prisioneiro em prisioneiro detectando a dor e o remorso, e isso permitia que ele sentisse na dor do outro a sua própria, o que revertia em mais ímpeto e coragem de querer mudar. Roumu sentia-se mais forte e revigorado a cada encaminhamento que fazia.

Dirigiu-se ao próximo prisioneiro, agachou-se e ouviu as lamúrias usuais. Envolveu-o em seu campo, e seus olhos encontraram os do espírito, reconhecendo-o imediatamente.

Aquele era o espírito que intrigara Roumu, quando se dirigiu a Terra e não subiu a Zarah. Aquele era Guah. Ele estava muito pior do que da outra vez.

Agora, seu corpo etérico apresentava-se fragmentado, sua pele e seus cabelos eram negros, e somente através de seus olhos era possível reconhecê-lo. Espantou-se, sem compreender, mas logo voltou sua concentração ao trabalho, como Jessé o instruíra.

"Não se envolva na história. Somente observe e detecte com seu coração o remorso. Se houver, saberá o que fazer."

Assim fez Roumu, como lhe cabia. Envolveu o espírito e, desta vez, o cilindro conduziu-o para cima. Então, continuou seu trabalho.

Em outro momento, quando encontrou Jessé, não hesitou em lhe perguntar:

— Um tempo atrás, algo me deixou confuso. Eu me deparei com um espírito que já havia encaminhado pelo cilindro. Por que ele voltou para cá?

— O espírito é como pedra dura que recebe gotas de água, que vai, aos poucos, amolecendo a pedra. A vida na carne é a água que amolece o espírito. O caminho de cada um é único. Em uma vida, pode amolecer como não. São caminhos, tentativas. Várias vidas no corpo físico, várias experiências no plano astral são necessárias para que um coração endurecido amoleça, permitindo a lapidação e revelação da origem que se esconde dentro de todas as pedras e todos os corações. Não se muda um espírito com uma única trajetória na Terra. É incansável esse caminho de subida e descida, de um patamar vibracional a outro. Para ir de um a outro são necessárias muitas vidas. Os espíritos se imbuem na força da vontade de mudar, porém, por vezes, o que vemos quando retornam aqui é que cometeram os mesmos erros, disfarçadamente, com mais sutileza e elaboração. Fazem diferente, mas, na origem, recaem nos mesmos condicionamentos, resultado da cegueira e do entorpecimento que o falso poder significa na Terra.

Roumu se satisfizera com o esclarecimento. Ele mesmo se entorpecera pelo poder que seu espírito buscava de forma bestial. Recordou suas vidas, e um sentimento de vazio o acometeu.

Apesar do objetivo de vida traçado, a raiva e o ódio o comandaram. A crueldade e a maldade, hora ou outra, tomaram conta dele, e os propósitos dele foram feitos, mas não da maneira correta.

Nas duas vezes, Roumu, no plano astral, percebeu que era usado com o que havia aprendido na Terra, enxergando cada vez mais a necessidade de voltar a viver em corpo físico.

A cada prisioneiro que Roumu conduzia, mais ele aprendia e se dava conta de uma inteligência incalculável que permeava tudo. Algumas esperançosas, outras não, mas a vontade de ter uma nova experiência na carne o preenchia progressivamente. Ele queria fazer diferente e acreditava que poderia melhorar.

Roumu avistou Jessé. Encorajou-se e foi ao seu encontro.
— Jessé, quero reencarnar. Isso é possível?
— Tem certeza?
— Sim, tenho. Se eu não fizer algo diferente do que já fiz, só me restará a agonia do arrependimento, que está cada vez pior.
— Muito bem, Roumu. Estava esperando sua iniciativa. Sem ela, é como se o arrependimento não suscitasse o efeito em sua alma. Providenciarei seu remanejamento.

Roumu sentiu-se aliviado, e um fio de esperança despontou em seu ser.

Um longo tempo se passou sem que houvesse nenhuma notícia. Roumu pensava que seu pedido não fora aceito, e a dor de sua alma ardia em chamas.

Mal conseguia fazer seu trabalho. Reuniu suas forças para envolver mais um prisioneiro em aflição, mas foi interrompido pela voz irrefutável que já conhecia:

— Pare! — ordenou o Senhor das Trevas.

Roumu virou-se imediatamente e aproximou-se daquele que o chamava. O olhar do Senhor das Trevas perfurou a alma de Roumu. Em sua presença, ele sentia-se pequeno.

— Está pronto — disse, dirigindo-se a Jessé. — Leve-o. Ele participará da programação de sua vida — completou o Senhor das Trevas, desaparecendo no calabouço.

Roumu sentiu seu corpo estremecer. Agora não havia mais volta.

— Vamos, Roumu. Você irá para um novo desafio — tornou Jessé.

Roumu caminhava no encalço de Jessé. Eles se enveredaram pelo calabouço em lugares que Roumu desconhecia. Corredores escuros e úmidos descortinavam-se, e novos caminhos eram abertos, até que chegaram a um portão de ferro preto e grosso, guardado por duas sentinelas.

— Ele partirá — avisou Jessé aos guardas, que abriram o portão. Voltando seu olhar a Roumu, encorajou-o: — Agora é com você!

A apreensão crescia dentro de Roumu, mas a coragem e a certeza de que este era o caminho o fizeram caminhar. Reverenciou Jessé e, sem olhar para trás, seguiu pelo corredor que se apresentava à sua frente.

Caminhou por instantes e foi recebido por um espírito de corpo esguio que vestia uma capa preta.

— Olá, Roumu. Estávamos à sua espera. Temos um planejamento a fazer.

Roumu seguiu com ele até entrar em uma sala vasta, com a mesma umidade do calabouço, mas com uma movimentação ordenada.

Havia muitos espíritos que, como Roumu, estavam sendo preparados para a nova jornada. A esperança crescia com a determinação. Ele foi conduzido a sentar-se de frente a uma mesa. O espírito que o recebera chamou mais dois que se aproximaram de Roumu. Ele sentou-se à sua frente e começou a falar:

— Analisando suas vidas, percebe-se que você está envolto sempre pela ânsia do poder desmedido. É necessário que enfrente situações não favoráveis ao seu ímpeto de conquista de poder. Por meio da subjugação, encontrará oportunidade propícia para o desenvolvimento de novas qualidades. Encarnará em um corpo de mulher e será comandado por homens.

Roumu achou extremamente estranho tornar-se mulher, mas aquilo fazia muito sentido para ele. Em todas as suas existências na Terra, o corpo masculino sempre foi sinônimo de poder. Os homens podiam mais que as mulheres. Com as explicações que aquele espírito lhe dava, mais convencido ficava de que o corpo feminino lhe resguardaria de sua própria força destruidora. Ele iria com o objetivo de servir e não mais ser servido. E sentia, no íntimo de sua alma, que, por mais estranho que parecesse, aquele era o caminho para a redenção que almejava.

Planejaram o momento, a família e as devidas condições que seriam favoráveis para sua missão.

— Roumu, é importante que saiba que o que aqui foi planejado lhe será favorável, mas não garantirá o sucesso de sua missão. Isso dependerá de como utilizará seu livre-arbítrio — avisou-lhe o espírito.

Roumu imbuía-se de coragem. Estava pronto. Uma nova experiência terrestre o aguardava.

CAPÍTULO 3

Correndo pelo extenso acampamento, Ghinla sentia-se livre. Aos seis anos, mostrava-se cada dia mais serelepe. Entrava de casa em casa, chamando os meninos para brincar. Ela não queria saber das meninas. Achava suas brincadeiras muito bobas. Com os meninos, sempre simulavam mortes e lutavam. Era disso que ela gostava e passava longas tardes assim.

E assim eram todos os dias. Ghinla só queria saber de ficar fora de casa. Sua mãe se cansava de levá-la para dentro, e ela sempre se esquivava. Aquela menina parecia movida por uma força incontrolável e rebelde, que irritava sua mãe e seu pai. Este, apesar da irritação, deixava Ghinla aos cuidados da mãe, porque assim era naquele tempo.

Naquela época, as mulheres, desde cedo, desde meninas, eram instruídas pelas mães sobre como cozinhar, arrumar a casa e lavar as roupas. Os irmãos de Ghinla acompanhavam o pai para cima e para baixo, aprendendo a arte dos negócios. Ela invejava os irmãos e tinha raiva do pai por nunca a chamar para ir com ele.

— Eles sempre têm que ir com o papai! Eu quero ir com eles, mamãe. Não gosto de ficar dentro de casa, arrumando essas coisas! Eu odeio cozinhar! — irritou-se Ghinla.

— Filha, acostume-se, pois as coisas são assim. Veja suas irmãs. Todas nós cozinhamos e arrumamos a casa. Meu amor, você acha que será respeitada no meio dos homens? — questionou sua mãe.

— Claro que serei! Se o papai me ensinar tudo o que ensina aos meus irmãos, tenho certeza de que serei melhor que eles! — retrucou Ghinla, de forma áspera.

A mãe da menina agachou-se, inclinou o corpo para frente e arrumou as vestes, ficando à altura de sua filha. Pegou-lhe as mãos e olhou-a no fundo dos olhos, através da burca que lhe cobria o rosto.

— Minha pequena Ghinla, quanto antes aprender, melhor será. Você procura tanto a atenção de seu pai e acaba se esquecendo do que é esperado de você. Ele olhará para você quando fizer as coisas da casa de forma impecável. Pode construir seu castelo aqui dentro de casa e aprender a ser uma mulher diferente das outras, dentro do nosso acampamento. E chegará um dia em que os homens ficarão de joelhos e quererão meu pequeno bebê! — dizendo isso, aconchegou-a em seus braços, afagando-lhe os cabelos e, na sequência, beijando-lhe as bochechas.

Ghinla esquivava-se dos carinhos da mãe. Achava seus beijos melados. Esperta, já tinha junto a si um pedaço de pano que rasgara das roupas e limpava o rosto após os afagos da mãe.

Após essa conversa, que era quase rotineira, Ghinla, de mau grado, acabava aceitando o que sua mãe lhe dizia e acompanhava-a e a suas irmãs nas tarefas da casa.

Ghinla crescia e com ela a insatisfação pela vida. Já era uma mulher. Seu corpo era robusto, não era muito alta, e seus cabelos eram negros como o pano que lhe cobria da cabeça aos pés. Seus olhos também eram pretos e profundos e revelavam a inconformidade da vida que levava.

Desde as roupas que tinha de usar, que não lhe davam sequer liberdade de movimentos, até a postura que precisava manter perante todos, tudo a fazia viver constantemente na revolta interna e na batalha de ter de agir, todos os dias, dentro dos conformes estabelecidos naquela sociedade. Acordava junto com as irmãs e a mãe bem mais cedo que o pai e os irmãos, vestia-se, cobria a cabeça e seguia para a preparação do desjejum.

Quando os homens da casa adentravam o recinto, elas tinham de abaixar a cabeça e, em hipótese alguma, podiam falar, a não ser que o pai ou os irmãos lhe dirigissem a palavra, o que quase nunca acontecia. Eles sentavam-se, comiam, conversavam entre si e saíam, sem sequer darem uma olhadela para as mulheres. Ghinla sentia esse comportamento como bofetadas na cara.

"Eu também sou gente! Por que nasci mulher? Ninguém olha para nós. Também, com tanta roupa, como vão olhar? Que mundo chato!", questionava-se Ghinla.

A criança que fora, questionadora e rebelde, transformara-se numa mulher dura, áspera e mal-humorada. A mãe de Ghinla já não via mais saída para fazer brotar-lhe um sorriso ou algum traço de alegria.

Parecia que nada a agradava, e a moça realizava as tarefas de mau grado, de forma automática e sem emoção. Qualquer um que se aproximasse dela sentiria o céu escurecer, mesmo sem ela dizer uma palavra.

Amanhecia, e Ghinla já sabia o que a aguardava. Era torturante o passar dos minutos, e cada movimento serviçal que fazia era em obediência aos homens. E era sempre assim.

"A vida nunca muda! Tenho sempre de servi-los. Vivemos em submissão aos homens. Como as mulheres podem viver assim e ainda serem felizes?"

Não compreendia por que as mulheres existiam. E, cada vez mais, sentia-se excluída do mundo em que nascera, tornando-se carrancuda e desagradável. A mãe de Ghinla preocupava-se com o temperamento dela, cada vez mais fechado, mas nada fazia. Pelo menos ela cumpria com o que era esperado.

Por dentro, Ghinla revoltava-se com a realidade que lhe era imposta. Não tinha escolha, não tinha o direito de falar, não tinha direito de mostrar seu rosto e muito menos de tomar decisões.

"Qual é a graça da vida?", perguntava-se Ghinla.

A irmã mais velha de Ghinla havia sido vendida havia algum tempo; a do meio também; e sua mãe começava a lhe falar de casamento.

— Seu pai já está vendo um bom acordo para você. Anime-se, pois logo se casará! — comentou a mãe de Ghinla, sorridente e animada, tentando provocar alguma reação positiva na filha.

— Mãe, desde quando eu quero me casar? Qual é o propósito disso? Servir ao meu marido, assim como aos seus caprichos? Vocês são todas loucas, insanas! Temos uma vida medíocre — replicou Ghinla, com rudez.

— Minha filha, ainda não percebeu que a vida é assim?

— Claro que já percebi que a vida é esta desgraça. Só não me peça para ficar feliz com uma vida que nada muda e em que não temos liberdade alguma! — devolveu Ghinla, com voz alta e irritadiça.

Sua mãe meneou a cabeça, apertando os olhos desgostosa. Saiu do quarto das filhas, deixando-a sozinha. Ghinla revoltava-se com a ideia de casamento, ainda mais quando se lembrava de que vivia num mundo em que mulher não tinha vez.

Como já era esperado, foi vendida. Esse era o casamento da época. As mulheres eram comercializadas, e isso era considerado natural. Nada mais certo do que serem vendidas por preço justo, após tantas despesas que elas davam sem nenhum retorno.

Ghinla não conhecia o homem que a comprara, mas, segundo as conversas ouvidas à espreita entre sua mãe e seu pai, o homem era rico e já tinha outra mulher, que não lhe dera filhos. Ela seria, portanto, a segunda mulher, e estava implícito que deveria dar ao menos um filho homem ao marido.

Esse era o mínimo esperado das mulheres, principalmente ao adentrar uma casa em que já houvesse outras. Essa era a cultura do povo do qual Ghinla fazia parte, e o papel da mulher era afirmado por sua mãe sempre que tinha oportunidade:

— Sirva da melhor maneira, minha filha, se não quiser ser renegada ou ter outras acima de você. Seja impecável e mostre o valor de uma mulher!

Ouvir as mesmas asneiras tirava Ghinla do sério, que gritava para sua mãe parar de repetir o que já sabia.

Receber a notícia do casamento não foi tão martirizante.

"Pelo menos minha vida vai mudar um pouco", refletiu ela. Sabia que, cedo ou tarde, isso aconteceria, e já estava preparada: "Ele ser rico é muito bom! Sair dessa pobreza será ótimo".

E assim, aos poucos, ela via vantagens em se casar. Na pior das hipóteses, iria servir e servir, mas em outro local, com peças mais ornamentadas, era o que pensava.

Não houve festa nem celebração. Como vinha de uma família muito pobre, os homens interessados faziam propostas ao pai e cabia a ele aceitar ou não.

Assim foi com Ghinla. Já havia um tempo, seu pai negociava sua venda e certo dia ele apareceu para apanhá-la.

Ghinla olhava impaciente pela janela, sob os gritos intermitentes de sua mãe:

— Vá, Ghinla, arrume-se! Ele está chegando.

Ela simplesmente fitava a imensidão da areia sendo erguida pelas patas aceleradas dos camelos que vinham. "Não tenho escolha. Terei de ir. Mas prometo a mim mesma que lá, de alguma forma, terei outra vida", pensava Ghinla.

CAPÍTULO 4

O homem que fitava Ghinla era alto, tinha cabelos curtos e pretos, a pele morena queimada pelo sol estarrecedor do deserto. Seu turbante era grande e bem ajustado ao redor da cabeça. Pela qualidade do turbante e aparência dos tecidos, ela constatou que ele era mesmo rico: "Nunca vi nada igual. Dinheiro, pelo menos, ele tem!".

Em certo momento ele ordenou-lhe que tirasse a burca, e ela assim o fez. Por seu olhar, ela percebeu a aprovação. Ela sabia que não era bela. Seu rosto era bruto e escuro, suas bochechas eram gordas.

Seu corpo era grande, diferente das outras mulheres, mas achava que ele estava aprovando-a, pois, perspicaz como era, lembrou-se da conversa entre seus pais, dizendo que ele não tinha filhos. O formato de seu corpo era considerado ideal para gerar bons filhos.

"Só pode ser isso. Ele espera que eu lhe dê filhos, por isso me aprova. E é isso o que farei."

Ghinla despediu-se de seus pais sem nenhuma emoção. Para ela, eles não passavam de estranhos que lhe deram uma vida chata e sem sentido. Saiu da casa, pisou na areia do deserto e sentiu seu corpo afundar levemente no solo.

Um servo do marido ajudou-a a montar no camelo. Seu marido fez o mesmo, e assim começaram a andar. Não se cumprimentaram, e nenhuma palavra foi dita a ela. Ela só obedecia, como estava acostumada.

Seguiram por um longo caminho, passaram por outros acampamentos e algumas cidades, até que, após longas horas e suportando as dores nas costas como agulhas a lhe perfurarem o corpo, Ghinla notou que os camelos começaram a andar mais devagar.

Ela olhava para os lados, buscando decifrar onde estava. Nunca havia saído do acampamento dos pais, nada conhecia senão o local onde nascera.

Aquilo que se apresentava a ela era totalmente novo: eram casas bem-feitas, cujo piso era duro e não arenoso. Havia tecidos por todos os lados, e uma quantidade enorme de pessoas andavam agitadas para lá e para cá.

Uma só coisa era igual: as mulheres também estavam cobertas da cabeça aos pés e andavam no encalço dos homens.

"Este mundo é desprezível!", refletia Ghinla.

Apesar de estar acostumada a essa realidade, de alguma forma acreditava que talvez em sua nova vida isso pudesse ser diferente.

"Que tola. É assim e sempre será. Esperta aquela que conseguir tirar proveito disso!"

Conforme andavam, via as pessoas reverenciando seu marido, o que era confuso para ela.

"Pelo menos ele deve ser importante..."

Uma pitada de orgulho de ser a escolhida daquele homem começava a inflá-la. Ela conseguia vislumbrar algo de bom em anos de monotonia.

Pararam em frente a um muro alto e portões de ferro. Um servo abriu, e eles entraram. A casa era grande, não tanto quanto Ghinla esperava, mas era grande. Havia muitas mulheres à frente e servos, e uma delas se destacava. Ghinla deduziu que era a outra esposa de seu marido.

Desceram dos camelos, e o marido disse à mulher:

— Acomode Ghinla no quarto e não me cause problemas!

A mulher retesou-se. O tom de voz de comando do marido soava como ordem incontestável. Não tinha como ver a reação da mulher, afinal, uma burca preta com orifício somente para os olhos a cobria.

A mulher aproximou-se de Ghinla e pediu-lhe que a acompanhasse. Adentraram a casa, que era espaçosa e tinha vários ambientes. Da sala principal se espalhavam portas e mais portas.

Ghinla estava confiante. De certa forma, já se sentia superior.

"Essa mulher não será nada daqui para frente. Assim que eu der ao meu marido um filho homem, terei privilégios incontáveis nesta grande casa", pensou.

O dia seguiu com Ghinla sendo acomodada e com a mulher servindo-a de mau grado. Ninguém na casa havia gostado de Ghinla, que logo percebeu isso. Todos eram ríspidos e tinham para ela falas curtas. Mesmo quando estavam sozinhas, Ghinla e a outra mulher não trocavam palavras, sendo somente proferidas instruções e orientações de onde estava tudo e como deveria se comportar.

Apesar do clima hostil, ela sentia-se segura e confiante. Ninguém ali iria desafiá-la e, se assim o fizessem, saberia como reagir.

Em dado momento, a mulher disse:

— Se pensa que vai tomar meu lugar, está muito enganada. Aqui é minha casa, e você é uma mera intrusa.

— Se assim o fosse, minha querida, por que iriam me comprar? Pelo visto, seu papel não está sendo bem desempenhado! — respondeu Ghinla com ironia, dando uma longa gargalhada.

A mulher fitou-a com ódio e retrucou:

— Pois bem. Se por acaso lhe der um filho homem, pois é somente por isso que a comprou, aí conversaremos. Mas acho difícil, muito difícil! — E deu uma risada discreta que intrigou Ghinla.

"Por que ela disse que será difícil? Ela pensa que eu não sou forte o suficiente?"

— Conversaremos em breve, então. Saia do meu quarto! — tornou asperamente.

A mulher abaixou a cabeça, devolvendo com ironia:

— Sinta-se em casa! — E deixou o quarto de Ghinla.

Logo na primeira noite, teve o coito ritualístico das núpcias. O marido de Ghinla, como era de se esperar, fora bruto, e ela sentiu muita dor. Não havia amor nem romantismo, somente o objetivo de fazer um filho.

Os dias se passavam, e mais acostumada à nova casa Ghinla ficava. Já nem se importava com a outra mulher, pois seu marido não dava nem sinais de que ela fosse importante.

As refeições eram servidas por Ghinla e pela outra mulher, e esse era o contato que tinham. O marido mal olhava para as duas, sempre ansioso pelo prato.

Ghinla viu resultado nos anos em que sua mãe lhe ensinara a cozinhar e, fitando as mulheres prepararem a comida, aprendeu a manusear novos e saborosos temperos que despertavam a atenção do marido.

Uma vez, ele perguntou quem havia feito tal prato, e ela respondeu que tinha sido ela, orgulhosa de estar chamando a atenção. Mesmo quando os pratos eram feitos pela outra mulher, Ghinla dizia que haviam sido feitos por ela. As mulheres começavam uma breve discussão, e ele rapidamente ordenava o silêncio dizendo:

— Não irrite Ghinla! Se ela fez, por que se incomodar? Se fosse você, eu já teria notado antes de Ghinla chegar a esta casa! — Ele bradava em defesa da nova esposa, que vibrava de satisfação, enquanto fixava a outra com um olhar duro e maléfico.

"Enquanto não lhe dou filhos, que goste da minha comida!" Apesar de não gostar de cozinhar, encontrou na comida uma forma de chamar a atenção do marido.

Ghinla ia, pouco a pouco, se adonando do lugar onde estava e percebendo os vários caminhos e as artimanhas daquela casa. De forma sutil, começou a ganhar espaço e adquirir certo respeito. Todos ali viam que o dono da casa tinha uma leve tendência a bajular Ghinla e ouvi-la. Certa noite, quando já haviam servido o jantar e o marido degustava as comidas dispostas, ela pediu permissão para falar:

— O senhor me permite falar? — indagou ela respeitosa, como havia aprendido.

— Se já abriu a boca, fale — rebateu o marido.

— Eu estou grávida — contou ela, contendo-se para não deixar sua exaltação tomar conta de si.

Os paparicos iniciaram-se. A mando do marido, Ghinla não cozinhava mais nem saía do quarto. Aquilo a irritava. "Estar grávida não é estar presa entre quatro paredes!" Quando o marido chegou para vê-la, ela pediu permissão para falar:

— Diga.

— Sinto que o bebê precisa de ar fresco. Deixe-me sair do quarto, andar pela casa, pelo mercado. É necessário — solicitou ela respeitosa, esforçando-se para a voz sair doce e suave.

— Não é o recomendado! Nunca me disseram que isso faria bem ao bebê — retrucou ele, ríspido.

— Por isso que nunca tiveram filhos homens! No meu ventre reside um menino, eu sinto. E ele pede que saiamos às ruas — ressaltou com voz doce, porém veemente.

— Faça como achar melhor, mas cuide do meu filho! — pediu ele, áspero. Interiormente, ela vangloriava-se. Era por meio de pequenas vitórias como essa que ela ia ganhando respeito e respaldo naquela casa. A outra mulher nunca havia saído do quarto durante as gestações, era o comentário geral entre os servos.

Ghinla saía com duas servas e dois servos e passeava no mercado. Num desses passeios, sentiu uma dor profunda no ventre e começou a gritar:

— Levem-me! Vou ter meu filho! Levem-me de volta para casa e chamem a parteira!

Correram rapidamente e em instantes estavam no quarto, com tudo preparado, começando o trabalho de parto.

Ghinla carregava em seus braços uma menina e a amaldiçoava. "Menina! Uma menina! De que me adianta ter uma mulher?"

Estava desacorçoada: "Tanto sofrimento... para ter uma menina!".

Naquele dia, o marido de Ghinla nem sequer entrou em seu quarto para ver a filha.

O tempo passava, e Ghinla engravidava com facilidade, porém, para seu infortúnio, também pariu meninas em suas outras gestações.

Ninguém acreditava que ela pudesse parir um menino e já se comentava que seria necessário o patrão arrumar outra mulher.

— Não vai ter jeito. Ele está ficando velho e Ghinla também. Terá de arrumar outra mulher — ela ouvia os servos comentarem à espreita.

— Essa casa foi amaldiçoada! — comentavam. Raiva e fúria cresciam dentro de Ghinla, que afastava de si as filhas, repugnava sua cria como se fosse o mal encarnado. Criou-as com distância, evitando a todo custo vê-las.

Quando as via, era como o fracasso diante de seus olhos. E isso ela não suportava. Não naquela casa. Não naquela vida.

"Como essas criaturas puderam fazer isso comigo? Malditas meninas!"

O marido afastava-se dela gradualmente, com decepção. Ghinla sentia-se perdendo o poder que outrora tivera sobre o homem e estava cada vez mais convicta de que ter um filho homem seria sua única salvação.

Estava sendo alvo de zombaria de todos aos quais ela mesma havia se imposto. A outra mulher de seu marido não podia estar mais feliz. Entrou no quarto de Ghinla, abaixou a cabeça com ironia e, antes que fosse expulsa do cômodo, jogou-lhe na cara:

— Quando entrou aqui, veio toda pomposa, gabando-se de que teria um filho homem! Vejo agora a horda de homens que se sentam ao seu lado! — gargalhou.

— Não se intrometa onde não é chamada! Se você tivesse tido um filho homem, poderia falar de mim. Miserável! — devolveu Ghinla, enrubescendo a face. — Saia daqui! Saia do meu quarto! Quero ficar sozinha!

— Sim, fique sozinha no inferno que trouxe para esta casa, cobra! — retrucou a outra mulher, com a face séria e a voz firme, saindo do quarto com os passos pausados, o que era percebido por Ghinla como grande provocação. Nada podia fazer, contudo.

"Que todos morram! Que vão para o inferno!", Ghinla sentia na pele a urgência de ter um filho homem.

Ficou sozinha no quarto a tarde inteira. No final do dia, uma serva adentrou o cômodo e avisou:

— Senhora, seu marido chama a todos para a sala principal.

— O que ele quer agora? — questionou Ghinla, sem paciência.

— Não sabemos, senhora. Mas há grande movimentação nos portões da casa — continuou a serva.

Aquilo aguçou a curiosidade de Ghinla: "Movimentação e todos convocados? Deve ser importante".

Em seguida, vestiu a burca e acompanhou a serva.

Enquanto se dirigia para a sala principal, ouviu os servos comentando:

— Ela chegou! A nova senhora chegou! Apressem-se! — disse um.

— Vamos, ela está aqui! — disse outro.

— Quem está aqui? Quem é essa nova senhora? — gritou Ghinla, e todos pararam em vista da fúria iminente que tanto conheciam.

Um servo, titubeando, deu um passo em direção a Ghinla e com a cabeça baixa comunicou:

— Seu marido acaba de trazer uma nova mulher para esta casa, senhora. — Ele tinha um leve sorriso nos lábios.

Ao perceber que havia certa felicidade no servo, uma onda de ódio percorreu cada centímetro do corpo de Ghinla. Se não fosse pela burca que escondia sua face, todos veriam o quão desconcertada e vermelha de fúria ela estava.

"Pelo menos esta burca serve para alguma coisa", ruminava. "Na hora certa, vou colocar esta mulher no lugar dela. E eles verão que quem manda nesta casa sou eu."

O silêncio pairou, e todos encararam Ghinla à espera de alguma reação, porém ela estava estática e nada falou por segundos que pareceram uma eternidade, até que concluiu:

— Vamos! Vamos todos receber a nova mulher de meu marido! Que ela seja bem-vinda por todos nós! — asseverou, com firmeza e ironia. Os servos, pouco a pouco, voltaram à correria, impressionados com a postura da sempre tão maquiavélica Ghinla.

Ghinla e os demais esperavam ansiosos a nova mulher na sala principal. A porta estava aberta, e eles avistaram a aproximação lenta dos camelos. O marido estava à frente e, tão logo os animais pararam, ele desceu e acenou para um dos servos, que rapidamente ajudou a mulher a descer do camelo. Ele, então, se voltou para as mulheres e os servos da casa, dando-lhes instruções:

— Acomodem-na no melhor quarto da casa. Deem-lhe de comer e de beber. Esta noite, repousarei em seus aposentos.

— Se me permite, gostaria de mostrar a casa à nossa nova amiga — pediu Ghinla com respeito e voz suave.

O marido olhou-a de cima para baixo, surpreendendo-se com tal comportamento. Nenhuma mulher gostava quando o marido trazia outra, e, definitivamente, aquele comportamento causou estranhamento em todos. Ele franziu o cenho.

— Faça isso, Ghinla. Apresente-a a todos — ordenou, com satisfação aparente.

O marido entrou na casa, e Ghinla fitou a nova mulher. "Será fácil demais", pensava, positiva. Aguardou enquanto os servos descarregavam a caravana e se dirigiu até a nova integrante da casa.

Aproximando-se, segurou as mãos dela e fixou-a profundamente, transparecendo empatia:

— Seja bem-vinda, querida! É com alegria que a recebemos em nossa casa! — E, com a burca a lhe esconder a feição irônica, transmitiu uma falsa amorosidade à mulher, que se inclinou e agradeceu.

Os dias passavam, e Ghinla aproximava-se mais da mulher. Sabia que o marido estava gostando da aparente amizade das duas e sentia que, através dela, poderia controlá-lo e ter certa liberdade. Usou como desculpa apresentar a cidade à nova mulher, e elas passaram a sair constantemente.

Em sua mente fervilhavam pensamentos sobre como ter um filho homem. Cada vez que saía e via mulheres grávidas nas ruas, ela as invejava e odiava mais suas filhas.

Numa dessas saídas, uma ideia brotou em sua mente: "Eu posso muito bem pegar um filho dessas mulheres e levar para casa como se fosse meu!".

Aquele pensamento foi como uma luz no fim do túnel. Se desse certo, ela teria o filho homem que seu marido tanto queria. Bastava que fizesse tudo direitinho.

E assim, nos dias que se seguiram, Ghinla aumentou o número de vezes que saía com a nova mulher às ruas e passou a analisar as mulheres grávidas, seguindo-as, com o intuito de ver onde moravam e se já havia meninos na casa.

Avistando uma mulher que sempre via pelas ruas, tocou o braço da outra esposa de seu marido e, apontando para uma tenda de tecidos, comentou:

— Querida, veja quantos tecidos lindos há naquela tenda! Não quer olhar?

— Tem razão, Ghinla! São lindos! Vamos até lá! — tornou animada a mulher.

— Não, meu bem, vá você, pois tenho que comprar remédios. Se tiver algum bonito, compre-o para mim. Vou à tenda curativa e a encontrarei em instantes aqui para prosseguirmos — garantiu Ghinla, distanciando-se da mulher e avisando os servos que não demoraria.

Foi então ao encalço da mulher que avistara. Seguiu-a por poucos minutos, até que a viu entrar numa casa e notou alguns meninos pequenos correndo em sua direção.

"Perfeito. Será essa a mulher que parirá meu filho!", e, enchendo-se de determinação, aproximou-se da casa, que era simples.

"Não há servos. O marido deve estar fora. Só ela e os filhos. É a minha chance."

Decidida, bateu palmas.

A mulher surgiu na porta. Era baixa, e longas vestes escuras e uma burca cobriam-lhe o corpo, de onde despontava uma quase imperceptível protuberância na região abdominal. Quando percebeu que era Ghinla, apressou-se em abrir a porta.

— O que posso fazer pela senhora? — Quis saber, assustada e um tanto apreensiva.

Aquela abordagem agradou Ghinla. Sabia que todos a conheciam e a respeitavam por ser mulher de quem era.

— Olá. Estou um pouco cansada e tenho sede. Será que poderia me dar um copo d'água e um lugar para me sentar uns minutos? — pediu com voz trêmula, fingindo-se ofegante.

— Claro que sim! Mas a senhora não vai querer entrar em minha casa. É muito humilde. Vou lhe servir aí mesmo — afirmou, apressando-se, mas sendo interrompida por Ghinla.

— Não! Eu prefiro entrar. O agito das ruas está me deixando zonza. Não há problema com a simplicidade. Eu mesma vim de casa mais simples que a sua, querida — tornou Ghinla.

Surpreendendo-se com essa atitude, a mulher esboçou um sorriso.

"Pronto. Abaixei a guarda dela. Em pouco tempo, ela vai confiar em mim."

Entraram na casa, e Ghinla arrepiou-se com tamanha sujeira e pó.

"Que nojentos!"

A mulher providenciou uma cadeira e sugeriu a Ghinla que se sentasse:

— Sente-se aqui, senhora. Já vou pegar um copo d'água.

— Obrigada, querida.

Ghinla olhou ao redor, percebendo que a casa era perfeita. Eram pobres. Por aí que Ghinla iria se aproximar. "Vou dar-lhes roupas, comida, e ela logo confiará em mim."

Quando a mulher voltou com a água, Ghinla tomou-a de um só gole, e começaram a conversar:

— Está sozinha aqui?

— Sim, senhora. Meu marido trabalha no comércio até tarde da noite.

— E você tem muitos filhos! São lindos! Deixe-me vê-los de perto.

— Meninos, venham aqui! — chamou a mulher na mesma hora. Eles foram. Eram quatro.

"Como pode essa miserável ter quatro filhos e eu nenhum? O mundo é cruel!", pensou Ghinla.

Ghinla levantou-se e aproximou-se de um que chamou sua atenção. Era baixinho.

— Quantos anos tem este?

— Três anos, senhora. Fez ontem!

— Ele é lindo. E forte. Aliás, todos são fortes, não é? — Os olhos de Ghinla passavam de filho para filho constatando que seu plano seria perfeito.

"Eles são parecidos comigo e com meu marido. São robustos e têm a mesma pele."

Esse pensamento preencheu-a de ânimo, deixando-a segura de que tudo daria certo.

— Eu tenho três lindas meninas! Fortes também. Os filhos são a alegria da casa, não é? — comentou Ghinla, mostrando alegria e afeto.

— Ah, são sim, senhora. Eu amo meus filhos. Faço de tudo para que cresçam fortes. Estou à espera de mais um! — disse a mulher, entre sorrisos, sem se dar conta do perigo daquela revelação. Nesse instante, Ghinla transpareceu o ânimo pelas feições.

— Que notícia maravilhosa! — exclamou, arrependendo-se da entonação. — Digo, isso é muito bom para você! Sua casa repleta de menininhos! Que alegria para seu marido!

— Realmente é, minha senhora. Estamos todos muito felizes! A única preocupação é que serão muitas bocas para meu marido alimentar — comentou a mulher, ingenuamente.

— Mas isso não será problema! — observou Ghinla, pegando nas mãos da mulher: — Gostei de você, e dinheiro não lhe faltará! — Esboçou um sorriso que beirava à sinceridade.

E ficaram por longos minutos conversando, quando Ghinla lembrou-se de que era hora de ir, pois a outra mulher já devia estar a procurando e não seria nada bom que a encontrasse ali.

— Tenho de ir. Amanhã, voltarei com boas comidas e algumas roupas para eles, está bem?

— Muito obrigada pela compaixão! Aguardarei a senhora como quem aguarda uma grande amiga!

— E grandes amigas nos tornaremos, pois vejo que é uma grande mulher! — dizendo isso, foi se distanciando dos meninos e aguardou a mulher abrir a porta.

Assim feito, saiu da casa, olhando ao redor. "Não há nenhum dos meus aqui. Ótimo."

E saiu às ruas.

Encontrou a nova mulher de seu marido, e voltaram para casa.

A semana que se seguiu foi repleta de visitas à casa da mulher com os filhos. Ghinla levava roupas e comida, e a outra ficava cada vez mais grata. A mulher figurava-se como a mãe perfeita do filho de Ghinla.

"Só pode nascer um homem dessa barriga. Já tem quatro. Esse será o quinto dela e o meu primeiro!"

Ninguém sabia de suas visitas, e ela nunca encontrara o marido em casa.

Em um desses encontros, pediu à mulher:

— Por favor, querida, não conte a ninguém que estamos nos encontrando, está bem? Achariam muito estranho eu estar aqui. As pessoas não compreendem que possa haver afeto entre classes sociais tão distintas!

— Claro, senhora, se eu ouvisse alguém falar, também acharia. O melhor é ficar em silêncio — concordou a mulher.

— Não diga ao seu marido também. Ele é do comércio, e podem comentar sobre nossos encontros. Isso poderá chegar aos ouvidos de meu marido. Sabe como é o comércio... — insistiu Ghinla, imperceptivelmente.

— Eu entendo, senhora. Nada direi ao meu marido. Mas e se ele me perguntar sobre os alimentos e as roupas que traz aos nossos filhos?

— Neste caso, diga que tem uma prima distante que passou aqui. Algo do gênero. E que ela é abastada. Trate de esconder as roupas recentes. Em algum momento, ele quererá saber quem é, e temos que evitar isso — solicitou Ghinla de forma veemente e enfática.

— Sim, senhora. Está bem. Uma prima distante me visitou. Falarei isso — respondeu apreensiva a mulher.

— Não se sinta mal de mentir ao seu marido. Nós somos mulheres, já não podemos ter nada a não ser pequenos agrados que nossos maridos nos dão. Quando é que vamos ter liberdade? O que estamos fazendo de mal em nos encontrar? Nada! Só tendo bons momentos. Mas podemos ser espertas e evitar confusão e julgamento errôneo. Compreende, minha amiga? — comunicou gentilmente, porém firme.

— Claro que compreendo. A senhora tem razão. Ninguém precisa saber de nossos encontros. Não estamos fazendo nada de errado! — respondeu a mulher, enfática e determinada.

Ghinla sorriu satisfeita.

"Essa mulher confia cada vez mais em mim. É o que preciso."

Naquela noite, Ghinla perfumou-se além do usual, colocando sua roupa mais bonita e enfeites no cabelo:

— Arrume melhor isso. Está torto — instruiu a serva que a auxiliava. — Não! Assim está me machucando. Só quero um pouco mais para o lado! — E deu um tapa na mão da serva, ajustando ela mesma os cabelos no lado que queria.

Olhou-se no espelho.

— Estou bonita? — perguntou à serva.

— Sim, senhora. Está bela — respondeu a serva, tentando não deixar transparecer sua confusão.

Ghinla percebeu sua desconfiança e, sabendo dos comentários dentro da casa, justificou-se:

— Sempre me visto da mesma forma, sem nenhuma graça. A partir de hoje, vou me arrumar mais! — comentou com voz alegre.

Uma vez pronta, foi para a cozinha preparar os pratos com os segredos que adquirira no mercado naquela tarde. Ela tinha em mente impressionar o marido e fazê-lo ir ao seu quarto. Por meio do corpo e da barriga, ele haveria de visitá-la no quarto naquela noite.

A hora do jantar aproximava-se, e Ghinla estava na cozinha terminando alguns pratos para o marido. Enquanto cozinhava, ouviu uma conversa entre as servas e uma mulher, cuja voz desconhecia, que lhe suscitou interesse.

— Sim, este aqui mata mesmo. Pingue algumas gotas nos queijos e observe o rato cair duro no chão — ensinou a estranha.

— Se é como diz, vamos fazer isso logo. Este é o melhor que tem em sua tenda para acabar com os ratos?

— Testei em minha casa uns dias atrás. Fiz assim: distribuí queijos pelos cantos da casa com algumas gotas desse veneno e fui dormir. No dia seguinte, havia vários ratos mortos em casa. — A mulher riu de seu próprio comentário. — Guarde-o em local seguro, pois é fatal — completou.

Ghinla inclinou o corpo para tentar ver onde elas estavam. Conseguiu ver a mulher e a reconheceu. Era a dona da tenda que vendia remédios. Ghinla nunca havia ido à tenda, porém passava por ela todos os dias a caminho do templo, com o servo que sempre a acompanhava.

"Não posso acreditar. Os deuses devem estar a meu favor. Agora tenho a segunda parte do meu plano ao meu alcance!"

Ghinla vibrava. Esgueirou ainda mais o corpo conseguindo ver onde a serva guardara o veneno.

"Pelo jeito, não seguiu o conselho da mulher. Bobinha!" E um sorriso surgiu em seu rosto. Olhou para o alto, em busca dos potinhos de tempero. Encontrando-os, levantou a mão e pegou um. Testou o fecho e ficou satisfeita.

"Este é ideal. Terminando o jantar, pego um pouco e coloco neste pote. Agora é hora de pensar na noite que terei com meu marido."

Esse pensamento a trouxe de volta à realidade das panelas e do fogo, pondo-se a cozinhar, mais animada que o usual.

Quando o marido chegou, Ghinla tratou de sentá-lo e apresentar-lhe os pratos. Conforme falava, balançava a cabeça para que ele sentisse seu perfume.

Quando tinha oportunidade, roçava seu corpo discretamente nos braços dele. Ela percebia as outras mulheres com ciúme, mas elas nada fizeram, e Ghinla pouco se importava.

O que importava eram as reações que o marido estava tendo. Cada prato que degustava e soltava um grunhido em aprovação, Ghinla apressava-se em dizer:

— Fui eu que fiz. Sei o quanto gosta desse prato!

— Humm! Está bom! — Deliciava-se o marido, e Ghinla sabia que era a aprovação de que precisava. As mulheres não ousavam se manifestar. Ghinla sabia que exercia certo controle sobre elas.

"É o respeito que nenhuma mulher sabe impor. São todas fracas."

O jantar demorou bons minutos, e Ghinla aproveitava cada um minuciosamente, sensualizando e provocando o marido. Os olhares do marido para ela foram se intensificando, mostrando que estava atraído por ela.

"Consegui. Ele irá ao meu quarto esta noite!"

O marido levantou-se, e as mulheres abaixaram ligeiramente a cabeça em sinal de respeito, como era usual. Ia saindo, quando avisou:

— Ghinla, prepare-se para mim esta noite.

— Sim, senhor. — Internamente, Ghinla pulou de alegria. Hoje seria o dia em que ficaria grávida. Tudo estava correndo de acordo com seus planos.

Ghinla sentia os olhares das outras mulheres, mas em nada a afetavam. Em definitivo, os outros nunca pareceram incomodá-la.

Em seu quarto, Ghinla esperava ansiosa. Havia se vestido com suas melhores roupas e se perfumado ainda mais. Sabia que não era bela, mas aprendera rapidamente as artes da conquista.

Seu marido adentrou o quarto num rompante. Parou e viu Ghinla disposta na cama de forma sensual. Ela estava de bruços, movimentava as pernas e mexia no cabelo como se não percebesse que ele ali estava. Ela sabia que ele gostava de suas pernas...

Ele aproximou-se da cama, sentou-se e tocou-a no braço.

— Ghinla, Ghinla, essa noite você me surpreendeu — reconheceu seu marido, sério, porém seus olhos revelavam o prazer do que aconteceria a seguir.

Ghinla satisfazia-se com o prazer que exalava e que aquele homem captava. Gostava da sensação de estar no poder e no comando.

Tiveram uma noite tórrida de amor, que durou horas. Enquanto ele adormecia ao seu lado, Ghinla, ainda acordada, pensava nos próximos passos de seu plano.

"Homem burro e insosso. Foi fácil enganá-lo. Está impressionado comigo e fará tudo o que eu quiser."

Ghinla levantou-se delicadamente da cama, para não acordar o marido, e foi até o armário. Abriu-o com leveza e cuidado. Seu marido tinha sono pesado, mas todo cuidado era pouco.

Empurrou um pouco as vestes para o lado e vislumbrou um paninho vermelho. Pegou-o com cuidado, desenrolando-o. Lá estava o pote com veneno. Ela abriu um sorriso acariciando o pote.

"Isso será bem mais útil para mim do que para matar os ratos desta casa!"

Tudo saíra da forma como Ghinla imaginara. Ela sentia-se poderosa. Devolveu o pote ao seu devido lugar e voltou para a cama, ao lado do marido que roncava alto. Relaxou e dormiu como havia tempos não dormia.

Ghinla despertou com os movimentos do marido levantando-se. Tocou-lhe o braço gentilmente e murmurou, enquanto forçava os olhos para marejar:

— Nossa noite foi muito especial. Sonhei que vamos ter um filho. Tenho certeza de que engravidei essa noite. Vi os deuses[1] no meu sonho, e eles me davam um menininho.

---

[1] Na época da narrativa, a religião era politeísta. Muitos povos da Antiguidade construíam templos para adorar vários deuses.

— Espera mesmo que eu acredite nisso? Tenho que ir, não me faça perder tempo com suas asneiras — respondeu asperamente o marido, desvencilhando-se de Ghinla.

— Você verá que é verdade! — choramingou, simulando desespero.

Ele simplesmente saiu do quarto, sem olhar para trás, enquanto Ghinla o acompanhava com os olhos.

— Tolo! Você verá a asneira se transformar num lindo menino e fará o que eu quiser! — E soltou um riso abafado pelo lençol que envolvia seu corpo.

Após dois meses, uma noite durante o jantar, Ghinla dirigiu-se ao marido:

— Permite-me falar?

— Diga, Ghinla.

— Estou grávida — afirmou, com voz suave e melodiosa. — Meu sangue não vem há dois meses. Será um menino desta vez! — completou excitada.

O rosto do marido brilhou, mas, tão logo quanto veio, o brilho assim foi.

— Como sabe que é menino? Das outras vezes, ouvi a mesma coisa. Aliás, de todas vocês eu ouço sempre o mesmo.

— Sonhei com nosso filho em meus braços naquela noite em que dormimos juntos e, desde então, tenho sonhado direto com isso. Fui ao templo, e os deuses me confirmaram. Será menino. Mas não tentarei convencê-lo, apenas lhe darei um menino — ajuntou, categórica.

— E desde quando você vai ao templo?

— Tenho frequentado o templo desde aquela noite. Peço aos deuses que lhe deem um filho homem, não importa de qual mulher, pois sei que é importante para você. — Sua voz era baixa e transparecia sinceridade. Na verdade, Ghinla frequentava a casa da mulher que lhe daria um filho. — Mas eu fui a escolhida para lhe dar um filho homem. Os deuses me revelaram isso.

— Que os deuses escutem sua reza! Estou farto de tantas mulheres perambulando por esta casa — despejou ele, sem sequer olhar para Ghinla. — Partirei esta noite e só retornarei daqui a um mês. Que até lá sua barriga tenha crescido e que seja mesmo um menino! Se for um menino, esta casa será abençoada pelos deuses, e Ghinla terá provado seu valor! — exprimiu-se com veemência.

— Os deuses também me disseram que eu tenho de me vestir sozinha e parir meu filho sozinha, em uma casa onde só tenha água e uma bacia. Eu devo fazer tudo. São os deuses que dizem.

— Faça como acha que deve, contanto que me dê um filho.

— Você me permite pedir a um dos servos que já veja alguma casa desocupada e a prepare para mim? Tem de ser perto do templo... — rogou-lhe transparecendo verdade na voz.

O marido olhou para os lados e chamou um servo, que se aproximou rapidamente, com a cabeça baixa.

— Vá atrás dessa casa. Providencie tudo de que ela precise — ordenou firmemente.

Na sala, o silêncio petrificava. Todos sabiam da seriedade da afirmação de Ghinla. Dizer que sonhou com os deuses era muita ousadia. Dizer que os deuses lhe davam orientações era atrevimento maior ainda. Ela sabia que assim teria poder.

"Deuses e um filho. É o que preciso para mudar esta vida medíocre que levo!"

Ghinla sabia que, após uma afirmação dessas, era bom que tivesse este menino em seu poder de qualquer jeito, custasse o que custasse.

Quando o marido se levantou, as mulheres abaixaram a cabeça, e ele saiu sem se despedir. Ghinla apenas sentia o olhar cravado das duas esposas nela.

"Que olhem... olhem para Ghinla, que está prestes a dominar esta casa!", pensou, enquanto abria um sorriso e fixava profundamente as duas mulheres, devolvendo toda força num olhar que parecia queimar.

Sete meses haviam se passado, e Ghinla arrumara com perfeição uma barriga falsa. O marido prosperava e por isso quase não parava mais que uma semana em casa, viajando constantemente.

Aos servos, Ghinla dizia que preferia ficar em seu quarto sozinha e dispensava qualquer ajuda com as roupas, pois afirmava que essa era a orientação dos deuses.

Dessa forma, ela vestia-se sozinha, arrumava a barriga falsa e colocava meias para aumentar os seios. Não permitia que ninguém a tocasse. Ela se passava por grávida com perfeição. Fingia os desmaios e enjoos. Os paparicos eram vários, e ela sempre saía de casa com a desculpa de que ia ao templo.

Um servo a acompanhava, pois naquela época as mulheres não saíam sozinhas de casa. Mesmo assim, ela sempre o despistava, ordenando que a aguardasse a alguma distância do templo. Ele a via entrando no templo e a aguardava por longas horas. Ela entrava no templo, mas saía pela porta oeste e se dirigia à casa da mulher humilde.

— Senhora, que bom que veio! — manifestou a mulher.

— Não só vim, como trouxe presentes para os pequenos! Sua barriga está enorme! — tornou com alegria fingida.

— Assim como a sua! Vou pegar um chá para nós — replicou a mulher, distanciando-se em direção ao fogão.

Sabendo que logo a mulher teria o filho, Ghinla falou em voz alta:

— Acho que teremos nossos filhos juntas, não?

Da cozinha a mulher ergueu a voz e respondeu:

— Está para nascer, senhora! Minha barriga dói muito. Como deve saber, é sinal de que está para nascer. Eles nascerão juntos, acredito.

"Perfeito. Eles devem nascer juntos. A partir de agora, devo vir aqui todos os dias."

Após um tempo, despediu-se da mulher e saiu em direção ao templo. Lá, encontrou o servo, e voltaram juntos para casa.

Retornou mais três vezes à casa da mulher. Na última vez, ela afirmara veementemente que sentia que o menino nasceria no dia seguinte. Ghinla acreditou, pois foi da mesma forma com ela.

— Acredito em você. Quando se trata de nossos filhos, nós nunca nos enganamos — comentou Ghinla, sorridente.

— Eu nunca me enganei em relação ao dia do nascimento de meus filhos — disse a outra, séria.

— Espero que não se engane desta vez, pois depois de amanhã virei visitá-la e conhecer o novo menininho que andará pelos desertos! — informou Ghinla, misteriosa.

— Venha, vou gostar de ver a senhora! — E a mulher olhou para Ghinla, cheia de felicidade.

Ghinla tinha certeza de que o filho que a mulher esperava era homem.

"Não é possível que, com quatro meninos, o quinto não seja homem."

Ela estava em seu quarto. Quanto mais pensava, mais ansiosa ficava. Seus pensamentos eram todos sobre o filho. Que importava que não viesse de sua barriga? O filho seria dela de qualquer forma, afinal, ela o criaria.

Foi até a porta do quarto verificar se estava mesmo sozinha. Olhou o corredor e não viu ninguém. Fechou a porta, tomando cuidado para não fazer barulho.

Aproximou-se do armário, empurrou as roupas e pegou o paninho vermelho. Não o desenrolou; apenas o colocou na bolsa. Foi até o espelho. Olhou para si mesma e disse em voz alta, ignorando o fato de estar sozinha:

— Hoje é seu dia, Ghinla! Faça tudo direitinho e verá como todos ficarão aos seus pés da forma como sempre quis! — E abriu um sorriso. — Minha inteligência me tornará grande!

Saiu do quarto, caminhou pelo corredor e, assim que avistou uma serva, ordenou que chamasse o servo que sempre a acompanhava.

— Senhora, tem certeza de que deve sair de casa? O bebê vai nascer a qualquer momento — disse receosa a serva.

— Por isso mesmo preciso ir! A hora se aproxima! Creio que será hoje! Para que seja o menino que tanto precisamos nesta casa, devo seguir o que os deuses me falaram! Agora vá e chame o servo. Estou de saída, e ninguém irá me impedir — respondeu com aspereza.

A serva imediatamente saiu em busca do servo.

Ghinla já estava impaciente, quando ele se apresentou.

— Senhora, vamos quando quiser.

— Está com a chave da casa? Terei meu filho hoje! Os deuses me avisaram.

— Sim, está comigo.

— Então me dê.

— Mas eu vou com a senhora até lá.

— Não vai! — gritou Ghinla. — Não é essa a orientação dos deuses! Eu devo ir sozinha. Você me acompanhará até o templo e de lá eu seguirei para a casa! — disse bruscamente, aproximando-se do servo, puxando sua mão e tomando-lhe a chave.

Este, desconcertado, abaixou a cabeça. Não tinha como questioná-la. Ghinla sabia disso. Nunca, em hipótese alguma, se usava o nome dos deuses em vão. Mas o que significavam os deuses para Ghinla?

— Vamos! Estou esperando-o há séculos. Os deuses me esperam, mas eles não têm a mesma paciência que eu tenho com você! — tornou, irritada.

Imediatamente, saíram rumo ao templo.

Ghinla acenou para o servo informando:

— Chegamos, agora é comigo. Espere-me aqui. Volto com meu filho nos braços — murmurou, colocando a mão na barriga para simular a dor.

— Sim, senhora.

Ela andou, curvada, em direção ao templo. Sabia que o servo deveria estar pensando como poderia uma mulher ter um filho sozinha, mas relembraria que ela ouvira os deuses. "Tolos todos eles", e ria baixinho entre um gemido e outro de dor.

Adentrou o templo e logo saiu pela porta oeste. Dirigiu-se à casa da pobre mulher que parira um filho. Lá chegando, bateu palmas.

— Senhora! — A mulher saiu à porta, feliz, com um sorriso nos lábios. — Pensei que não viesse mais!

— Como não iria vir? Somos amigas! Pelo visto, você já teve seu filho — disse Ghinla, esperando ansiosa a resposta.

— Sim! É um lindo menino. Entre!

Ghinla entrou apressada e foi logo tirando a burca. Acompanhou a mulher até onde estava o menino. O coração de Ghinla estava acelerado. O pequeno corpinho se mexia, entre um sorriso e outro. Ela foi logo o pegando logo. Sentiu a apreensão da mulher, mas sabia que ela nada faria. Ghinla estava acima dela em todas as posições possíveis, e, por mais que fossem amigas, ela tinha de respeitá-la. Ghinla ergueu o menino exclamando:

— Que linda criança! Será um homem forte e vigoroso! — E olhava de forma misteriosa para a criança. Seu corpo vibrava.

Por dentro dizia: "Meu filho, seja bem-vindo ao mundo, a um mundo novo, cheio de conquistas e vitórias!".

O bebê começou a chorar. Ghinla acomodou-o em seu colo, mas não adiantou. A criança chorava ainda mais. A mulher enrubesceu e, delicadamente, pediu a Ghinla:

— Deixe-me acalmá-lo para a senhora.

— Não. Deixe-me ficar um pouco mais com ele. — Os gritos da criança não incomodavam Ghinla em nada. Era um som distante, perto do que aquela criança representava. Nada o separaria de Ghinla. Ficou por instantes observando o pequeno menino até que olhou para a mulher.

— Você deve estar cansada. Deixe que hoje eu mesma faça o chá... se me permitir. — Ghinla ainda estava com a criança no colo e inclinou o corpo para a frente para que a mulher o tomasse.

— Não é necessário. Não estou tão cansada assim. E não posso permitir que a senhora me sirva. — Sua voz era altiva, apesar de certo receio pairando no ar.

— De forma alguma. Vamos deixar de lado as posições sociais e ter um dia como amigas. Hoje é dia de celebrar. Seu filho é lindo. Eu insisto. Quero lhe preparar um chá! E você fique aqui, com seu menino — ordenou Ghinla, enfática, apontando a cadeira para a mulher se sentar.

Ghinla apertou a bolsa contra o corpo, sentindo o frasco de veneno. Séria, foi até a cozinha e começou a preparar o chá. Enquanto a água fervia, abriu discretamente a bolsa e retirou o embrulho de pano vermelho. Desenrolou-o e tomou o frasco nas mãos. Abrindo-o, derramou todo o conteúdo na água.

"Acho que isso será suficiente."

Colocou as ervas, separou uma xícara e despejou o chá.

"Estou fazendo um bem para a criança. Viver nesta pobreza não é para o meu filho."

Foi até a mulher e colocou o chá sobre uma mesa de madeira.

— Ponha seu filho no quarto. Ele já se acalmou — pediu Ghinla.

— É uma boa ideia, assim ficaremos o pouco tempo que temos juntas. — A mulher levantou-se e foi até uma caminha simples, acomodando o bebê lá. Arrumou-o e voltou para a cadeira, onde Ghinla a aguardava.

— A senhora não vai tomar chá?

— Não, querida. Este é especial para você. Eu tomarei água, estou com sede. — Ghinla foi até a cozinha, pegou um copo e encheu-o com água. Voltou e propôs um brinde à mulher.

93

— Que sejamos felizes com nossos filhos! Um brinde à nossa amizade! — tornou Ghinla, sorrindo. — Vamos, beba!

A mulher bebeu o chá, e Ghinla, a água.

O bebê estava no colo de Ghinla, e ela olhava, plácida, o corpo desfalecido que caíra no chão. A mulher não demorara para morrer.

"Como é simples matar alguém. E como as pessoas são ingênuas."

Ghinla não sentia nada com o que via. Ajeitou o bebê em seu colo, abaixou, tocou o peito da mulher e não sentiu nada.

"Mortinha!"

Para se certificar, deu um tapa no rosto dela. Nada, nenhuma reação. Ela já podia ir embora daquela casa. Foi até o quarto do bebê e pegou tecidos para escondê-lo até chegar à casa vazia.

"Nunca mais porei meus pés numa imundície destas."

Virou as costas para o corpo e, segurando o menino que agora era seu filho, deixou a casa.

Ghinla ficou um bom tempo na casa vazia, sozinha. Quando já estava tarde e escuro, caminhou em direção ao templo. Havia se descabelado, tirara um pouco do pano da barriga, molhara os cabelos. Ela olhava para o seu corpo e refletia: "Está perfeito. Parece que sofri e tive momentos difíceis. Agora posso voltar para casa".

Chegou ao templo curvada, segurando o menino nos braços, envolto em panos. Veio pela entrada oeste e saiu pela entrada sul, onde o servo a aguardava. Ghinla adorou ver que ele estava exausto e que nem reparara que ela estava chegando.

"Sim, fiquei um bom tempo fora. Claro que ele está cansado!"

Aproximou-se do homem e tocou-lhe o braço.

— Acorde, homem! Vamos para casa, estamos exaustos, eu e meu filho — sussurrou, fingindo muito esforço.

O homem rapidamente se pôs de pé, seus olhos revelaram confusão e admiração ao mesmo tempo. Ghinla gostou do que viu. Quem, afinal, não acreditaria nela?

— Senhora, quer que eu peça ajuda? A senhora não me parece nada bem! — tornou aflito o servo.

— De maneira alguma. Eu consigo caminhar, e este sofrimento, segundo os deuses, é pela graça de ter tido um filho homem. Temos que caminhar. Vamos! — ordenou ela, forçando as palavras como se sentisse dores.

Eles caminharam devagar até a casa, pois Ghinla não podia deixar transparecer que estava bem. A cada passo, murmurava e soltava gritos de dor. O servo ficou apreensivo.

Naquela época, era muito comum mulheres morrerem no parto. Se aquela morresse em sua presença, não seria nada bom. Ghinla sabia disso e adorava sentir o medo que exalava do servo.

Os portões da casa abriram-se, e eles entraram. A agitação foi imediata. Ghinla viu que todos estavam à sua espera. Ela caminhou curvada até a entrada, ouvindo os comentários de longe:

— A senhora chegou! A senhora chegou! — avisaram as servas.

— Não é possível. Ela está bem? — perguntou outra.

— Ela tem algo nos braços!

Ghinla, disfarçadamente, ergueu um pouco a cabeça, e seus olhos depararam-se com as outras esposas e a fileira de servas. Abaixou novamente a cabeça, fingindo caminhar com dor. A cada passo que dava, soltava um gemido. Todos estavam parados, estáticos, esperando alguma ordem ou reação de Ghinla. Ela apenas caminhava.

Ghinla sentia a apreensão e a surpresa no ar. Nunca, na vida, tivera um momento como aquele.

"O vento está suave. A lua está cheia. O clima está bom. Este foi, sem dúvida, um grande dia."

Ghinla sentia o pulsar forte da nova vida se abrindo. Uma serva começou a mover-se em sua direção, mas, antes que ela se aproximasse, Ghinla ergueu o menino.

— A todos vocês que suspeitaram que eu não teria um filho homem, aqui está! Apresento-lhes Omã!

Todos olharam estupefatos para Ghinla e para o menino, que começara a berrar.

Ghinla não voltou mais à casa da mulher que ela envenenara e menos ainda ouviu falar a respeito. Tudo foi feito de maneira tão laboriosa que ninguém suspeitou dela. Além disso, naquela época, mulher não era de grande valia, imagine uma mulher pobre.

Quando questionada sobre o leite materno pela esposa que outrora fora sua amiga, Ghinla habilmente se explicou na presença das servas:

— Este foi o preço dos deuses para me darem um filho homem. Durante o parto, sofri muito, e os deuses me informaram de que meu leite seria uma oferenda a eles. No parto mesmo, todo o meu leite escorreu e meu peito murchou. Terei de viver com a infelicidade de não poder nutrir meu próprio filho — balbuciou Ghinla, com a voz embargada.

— Mas como secou de uma vez? — perguntou, com feição desconfiada, a esposa.

— E quem é que pode questionar os deuses? Não foi de uma vez. Você viu quanto tempo fiquei longe de casa para ter o menino e viu como retornei. Está mesmo duvidando dos deuses? — provocou Ghinla, veementemente, com os músculos da face retesados. Ela sabia que aquele olhar causaria temor em quem a visse.

E, assim, todos se convenceram de que Omã era filho de Ghinla.

"Não tem mais por onde questionarem", pensava Ghinla, certa de ter realizado seu plano com perfeição.

Omã era adorado pelo marido de Ghinla, e ela, por sua vez, ganhava mais respeito e prestígio. O comando da casa era seu. Ela ditava o que seria feito e quando, desde a limpeza, comida, até a distribuição das servas para cada mulher. O marido ficava cada vez mais satisfeito.

A casa havia tomado uma ordem que não tinha antes, quando outra esposa estava no comando. Ghinla tinha concessões diferenciadas e, com muita astúcia, dava palpites sobre os mais diversos assuntos. As outras mulheres não ousavam desafiá-la, apesar da inveja que tinham dela. "Elas sabem que ele está do meu lado. Sabem que é perigoso ir contra o que diz!", orgulhava-se Ghinla.

E elas também tinham receio, pois parecia mesmo que Ghinla falava com os deuses.

Após a chegada de Omã, a casa ficou com ares mais prósperos. Ghinla não desgrudava do pequeno. Somente o fazia quando dizia ir ao templo, mas, na verdade, ia passear no comércio.

Todos os dias, no mesmo horário, ela saía de casa acompanhada de um servo. Ela adentrava o templo pela porta sul e saía pela oeste, buscando remédios e poções.

Anos se passaram, e chegou o momento de o pequeno Omã acompanhar o pai nos negócios. Era da cultura que o filho acompanhasse o pai para pegar o traquejo e crescer sob a influência paterna.

Certo dia, Ghinla estava sentada em seu quarto, penteando os cabelos, quando o marido entrou e ordenou à serva que separasse as coisas de Omã, já que ele iria acompanhá-lo.

"É a minha hora", decidiu Ghinla e, gentilmente, levantou-se da cadeira, olhou para o marido e disse, com voz firme, porém respeitosa:

— Permita-me alertá-lo. Os deuses exigem que Omã seja cuidado por mim de perto. As distâncias devem ser curtas.

— Mas meu filho deve, desde cedo, ficar ao meu lado e aprender os negócios! — retrucou, irritado.

— Concordo com você. O que mais quero é que Omã seja grande e respeitado como você é, mas, para não irmos contra os deuses, deixe-me então acompanhá-los. — Ela abaixou a cabeça, sabendo que aquela seria a prova de que ele estava em suas mãos. Reparou que a serva havia se retesado e estava imóvel, aguardando a resposta de seu senhor.

— E como vou colocar uma mulher no meio de um monte de homens? Não vão me respeitar por isso! É contra nossa cultura! — bradou.

Ghinla não se intimidou. Já esperava que o marido colocaria a cultura no meio, mas não deixou transparecer sua satisfação.

— Todos sabem que falo com os deuses. Quer cultura maior do que a força dos deuses? Todo mundo sabe que você não tinha filhos homens. O comércio todo viu como retornei com a criança em meus braços. Acha mesmo que alguém irá contra isso? — Enquanto dizia isso com firmeza, arregalou os olhos. — Todos esperam que você cuide do menino melhor do que cuida de si, pois está na boca de todos: Omã é presente dos deuses a você.

— Por esse lado, é compreensível. Mas eu cuidarei dele. Por que devo tê-la ao nosso lado? — questionou ele, pensativo.

Ghinla levantou-se e continuou a falar, gesticulando os braços, enquanto a serva arrumava as coisas de Omã, mas com os ouvidos bem atentos à conversa.

— Porque os deuses me disseram em sonho que devo estar em todos os lugares com o menino, preparando-o com o poder de uma mãe para que se torne grande. Ele é a bênção desta casa! São os olhos dos deuses em nossa vida! Como ir contra isso? É claro que ficarei no canto da sala, e ele ficará em seu colo. Eu ficarei por perto, sem nada falar. Só estarei lá, pois preciso olhar pelo nosso menino. Não irei atrapalhar em nada, e ninguém notará minha presença. Com o tempo, se acostumarão. Agindo assim, estaremos de mãos dadas com os deuses e os teremos a nosso favor — Terminou ela, com os braços para cima e a face suave, mas com voz firme, dada a importância do pedido.

O homem meneou a cabeça. Ghinla percebia que ele estava pensativo, que analisava o que ela havia lhe dito. Permaneceram instantes em silêncio, até que ele concordou:

— Faremos assim. Uma vez. Testaremos desta forma. E não abra a boca, mulher! — Sua voz era grave. Ghinla estava decidida e não estremeceu, apesar do tom do marido.

— Você não se arrependerá. Eu jamais o envergonharia — acrescentou, abaixando a cabeça.

— Apressem-se, pois temos de ir logo — finalizou o marido, saindo do quarto.

"Como é fácil influenciar as pessoas. Um pouco de deuses aqui, um pouco de cultura ali e pronto! Fazem o que eu quero." Ghinla mostrava-se cada vez mais perspicaz.

Ghinla estava à espera do marido na sala principal, com o pequeno Omã ao seu lado. Ele já estava com sete anos e, por incrível que pudesse parecer a Ghinla, cada dia mais se parecia com o pai.

"Minha intuição não falha. Escolhi o menino certo."

— Mamãe, o papai sempre disse que nós iríamos sozinhos. A senhora vai com a gente, não é?

Ghinla abaixou, ficando à altura de Omã e olhando-o nos olhos.

— Vou, Omã. Você sempre terá sua mãe ao seu lado. Aonde for, eu estarei com você — disse com voz firme. — Você deve se comportar, meu filho. Este é um dia muito importante para mim e para você. Comporte-se e teremos o mundo ao nosso alcance! — continuou fitando-o com seriedade.

— Sim, mamãe. Vou me comportar como você me ensinou!

— E Omã se jogou nos braços da mãe.

Ghinla sentiu o pequeno corpo do menino junto ao seu.

"Você é a minha maior conquista, Omã. Eu dirigirei seus passos para sempre", pensou Ghinla.

O marido chegou, e eles foram, os três, para a reunião daquele dia.

O marido de Ghinla era um importante vendedor. Ele varria os desertos em busca dos melhores tecidos e viajava longas distâncias em busca de especiarias. De tudo ele comprava e revendia aos comerciantes locais. Era tido como justo, e sua palavra valia ouro. Caminhava segundo o que achava correto.

Enquanto caminhavam pelo comércio, o pequeno Omã via brinquedos e pedia ao pai, que lhe negava.

— Você não precisa disso, Omã. Já tem tantos brinquedos! — irritava-se o homem.

— Mas este eu não tenho, papai! — insistia Omã, com lágrimas nos olhos.

— Dê um jeito em seu filho, Ghinla! — explodiu, erguendo as mãos, irritado.

Ghinla aproximou-se do filho e o orientou:

— Meu pequeno, amanhã, a mamãe vai lhe ensinar como ter tudo o que quiser. Tenha paciência. Já sabemos que seu pai não nos dá muita coisa. Amanhã, você terá seu brinquedo, mas este é nosso segredo. Se contar algo a ele, a mamãe não vai lhe dar nada, nunca mais! — E olhou severamente para Omã, que balançava a cabecinha em sinal de compreensão. — Agora, fique quieto e siga seu pai!

Chegaram a uma casa simples, com uns tecidos na porta. O marido de Ghinla levantou os tecidos e passou a mão, sinalizando que eles entrassem. Os comerciantes ao redor olhavam perplexos para Ghinla e seu marido.

"Eles não compreendem por que uma mulher está entrando aqui", pensava Ghinla, rindo por dentro.

Caminharam por um estreito corredor de pouca iluminação, cujas paredes pareciam a Ghinla mais escuras do que realmente eram. As vozes masculinas discutiam preços e trajetos e chegavam cada vez mais nítidas aos ouvidos da mulher.

"Estou onde sempre quis. No meio dos homens", orgulhou-se ela.

O pequeno Omã agarrou a mão da mãe, decerto com medo daquele lugar misterioso. Ghinla, por sua vez, apertou a mão do pequeno, sinalizando-lhe que ela ali estava.

Uns passos mais, e o marido de Ghinla parou na porta. Todos que ali estavam o cumprimentaram. Ele adentrou a sala, e ela foi atrás com Omã. Os olhos de todos se arregalaram. Ghinla, apesar de estar toda coberta, transparecia segurança. Seu marido indicou-lhe uma cadeira no canto da sala e puxou o menino para si. Omã olhou para a mãe em busca de aprovação, e ela fixou-o e balançou a cabeça duas vezes, rapidamente. Omã virou a cabecinha e foi com o pai. Ghinla abaixou a cabeça e dirigiu-se à cadeira, sentindo os olhos cravados nela.

"Eles estão medindo meus movimentos, e meu marido está preocupado. Por que não começa de uma vez? Assim não dá atenção à perplexidade dos comerciantes!", irritou-se ela.

O marido sentou-se e acomodou Omã em seu colo. O menino olhava para a mãe, que sinalizava com a cabeça. "Ele tem que sentir que estou de olho nele. E está bem treinado!", orgulhava-se ela.

— Olá, senhores. Comecemos a reunião. Quantos tecidos precisam para o próximo mês?

Havia cinco homens e mais o marido de Ghinla sentados ao redor de uma mesa retangular de madeira. Assim como acontecia com Omã, havia outros dois meninos no colo dos respectivos pais. Em ordem de disposição, eles disseram:

— Para mim, traga a mesma quantidade da última leva — disse o primeiro.

— Para mim, apenas um quarto do último pedido — disse o segundo.

— Eu preciso de quinhentos metros — disse o terceiro.

— Em minha tenda, preciso de duzentos metros somente — disse o quarto.

O marido de Ghinla anotava todos os pedidos.

— Senhor, minha situação não está muito favorável. Isso não é novidade para ninguém desta sala. Poderia obter a mercadoria e ter um prazo mais longo para lhe pagar?

— De quanto precisa? — perguntou o marido de Ghinla.

— Preciso de novecentos metros, senhor — respondeu timidamente o comerciante.

Todos arregalaram os olhos novamente e fitaram, ansiosos, o marido de Ghinla. Pareciam nem se lembrar de que havia uma mulher na sala.

— Preciso pensar antes de lhe dar uma resposta.

— Ah, mas se for assim, também quero condição diferente! — disse outro comerciante.

O marido de Ghinla levantou-se e seu rosto ficou vermelho. Ele parecia raivoso.

— E desde quando eu não ajo com justiça? Quantas vezes já não lhe dei condição diferente de pagamento? Todos sabem como cada um está no comércio. E você não precisa de condição diferenciada! — bradou.

— Mas o que vale para um... — interpôs o mesmo comerciante, mas foi interrompido pelo marido de Ghinla.

— Não me faça perder a cabeça! Se quiserem, comprem de outro comerciante. Vamos ver se acham os preços tão bons quanto os que eu lhes ofereço — retrucou veementemente.

— Está certo. Quanto a isso, é verdade — concordou outro comerciante.

Ghinla notou que eles estavam concordando com o que seu marido dissera.

"Será que ele é tolo suficiente para vender e só receber depois?", questionava-se.

Ficaram longas horas naquela sala. Ghinla apreendia tudo quanto podia.

"Um dia, isso e muito mais serão meus, através de meu filho", sonhava ela.

Os olhares constantes do filho para Ghinla só a faziam ter mais certeza de que o menino precisava dela. E ela gostava disso. Tudo fazia parte de seu plano, e tudo estava dando certo.

"Começa assim, desde pequeno, a pedir aprovação para tudo o que fizer. Quando for maior, a dependência será tanta que nada fará sem mim!", alegrava-se ela.

Saíram daquela casa quando já escurecia. O pequeno Omã segurava forte a mão da mãe. Ela, por sua vez, caminhava ao lado do marido.

Ao chegar em casa, Ghinla pediu aos servos que dessem de comer ao pequeno Omã. Em seguida, ela e o marido foram para o quarto.

— Muito bem, Ghinla. Vê mesmo necessidade de estar nessas reuniões? Viu como todos olhavam para você e para mim.

— Vejo. São os deuses que dizem! O melhor a fazer é não desafiá-los. De qualquer forma, também vi como eles o admiram e o respeitam — afirmou com voz suave e doce. — Eu já era orgulhosa de você e, depois de hoje, vejo como é forte o meu marido!

Ghinla percebeu que suas palavras ecoaram dentro dele. O homem inflou-se, abrindo um sorriso.

— E, como pude perceber, ninguém mais reparou que eu ali estava depois do primeiro momento! Você dominou a situação, e todos ficaram absortos nos negócios — continuou ela.

— É, isso é verdade. Além disso, não devo satisfação a ninguém — disse ele com soberba.

— Todos dependem de você. É você quem dita o destino do comércio deles! — dizendo isso, abraçou-o. Ela sentia que ele gostara do comentário da esposa.

"Preparei bem o terreno!", refletiu Ghinla.

— Permite-me fazer uma pergunta sobre o que ouvi?

— Sim, diga.

— O que fará com o comerciante que não tem como lhe pagar de uma vez?

— Vou pensar numa proposta, mas não deixarei de vender para ele. A maleabilidade faz parte do comércio. Uma mão lava a outra. Nunca sabemos o dia de amanhã — respondeu ele, naturalmente.

Abrindo um amplo sorriso, Ghinla tornou:

— Nunca duvidei do seu coração generoso, do qual me orgulho muito! Muito obrigada pelo dia de hoje! — E beijou-lhe a face.

Assim que ele se retirou do quarto, Ghinla foi ao encontro do filho.

Chegando à cozinha, viu o menino terminando de comer, junto de uma serva.

— Pode ir — ordenou de maneira ríspida à mulher.

Omã alegrou-se ao ver a mãe, que foi ao seu encontro e lhe deu um beijo na cabecinha.

— O que achou de seu primeiro dia como homenzinho?

— Foi chato, mamãe.

— Você entendeu alguma coisa do que eles falaram? Prestou atenção?

— Prestei!

— E o que eles falaram?

— Ué, você não estava lá?

Ghinla deu um tapa no ombro de Omã e olhou-o firme:

— Não me responda assim! Quero saber se você tem cabeça para negócios! — disse com tom grave.

— Entendi que o papai ia vender tudo para eles — respondeu o menino, apreensivo.

— Vê como não é inteligente! Não percebeu que havia um comerciante que ousou pedir as encomendas sem ter dinheiro para pagar?

Omã abaixou a cabeça, com a face enrubescida.

— Preste atenção. Vou lhe explicar.

Ghinla foi até a bancada, pegou dez colheres e levou até a mesa onde estava Omã, dispondo-as de forma organizada na frente dele. Na frente das colheres, colocou várias moedas de ouro.

— As colheres são as mercadorias. Essas moedas são o dinheiro que os comerciantes darão em troca das mercadorias.

Cada uma dessas colheres custa três moedas. Você é um comerciante. Quantas colheres você vai querer?

— Eu quero duas colheres, mamãe.

— Então, para eu lhe dar as duas colheres, você tem que me dar seis moedas!

Omã entregou à mãe as seis moedas.

— Muito bem! Esta foi uma boa negociação! — replicou Ghinla, enquanto afagava os cabelos do menino.

Ela retirou todas as moedas da mesa.

— Agora me diga como fará para comprar, já que não tem moedas?

— Aí eu não compro...

— Mas eu vou ficar com peninha de você — falou Ghinla ironicamente. — Vou lhe dar uma colher mesmo você não tendo o dinheiro, pois você é um menino bonzinho.

Omã ficou feliz em receber a colher da mãe.

— Esta foi uma boa negociação, Omã? Seu pai ganhou dinheiro ou apenas perdeu a mercadoria?

— Papai ficou com menos colheres.

— Muito bem, filho! É exatamente isso que lhe mostrei. É exatamente isso que seu pai faz. Ele vende sem darem dinheiro para ele. Por isso, às vezes, ele fica tão nervoso andando pela casa, pois está sem dinheiro. É um tolo!

— Não, ele não vai fazer isso... — comentou Omã, desconfiado.

— Não? Então, observe da próxima vez o que ele fará e veja por si mesmo o quão tolo em negócios ele é! — ao dizer isso, Ghinla segurou nas mãos de Omã e continuou: — Quando você tomar conta dos negócios, sei que fará diferente, e ganharemos muito dinheiro!

Omã sorriu:

— Sim, ganharemos, mamãe!

— Leve Omã para o quarto! — ordenou Ghinla à serva.

— Sim, senhora.

Omã deu um beijo na bochecha da mãe e seguiu com a serva.

"De pouco em pouco, semearei minha mente na mente dele", ruminou Ghinla satisfeita.

Essa foi a primeira das inúmeras conversas em que Ghinla apontava os erros do pai e envolvia Omã em sua maneira de pensar, sempre premeditando os passos do marido para o filho.

Isso fazia com que ele admirasse a sagacidade e inteligência da mãe. Aprendia mais com as explicações da mãe do que com o pai, que sempre fora frio e distante com ele.

No dia seguinte, Ghinla mandou acordar o filho, pois queria levá-lo ao comércio. Disse ao servo que iria ao templo, e Omã logo se aprontou. Em instantes, saíram.

Chegando ao templo, o servo ficou do lado de fora, e ela entrou com o filho. Segurando forte a mão do menino, ela levou-o para fora pela entrada oeste. Andaram pelas ruas do comércio até que ela comentou:

— Você não queria o brinquedo ontem?

— Sim, eu queria! Você disse que iria me dar hoje!

— Eu não vou lhe dar o brinquedo. Você irá pegá-lo. Venha comigo.

Eles andaram até pararem em uma tenda de joias.

— Apenas me observe atentamente — orientou Ghinla. Aproximando-se da moça que estava na tenda, interpelou-a:

— Olá, que joias lindas! Posso prová-las?

— Claro, senhora, fique à vontade — convidou a moça da tenda.

Ghinla manuseou as joias, pegou duas pulseiras parecidas, colocou-as no pulso e, ao ajustá-las, puxou uma para dentro de suas vestes, devolvendo só uma à mulher.

— Elas são muito belas. Vou retornar aqui com meu marido! — asseverou Ghinla com voz afetada.

Pegou a mão do filho e afastou-se da tenda.

— Você viu o que fiz?

— Vi. Você comprou uma pulseira — tornou Omã, ingenuamente.

— Muito bem! Mas você me viu dando dinheiro a ela?

— Não... — exprimiu o menino, confuso.

— Portanto, eu não comprei; peguei. As coisas estão aqui à nossa disposição. Temos apenas que ser sutis, pois as pessoas pensam que as coisas são delas, mas tudo pertence aos deuses. Entendeu?

— Entendi, mamãe. Então, eu posso pegar meu brinquedo? — indagou ele, ansioso.

— Claro que pode, mas tem que ser discreto para que ninguém perceba e venha atrás de você.

Ao aproximarem-se da tenda de brinquedos, Ghinla orientou Omã:

— Está vendo o homem alto que está na porta da tenda? Eu vou conversar com ele. Enquanto isso, você, discretamente, olha para os lados, observa se ninguém está olhando e coloca o brinquedo em suas vestes.

— Está bem, mamãe! — tornou Omã, animado.

Eles encaminharam-se de mãos dadas até a porta da tenda. Ghila soltou a mão do menino, que, rapidamente, foi até onde estava o brinquedo que queria.

— Essas crianças nunca se satisfazem! Tenho que ensiná-lo a não querer tudo. Por isso, deixarei que ele olhe, mas não levaremos nada. Espero não importuná-lo — tornou ela ao homem, amavelmente.

— Claro que não, senhora. Deixe o menino olhar! Eles têm que aprender o valor do dinheiro!

Ghinla virou-se rapidamente para onde estava Omã e viu que o brinquedo não estava mais lá.

— Pois bem! Muito obrigada. Voltarei outro dia e o deixarei comprar! — E saiu da tenda com Omã a seu lado.

— Continue andando naturalmente, Omã. Cabeça erguida olhando ao redor, pois tudo que está aqui será seu!

Afastaram-se da tenda e foram em direção ao templo.

Lá dentro, Ghinla procurou um canto vazio e, abaixando-se à altura de Omã, mandou:

— Me mostre o brinquedo.

Omã tirou de suas vestes o brinquedo e entregou-o à mãe.

— Muito bem, Omã! Agora tem o brinquedo que queria! Como se sente?

— Muito bem.

— Muito bem não, meu filho. Poderoso! Você se sente poderoso! Muito bem é para um garoto. Poderoso é para o homem que você será! — Ghinla falou energicamente. — Estou orgulhosa de você, pois teve coragem de pegar o que é seu. Lembre-se, Omã: tudo isso é seu e, um dia, você tomará posse de tudo. Até lá, temos que nos contentar com a miséria que seu pai nos dá.

— É, ele nunca me dá nada... — tornou Omã, triste.

— Ele não dá mesmo. Mas, um dia, nós estaremos no comando e não precisaremos esperar nada! — Ghinla envolveu-o com um olhar sedutor e aparentemente carinhoso. Delicadamente, ela tirou da bolsa uma pequena lâmina. — O que nós fizemos hoje é só o início do que faremos. Você ama a mamãe?

— Sim, muito! — Ele a abraçou, e Ghinla afastou a lâmina para não cortá-lo. — Você nunca vai me deixar, não é, mamãe? — Seus olhos estavam marejados.

Afastando-o delicadamente de seu corpo, ela acalmou-o:

— Claro que não! Estaremos sempre juntos! Seremos a mesma carne e o mesmo sangue e, diante dos deuses, selaremos nossa união. — Ghinla segurou a lâmina e fez um pequeno corte em seu pulso. Escorreu um pouco de sangue. Em seguida, segurou o pulso de Omã e fez o mesmo corte. Ele não chorou. Ghinla percebeu que ele estava envolto na simbologia daquele ato. Uniram os pulsos, e ela afirmou:

— Selamos com os deuses que somos um único sangue, uma única carne e uma única cabeça a erguer o império do qual tomaremos conta! — Ghinla fixava os olhos de Omã, como se suas hostes internas perfurassem o pequeno corpo do menino, transformando-o num súdito seu desde então, fazendo-o sentir o poder dela sobre ele e o dos deuses sobre eles.

Assim, todos os dias, eles saíam fazendo o mesmo trajeto. Ghinla aproximava-se dos comerciantes e travava amizades superficiais com eles, para que o filho pudesse pegar o que quisesse sem ser notado.

Ela sabia a importância de ser benquista e conquistar confiança. Percebia que, aos poucos, deixava de ser a mulher de seu marido e passava a ser Ghinla, tornando-se conhecida por sua amabilidade e gentileza.

O jantar foi servido. Omã agora se sentava à mesa com o pai. A relação de Ghinla com as outras esposas piorara com o passar dos anos.

Conforme Omã crescia, mais distante ficava para elas a possibilidade de ter um filho homem, pois a idade avançava. Ghinla sabia que ninguém naquela casa duvidava de que Omã fosse o enviado dos deuses.

"A imagem do dia em que cheguei com Omã nos braços ainda paira em suas mentes", recordou Ghinla.

Ela sentia-se mais confiante e segura de seus passos. Intimamente, vangloriava-se: "Nenhuma outra mulher trouxe um filho homem para meu marido. E, mesmo se tiverem, o meu é o primeiro, e o primeiro é o mais importante".

As esposas estavam servindo os pratos, e o marido aprovava cada um deles.

— Foram feitos sob minhas ordens, ao meu amado marido — gabou-se Ghinla.

— Vejo o quanto você tem se mostrado eficiente e companheira — elogiou-a o marido. — Agora, tenho algo importante a dizer.

Todos se calaram, e o homem apoiou os talheres sobre a mesa, fixando os olhos em Guinla.

— Vou sair para mais uma viagem. Como Omã já completou quinze anos, irá comigo. Partirei amanhã cedo — avisou, sério.

Por dentro, Ghinla tremia.

"Meu filho não vai a lugar nenhum sem mim!"

Ghinla desviou o olhar do marido e fitou Omã. De seus olhos saíam faíscas.

"Ele tem de dizer algo que o faça me levar junto, agora", mentalizava Ghinla.

Omã retraiu-se na cadeira, mas, juntando coragem, disse:

— Pai, por que a mamãe não pode ir conosco? Ela sempre me explica tudo, e eu aprendo muito.

— Filho, as viagens são longas e não são adequadas para mulheres.

— Mas, pai, você sabe que minha ligação com a mamãe é forte e... — Nisso, ele foi interrompido por Ghinla.

— Omã, deixe que eu fale com seu pai — asseverou com voz doce, enquanto andava levemente ao redor da mesa. Virou-se para o marido: — Você vê como criei nosso filho. Ele tem se mostrado cada vez mais obediente e inteligente. Eu o estou ensinando direito. A mim ele ouve, sempre. Deixe-me acompanhá-los. Eu ajudo com as comidas — tornou ela suavemente. — Pense sobre a boa impressão que causará um comerciante que viaja com a família toda. Passará segurança e credibilidade! Você fará melhores negócios — concluiu, com a feição calma e amor nas palavras.

— Olhando por esse lado... pode mesmo passar uma boa impressão. Mas eu nunca precisei disso! — bradou ele, irritado.

— Você sempre fez ótimos negócios, porém sei que a situação de um tempo para cá se agravou. Também sei que você se dará bem comigo lá ou não, pois sempre consegue os melhores resultados! Mas pense no que lhe disse... Passaremos uma boa impressão, você se alimentará melhor, eu cuidarei de Omã e terá companhia a hora que quiser... — replicou Ghinla, com doçura.

— Neste caso... vou pensar — finalizou o marido.

Os olhos de Omã brilharam. Ele olhava para a mãe com admiração. Ghinla sabia que o filho precisava dela. Ela mesma cultivara essa dependência nele.

Ghinla sabia esperar.

"Já joguei a semente. Ele há de semeá-la! Até amanhã, ele me dirá que sim, e eu irei com eles..."

Este pensamento a revigorava. Poder. Ela gostava do poder que exercia sobre seu marido. Apesar de odiá-lo, era prazeroso manipulá-lo.

Já era tarde da noite, quando o marido adentrou o quarto de Ghinla. Ele parou à porta e observou o corpo da esposa na cama. Ela sentia os olhares do marido e sabia que tinha conseguido o que queria.

O homem foi se aproximando da cama, enquanto dizia:

— Você conseguiu mais essa, mulher. Irá conosco amanhã cedo. Prepare suas coisas, mas antes venha aqui — e puxou o corpo de Ghinla para perto do seu.

O momento de intimidade foi breve, para alívio de Ghinla. Quando ele saiu, ela apressou-se para encontrar Omã, que devia estar dormindo.

"Vou acordá-lo e dar-lhe a boa notícia!"

Assim, caminhou pelo corredor até chegar aos aposentos do filho.

Empurrou a porta e entrou no quarto. Era amplo, com uma grande janela que dava para o comércio, sem vida naquela hora da noite. Seu filho repousava na cama de barriga para cima e dormia profundamente.

"Já é um homem..."

Aquele pensamento fervilhou na cabeça de Ghinla. Aproximou-se da cama, sentou-se e começou a acariciar o corpo do filho, sob o lençol. Nada dizia, apenas o tocava. Acariciava os pés, subia pelas pernas, entre as coxas, o peito, os braços, descia novamente para perto da virilha. O filho não abriu os olhos; parecia estar inconsciente.

Ela se satisfez quando viu o membro genital dele subir, elevando o lençol. Aproveitou esse momento, intensificou as carícias perto da genitália. Percebendo que ele não iria acordar, pois talvez estivesse imerso em sonhos, ela tocou o membro dele, já ereto, e começou a friccioná-lo.

Após alguns momentos, pegou a mão de Omã com cuidado e colocou sobre sua própria mão, dando a impressão de que era ele quem estava segurando a mão dela em seu pênis. Com a outra mão, retirou o tecido que cobria seus seios.

"Agora, é hora de acordá-lo."

— Me solta! Me solta! O que é isso? — gritou Ghinla. Omã acordou de sobressalto e viu a mão dele segurando a mão da mãe em seu pênis. Seus olhos arregalaram-se, assustados, sem entender o que estava se passando. Ele olhava para o pênis, para os seios da mãe e ficava cada vez mais perplexo.

— Mãe?! — balbuciou assustado.

— Olha o que você fez, Omã! Vim lhe dizer que amanhã irei com vocês, e você me agarrou! — afirmou Ghinla, enquanto arrumava o tecido que cobria seus seios.

— Mãe, me perdoe... Eu pensei que estivesse sonhando...! — explicou-se, cobrindo o rosto com o lençol.

— Os deuses nunca irão perdoá-lo! Esse é o maior perjúrio contra os deuses! Obrigar uma mãe a isso só porque tem a força de um homem! Não consegui me desvencilhar de seus braços! — insistia ela.

Ghinla viu o olhar perplexo de Omã e, sem piedade, continuou a culpá-lo.

— Depois veremos o que os deuses lhe pedirão para sua redenção! Se é que é possível! — tornou ela com veemência, olhando-o com ferocidade. — Peça perdão aos deuses!

Ghinla saiu do quarto sem olhar para trás, deixando o rapaz desolado com a própria culpa.

Entrou em seu quarto, deitou-se na cama e, sorrindo, disse para si mesma:

— Muito bem, Ghinla! Agora ele fará o que você quiser! Nada pior do que o incesto! — E riu durante um bom tempo até cair no sono profundo de sua glória.

Ghinla acordou com a serva batendo em sua porta. Abriu os olhos, e o barulho ensurdecia-a perturbando seu sono.

— Entre, sua ingrata! O que quer? — perguntou com rispidez.

— Senhora, seu marido a chama para irem — avisou, abaixando um pouco a cabeça.

Ghinla levantou-se rapidamente.

— Corra! Ajude-me a colocar minhas coisas nas caixas. — Movia-se rapidamente de um lado para outro separando seus pertences.

Em pouco tempo, aprontou-se e foi em direção à sala principal. No meio do caminho, encontrou um servo e ordenou-lhe que fosse pegar suas coisas e as levasse para a sala.

Na sala estavam seu marido e filho, que mal conseguia erguer os olhos para ela.

— Que demora, Ghinla! Não me faça me arrepender de tê-la deixado ir conosco! — advertiu ele com aspereza.

Ghinla aproximou-se do marido.

— Bom dia. Perdoe-me o atraso. Já estou pronta para irmos.

— Coloquem as coisas dela nos camelos. Já estamos de partida. Vocês — virando-se para as outras esposas — , cuidem de tudo.

Saíram da casa. O marido de Ghinla ia à frente, e ela e Omã iam atrás. Ghinla olhou de relance para o filho e percebeu o quanto ele estava envergonhado. Tocou sua mão e sussurrou-lhe ao ouvido:

— Rapazinho, o que aconteceu ontem ficará entre nós e os deuses. Agora, abra um sorriso e fique feliz, pois estamos indo

113

todos juntos viajar a negócios. Esta será uma viagem de muito aprendizado para meu homem preferido: você! Como faremos quando você for o dono disso tudo? Temos de aprender a deixar o ontem no ontem e viver o hoje! — Ela sorriu para Omã, que sorriu de volta. Ghinla estava confiante. Havia feito o certo na noite anterior. Quem não se sentiria culpado por aquela situação? E que modo melhor de controlar os outros do que por meio da culpa e do medo? Ela regozijava-se com as próprias atitudes. Surpreendia-se com sua inteligência.

Ela conseguiria tudo.

Eles seguiram viagem, cada um em seu camelo. No comércio, encontraram outros homens, que seguiram com eles. Ghinla nunca vira nenhum deles, mas em breve conheceria todos.

Andaram por muito tempo. Já haviam atravessado a cidade, e Ghinla sentia o ar seco do deserto, com o qual já era tão familiarizada, aproximando-se.

Apesar das dores nas costas, estar no meio dos homens lhe fazia bem. Ela sentia-se como um deles.

"Deveria ter nascido homem", pensava Ghinla. Andavam o marido com o filho à frente e ela logo atrás, seguida de mais homens.

"Terei que me acostumar a estar sempre atrás dos homens?" Ghinla não aguentava a submissão. Durante toda a viagem, ninguém lhe dirigia a palavra. Omã e o pai pouco se falavam.

Quando adentraram o deserto, uma onda de nostalgia envolveu-a. Lembrou-se dos pais e da vida que levava antes de se casar.

"Quem me viu antes e quem me vê hoje não me reconhece. Hoje, sou forte, mesmo sendo mulher."

Ela sabia que eles iriam passar por acampamentos como aquele em que vivera. E, quanto mais se lembrava, mais repugnância lhe causava. Afastou os pensamentos, como se os empurrasse com as mãos.

O primeiro acampamento era de tecelões. Ao longe, Ghinla os viu se movimentarem, como que em defesa.

"De certo, acham que vamos invadi-los", concluiu.

Seu marido parecia achar aquilo normal, pois nada fez. Já Ghinla se excitava com pensamentos de batalha. Ela vira algumas quando vivia com os pais e adorava brincar de lutas com os outros meninos.

"Seria fascinante ver sangue novamente!", pensou.

Estavam mais próximos, quando seu marido ergueu um braço e gritou:

— Amigos, somos nós, da cidade. Viemos em paz, para comprar tecidos. — E andou com o camelo ao redor do grupo.

Ghinla assistiu ao acampamento aquietar-se e um homem, que supôs ser o líder, saiu mais à frente e gritou como resposta a seu marido:

— São os comerciantes! Venham, pois aqui são bem-vindos!

O camelo do marido começou a andar, e todos os outros foram atrás. Na entrada do acampamento, ela viu as mulheres saindo das tendas.

"Como são feias e sujas", considerou Ghinla.

Os homens abriam espaço para os camelos. Eles desceram, e Omã ajudou a mãe a descer do camelo. Ela sussurrou-lhe ao ouvido:

— Meu filho, seja bom, surpreenda seu pai e veja tudo o que ele faz. Quando for a nossa vez, faremos muito melhor que ele, você verá.

— Sim, mãe. A senhora verá que não a decepcionarei — tornou Omã, confiante. — Ainda bem que pôde vir conosco — concluiu, olhando firme nos olhos de Ghinla.

— Agora vá. Eu ficarei aqui com as mulheres.

Omã seguiu ao lado do pai, que já conversava com os tecelões e negociava a compra. Ghinla foi abordada por uma mulher do acampamento, baixa, com um tecido velho enrolado na cabeça e no rosto, deixando apenas espaço para os olhos.

— Bem-vinda ao nosso humilde acampamento. Suponho que seja a mulher do comerciante.

— Sim, sou sua esposa.

— Ele nunca veio aqui com uma mulher — disse a outra, e aquela pergunta soou a Ghinla como intromissão, mas, claro, ela não deixou que isso transparecesse.

— Eu nunca vim, porém é a primeira viagem de nosso filho, e meu marido, muito bondoso, acatou meu pedido — contou Ghinla com voz doce.

— Ele é bondoso. O deserto pode ser perigoso. E deve ter apreço por você, pois os homens não acatam facilmente o que uma mulher pede — tornou ela com o cenho franzido.

— Isso é verdade. Mas eu e meu marido nos damos muitíssimo bem. Assim como você, certamente, se dá com o seu.

— Sim, me dou. Mas nunca tive regalias desse tipo. — E olhou de forma curiosa para Ghinla. — Venha, entre em minha tenda. Tenho algo a lhe oferecer, enquanto nossos maridos cuidam dos negócios. — Pegando Ghinla pela mão, começou a caminhar rumo a uma tenda próxima.

A tenda estava repleta de tecidos, era ampla, com elevados de madeira, onde provavelmente eles dormiam. Havia uma roda de fio para tecerem e uma pequena cozinha, com bancada de madeira, mesa simples ao centro e fogo para cozinharem. Ghinla notou que dentro da tenda, num canto, quase que imperceptível, havia plantas e ervas, muito coloridas, que ela nunca havia visto. Ghinla pensou: "Não há ervas desse tipo na tenda do comércio...".

— Tenho um chá muito bom. Você irá gostar.

A mulher foi até a mesa e pegou uma panela, retirou um pano de cima e colocou um pouco do líquido no copo que estava ao lado.

Notando que Ghinla não parava de olhar para as ervas, ela comentou:

— Essas ervas são fortes.

— Nunca as vi antes. Para que são?

— Usamos mais para acalmar o ânimo dos maridos. — Aquilo fascinou Ghinla. Ela queria saber mais a respeito. Cravou a mulher de perguntas sobre as ervas e gostava cada vez mais das respostas.

Aprendeu muito com aquela mulher. A viagem já havia lhe sido de grande proveito. Ficara sabendo de cada erva e para o que era utilizada.

Outras mulheres também adentraram a tenda, de certo curiosas com a misteriosa esposa que viajava com o marido. Elas também lhe deram informações preciosas sobre as ervas e os costumes, contavam casos de cura de enfermidades gravíssimas e casos em que o uso das ervas fora extrapolado.

Ghinla estava com os ouvidos atentos e ruminava: "Algum dia, precisarei disso. Essas mulheres são experientes, e esses conhecimentos, valiosos. Em minhas idas à tenda de remédios, no comércio, nunca me falaram nada igual".

Ela achara o que precisaria, e ideias brotavam em sua mente. Nessas conversas, Ghinla também soube que em todo acampamento havia reservas de ouro escondidas. Aquilo a intrigara.

"Em algum momento, descobrirei onde elas guardam o ouro."

Ghinla sabia que retornaria ali muitas vezes.

Nem viu o tempo passar, quando ouviu a movimentação no acampamento. Seu marido já estava subindo no camelo, e os tecidos que ele comprara já estavam embalados nas caixas e presos aos animais.

"É hora de partir!", concluiu.

Ghinla despediu-se da mulher, agradecendo os momentos que tiveram.

— Leve um pouco dessas ervas com você. Seu marido irá gostar. — E entregou um punhado delas à Ghinla, que retribuiu com um sorriso.

"É claro que ela iria me dar as ervas. Meu marido é seu maior comprador!", gabava-se por dentro.

— Muito obrigada! Você foi muito gentil. — E seguiu em direção ao seu camelo.

O marido despediu-se daquele acampamento, e eles seguiram viagem.

Passou-se um mês, e Ghinla gostara de estar entre os homens. Discordou muitas vezes da maneira de o marido fazer negócios, mas sempre em silêncio.

Quando estava a sós com o filho, comentava o que pensava, e ele admirava-se com a percepção da mãe. Ghinla percebia que estava conseguindo colocar suas ideias na cabeça do filho. Apesar de ser mulher, ela sentia que Omã a admirava e que se distanciava cada vez mais do pai.

— Mãe, por que o papai não me dá a mesma atenção que a senhora?

— Porque ele não vê a grandeza que vejo em você.

— E por que todos se surpreendem quando a veem chegando conosco?

— Ora, meu filho! Sou a única mulher nesta viagem. Isso é contra os costumes — tornou ela, sem muita paciência.

— Mas então como a senhora conseguiu vir? Por que nenhuma outra esposa do papai veio junto?

— Porque são todas tolas e porque seu pai precisa de mim, assim como você precisa.

E ela sentia o olhar de admiração do filho.

Era hora de retornar. Passaram por muitos acampamentos e por muitas cidades. Em todos os lugares, Ghinla conversara com as mulheres, que lhe confidenciaram os costumes e, instigadas e encorajadas sabidamente por ela, o local onde os maridos escondiam o ouro.

Ela sempre conseguia respostas, afinal, quem desconfiaria da mulher de um rico comerciante? Os camelos estavam cheios. Seu marido incumbira Ghinla de comprar os presentes para as outras esposas, e ela assim o fez, comprando mais coisas para si.

Omã não se desgrudava da mãe, e Ghinla sabia que isso começava a incomodar o pai, mas nada fez a respeito. Era bom que ele soubesse que o filho precisava dela para tudo.

Foram recebidos na casa com entusiasmo. Ghinla entregou os presentes às mulheres e alguns itens de cozinha para serem usados na casa. Exaustos, foram logo se deitar.

Ao amanhecer, Ghinla acordou disposta e foi direto ao armário ver os condimentos e tecidos que comprara escondido do marido durante a viagem. Abriu um sorriso e pensou: "Esses artigos me abrirão muitos caminhos. Darei esses de presente, mas terei muito mais".

Determinada, mandou chamar Omã, avisando que iriam ao templo. Ela não precisava mais do servo, pois o filho já era rapaz.

Com a frequência que saía de casa dizendo que ia ao templo, as mulheres e os servos da casa acreditavam que ela era, realmente, muito ligada aos deuses, e até mesmo muitos do comércio, quando a viam todo dia entrar no templo, tinham a mesma percepção.

Já na sala principal, encontrou Omã à sua espera. Foram juntos ao templo e, como era corriqueiro, saíram pela porta oeste.

Caminharam pelo comércio, e Ghinla conversava com os comerciantes, enquanto Omã pegava tecidos e o que mais lhe aprouvesse. Ele mostrava-se cada vez mais exímio no que Ghinla lhe ensinara desde pequeno. Numa das tendas, puxou conversa com uma comerciante:

— Olá! Como estão bonitos esses tecidos!

— Senhora, que bom vê-la por aqui. Esses acabaram de chegar. Soube que viajou com seu marido. Ajudou-o a escolher?

— De maneira nenhuma. Ele não permite que eu me intrometa nos negócios. Vou para ficar com Omã e entreter meu marido à noite. Você está bem?

— Estamos levando a vida!

— Trouxe alguns regalos diferentes, que me chamaram a atenção durante a viagem. Estou preparando um chá para daqui a três dias. Quero lhe mostrar o que trouxe. O que acha?

— Vou adorar! — respondeu radiante a mulher.

— Pode chamar suas amigas. Serão bem-vindas! Será no fim da tarde. — E, com um sorriso, despediu-se da mulher.

Assim fez com várias outras mulheres com as quais já havia travado certa amizade. Chamou Omã, e voltaram para casa.

No jantar, Ghinla dirigiu-se ao marido:

— Peço sua permissão para fazer um chá para algumas amigas. Quero mostrar-lhes o que ganhei de você.

— Que amigas são essas?

— Esposas dos comerciantes com quem você tem negócios. Quando vou ao templo, encontro-as no caminho e são sempre muito amáveis comigo. Acredito que ter um bom relacionamento com elas pode favorecê-lo nos negócios. Não que você necessite disso, mas sabe como são as mulheres... — argumentou Ghinla, sorrindo amavelmente.

— As viagens têm lhe feito bem! Vi como conversava com as mulheres dos acampamentos. Relacionamento é muito importante para os negócios. Contanto que não seja na hora em que eu estiver aqui, tudo bem — concluiu o marido.

— Antes de você voltar, elas já terão ido embora. Eu lhe garanto! — retrucou, animada. — Muito obrigada!

Ghinla percebeu que o marido a aprovava cada dia mais.

"Ter esse homem asqueroso ao meu lado ainda é importante. Em breve, não será mais necessário."

Nos dias que se seguiram, os preparativos do encontro tomaram todo o tempo de Ghinla. Ela ordenou às servas que fizessem os melhores doces e salgados. Tudo teria de estar impecável.

As ervas que trouxera da viagem estavam separadas e presas a seu corpo por meio dos tecidos que a envolviam. Ela as testaria naquele encontro.

Se funcionassem, seu plano caminharia muito bem. Caso contrário, pegaria outras na próxima viagem. Só tardaria um pouco o que planejara.

Dava ordens daqui e dali, e as servas e as outras esposas do marido não estavam gostando nada daquilo.

"Não me importo. Elas sabem que têm de me servir. O problema é delas se não gostam", refletia Ghinla.

E, assim, ela conquistava mais a inimizade das outras esposas, porém aquilo não tomava muito seu tempo.

"Elas têm medo de mim. O medo controla melhor do que a dor! Quem, afinal, precisa ser forte? Basta ser esperta!" Ghinla decidira que faria seu encontro no pátio.

Decorara-o com flores, tecidos e algumas almofadas no chão. Colocara velas e tochas.

"Está lindo e encantador!" O coração de Ghinla pulava de satisfação. Estava ansiosa para a chegada das mulheres. Assim, ao entardecer, as convidadas de Ghinla foram chegando. Ela as recebia com muita alegria e simpatia, e as servas encaminhavam-nas para o pátio.

Quando percebeu que todas já haviam chegado, foi para o pátio. Elas já conversavam animadas. "Mulheres! É só juntá-las, e as coisas bobas que começam a falar perturbam o ambiente onde estiverem!", pensou.

— Queridas amigas! É uma honra recebê-las em minha casa! Sintam-se à vontade!

As mulheres agradeceram-lhe, e ela foi, de uma em uma, conversando e contando sua experiência na viagem.

Em dado momento, pediu a uma serva que pusesse água para ferver numa grande panela.

— Ferva a água e separe as ervas para o chá. Deixe que, em breve, eu mesma farei o chá para minhas amigas — insistiu Ghinla, enfática.

— Sim, senhora — acatou a serva, abaixando a cabeça ligeiramente.

Ghinla conversou mais um pouco com as convidadas, enquanto esperava o tempo necessário para ir à cozinha.

Quando achou que a água já estaria fervendo, foi em direção à cozinha.

— Vão para o pátio ver se elas precisam de algo. Deem o que lhe pedirem — ordenou, e as servas saíram da cozinha.

Rapidamente, Ghinla juntou as ervas que as servas haviam separado e prendeu-as junto ao corpo. Olhou para os lados, certificando-se de que não havia ninguém observando-a, e retirou de suas vestes as ervas que ganhara da mulher do acampamento. Despejou-as na água que fervia e retirou a panela do fogo.

Aguardou o tempo que julgara necessário e colocou o líquido quente num grande recipiente de ferro. Os copos já estavam separados e ordenados numa bandeja. Ela chamou uma das servas, que a ajudou a levar o chá.

— Trouxe um chá delicioso para nós! — disse Ghinla animada para suas convidadas, que pararam de falar. — Espero que gostem! — Apoiou o recipiente de ferro no pano disposto no chão. As servas colocaram os copos ao redor.

— É muita gentileza sua, Ghinla. Estávamos comentando o quão bondosa você é! Nunca, nenhuma mulher nos convidou para ir à sua casa.

— Minhas amigas, é que as mulheres dos grandes comerciantes desta cidade se tornaram muito autoconfiantes! Parecem que só pensam nelas e em mais ninguém! — Com isso, Ghinla arrancou risos de todas. — Esquecem-se da importância que todas nós temos! Quem precisa delas, afinal? — Mais risos e aplausos de aprovação.

Ghinla olhou pela janela e viu Omã, que a observava a distância. Ele estava com aquele olhar bobo de admiração. Aquela visão a satisfez. Ela começou a servir as convidadas, vendo a surpresa delas.

— A senhora mesma vai nos servir?

— E por quê não? Somos iguais, somos mulheres, somos amigas! — E todas sorriram com sua declaração.

Havia vinte e quatro mulheres sentadas em volta de Ghinla, que serviu a todas. Enquanto conversavam, ela mantinha-se atenta às reações que o chá provocaria nelas.

— Ghinla, este chá é uma delícia!

— É realmente bom! Aqueceu meu corpo! — Uma onda de risos preencheu o ambiente.

— Esse tecido ficou horrível em você! — disse uma mulher apontando para outra, enquanto ria desenfreadamente.

— Está mesmo! Parecem os tecidos que a gorda chata da tenda ao lado usa! — disse outra, e as gargalhadas continuaram.

— Não entendi. Sempre achei que você gostasse da mulher da tenda ao lado da sua! — indignou-se outra.

— Eu não! Nunca gostei dela. Apenas a suporto! — As mulheres continuavam a rir.

Ghinla sorriu ao constatar que o chá estava fazendo o efeito que ela esperava e alegrou-se intimamente: "A mulher do acampamento estava certa. Essa erva deixa as pessoas soltas e sem o menor escrúpulo de falar o que pensam".

Deixou a conversa fluir até que uma delas perguntou:

— Todas nós sabemos que você acabou com a maldição desta casa, trazendo um filho homem. Todas aqui estão morrendo de curiosidade de saber como foi que conseguiu fazer o parto sozinha. Ouvimos tantas histórias!

As risadas haviam cessado. As mulheres olhavam interessadas para Ghinla.

— Vou contar-lhes, mas que fique entre nós. Foi um momento muito especial e sagrado para mim e para toda esta casa.

As mulheres aguardavam ansiosas.

— É sabido de todas que nenhuma mulher conseguia dar um filho homem ao meu marido. Ele até desposou outra, para que, quem sabe, conseguisse essa dádiva. Eu estava desacreditada após parir três meninas e já me conformara com o fato de que não poderia dar um filho homem ao meu marido. Numa noite, quando estava me preparando para dormir, senti um arrepio em meu corpo, minhas pernas fraquejaram, e eu ouvi nitidamente uma voz que dizia: "Ghinla, você terá um filho homem". Meu coração acelerou, e eu caí desfalecida.

Enquanto falava, Ghinla prestava atenção à reação de cada uma delas. As mulheres olhavam vidradas para a anfitriã, ansiosas pela continuação da história.

— Fiquei confusa, acreditando que fosse apenas meu desejo. Dali a uns dias, meu esposo me procurou, e tivemos a melhor noite desde que me casei com ele. Ele comentou como meu corpo e minha pele estavam mais macios. Na noite seguinte, ouvi novamente a voz: "Já tem o filho em seu ventre". Apesar de a voz ser muito vívida e forte e de eu não ter dúvida de que eram os deuses falando, não ousei comentar nada a ninguém até ter certeza de que estava realmente grávida. Aproximava-se o dia em que meu sangue desceria, e meu nervosismo aumentava. Quando, finalmente, chegou o dia, e nada veio... quando veio o próximo, e nada do sangue, e o outro também, tive certeza. Dentro de mim, não precisava de mais nenhuma explicação.

Ghinla notou que estava indo bem, já que todas as mulheres permaneciam com o rosto petrificado.

— Aguardei o tempo suficiente para ter certeza de que meu sangue cessara, e, quando comuniquei ao meu marido que estava esperando um filho homem, é claro que ele não acreditou e fez pouco caso. Eu lhe disse: "Tenho certeza de que é um homem, pois os deuses me disseram". Lembro-me até hoje da resposta que ele me deu: "Que asneira! Isso é o que vocês sempre falam". Sofri muito com o descaso de todos que não acreditaram em mim. A voz me dizia para ir ao templo, porque este seria o filho que os deuses encaminhavam para esta casa.

"Foi assim que passei a frequentar o templo todos os dias, até hoje. Quando estava no quarto mês, os deuses me falaram que eu deveria ter o filho sozinha, aguentar sozinha todas as dores e cortar eu mesma o cordão que prendia meu filho a mim. Que, após o nascimento, eu deveria passar no templo antes de ir para qualquer outro lugar. Assim aconteceu. Um servo de meu marido selecionou uma casa, e, quando comecei a sentir as dores, os deuses me avisaram: 'É hora de se isolar'. Segui, então, com as dores iniciais, que vocês conhecem bem, rumo à casa, junto com o servo, que ficou do lado de fora aguardando. O que ocorreu comigo na hora do parto é o que acontece com todas as mulheres que parem seus filhos, com a exceção de que, no meu caso, a força que tive foi a dos deuses, que retiraram de meu ventre o filho enviado a mim por eles.

"Assim que me recompus o mínimo necessário, embrulhei meu pequeno Omã e fui ao encontro do meu servo. O caminho de volta para casa foi de muita dor física, mas meu coração estava jubiloso. Lembro-me do olhar incrédulo das servas e das outras esposas quando cheguei. A lua estava cheia, e a noite, muito agradável. Entrei com meu pequeno Omã nos braços. E, desde então, a casa ganhou novos ares, e meu marido, é claro, ficou muito feliz. Esta é minha história."

O silêncio pairava. Ninguém falou nada. O único som era do vento que uivava, proveniente dos desertos. Ghinla olhava cada mulher e via em seus olhos admiração.

Era admiração ou efeito do chá? Ghinla não sabia, mas o resultado de sua história com o chá foi certeiro. Elas pareciam envoltas na aura de mistério que procurara passar.

De repente, uma delas perguntou:

— Se me permite — disse lentamente — , após o nascimento de Omã, você continuou a ouvir os deuses?

Ghinla, em forma de respeito, abaixou a cabeça e disse:

— Sim, eu os ouço constantemente.

— E o que eles dizem? — perguntou a mesma mulher.

— Eles me falam sobre os negócios do meu marido. Vejam por si mesmas como ele prosperou após o nascimento de Omã. Veja o que éramos há quinze anos e o que somos hoje. Até mesmo esta nossa reunião foram os deuses que me pediram para fazer — pronunciou Ghinla com seriedade e um olhar de contemplação.

— E por que os deuses iriam querer nos reunir? — questionou a mesma mulher.

— No momento oportuno, eu lhes direi. Percebam por ora como se sentem.

— Há muito que não me sinto tão bem! — E a mulher olhou para as outras, incitando-as a falar.

— Estou me sentindo leve — comentou outra.

— O que estão sentindo é a presença dos deuses entre nós — asseverou Ghinla, seriamente.

As mulheres, imediatamente, abaixaram a cabeça e ergueram os braços, reverenciando os deuses. Ghinla estava em êxtase. "Foi mais fácil do que pensei", vibrou ela.

— Os deuses me pedem que marquemos um novo encontro. Eu lhes avisarei a data — afirmou Ghinla, com amabilidade e sorrindo sempre.

As mulheres sorriram, transmitindo felicidade. Ghinla encerrou o encontro, informando-lhes que seu marido retornaria em breve.

Elas foram embora, e Ghinla, internamente, pulou de satisfação.

Omã foi ao encontro da mãe e, curioso, perguntou:

— Sobre o que tanto falavam? Queria tanto estar entre vocês.

— Você sabe tanto quanto eu que não poderia estar aqui. Mas adorei vê-lo pela janela — confessou ela. — No momento oportuno, lhe direi o que é.

— Mas, mãe, eu as vi reverenciando os deuses! Por que fizeram isso?

— Porque os deuses vieram a esta casa nessa noite.

Omã não ousou questionar mais. Sabia como era sério esse assunto para sua mãe.

Tais encontros passaram a ocorrer com frequência. O marido de Ghinla dera permissão. Quando ia ao comércio, as mulheres não falavam de outra coisa e, a cada encontro, mais e mais mulheres apareciam.

Ghinla percebia a admiração do filho e do marido aumentar. As outras esposas do marido a invejavam e as servas a respeitavam ainda mais.

Os encontros eram sempre alegres, e Ghinla mostrava a casa e presenteava as convidadas com os presentes que angariava nas várias viagens com o marido e o filho.

Ghinla sabia que isso promovia sua imagem de pessoa caridosa e bondosa e ela falava de mensagens dos deuses com maestria e envolvimento. No comércio, também comentavam. Quando passava entre as tendas, via as pessoas apontarem para ela e dizerem:

— Ela fala com os deuses! É verdade. Minhas mulheres vão a seus encontros!

Várias mulheres aproximavam-se dela e pediam para ir ao próximo encontro, e Ghinla, sempre muito amável, dizia que estavam convidadas. Ela sentia que até os homens pareciam estar com vontade de ir.

"Agora engulam suas morais!", pensava Ghinla.

Seu marido passara a levá-la a todas as viagens com o filho, sem contestar. Ela encontrava a mesma mulher que havia lhe dado as ervas, que a ensinava mais sobre cada uma e a presenteava, a cada encontro, com um pouco a mais. Ghinla justificava-se, dizendo que seu marido havia gostado muito.

Ghinla escondia todas as ervas em seu armário. Ela já percebera também como seria fácil entrar nos acampamentos.

"Eles são tão vulneráveis...", ruminava ela.

Omã já era um homem. Não era muito alto, tinha a mesma altura do pai e tornara-se muito parecido com ele. Os traços da face eram fortes, e ele tinha bochechas salientes. Era corpulento.

"Não poderia ter escolhido melhor", regozijava-se Ghinla, toda vez que seus olhos pousavam no filho.

Amanhecera, e Ghinla acordara de bom humor. Vestiu-se, e, assim que foi desjejuar, os servos informaram-lhe que seu marido havia saído para uma breve viagem.

"Excelente!", pensou. "O encontro de hoje à noite será diferente. Melhor que ele esteja fora."

Ghinla mandou as servas prepararem o pátio e colocarem no centro uma pira com uma cunha de água doce. Dispôs os tecidos no chão para que todas se sentassem e velas ao redor da pira. A decoração estava impecável.

Ao anoitecer, as convidadas chegaram e foram conduzidas ao pátio. Ghinla arrumou-se com um belo tecido, adquirido na última viagem com o marido. Ela tinha de estar exuberante.

Quando entrou no pátio, a conversa fluía alegre, e ela deu as boas-vindas, juntando-se as outras mulheres. Conversavam sobre frivolidades cotidianas, e Ghinla, em certo momento, chamou sete mulheres e presenteou-as, dizendo que os deuses haviam pedido. As convidadas ficaram felicíssimas. Notava-se pela feição delas.

"Que mulher não gosta de ser presenteada?"

Em seguida, Ghinla foi até a cozinha e preparou o chá. Era ela sempre quem fazia o chá e dizia que tinha de ser assim, pois, enquanto fazia a bebida, os deuses estavam com ela.

Quando já estava escuro e a lua cheia despontava, Ghinla dirigiu-se ao centro do pátio, onde estavam a pira e as velas.

— É hora do nosso chá. Os deuses me pedem algo estranho, mas devo obedecer. Afinal, quem pode ir contra eles? — comunicou Ghinla, erguendo os braços enquanto olhava seriamente para as convidadas. As mulheres assentiram, e ela continuou: — Eles pedem que Omã nos sirva o chá — tornou, com naturalidade.

As mulheres entreolharam-se, confusas, mas não questionaram. Percebendo isso, Ghinla insistiu:

— Não ousemos desrespeitar o que os deuses nos pedem pela moral criada pelos homens! Ele não é qualquer um. Ele é o enviado dos deuses. Tê-lo servindo-nos o chá é uma dádiva dos deuses!

Ghinla sabia que aquilo seria chocante para elas. Um homem entre as mulheres era algo inaceitável. Um homem servindo-as era mais inaceitável ainda, contudo, o tom que Ghinla usara não suscitava dúvidas de que aquela era uma ordem dos deuses.

— Servas, mandem Omã vir até aqui e tragam o chá que preparei. — O silêncio pairou até a chegada de Omã, que foi rápida. Ele dirigiu-se, timidamente, para o centro, onde estava sua mãe.

— Omã, os deuses pedem que você sirva o chá. Por favor, pegue os copos e nos sirva — ordenou Ghinla. Ele nunca ousara questionar a mãe, e ela sabia que ele acataria aquele comando sem contestar. Enquanto o rapaz servia as mulheres, Ghinla continuou:

— Vamos tomar o chá em silêncio e, enquanto tomam, olhem para a Lua e o seu brilho, que incide sobre a pira de água e sobre nossas cabeças. É a Deusa Lua se apresentando a nós. Omã, aqui nos servindo, traz com ele a força do deus Sol. Essa é a união da deusa Lua com o deus Sol. Brindemos aos deuses e bebamos o chá!

Ghinla ergueu seu copo, que tinha água em vez de chá, e todas as convidadas ergueram o copo, assim como Omã. Em seguida, beberam o líquido em silêncio. Omã estava no centro com Ghinla.

— Fechem os olhos e sintam a força da união dos deuses atuando em todas nós!

O chá provocava moleza, e algumas mulheres balançavam o corpo de um lado para outro, lentamente.

— Deixem o poder dos deuses entrarem em seus corpos. Libertem-se! — bradou Ghinla. — Ergam os braços para a deusa Lua.

De olhos fechados, elas ergueram os braços, movimentando-os serenamente.

— Sintam a força da deusa Lua puxando-as para cima! — continuou ela, e as mulheres ficaram de pé, movimentando seus corpos de forma frenética.

— Estou flutuando! — disse uma mulher.

— É a deusa Lua levando-a! — incentivou Ghinla.

— Sinto a deusa em mim!

— A deusa Lua está em todas nós! Nós só a sentimos dessa forma, porque Omã traz a força do deus Sol que intensifica a presença da deusa Lua.

As mulheres entraram em êxtase. Algumas relatavam estar vendo coisas estranhas, outras balançavam o corpo freneticamente.

"Esse chá é mais poderoso do que imaginava! Estão todas fora de si e sob meu domínio", divertiu-se Ghinla.

Aproximando-se do ouvido de Omã, sussurrou:

— Sinta o poder dos deuses sobre você. Você é o escolhido dos deuses para dominar comigo todo este povo. Veja como o deus Sol vem até nós por seu intermédio.

Ghinla viu o filho sorrir e estufar o peito.

— Sinto o poder em mim! — bradou Omã, abrindo os braços. — O poder do deus Sol está em mim!

Nesse instante, as mulheres curvaram-se perante Omã e o saudaram, erguendo e abaixando os braços.

Ghinla posicionou-se ao lado de Omã, pegou sua mão e ergueu-a junto com a sua.

— Fiquem em pé, ergam os braços e deem as mãos, assim como eu e Omã.

Em círculo, as mulheres ergueram os braços, entrelaçando as mãos. O trepidar da chama das velas e a luz que incidia da grande lua cheia criavam um ambiente misterioso e místico ao mesmo tempo.

— Nós fomos os escolhidos dos deuses para colocar ordem em todos que a transgredirem. Os deuses se apresentam a nós, descem até nós. Somos um grupo forte aos olhos dos deuses! Respeitamos e seguimos o que eles nos pedem! — bradou Ghinla, veementemente. — Vejam a corrente que formamos. Nossas mãos e almas se entrelaçam aos deuses!

Ghinla abaixou sua mão e a de Omã, e as mulheres seguiram seu movimento. Ela prestava muita atenção em cada uma das mulheres, selecionando mentalmente as mais envolvidas. Contou cinco delas e continuou a falar:

— Os deuses permitiram que eu viajasse para ver os pagãos com meus próprios olhos! Pessoas de acampamentos profanando a todo instante. Criam seus filhos como pequenos pagãos, sem temor algum! Unidos, salvaremos essas cidades da perdição! Os deuses me dizem: "Mostraremos sinais a vocês de que estão no caminho certo!" — arrematou com ênfase Ghinla.

O ar misterioso envolvia a todos. O ideal impetuoso de agradar aos deuses sobrepunha-se a qualquer tipo de dúvida.

A reunião terminou embalada pelas palavras amorosas e firmes de Ghinla, que se sentia vitoriosa.

"Mais um passo foi dado hoje."

As mulheres já haviam ido, quando ela chamou Omã para o centro do pátio, onde estavam a pira e as velas.

— Você tem ideia da responsabilidade que os deuses colocaram em nossas mãos? — indagou Ghinla, olhando-o diretamente nos olhos.

— Sim, eu senti o deus Sol em mim!

— E o que pensa que deve fazer com esse poder?

— Não sei.

Ghinla irritou-se com aquela resposta.

— Como não sabe o que os deuses lhe pediram hoje?

Omã ficou desconcertado.

— Para que você possa exercer o poder dos deuses, terá de eliminar quem atravanca seu caminho. Terá de ter coragem e determinação. Sabe de quem falo?

— Não sei ao certo — balbuciou Omã.

Ghinla virou-se e, erguendo os braços, clamou:

— Ó, deuses, o que será de Omã sem mim e sem vós? Ajudai-me a fazê-lo enxergar o óbvio que nos mostra! — e, voltando-se para Omã, questionou: — Como pode liderar essas pessoas, mantendo-se sob o jugo de seu pai?

— É ele que os deuses dizem atravancar meu caminho?

— É isso! Você escutou o que os deuses querem! Terá que se livrar desse obstáculo para poder ter a glória dos deuses sobre você.

— E como farei isso?

— Pense. Qual é a maneira menos indolor, silenciosa e natural que os deuses poderiam imprimir a um homem mortal? Pense, Omã!

— Fincando-lhe uma lança no peito!

— Isso não é natural. Os deuses agem pelas forças da natureza.

— Então, os deuses o levarão numa tempestade?

— Uma tempestade apenas não teria ligação entre os deuses e o homem. Que animal rasteja sobre a terra e tem o poder de extinguir a vida de forma rápida e indolor?

— Uma cobra rasteja!

— É isso, Omã! Você ouviu os deuses! Agora compreendeu! A cobra é o símbolo da traição que esses povos pagãos estão fazendo aos deuses! O veneno das cobras limpará o fel que eles têm no coração! Vá, Omã. Encontre a cobra. Essa é sua primeira missão para com os deuses!

— E depois, mãe?

— Deixe que depois os deuses nos dirão como proceder! Amanhã, vá atrás das cobras, de maneira silenciosa e rasteira, como elas são!

Omã retirou-se com passos firmes e corpo altivo.

Ghinla sorriu.

"Este é o meu filho. Tão tolo, mas tão útil".

No dia seguinte, antes do jantar, Omã foi ao quarto de Ghinla.

— Mãe, a senhora ficará orgulhosa. Consegui as cobras que os deuses pediram — tornou Omã de forma serena.

— Ótimo, meu filho. Cada vez, você me deixa mais orgulhosa, e os deuses têm certeza de que conseguirá realizar tudo o que lhe foi designado. Elas são mortíferas?

— Sim.

— Perfeito! Serão úteis em nossa próxima viagem.

— Os deuses já lhe disseram como vamos usá-las?

— Parcialmente. Avisaram-me que falarão com você.

— Comigo? — Omã estava atônito.

— Sim, com você, através da sua esperteza. Pense, meu filho: eles precisam que seu pai seja tirado do nosso caminho, porque chegou a hora de você tomar a frente dos negócios. Vamos viajar amanhã. Você já conseguiu as cobras. Qual deverá ser nosso próximo passo?

— Vamos usar as cobras na viagem? — perguntou hesitante Omã.

— Você também teve essa visão? São os deuses comunicando então! Pois eu também tive.

Omã abriu um sorriso, e seus olhos brilharam. "Nem parece ter dezoito anos quando faz essa cara", refletia Ghinla, satisfeita.

— Então, meu filho, me diga o que lhe disseram. O que devemos fazer com as cobras na viagem? Deixe o deus Sol falar por você. Feche os olhos e pense. O pensamento que vier é a solução. É por meio dele que o deus Sol se comunicará com você. Qual é o horário mais vulnerável de um homem?

Omã fechou os olhos e franziu o cenho.

— Quando estamos dormindo... pois no sono nossa cabeça para.

— Muito bem! Vamos viajar amanhã. À noite, eles dormem, e nós temos cobras...

— Vamos soltar as cobras enquanto eles dormem! — interrompeu-a Omã.

— Está vendo como você tem uma missão para com os deuses? Observe como vem claro à sua mente tudo o que deve fazer!

O orgulho de Omã era sentido por Ghinla.

"Como é fácil colocar ideias na cabeça dos outros."

— Prepare tudo, Omã! Amanhã será o dia da sua libertação. Descanse com os deuses!

Omã beijou a mãe na bochecha e, altivo, saiu do quarto.

No dia seguinte, Omã foi cedo ao quarto de Ghinla.

— Mãe, está tudo pronto. Coloquei as cobras dentro de uma caixa que já está no camelo — comentou, esperando a aprovação de Ghinla.

— Perfeito, meu filho. Vamos, então, ao encontro de seu pai, ele deve estar irritado. Mas, antes, venha até aqui. — Ao se aproximar de Omã, Ghinla pegou suas mãos e, olhando-o firme e amorosamente, continuou: — Estou muito orgulhosa de sua determinação e da maneira fiel como obedece aos deuses. Você já os sente e viverá a glória de tê-los ao seu lado! — E sorriu, amavelmente.

— Obrigado, mãe. A senhora sabe o quanto é importante para mim — tornou Omã, abraçando-a com os olhos marejados.

— Temos um pacto perante os deuses, e nosso amor é o maior que pode haver entre um filho e uma mãe. Agora vamos!

Omã beijou a mãe no rosto, e saíram do quarto em direção à sala principal.

Juntaram-se ao marido e seguiram numa longa viagem.

Passaram pelo acampamento da mulher das ervas, e lá Ghinla pegou mais algumas, obtendo diversas informações valiosas. Pararam em mais dois acampamentos, e Ghinla percebia que Omã ficava cada vez mais aflito. Ela sabia que a hora se aproximava e tinha a paciência necessária.

Ele, porém, mostrava-se impaciente. Ninguém sabia das cobras, a não ser os dois. Era difícil falar com Omã durante as viagens, mas Ghinla sempre dava um jeito.

Era o quarto acampamento em que eles paravam e o menor, com apenas seis famílias. Estavam longe o suficiente para que os boatos que surgissem fossem mais distantes que a realidade e perto o suficiente para retornarem rápido para casa.

A lua já despontava grande no céu. Todos iam ficando sonolentos, até o momento em que o marido de Ghinla anunciou:

— Vamos nos deitar. Amanhã, seguiremos viagem.

Omã estava ao lado de Ghinla, que falou baixinho em seu ouvido:

— Preste atenção: espere até todos dormirem e venha até a minha tenda com as cobras. Sua sombra será meu sinal. Fique parado na entrada, e eu sairei logo.

Ele baixou a cabeça sinalizando que compreendera e foi em direção à sua tenda. Ghinla acompanhou o marido até a tenda deles.

— Trouxe de casa um chá para você. Vai ajudá-lo a dormir melhor — comentou Ghinla, enquanto pegava um pouco do chá para dar ao marido. Em instantes, ele dormia profundamente.

Passou um longo tempo até que Ghinla viu a sombra de Omã. Lentamente, a mulher desvencilhou-se dos braços do marido e foi até a entrada da tenda. Certificou-se de que todos dormiam e sussurrou:

— Abra a caixa e deixe uma cobra aqui. Faremos igual nas outras tendas.

Omã, decidido, despejou uma pequena cobra na tenda do pai.

Caminharam até as outras tendas e fizeram o mesmo, inclusive na tenda das pessoas que lá moravam.

— Corra para sua tenda e guarde esta caixa — instruiu Ghinla, olhando séria para Omã, que agiu rapidamente.

Ghinla voltou para sua tenda e ficou à porta, esperando a cobra picar o marido. Ouviu-se um grito abafado.

"Pronto. A cobra já fez o serviço", concluiu ela.

— Socorro! Socorro! — gritava Ghinla correndo pelo acampamento. — Acudam meu marido! Há uma cobra em nossa tenda! Socorro!

Poucas pessoas saíram das tendas. Ela contou dez homens que moravam no acampamento e quatro de seu marido. Eles saíram afobados das tendas com pedaços de madeira nas mãos, correndo ao encontro dela.

— O que aconteceu?

— Acordei com um grito e, quando me virei para ver, havia uma cobra no corpo de meu marido! — explicou Ghinla apontando para sua tenda.

Os homens correram para lá, e ela ficou observando a movimentação.

"Só vejo esses cinco..."

— Omã!!! Omã!!! Onde está meu filho? — gritava Ghinla em desespero.

Enquanto Omã corria ao encontro da mãe, ela gritou:

— Ajude-os, Omã! Ajude-os a matar a cobra!

Ghinla via os homens correndo de tenda em tenda e ouviu um deles gritar em desespero:

— Eles estão mortos! São muitas cobras! Façam fogo! Temos que afastá-las!

Rapidamente, uma fogueira foi acesa. Os homens estavam desacorçoados. Como eles fariam a partir de agora? Perderam filhos e esposas. Só restavam dez deles e quatro dos homens do marido.

O enterro foi feito ali mesmo. Os homens que acompanhavam o marido de Ghinla estavam perplexos com o ocorrido.

— Vamos voltar para casa. Por mais triste que seja, os deuses sabem o que fazem — tornou Omã, de cabeça erguida. Ghinla fitava-o, orgulhosa.

Eles adentraram a cidade. Os olhares abismados em direção a eles eram percebidos por Ghinla. Omã estava à frente, ela atrás e na sequência os homens. Eles estavam com a cabeça baixa, mostrando tristeza. As pessoas ao redor não entendiam, e eles tampouco falavam alguma coisa.

Ao chegaram em casa, havia apenas uma serva na entrada. Eles não eram esperados, pois voltaram antes do tempo previsto.

— A senhora chegou! — gritou ela para dentro da casa, avisando aos outros.

O alvoroço de todos correndo em direção à entrada foi imediato. Eles entreolharam-se, com semblante confuso, ao constatarem que o senhor da casa não estava entre eles.

— Meu pai está morto. Os deuses o levaram — anunciou Omã com voz firme.

— Como foi isso?! — retrucou a primeira esposa.

— Uma invasão de cobras no acampamento, enquanto dormíamos — contou um dos homens. — Não tivemos tempo suficiente para matá-las. Eram muitas... — E abaixou a cabeça. — Sinto muito!

As mulheres desesperaram-se, chorando compulsivamente.

— O que será de nós? — questionou a primeira esposa, soluçando.

— Acalmem-se. Eu cuidarei de todos vocês — apaziguou Omã.

— Agora, Omã é o homem da casa — tornou Ghinla com segurança.

— Sempre fui fiel a seu pai, Omã. Agora, lhe serei fiel também — disse o mesmo homem que falara antes, abaixando a cabeça. Os outros homens fizeram o mesmo.

— Sei que posso contar com todos. Obrigado! — finalizou Omã.

— Estou exausta. Vou me deitar. Faça o mesmo, Omã. Tivemos dias difíceis — desabafou Ghinla.

Um servo a ajudou a descer do camelo. Omã seguiu a mãe e, despedindo-se dos homens que o acompanhavam, entraram na casa e foram aos seus aposentos.

No quarto, Ghinla deixou-se jogar pesadamente em sua cama, suspirando, aliviada:

— Tudo está correndo como o planejado! — Com um sorriso nos lábios, disse em voz alta: — Os deuses devem existir mesmo! — E riu baixinho.

137

Ghinla acordou renovada. Vestiu-se e foi tomar o desjejum. Encontrou Omã, e sentaram-se no pátio.

— Cada dia me orgulho mais de você. Sua postura ontem foi impecável — elogiou ela com amor nos olhos. — Hoje, receberemos muitas visitas. Mantenha seu olhar triste, porém firme, para passar-lhes segurança. Você, afinal, é o novo dono desta casa. Inicia-se uma nova vida para você, Omã. Glória e poder. Os deuses o abençoam por sua coragem e força em segui-los. Não os desaponte.

— Sinto-me forte quando estou com você, porém fraco, sem saber o que fazer quando está longe.

— Não se preocupe. Lembra-se do nosso pacto quando era pequeno? Eu estarei sempre com você.

Omã olhou-a com firmeza e disse:

— Somos um único sangue, uma única carne e uma única cabeça a erguer o império do qual tomaremos conta.

— Você está no portal do seu império. Adentre-o com a dignidade dos deuses.

Ao longo do dia e da semana que se seguiu, várias pessoas visitaram a casa de Ghinla em respeito à morte do marido. Omã saiu-se muito bem. Ghinla pensava que as pessoas sentiam firmeza e caráter na postura dele. Estava satisfeita.

No mês seguinte, Omã inteirou-se dos negócios do pai e já fazia pedidos e entregava os tecidos e especiarias que tinham guardado. Quando retornava a casa, encontrava-se com Ghinla, que lhe dava diretrizes.

Tudo estava correndo bem, porém, em breve, teriam de fazer outra viagem, pois o que tinham guardado não daria mais conta de atender a tantos pedidos. As mulheres da casa voltavam à rotina, e o marido era, aos poucos, esquecido.

Certo dia, Ghinla caminhava pelo comércio convidando somente as mulheres que selecionara mentalmente no último encontro a irem à sua casa naquela noite.

— Hoje, teremos um encontro reservado, somente com as mais importantes. Omã convida também seu marido — comentava ela, alegre. — Tenho um comunicado dos deuses a fazer.

Elas estranharam no início, mas Ghinla reforçou que era convite de Omã. Unir homens e mulheres não era comum, mas todos a respeitavam.

"Eles são humildes, serão facilmente manipulados", pensou Ghinla. De volta a casa, ordenou às servas que arrumassem o pátio e foi para o quarto descansar.

Ao anoitecer, os convidados foram chegando. As servas, como era usual, os encaminhava para o pátio. Ghinla preparara o chá momentos antes e pedira às servas que o levassem ao pátio e servissem aos convidados. Em minutos, Ghinla foi ao encontro deles, acompanhada de Omã.

— Omã, você dará as boas-vindas — sussurrou-lhe Ghinla.

Ele caminhou até o centro do pátio, onde estavam cinco homens e sete mulheres, e declarou:

— Agradeço a presença de todos! Sintam-se em casa. — Enquanto Omã falava, Ghinla observava a reação deles. Já sob o efeito do chá, seus olhos estavam vidrados.

— Chamei todos vocês aqui, porque sei das dificuldades pelas quais passam no dia a dia. Vejo tantos homens ricos, inclusive eu, e vocês sempre com tão pouco. Isso não é justo, e os deuses estão descontentes com isso. Acredito que meu pai, que teve muito, pouco fez pelos outros que não tinham e por isso os deuses o levaram. O comércio que ele levava era de desigualdade. Eu mesmo vi meu pai lhes negar vendas por não terem dinheiro. Isso não é a igualdade pela qual luto. Como já devem saber, minha mãe fala com os deuses. Eis outro motivo para aqui estarem. Ela lhes contará o que ouviu.

Omã acenou para sua mãe, que começou a falar sob o olhar curioso e interessado de todos.

— Nos anos que convivi com meu marido, vi os privilégios que ele dava a certos comerciantes em detrimento de outros. Omã também presenciou muitos desses momentos. Sempre conversávamos a respeito, mas, é claro, nunca comentávamos com meu marido nosso desagrado. Em vista disso, todas as vezes em que viajava com ele e me dava dinheiro para comprar presentes, eu os comprava, mas distribuía entre as mulheres que convidava para vir aqui.

"Vocês devem ter notado que elas sempre voltavam para casa com artigos novos — disse Ghinla, olhando para os homens e sorrindo às mulheres que baixavam a cabeça, confirmando o que ela dizia. — Sempre fiz isso de boa vontade, pois acho que todos devem ter o mesmo direito. Na noite da morte do meu marido, os deuses foram claros: 'Chegou o momento de você e Omã fazerem diferente. Traga para perto os mais humildes e gere riqueza para todos! Todos são iguais. Por que um tem que ter mais do que outro? Devemos ter o mesmo e viver bem! O que existe é de todos! A injustiça está nos homens que pegam mais que outros'.

"Os acampamentos que conheci com meu marido são todos pagãos e acumulam riquezas escondidas. O que a natureza nos dá é de todos. O ouro da terra é nosso. O ouro da terra. O ouro dos deuses. O nosso ouro. É para isso que estão todos aqui. Vi nesses acampamentos o quanto os deuses foram banidos. Vocês foram os escolhidos dos deuses para conquistarem essa igualdade. Os deuses convidam vocês a mudarem tudo isso!"

Ghinla fitava cada um deles. Estavam todos sentados, olhando fixamente para ela, como que hipnotizados.

— Ghinla, você já nos fez tanto bem! Sentimos sua força e a de Omã. Sei que fala pelos deuses e acho justo o que diz! — disse uma mulher.

— Estamos com você! A injustiça é grande. Quantas vezes não tive o que dar de comer aos meus filhos? Isso é justo? Outros com tantas riquezas! Devemos fazer justiça! — ajuntou o marido daquela mulher.

— Vamos pegar o que é nosso por direito! Que a justiça seja feita! — bradou Omã, erguendo os braços.

Todos, homens e mulheres, ergueram os braços.

— Justiça! Justiça! Justiça! — gritavam em coro.

— Como faremos isso? — Um homem alto e forte indagou em meio aos gritos.

Os gritos cessaram, e Ghinla se pôs a explicar o plano:

— Iremos, homens e mulheres, disfarçados de viajantes pelos acampamentos, e descobriremos onde eles esconderm as riquezas da terra. Depois, simplesmente pegaremos o que é nosso por direito! Resgataremos o nosso ouro! Na calada da noite, partiremos sem fazer barulho. Na volta, dividiremos igualmente todo o ouro, mas é claro que, para sermos abençoados pelos deuses, a maior parte será ofertada a eles. Vamos todos, homens e mulheres, levando a força do deus Sol e da deusa Lua. Isso tudo me foi orientado pelos deuses. Eles também disseram que devemos agir em segredo para que nossas obras sejam vistas e não comentadas!

— Como descobriremos onde eles guardam o ouro? — inquiriu outro homem.

— Isso não será problema. Os deuses me mostrarão — completou Ghinla, confiante.

A noite foi longa. Ghinla e Omã tiravam as dúvidas e orientavam como cada um deveria proceder. Eles animaram-se com a ideia de fazer justiça e estavam agitados com a possibilidade de uma nova vida. As mulheres davam sugestões de disfarces.

O encontro foi encerrado com a invocação do deus Sol e a saudação à deusa Lua, sendo a viagem marcada para dali a três dias.

Era o dia da viagem. Todos já estavam em camelos providenciados por Omã. Ghinla percebia as mulheres excitadas com a experiência. Muitos estavam saindo da cidade pela primeira vez. Ao toque de Omã, começaram a andar.

Omã havia traçado a rota com Ghinla. Eles passariam em três acampamentos que ela já conhecia e cujo ouro sabia onde

141

estava, porém isso ela não contara a Omã. Os disfarces estavam em caixas presas aos camelos.

Assim que se afastaram da cidade, Omã vestiu-se de mulher, colocando a burca e vestes longas. Outros dois homens também se vestiram de mulher, e os demais permaneceram iguais. Ghinla colocara vestes simples e não se ornamentava como quando ia com seu marido. As outras mulheres já estavam escondidas pela própria cultura das vestes femininas da época.

Aproximavam-se do primeiro acampamento, e um dos homens, alto, magro, com feições longilíneas, que fora escolhido por Ghinla para falar pelo grupo, ia à frente e dirigiu-se ao líder do acampamento:

— Viemos em paz! Só procuramos um local para pernoitarmos! Nossos corpos estão cansados.

— Quem são vocês? — gritou o líder do acampamento.

— Somos viajantes. Viemos com nossas esposas. Estamos nos dirigindo para a cidade próxima — informava ele, confiante.

Ghinla viu o líder analisar cada um do grupo e, após um tempo, disse:

— Venham. Podem montar suas tendas.

O grupo aproximou-se do acampamento lentamente, e o homem selecionado por Ghinla foi ao encontro do líder. Omã e Ghinla iam atrás dele.

— Agradecemos a generosidade. Estamos cansados. Não tomaremos seu tempo.

— Fiquem à vontade. Ergam suas tendas e descansem. Nós sabemos o quão cansativas são essas viagens, em especial quando temos a companhia das mulheres. Além do mais, é perigoso acamparem com poucos homens.

— Pensamos em parar na cidade e lá ficar, se o comércio for bom.

— Vocês gostarão. Na cidade mais próxima, há espaço e o comércio lá é bom.

— E aqui vocês vendem tecidos?

— Sim, vendemos.

— Muito bem. Iremos embora ao raiar do dia.

Enquanto conversavam, as mulheres e outros homens erguiam as tendas. Eles repousariam por algumas horas. Ghinla sabia onde o ouro estava, pois já tinha estado naquele acampamento.

O líder não desconfiara dela e de Omã, pois os dois estavam bem disfarçados. Quem iria dizer que a mulher de um grande comerciante andava com aquelas vestes? E quem diria que um homem se vestiria de mulher?

E assim eles montaram as tendas. Já era tarde quando Ghinla os reuniu.

— Os deuses me contaram onde o ouro está. Ouçam atentamente — confidenciou Ghinla, confiante. Todos eles olhavam para a mulher, compenetrados. — Nosso ouro está na tenda do centro. Os deuses me disseram que lá eles guardam os aparatos para fazerem tecidos e todo o ouro embaixo de uma pilha de tecidos. Omã, diga como faremos.

Omã sabia o que dizer. Sua mãe já o havia orientado.

— Eu e vocês dois — sinalizou para os dois homens que estavam vestidos de mulher — vamos entrar na tenda e pegar o ouro. Vocês duas — apontou para duas mulheres — ficarão na entrada da tenda colocando o ouro nesta caixa — e apontou para uma caixa que estava à sua frente. — Vocês dois — fez sinal para os dois homens restantes — pegarão as caixas com o ouro e as colocarão nos camelos. O restante das mulheres desmontará as tendas e as arrumará nos camelos — finalizou Omã.

Os homens pareceram entender.

Ao sinal de Omã, eles deram prosseguimento ao plano. Foram silenciosos. Ninguém suspeitara.

Já estavam longe do acampamento, quando um dos homens gritou:

— Os deuses realmente conversam com Ghinla! O ouro estava lá mesmo!

Todos pareciam estar muito felizes, e havia mais uma constatação de que Ghinla falava com os deuses saltava aos olhos. Ela olhou para Omã, que lhe sorriu.

"Ele acredita em mim. Mas quem não acreditaria?", e ela riu.

Foram a mais dois acampamentos. Nos dois, ninguém suspeitou de nada, e eles agiram da mesma forma. Ficaram admirados com a presteza com que os deuses indicaram a Ghinla onde o ouro estava. Ela sentia-os cada vez mais confiantes de que estavam no caminho certo e de que os deuses estavam a seu favor.

Antes de chegarem à cidade, retiraram os disfarces. Uma vez lá, foram direto para a casa de Omã e distribuíram pelo pátio todo o ouro. Era muito. Ghinla pedira às servas que aquecessem a água e ela foi até a cozinha preparar o chá. As servas distribuíram as bebidas, e eles tomaram.

— Em uma só viagem, vejam o que conseguimos! — exultou Omã.

— O deus Sol e a deusa Lua nos trazem fartura. Agora, vamos saudá-los! — convidou Ghinla.

Formaram um círculo ao redor do ouro. Ghinla e Omã estavam no centro e invocaram o deus Sol e a deusa Lua. Mãe e filho ergueram os braços e entrelaçaram as mãos. No círculo, todos fizeram igual.

— Ó, deus Sol e deusa Lua! Vejam o que ofertamos a vocês! Seu poder reina nesta casa e entre nós! Vamos servi-los para sempre!

— O ouro da terra, o ouro dos deuses, o nosso ouro — gritavam em coro.

Ghinla e Omã abaixaram as mãos, e todos os seguiram. Movimentaram as mãos para cima e para baixo, em saudação.

— Vou distribuir o ouro para cada um de nós em nome dos deuses. Continuem saudando-os — declarou Ghinla, que se agachou, pegou um punhado de ouro e chamou um homem à frente. Ele aproximou-se, agachou-se e recebeu o ouro. Assim foi feito sucessivamente até todos estarem com um punhado do valioso metal nas mãos.

Eles olhavam admirados para todo aquele ouro. Ghinla via seus olhos arregalados e refletia: "Nunca viram nada igual. Estão deslumbrados!".

Eles sentiam-se grandes, notava-se.

— Regozijem-se! Esse é só o começo. Quanto mais servirmos ao deus Sol e à deusa Lua, mais nos será dado! — bradou Omã. Todos aplaudiram e se abraçaram. Formavam um grupo sólido e forte.

Essa foi a primeira das muitas viagens que fizeram. Acumulavam mais e mais riquezas e estavam cada vez mais fervorosos na crença dos deuses.

Ghinla e Omã eram enviados dos deuses. Essa verdade reforçava-se por meio das ações cada vez mais confiantes de cada integrante do grupo. O que Ghinla dizia, em nome dos deuses, era feito e tido como lei a ser seguida.

Numa noite, quando todos já estavam dormindo, Ghinla acordou com os gritos de Omã. Rapidamente, vestiu-se e foi até o quarto do filho. No corredor, ouviu os gritos mais nítidos.

"Por que esse idiota está gritando?", pensou.

Ghinla entrou ferozmente no quarto de Omã e acendeu uma vela. O que viu foi uma imagem de loucura. Seu filho estava se debatendo na cama e suava abundantemente. As mãos dele iam do corpo para fora, como se expulsasse alguma coisa. Omã gritava.

— O que está havendo, Omã? — vociferou Ghinla, irritada.

— Ele está aqui! Meu pai está aqui! Ele veio me pegar! As cobras estão me picando! Eu vou morrer! — gritava transtornado, de olhos fechados.

Iluminando o rosto do filho com a vela, Ghinla ordenou:

— Abra os olhos! Eu estou aqui! Pare com essa loucura!

Omã abriu os olhos, mas continuou se debatendo e gritando.

— Mãe, ele está aqui e vai me matar! Eu sinto as cobras! — Os olhos de Omã estavam esbugalhados. Ele estava apavorado.

— Não há ninguém aqui! Pare com isso! Isso é fraqueza de sua mente! — Ghinla chacoalhava o filho.

— Não é! Ele está aqui! Sinta-o! Ele está colocando cobras nesta casa e em mim! Você não vê? — indagou Omã, com o rosto pingando de suor e olhar vidrado.

— Não! O que eu vejo é um homem fraco! — tornou Ghinla desferindo um tapa no rosto do filho.

Omã chorou compulsivamente, o que irritou Ghinla ainda mais.

— Eu não criei um homem para ter ataques infundados por causa de um mero sonho! Tente se acalmar e durma como um homem, não como uma criança medrosa! — concluiu Ghinla, dando-lhe as costas e saindo do quarto bruscamente. — Que absurdo! Um homem com medo de sonhos! — disse para si mesma.

Foi para seu quarto e dormiu tranquilamente. O choro de Omã não a incomodou mais.

Na manhã seguinte, Ghinla mandou chamar Omã para lhe passar as ordens do dia, mas as servas lhe disseram que ele já havia saído.

"Como saiu sem antes falar comigo?", pensou irada.

Saiu andando e falando baixinho:

— Isso não vai ficar assim! Quem ele pensa que é?

O dia todo Ghinla ficou em casa. Aquela atitude a intrigara. Não era do perfil de Omã sair de casa ou fazer qualquer coisa sem antes consultá-la.

Omã retornou só no fim do dia. As servas tinham ordens de avisá-la assim que ele chegasse e assim fizeram. Ghinla saiu do quarto furiosa e foi até a sala principal. Vendo-o chegar, a vontade que tinha era de avançar-lhe no pescoço.

— Onde estava? — gritou ela, fazendo-se ser ouvida por todos. Sua raiva era tamanha que mal conseguia se controlar.

— Não sou mais uma criança para você falar assim comigo — retrucou Omã de forma altiva.

— Engraçado falar isso agora. Não foi o que vi ontem à noite — tornou Ghinla ironicamente.

— Ontem foi ontem. A partir de hoje, quem decide sou eu.

— Quem pensa que é sem mim? É um tolo. Diga-me: o que fez o dia todo?

— Isto não é da sua conta — retrucou Omã tranquilamente, dando as costas a Ghinla, que lhe puxou o braço, furiosa.

— O que está passando na sua cabeça? Nunca mais me dê as costas! — vociferou ela com olhar fulminante.

Como os servos foram atraídos pela gritaria, Ghinla tratou de levar Omã para o quarto, onde continuaram a discutir.

— Não despreze minhas visões. Elas são reais. Meu pai está furioso com você e comigo. Todas as noites, ele me chama de filho ingrato e assassino. — Omã não se deixava abater pela fúria da mãe e seu olhar também era intenso e duro.

Ghinla nunca o vira com aquela força. Ele nunca fora capaz de enfrentá-la. Aquilo a intrigava. Ele realmente estava mudado.

— Ontem à noite, eu estava exausta. Conte-me mais sobre o que houve... — pediu suavemente.

— Já faz um tempo que à noite, antes de dormir, ouço meu pai me chamando de assassino e questionando até quando vou lhe obedecer como uma criança.

— Mas você não obedece a mim e sim aos deuses! — tornou Ghinla perplexa.

— Que deuses são esses que nos mandam roubar?

— Isso não é roubo! Estamos apenas resgatando o que é nosso por direito!

Omã riu e continuou:

— Não é só meu pai que me assombra. As mulheres e crianças que morreram naquele dia também. Ouço vozes dizendo que estamos roubando e tirando de famílias. Vejo as mulheres e os homens da cidade me acusando de ladrão e querendo seu ouro de volta. Essas vozes têm se intensificado dia a dia.

Ghinla ficou extremamente preocupada ao ver que o filho estava realmente acreditando naquelas vozes. Quando falava essas coisas, tinha o olhar vidrado que girava de um lado para outro.

"Meu filho está ficando insano! Está perdendo o juízo!"

— O que você fez hoje?

— Para que essas vozes cessassem em minha cabeça, fiz o que elas me pediram. Peguei um pouco do ouro e dei aos pobres da cidade.

Ghinla bateu com força na mão de Omã.

— Você está roubando o ouro dos deuses! Isso que é roubo! — esbravejou ela, furiosa. — Que isso não se repita mais! Os deuses não aceitarão! A desgraça cairá sobre esta casa, se você continuar a fazer isso!

— Não! As vozes pararam enquanto eu dava o ouro!

— Isso é uma aberração! Você verá a revolta dos deuses mais cedo ou mais tarde! Vá dormir, e torço para que amanhã acorde com a cabeça no lugar.

Ghinla estava irritada, e Omã saiu do quarto sem se despedir da mãe.

— Sempre soube que era muito fraco, mas isso já está passando dos limites!

Naquela noite, Ghinla demorou a dormir.

Nos dias que se seguiram, Omã continuou a sumir durante o dia, sem comunicar Ghinla do seu destino. Ela ouvia seus gritos durante a noite. Ele não dormia e andava de um lado para outro, falando sozinho.

O comportamento de Omã mudou drasticamente. Ele não lhe obedecia mais e parecia fazer pouco caso dos deuses. No estado em que ele estava, Ghinla nem cogitava fazer novas viagens.

Os encontros que ela fazia não contavam mais com a presença de Omã. Quando perguntavam por ele, Ghinla justificava-se dizendo que o filho não estava bem de saúde. Ela até achava bom que ele não aparecesse nos encontros.

O que Omã poderia dizer? Ele acabaria com tudo se relatasse aquelas coisas. A situação estava se tornando cada vez mais insustentável. Eles tinham discussões intermináveis, e o filho distanciava-se cada vez mais dela.

Numa noite, Ghinla foi ao quarto de Omã e encontrou-o descontrolado, caminhando em círculos e falando sozinho:

— Saiam daqui! Estou fazendo o que posso! — Suas mãos batiam no próprio corpo. — Eu não sou assassino! Tirem essas cobras de mim!

— Omã! — gritou Ghinla.

Ele assustou-se e pôs-se a gritar, apontando para Ghinla.

— *Ela* é a assassina! Não eu! Joguem as cobras nela!

Ghinla tentou segurá-lo, porém ele a empurrava.

— Afaste-se de mim! — Seu olhar exalava ódio.

— Omã, você está louco! Não reconhece tudo o que fiz por você? Olhe quem você é hoje! Todos o respeitam graças a mim! Eu fiz de você um homem! — bradou Ghinla, furiosa.

— O que fez por mim? Você me transformou num assassino! Num ladrão! É isso que me tornei! Por isso me assombram! Eu não sou isso e vou provar. Não sou isso e vou provar. Vou provar! — A respiração de Omã estava acelerada. Ele balançava o corpo para frente e para trás.

— Vou provar! Vou provar! — repetia.

Ghinla olhava para o filho, incrédula. Via os anos de dedicação e formação de Omã irem embora. Entrou em desespero.

"Ele está pondo tudo a perder! Tudo o que conquistamos!", considerou ela.

Passando as mãos nervosamente no rosto, ela continuou aos berros:

— Não é possível, Omã! Eu o formei! Você é o que é por minha causa! Sem mim, você não seria nada! Quem pensa que é? — Ela andava de um lado para o outro, e seus olhos faiscavam.

— Todas as ideias brilhantes que você acha que teve fui eu que pus na sua cabeça!

Balançando o corpo, Omã levou as mãos aos ouvidos, tapando-os.

— Não quero ouvir! Cale-se! Saia daqui! Vá embora! — ordenou ele, empurrando Ghinla, que caiu de costas no chão. Rapidamente, ela levantou-se tomada pelo ódio que a consumia. Foi em direção a Omã e tentou segurá-lo.

— Você não é nada! Você não é meu filho! Nem filho de seu pai! Eu o peguei na rua, largado, abandonado e o criei como meu filho! Dei-lhe um nome, um lar, poder e olha como você me retribui! É um ingrato, um louco!

Omã inclinou a cabeça para o lado, e um ligeiro sorriso passou por seu rosto. Num átimo, pegou um punhal que estava na mesa ao lado e avançou para Ghinla, gritando:

— Se não é minha mãe, posso matá-la!

Ghinla sentiu o punhal sendo cravado em seu peito.

De repente, sentiu o corpo cair.

— Morra! Morra! Morra! — Ela ouvia-o dizer.

Uma dor dilacerante a acometeu, sua visão ficou turva, e a sensação de ardência em seu peito extinguiu suas forças. Omã agachou-se e colocou sua cabeça bruscamente no colo.

Ela tentou erguer os braços em direção a Omã, mas foi em vão. Parecia que estava grudada no chão. Sentiu seu corpo tremer. Com sua cabeça no colo de Omã, Ghinla o viu erguê-la, olhar para o alto e gritar:

— Deus Sol! Deusa Lua! Aqui está o único sangue, a única carne e a única cabeça que criou este império maligno! Levem-na com vocês!

"Esse idiota quer me matar! Está completamente maluco!", pensou Ghinla sentindo pontadas de dor.

Omã inclinou a perna, e Ghinla, com a visão torpe, deparou--se com um fluxo grande de líquido vermelho, desesperando-se.

"Estou sangrando! Esse lunático me feriu!"

Omã urrava como um animal.

"Eu estou sangrando, e ele que grita!"

Vencendo a dor, num impulso súbito, Ghinla ordenou:

— Pare de gritar e me ajude!

Omã levantou-se, soltando a cabeça dela no chão. Andava em círculos, ao redor do corpo de Ghinla, murmurando coisas indecifráveis.

— Imbecil! É para me ajudar! — percebendo que Omã a ignorava, ela irritou-se, e um torpor sobre-humano a fez gritar:

— Eu estou ferida! Você não vê? Você me feriu! Sua própria mãe!

Nisso, dois servos, atraídos pela agitação de Omã, entraram no quarto.

"Até que enfim alguém me ouviu!"

Ghinla os viu pararem à porta, com olhar perplexo. "Venham me ajudar, incompetentes!"

Eles aproximaram-se do corpo de Ghinla, receosos. Omã parecia nem se dar conta de que havia outras pessoas no quarto. Um servo agachou-se, ficando bem próximo ao corpo de Ghinla.

"Por que não me pegam logo?"

Ela estava cada vez mais irritada com a lentidão deles. O servo passou as mãos sobre os olhos de Ghinla e apalpou o ferimento. Aquilo lhe causou uma tremenda dor.

"Idiota! Estou cercada de idiotas! Está me machucando!"

— Senhor, sua mãe está morta — disse o servo, atônito. Aquela frase soou como absurda para Ghinla, que gritou desenfreadamente:

— Eu estou viva, idiota! Estou viva! Escute-me! Omã me feriu! Me leve a um médico, agora! — ela gritava em vão, já que ninguém a ouvia.

O servo, que estava agachado ao seu lado, chamou o outro, e juntos eles ergueram o corpo de Ghinla. Aquela imagem foi chocante para ela. Ghinla viu seu corpo sendo levado, porém continuava no mesmo lugar.

"Como isso é possível? Meu corpo está sendo levado e eu não?"

A dor diminuíra. Ela tentou erguer o tronco e conseguiu. Olhou para o corpo sendo levado e viu que ele não se mexera.

Ergueu, então, os braços. Novamente, viu seus braços erguidos, mas nada aconteceu ao corpo que estava com os servos.

"Estou morta? Isto é a morte?"

Olhou mais uma vez para o corpo que passava pela porta e viu sangue e um punhal cravado nele. Abaixou a cabeça e, analisando seu corpo, não viu sangue e muito menos o punhal. Tentou levantar-se e conseguiu. Deu uns passos adiante.

"Estou viva. Pelo visto, meu corpo está morto, mas eu estou viva."

Caminhou um pouco pelo quarto para se certificar.

As dores já estavam amenas.

"Mas não entendo. Se meu corpo está morto, o que é isso que estou vendo?"

E olhava para seu espírito, incrédula. "Ninguém está me vendo!"

Olhou para o filho, que estava sentado na beira da cama com as mãos cobrindo a cabeça, e foi até ele. Não havia mais raiva, apenas curiosidade. Deu um tapa na cabeça de Omã e surpreendeu-se com sua mão atravessando o rosto do filho. Não ouviu barulho algum, mas Omã se levantou, assustado.

"Será que ele sabe que estou aqui?"

Omã estava em pé, e Ghinla aproximou-se novamente de seu corpo dizendo:

— Eu estou viva.

Omã estremeceu. "Ele me ouve!", Ghinla pensou.

— Você é um assassino! — vociferou Ghinla.

— Foi um acidente! Foi um acidente! — gritou Omã, voltando a andar em círculos e murmurar coisas incompreensíveis.

"Ele reage ao que falo. Percebe minha presença. Eu ainda tenho poder sobre ele!" Tal pensamento vivificava Ghinla, que nem se importava mais com a estranha situação em que se encontrava.

Ghinla ficava o tempo todo perto de Omã, penetrando-lhe a mente perturbada. A culpa o consumia. Ele ficava noites sem dormir, tinha pesadelos acordado e perambulava pela casa, falando sozinho.

— Quem sou eu? O que fiz? Os deuses me punem. Fiz tudo errado! Preciso me redimir! — disse Omã em seu quarto, sentado na cama, sozinho.

— Você é um fraco! Sem mim, você não é nada! Eu sou você! — tornou Ghinla.

— Não, eu não sou você! — berrava Omã, descontrolado. — Você está morta! Saia daqui!

— Continue atacando os acampamentos para não perder o prestígio que lhe dei! — continuou Ghinla, firme.

— Pare de me importunar! Você está morta! Vá embora! Não preciso de você! Já sei o que vou fazer! — rebelava-se Omã.

Ghinla percebeu um brilho estranho nos olhos de Omã. O mesmo olhar que a intrigara na primeira vez que ele se rebelou contra ela.

Omã levantou-se e foi à sala principal. Ghinla o acompanhou.

— Chamem os mais pobres do comércio — ordenou a dois servos.

"O que ele vai fazer? Por que chamar os pobres?"

— E você — disse apontando para outro servo — , pegue todo o ouro que temos guardado nesta casa e leve ao pátio.

Um frio percorreu a espinha de Ghinla. "Que burrada ele fará desta vez?"

Em instantes, o pátio estava repleto de ouro. Moribundos e comerciantes modestos chegaram e foram encaminhados ao pátio, onde Omã os esperava.

— Todo esse ouro será de vocês. Repartam igualmente! — declarou ele.

— Você enlouqueceu de vez? É realmente um tolo! Agora que poderia usufruir de tudo sozinho! — Ghinla gritava com todas as suas forças.

153

— Vá embora, peste! Louco fui eu ao seguir você. Agora, vivo desse jeito! Vá para o inferno, que lá é seu lugar! — berrava Omã. — Agora tudo é meu, e dou para quem quiser!

As pessoas ao redor olhavam sem entender, e os boatos que corriam eram de que Omã estava louco. Porém, não titubearam, pegando rapidamente todo o ouro.

E, assim, todos os dias Omã se desfazia de alguns bens materiais. Dava o ouro conquistado, repassava a posse das terras para qualquer pessoa. Essas atitudes faziam Ghinla enfraquecer-se. Em vão, ela corria para o ouro que restava na tentativa de se fortalecer novamente.

Suas forças esvaíam-se, e seus movimentos, tão ágeis antes, tornavam-se lentos e dificultosos. Quase não havia mais ouro na casa. Penetrar a mente descontrolada de Omã já não era tão fácil. Ela sentava-se com frequência e não acompanhava mais o filho aonde ele fosse, pois a vitalidade não lhe preenchia mais o espírito.

Quando alguém tomava o ouro que Ghinla acreditava ser dela, mais fraca ela ficava. Desde que as doações começaram, Ghinla sentia seu corpo sendo puxado sem saber para onde. Era como se colocassem uma tora de madeira em seus ombros, tamanha a força que sentia pressionando-a para baixo.

"Tem alguém querendo me tirar daqui. Mas eu não sairei! Eu moro aqui."

Certo dia, ao ver Omã entrar em seu quarto, com um sorriso nos lábios, Ghinla ficou profundamente irritada.

— Mais livre estou! Mais uma propriedade delegada!

— Vai ficar na miséria, pobre idiota! — berrou Ghinla. — Você não entendeu nada do que fiz? Está acabando conosco! Você que deveria estar morto!

Omã parecia não escutá-la mais. Constatando a falta de poder sobre o filho, Ghinla reuniu o que pareciam ser suas últimas forças e avançou sobre Omã, que estava em pé, e comprimiu seu pescoço com as mãos.

Ghinla estava furiosa. Ele, cambaleando, levou as mãos ao pescoço, como se tentasse puxar alguma coisa que não via. Faltava-lhe o ar.

— Morra, idiota! Morra! — exultava Ghinla.

O ódio de Ghinla dava-lhe forças. Suas mãos comprimiam ainda mais o pescoço de Omã, que se debatia como se estivesse tendo um ataque.

"Morra, idiota!"

Ghinla sentia-se grande e forte.

A força física que sempre tivera parecia agora duplicada. A sensação de estar matando alguém a impulsionava de tal forma que não via outra coisa à sua frente, a não ser um pescoço sendo apertado.

De repente, teve a sensação de ver outras mãos no pescoço de Omã, que não eram as suas. Piscou e olhou novamente. Suas mãos pareciam mais grossas. Forçou os olhos um pouco mais e viu pelos nas mãos.

"O que é isso? O que está acontecendo com minhas mãos?"

O susto a fez soltar abruptamente Omã e levar as mãos ao rosto, fitando-as.

"Minhas mãos estão parecendo mãos de homem!"

Omã caíra de costas no chão e respirava aflito, como se caçasse o ar. Seus olhos estavam esbugalhados. Ghinla olhava a cena surpresa com o que fora capaz de fazer.

"Mesmo fraca, consigo fazer isso com ele. Imagine o que posso fazer se estiver mais forte... Posso detê-lo fisicamente!"

Seus pensamentos foram interrompidos por uma mão que lhe puxou pelo braço, virando-a bruscamente.

— Chega! Agora você vem comigo.

Ghinla estremeceu da cabeça aos pés. Aquela figura, alta e magra, era totalmente desconhecida. Seu corpo entrou novamente num torpor incontrolável. Um misto de ódio e pavor tomou conta dela. Ela não mais se sentia forte. Sua visão estava embaçada.

"Preciso do ouro." Mas ela se lembrou de que não havia mais ouro.

"Preciso de Omã." Porém, não conseguia ver onde Omã estava.

O peso que sentia nos ombros com frequência a assolou com intensidade inédita. Ela viu, sem nenhuma nitidez, algo que decifrou como nuvens escuras e espessas envolvendo-a.

— O que é isso? Largue-me! Quem é você? Deixe-me em paz! — ela gritava, desesperada. Que força era aquela que sempre a atormentava?

— Não adianta fugir de si mesma, Ghinla — Ouviu a voz, clara. O peso em seus ombros aumentava, e ela sentiu uma grande força empurrando-a para baixo.

— Para onde estão me levando? — gritava, em desespero.

— Não adianta fugir de si mesma — ouviu a voz novamente ecoando em seus ouvidos. Aquilo a atordoava, entorpecia seus pensamentos e sentidos.

Ghinla sentiu os pés sobre um terreno duro e firme. Um cheiro estranho invadiu-lhe o nariz. As nuvens escuras foram, pouco a pouco, dissipando-se, e ela conseguiu, lentamente, observar o local. Forçou os olhos e viu-se no centro de um grande cômodo, com paredes úmidas que pareciam feitas de barro e pedra.

Havia vários buracos na parede, da altura de um homem.

"Devem ser passagens. Isso parece uma caverna."

Aquele lugar era soturno, e Ghinla sentia os pelos do corpo se eriçarem de frio.

— Tem alguém aí? — gritou Ghinla. O som parecia correr pelas paredes. — Onde estou? — continuou a questionar ouvindo o retorno da própria voz.

Um homem alto, magro e de pele branca entrou por um dos buracos que ela notara. Caminhou em sua direção e disse:

— Estamos esperando você há um bom tempo.

A voz não era totalmente estranha. Ghinla analisou o espírito novamente.

"Eu o conheço de algum lugar..."

Apesar de não se lembrar de onde o conhecia, sentiu-se confortável em sua presença.

"Bem diferente daquele outro que me empurrou para cá!"

Repassou os olhos pelo local, que, aos poucos, foi se tornando familiar.

"Parece que já estive aqui..." Ela estava confusa, mas o pavor esvaíra-se.

— Já estive aqui? — indagou ao espírito.

— Sim, já esteve — tornou o outro, com semblante calmo. — Estou aqui para fazê-la se lembrar de quem é.

Lembrar-se de quem era? Aquilo intrigou Ghinla.

— Como me lembrar de quem eu sou? Sei muito bem quem sou. O que não sei é quem é você e o que estou fazendo neste lugar! — retrucou ela, irritada. — Preciso voltar para casa! Tenho que impedir que meu filho faça mais besteira do que já anda fazendo!

O espírito fez um movimento com as mãos explicando:

— Logo entenderá. Venha comigo.

Ghinla acompanhou-o. Aquele lugar lhe dava calafrios. Até o homem que seguia, hermético e taciturno, parecia compor um certo mistério e suspense. Conforme andava no saguão e se aproximava das várias entradas, a sensação de já conhecer aquele lugar aumentava.

O homem entrou numa das fendas, que pareciam cavernas. Havia uma mesa com duas cadeiras. Ele apontou uma, e Ghinla sentou-se. Na outra, sentou-se ele.

— Estivemos aqui antes de você nascer, com o propósito de elaborar um projeto de vida para que você aprendesse a obedecer, por meio da submissão imposta na época às mulheres. Encarnar no corpo feminino facilitaria sua missão.

Ele explicava com calma. Ghinla ouvia atentamente, mas não compreendia nada.

"Projeto de vida? Encarnar?"

— Vou lhe mostrar quem você era antes de nascer.

O homem parou de falar. Uma pedra grande, que estava na parede e parecia pregada com barro, ficou translúcida e imagens começaram a surgir. Ghinla observava perplexa. De repente, apareceu na pedra aquele mesmo homem que estava à sua frente e um outro, sentados no exato local em que se encontravam. Ghinla ficou agoniada.

"Eu conheço esse homem!" Seu coração palpitava. — Esse homem sou eu? — indagou Ghinla, sem pensar. — Como pode ser?

— Acalme-se. Ainda há muito o que ver, mas, sim, esse é você.

Ghinla estava confusa. Começou a se imaginar naquele corpo, que era truculento, e reparou nas mãos daquele homem. Elas eram grandes e tinham pelos.

"São as mãos que vi enquanto esganava Omã!" Tudo parecia absurdo e sem sentido.

— Quero que veja a conversa que tivemos antes de você nascer, a que se propôs, pois o que fez nesta vida você já sabe e tem bem claro em sua mente. Agora, ouça a conversa. — O homem falava pausadamente, como se não se importasse com a confusão de Ghinla.

Na pedra surgiu a conversa pré-encarnatória de Ghinla. Aquele homem forte estava mergulhado em sentimentos de remorso, comprometendo-se a fazer diferente. Concordava que um corpo de mulher seria uma boa chave de mudança, pois a submissão das mulheres naquela época era imposta.

As imagens mostravam o homem confiante e seguro de que nascer como mulher o ajudaria. De repente, tudo ficou claro a Ghinla, e a dor que ela sentiu foi terrível. Era como se seu coração estivesse sendo rasgado, tamanha a dor que sentia.

— Eu tinha tudo para fazer certo! Como pude estragar o que planejei? — gritava. — Não pude atingir o objetivo! Meu desejo de poder e liberdade foi maior que meu objetivo! — Ela chorava copiosamente.

Ghinla sentiu um grande pesar e gritou de desespero por tudo o que havia feito e por tudo que fora. Na pedra, passavam todas as imagens de Roumu, e ela as associava com as atitudes tomadas em vida como Ghinla. A desesperança tomou conta dela.

O que seria dela agora? A ira do fracasso despontava impetuosa em seu coração. Deparar-se com sua derrota sufocava-lhe a alma.

— Voltei em uma condição muito pior! Muito pior! O que farei agora? — constatou entre soluços. Ela chorava por desespero e ódio de si mesma.

— Como pude ser tola, a ponto de acreditar que conseguiria fazer diferente da maneira que sempre agi? Por que não fiquei onde estava? Por que me deixaram ir? — Ela revoltava-se contra os planejadores de sua vida. Seus pensamentos atropelavam-se entre o passado de Roumu e Zirrá e o presente de Ghinla.

— Esta vida foi muito pior! Errei mais querendo acertar do que quando errei acreditando ser o certo! E agora? — balbuciava em meio à dor de sua alma. Ela ficou muito tempo lamuriando-se, e o espírito nada dizia, até que, talvez cansado de ouvi-la chorar, disse:

— Não se muda a essência de um espírito em uma única vida. É incansável esse caminho de subida e descida — falava de forma enfática e pausada o homem à sua frente. — São muitos os que cometem os mesmos desatinos, às vezes com mais sutileza ou mais elaboração, como foi seu caso. O que a conduziu foi o medo de perder o poder e o controle das situações. — O espírito presenciava o desespero de Ghinla, mas não se alterava. Apenas explicava, sem a menor intenção de acalmá-la, e parecia buscar tão somente esclarecer a situação. — A natureza do seu espírito prevaleceu ao seu desejo de mudança.

Por essa razão, o comentário do espírito de nada adiantou para que Ghinla se acalmasse. Pelo contrário. Uma dor insuportável intensificou-se, e o choro parecia não aliviar nada. Jamais se sentira tão fracassada.

— Tem alguma dúvida em relação ao proposto e ao feito? — disse o espírito a Ghinla. Ele parecia, definitivamente, não se incomodar com os sentimentos da mulher.

— Não... Está muito claro para mim — respondeu com a voz embargada.

— Pois bem, agora vamos examinar as consequências dos seus atos, como eles interferiram no desequilíbrio cósmico e como você fará para repor o equilíbrio. — Sua voz era firme e diretiva.

Essas palavras não fizeram muito sentido a Ghinla, apesar de ter lhe suscitado a esperança, como se houvesse um meio de reparar todo o mal que causara.

— Você se utilizou da fé das pessoas para manipulá-las. — Enquanto ele falava, a pedra que estava na parede transmitia algumas cenas da vida de Ghinla, como os rituais que ela realizava no pátio de sua casa. — A fé dá às pessoas um direcionamento na vida, as faz se sentirem dignas, fortes, seguras do que fazem e, o mais importante, as levam a praticar o bem. Ao distorcer os princípios da fé, você profanou o sagrado, e isso causou confusão na mente daqueles que a seguiam sobre o que era certo e errado, justo e injusto. Todo espírito sabe, em seu íntimo, o que é justiça, certo e errado, independentemente das leis culturais vigentes. Cedo ou tarde, esse saber vem à tona, e, quando confrontado com as ações tomadas, gera-se uma culpa avassaladora no espírito, que não suporta tamanha dor, tornando-o propício à insanidade mental e emocional, pois se perde completamente a conexão com o bem em si, com sua essência. É assim que você levou muitas almas ao limo. Apesar de não estar ciente do estrago que estava fazendo, conduziu-as mesmo assim. Quando se está encarnado, o deslize, por menor que seja, pode não ser percebido pelo espírito como algo muito ruim, porém, este desconhece as consequências catastróficas que suas ações geram. Foi isso que causou e causará a muitas pessoas que iam aos seus encalços — Ghinla ouvia a tudo, absorta. — Veja o que aconteceu a algumas pessoas que, após sua morte, perceberam que o que você dizia e lhes propunha fazer não era divino.

Na pedra, uma mulher que ia com Ghinla e Omã aos saques dos acampamentos surgiu. Ghinla ouviu a voz que já era conhecida:

— Como pude fazer isso? Os verdadeiros deuses não vão me perdoar. Eu roubei! Como fui acreditar naqueles dois? Deixei-me levar pela cobiça! Ó, deuses, me perdoem! Recebam minha vida como sacrifício! — Assim, a mulher colocou uma corda em seu pescoço, que estava presa ao teto de sua casa, subiu num banco e o chutou. Ela suicidou-se.

— Assim como ela, Ghinla, muitos outros que saqueavam com vocês também se mataram.

Ouvi-lo relatar e ver o que fizera não surpreendia Ghinla, pois ela sabia muito bem o que e como tinha feito, e até certo ponto se orgulhava de sua astúcia em comandar os tolos que acreditavam naquelas besteiras de deuses.

— Mas eu não mandei ninguém se matar! — retrucou veementemente.

— Não se engane. Você é responsável por tudo o que aconteceu com cada um deles. Sei que você sempre soube de tudo isso e fez com o intuito claro de manipular essas pessoas a seu favor, porém, você não sabia quais seriam as consequências de seus atos insanos. Os saques que realizou não tiraram apenas o ouro dos acampamentos, mas roubaram-lhes a alma, deixando-os na escuridão. Essas pessoas não sabem para onde ir nem quem são — ajuntou o espírito, de forma tranquila e semblante pacífico.

— É óbvio que eu sabia que não estava agindo corretamente, mas não imaginava que traria essas consequências. — Ghinla surpreendeu-se, e seus olhos marejaram novamente. Ela, contudo, logo controlou as lágrimas, pois sabia que aquela não era a hora para se desesperar. — E o que acontecerá comigo?

— Tenha calma. Nós já chegaremos lá — respondeu o espírito, tranquilamente. — Sua vida estava alicerçada no dinheiro e no poder que tinha sobre os outros. Quando Omã começou a dar todo o ouro que tinham e você não conseguiu mais penetrar-lhe a mente, o que aconteceu?

— Senti-me fraca, não conseguia me manter em pé e tinha a sensação de que iria sumir, desvanecer — respondeu Ghinla pensativa. — Por vezes, me vi em total escuridão. Ia até o pouco ouro que restava ou resvalava em meu filho e me recompunha.

— Estava se perdendo de si. Seu referencial de existência era o dinheiro; o referencial deles era a fé nos deuses. Você roubou isso deles.

— E o que posso fazer? Todo o ouro já foi devolvido por Omã. Como posso devolver a alma que eles perderam?

— Você está com a clareza de tudo o que fez, em nenhum momento se perdeu da origem e natureza de seu espírito, que é a de querer sempre dominar. Por isso a rede de que faz parte é a de dominação e subjugação. Só que desta vez você estará subjugada ao seu próprio domínio.

— Só não queria ser submissa. Isso eu não aceitava. Por isso transformei todos mais submissos do que eu era. O que me diz é que agora me torno submissa a tudo que fiz?

— Exatamente.

— E para onde irei, então? — perguntou Ghinla, aflita.

— Não se preocupe com isso. Você não terá escolha; irá para onde o Senhor das Trevas determinar. Saberemos mais para frente. Agora, você mudará de corpo etérico e retornará à forma que tinha quando foi Roumu. É um processo rápido e sentirá apenas um tremor.

— Por que tenho que pegar a forma de Roumu? — Ghinla estava confusa.

— Na essência de seu espírito predomina a força masculina. Você se sentirá mais confortável e mais encaixada em um corpo de homem. Ocupou um corpo de mulher só para que tivesse essa experiência — esclareceu o espírito. — Acompanhe-me.

Eles retornaram ao grande saguão e foram em direção a outra entrada, bem próxima de onde estavam. Quando se aproximou, Ghinla percebeu que ali só caberia um deles. O espírito apontou para ela entrar, e Ghinla assim o fez. As paredes eram gélidas e úmidas. Ele fechou a porta com ela lá dentro.

Ghinla estava apreensiva. As paredes começaram a ser movimentar pressionando seu corpo. O contato das paredes em seu corpo causava estranhamento. Pareciam gosmas gelatinosas.

Em dado momento, ela sentiu algo perfurando o topo de sua cabeça velozmente e percorrendo todo o seu corpo. Ghinla deu um grito eletrizante. Seu corpo todo tremia e chacoalhava de dentro para fora, mas ela não sentia mais dor. Ghinla tinha a sensação de algo estar sendo ajustado dentro dela. Mais tarde, soube que era o acoplamento da forma etérica de Roumu e as lições de ambas as almas, de Ghinla e Roumu, sendo cravadas num só espírito.

A porta abriu-se, e foi o corpo de Roumu que saiu da sala. Era forte, a tez morena, cabelos curtos negros, ondulados. Seu rosto era redondo e um nariz protuberante saltava-lhe à frente. Parecia mais alto do que era. Ele deparou-se com o Senhor das Trevas, que o encarava impávido e arrogante. O outro espírito não estava mais lá.

— Você se saiu bem como mulher, aprendeu a dominar a alma e a mente das pessoas através da sedução e manipulação. Como homem, você desenvolveu o poder da ação. — Era impossível esquecer a voz daquele ser. O timbre invadia os ouvidos e conduzia, mesmo que involuntariamente, a atenção de Roumu. Sempre soara como ordem, mesmo quando explicava alguma coisa, como naquela hora.

Roumu não entendeu nada.

"Fiz tudo errado, e ele diz que me saí bem?"

— Logo saberá. Siga-me — ordenou o Senhor das Trevas, lendo os pensamentos de Roumu. Ele ergueu os braços, e uma névoa espessa os envolveu, fazendo Roumu tremer.

Roumu sentiu seu corpo sendo levado para baixo, como se estivesse sendo puxado velozmente. Não conseguia mover-se e mal abria os olhos, tamanha era a força da velocidade sobre ele.

Em instantes, Roumu sentiu seus pés em um solo mole, que parecia lama. Abriu os olhos, que se ajustavam paulatinamente, e a névoa havia desaparecido. Estava em um vale imenso. Ouvia gemidos e gritos, que ecoavam.

— De onde vêm essas vozes?

— Olhe para baixo.

Roumu esfregou os olhos, na tentativa de clarear a visão, e ficou petrificado com o que viu. Uma substância escura, que parecia suja, mole, como lodo, cobria todo o chão. Cabeças despontavam desse lamaçal, com os olhos esbugalhados, e gritavam sem parar coisas indecifráveis, como se estivessem fora de si. Entre elas, galhos sem vida subiam em meio à lama.

Roumu não acreditava que estava ali. Não dava para identificar quem estava no meio do lamaçal. Eram corpos mergulhados no limo sujo, gosmento, despontando somente cabeças com os olhos esbugalhados e fixos no nada.

Alguns se debatiam como se estivessem se afogando. O odor era de água podre, o som contínuo era de choros e lamentações, os gritos formavam um zumbido que penetrava Roumu de tal forma que às vezes lhe dava a impressão de que partia de sua própria cabeça.

Ele sentiu o frio invadir seu corpo. De repente, um movimento em seus pés chamou-lhe a atenção. Para seu espanto, estava pisando numa cabeça que chorava alucinada. Aquele choro entrava em seus ouvidos, e sua cabeça começou a latejar, parecendo prestes a explodir. Uma dor e uma angústia o acometeram.

— O que é isso? Essas pessoas estão loucas! O que fazem aqui? — perguntou Roumu, assustado, com as mãos na cabeça na tentativa de aplacar a dor.

— São almas perdidas delas mesmas devido a manipulações e maus-tratos emocionais. Os maus-tratos físicos geram ódio; os emocionais geram perda de si.

— Eu que fiz isso a todas elas?

— Não a todas, mas elas fazem parte da teia que você costurou para si mesmo.

— Como pude fazer isso? — Roumu estava incrédulo. Perplexo, olhou ao redor e viu milhares de almas debatendo-se no limo até o infinito.

"Pelo visto, eles não precisam de nenhum algoz. Parece que têm sua própria condenação interna."

Mesmo assim, Roumu quis se certificar com o Senhor das Trevas:

— Por que elas estão assim? Por que não saem? Não há ninguém que as aprisione.

— O veneno da culpa as aprisiona nesse limo de loucura e desespero. Nada veem, nada ouvem, a não ser a própria consciência obscurecida pela culpa. Agora são todas suas. Você não queria dominar as mentes? Elas aqui estão, totalmente sem rumo e dependentes. — O Senhor das Trevas soltou uma gargalhada estridente, e Roumu tremeu de espanto.

Apesar de estar em um lamaçal das trevas, repleto de dor e agonia, Roumu não sentia grande coisa, a não ser o espanto pelo horror que imperava naquele lugar. "Eu não queria enlouquecer ninguém! Apenas não gostava de estar subjugado ao poder dos homens. Agora estou aqui entre loucos. Minha condição antes de reencarnar era bem melhor. Eu caí!"

O cheiro daquele lugar o enjoou. Roumu sentia vertigem e olhava com nojo para cada alma ali presa. Começou a sentir nojo de si mesmo. Definitivamente, ele não queria estar ali, mas sua intuição dizia que era lá que ele ficaria pelos próximos anos.

"Espero que sejam poucos."

Olhou novamente ao redor e viu algo que o surpreendeu. Espíritos caminhavam por entre as almas afundadas no lodo, abaixavam e conversavam com elas.

— Eles também não sabem quem são? — perguntou intrigado.

— Esses espíritos que caminham entre as almas estão na mesma condição que você: o dominador e o dominado se atrelam na mesma rede cármica. Nosso carma é formado pelas atitudes que ferem a lei do amor em vida. Cada ser que infringe a lei do amor está sujeito à lei do carma. Atitudes parecidas de poder, ganância, entre outras, acabam nos colocando em faixas vibracionais correspondentes a esse teor de energia. O semelhante atrai o semelhante. Estão me servindo, assim como você o fará.

— Servindo como?

— Essas mentes precisam de uma direção. Você, em vida, especializou-se em desmontar mentes para colocar sua vontade. Agora, colocará a minha direção. Você deverá entrar no atordoamento dessas almas e colocar sua voz dentro delas, liberando-as do torpor que as cega.

— Como vou fazer isso? — perguntou, desesperado.

— Você sabe! — O Senhor das Trevas gargalhou, ergueu os braços, e a névoa escura o envolveu.

Roumu estava entregue à própria desgraça.

Roumu andou pelo limo e, a cada passo, atordoava-se mais. Aquele local exalava um ar de loucura, que era muito difícil a Roumu não se deixar envolver. Ele aproximou-se de algumas almas e pôde ouvir o que diziam. Eram lamúrias, gritos de agonia:

— Eu não fiz isso! — gritava uma mulher.

— A culpa não foi minha! — urrava um homem com os cabelos desordenados.

— Deixem-me em paz! — Outra mulher debatia-se no lamaçal.

Essas vozes, juntas, formavam um zunido entorpecedor. A vontade de Roumu era a de fugir dali, mas aquele lugar não parecia ter fim. Cada grito era como uma flecha perfurando sua cabeça.

"Se ficar aqui, parado, enlouquecerei como eles. Tenho de fazer algo. O Senhor das Trevas me disse para ouvir as vozes... Vou tentar."

Escolheu uma mulher que estava em grande agonia. Não sabia direito por onde começar. A mulher debatia-se enfiada no lamaçal. Seus olhos esbugalhados pareciam não ver nada e nem-sequer notou a presença de Roumu. Não parava de gritar.

— Ahhh! — gritava a mulher.

— Ahhh! — gritou Roumu, mais alto. Nada aconteceu.

Ele tentou outra vez, mudando o som.

— Uhhh! — Desta vez, o grito da mulher cessou. Quando ele parou de gritar, ela voltou com a mesma gritaria.

— Ande! — ordenou Roumu, com voz bem alta.

A mulher levantou-se do lamaçal lentamente e deu dois passos à frente.

— Pare! — E a mulher parou. "Ela me obedece."

— Você não é culpada — gritou ele.

A mulher desatou a gritar sem parar e a se debater de forma animalesca. A cabeça de Roumu parecia receber agulhadas. Seu cérebro parecia estar sendo cortado, numa dor infernal.

"O que tenho que fazer agora? Como parar isso?" Ele gritou novamente, e a mulher silenciou. "O que devo falar para ela se acalmar?"

— Pense em algo bom.

A mulher silenciou. Seus olhos não estavam tão saltados quanto antes. Roumu também se acalmou. De repente, ela começou a mover o corpo para os lados lentamente, e Roumu, sem saber como, teve acesso à mente daquela mulher.

Roumu a viu embalando uma criança. Ela ficou em paz por um curto espaço de tempo, e ele passou a acompanhar-lhe os pensamentos. Uma mulher estranha entrou na casa dessa outra e retirou a criança bruscamente de seus braços. A mulher recomeçou a se debater e gritar. Roumu sentiu-se triste e agoniado.

"Os sentimentos dela estão se misturando aos meus. Eu vejo e sinto o que ela vê."

A mulher chorava copiosamente e largara-se no lamaçal novamente.

— Como pude entregar meu filho! Que espécie de mãe eu sou? Os deuses nunca me perdoarão! — gritava a mulher.

— Você foi obrigada a entregar seu filho. Não havia outro jeito. Não foi você quem quis. Veja a maneira violenta como essa mulher lhe tirou o filho dos braços. Não tinha o que fazer! — insistiu Roumu.

A mulher silenciou e respirou profundamente.

— Quem está falando comigo?

— Você não me conhece, mas me chamo Roumu.

Quando ela deu sinais de que iria voltar a se contorcer, Roumu interveio:

— Pare de se debater! Você não fez nada! Ela era mais forte que você!

A mulher serenou. Um choro de tristeza e alegria vertia por seu rosto. Roumu, por meio da mente dela, viu que a mulher reconhecia aos poucos que não fizera nada de errado.

Os olhos dela foram, aos poucos, voltando ao normal, e ela foi se tornando cada vez mais serena. A serenidade também invadiu Roumu, devido à forte ligação mental com a mulher.

Roumu não entendia direito a sensação de estar sereno. Era algo novo para ele. Sempre soube reconhecer o ódio, não a tranquilidade, e gostou daquela sensação.

Um facho de luz entrecortou o limo em que estavam, envolveu a mulher e puxou-a para cima. Ele, contudo, permaneceu ali, no mesmo lugar.

"Tenho que descobrir na mente de cada um o que os fará serenar e fazer com que se libertem da culpa."

Roumu sentia seu corpo pesado.

"Estou exausto. E só libertei uma alma."

Ele não tinha certeza de que fizera certo, mas ninguém o instruíra. Roumu agira pela intuição.

Um espírito de estatura baixa caminhou em direção a ele. Quando estava mais perto, pôde ver que ele tinha barba rala e olhos castanhos escuros.

"Pelo menos não estão esbugalhados."

— Para um novato do limo, você se saiu muito bem! Sou Turi. E você, quem é?

— Sou Roumu. Ainda não compreendo direito o que estou fazendo aqui.

— Não se preocupe com isso. Tempo não lhe faltará para entender seu destino, muito menos seu trabalho! — tornou Turi, soltando uma gargalhada.

— Sei que manipulei as pessoas, as dominei. Elas vieram todas para cá? — indagou Roumu.

— Nem todas vieram pela sua intervenção direta, mas de alguma forma caíram na dominação de alguém ou por algum motivo perderam a fé em si mesmas. Todas estão aqui por motivos diferentes, mas por sentimentos iguais — explicou Turi.

— Que sentimentos? — questionou Roumu, curioso.

— Morreram se sentindo desligadas de Deus, portanto, perderam a direção no caminho. A culpa ou a incompreensão do porquê algo lhes sucedeu lhes dilacerou a alma. Aí elas vêm parar aqui, neste limo pegajoso, unindo-se nesta rede.

— Por que estou aqui? Não me sentia culpado em vida.

— Todos nós que aqui estamos no resgate dessas almas é porque dominamos em algum momento de nossas vidas terrenas. Provavelmente, você achou que era Deus, que podia dominar tudo, por isso está aqui em seu reino de dominação. Domine-os! — riu Turi.

— E por que você está aqui? — devolveu Roumu, ironicamente.

— Pelo mesmo motivo que o seu. Estamos na mesma rede, meu caro.

— Que rede é essa de que você fala?

— É um novato e tanto! Vou lhe cobrar pelas aulas — avisou Turi, rindo. — Largaram você aqui sem lhe explicar nada?

— Explicaram-me um pouco, mas estou confuso. Acho que são essas vozes que não cessam. Estão me atordoando. Será que vou ficar assim também?

Turi riu ruidosamente, e Roumu achou que seu riso poderia ser ouvido até pela última alma daquele limo.

— Isto você descobrirá sozinho. Minha mente está perfeita!

— E a luz que vi, para onde foi?

— Calma lá, você tem muitas perguntas e muito trabalho. Vamos por partes. As redes são formadas por pessoas que, em vida, tiveram os mesmos sentimentos norteando suas ações. Todos que aqui estão desconsideraram o Todo: você, eu e todos aqueles ali. — Turi apontou para outras pessoas que estavam conversando com as almas. — Quisemos comandar, estamos lúcidos do que fizemos e, em nenhum momento, entramos no torpor da culpa ou culpamos Deus pelos acontecimentos. Nós sempre acreditamos que detínhamos o poder e com isso manipulamos as mentes, enfraquecendo-as sem escrúpulos. Agora, estamos presos aqui para exercer o que fazemos de melhor: controlar e dominar as pessoas. Aqui, usamos o que aprendemos em vida para libertar essas almas. Cada vez que conversar com essas almas, sentirá exatamente o que elas sentem e como elas estão, ou seja, sentirá o que causou nelas! É um sofrimento infernal, meu caro! Seja bem-vindo! — completou Turi com ironia.

— Mas, se essas almas foram vítimas, por que estão nesse sofrimento?

— Ah! Você ainda não compreendeu! Quando o vi liberando aquela alma de primeira, sem contar com a ajuda dos veteranos daqui, pensei que fosse mais esperto — tornou Turi, provocador. — Quem se deixa ser dominado também espera obter algum poder ou prestígio. Selecionaram alguém para ocupar o lugar de Deus, que provavelmente estava vazio em seu coração, e esperaram recompensa. O sentimento é o mesmo; a maneira de reagir é que é diferente. Eles reagem chorando a perda, e nós trabalhando para recuperar o que lhes prometemos. Estamos todos na mesma situação. Eles continuam à espera de algo, e nós continuaremos também fazendo a mesma coisa que fizemos em vida. Continuaremos usando das nossas artimanhas, seduzindo-os e levando-os a perceberem algo diferente. Se nós provocamos traumas, devemos também saber como desfazê-los! O processo é similar; o objetivo é um pouco diferente. Precisamos fazer, porque não temos outra saída. Se você se atrever a não fazer, sua mente entrará nessa loucura que tanto abomina! — avisou ele, sarcástico.

— E as almas que vão com aquela luz que vi, para onde vão?

— Para onde vão eu não sei. Pelo menos, elas saem daqui! Com certeza, devem ir para algum lugar melhor — comentou Turi, sorrindo. — Não temos que nos preocupar com isso, pois não faz parte do nosso trabalho. Só temos de tirá-las do torpor. Não podemos conversar muito. Precisamos trabalhar para manter nossa mente lúcida. Quanto mais almas liberamos, melhor ficamos. Se precisar de ajuda, me chame. — Turi virou-se e começou a conversar com a primeira alma em que esbarrou.

Roumu caminhou lentamente pelo brejo. A lama cobria-lhe as pernas até um pouco abaixo do joelho.

"Como vou suportar tudo isso? Vou enlouquecer como eles!"

Abaixou-se e pôs-se a ouvir uma alma que gemia de dor. Ela tinha os braços cruzados e dizia:

— Afaste-se de mim! Já chega! Não aguento mais.

O peito de Roumu comprimiu-se. Ele já havia adentrado aquela mente. Parecia que havia um peso enorme empurrando-a para baixo, pois ele sentiu isso em seu corpo.

— O que não aguenta mais, mulher? — inquiriu Roumu.

— São muitos, meu corpo dói — a mulher respondeu com dificuldade, como se lhe faltasse o ar.

— O que acontece com seu corpo?

— Eles me possuem de todas as formas! — sussurrou a mulher. Ela enrubesceu e cobriu rapidamente o rosto com as mãos. Nesse instante, Roumu conseguiu penetrar-lhe a mente.

— Quem a possui? Quem são eles?

— Eu não sei. Eles vêm todas as noites.

— Onde você está?

— Eu não sei, é escuro, não há aberturas.

— Onde você estava antes de vir para cá?

— Em casa, com minha família, daí eles chegaram e me trouxeram para cá. Estou presa.

Roumu, apesar de ver o que estava na mente das almas, tinha de fazê-las falar. Dessa forma, elas permitiam sua intervenção. Percebeu que naquela mente o que imperava era a manipulação através da humilhação e do sexo. Ele bem sabia como fazer alguém se sentir culpado pelo que faz mesmo sendo forçado. Agora teria de desfazer aquela trama.

— Você não está aí porque quer, tampouco se deita com os homens porque quer. Eles a obrigam a fazer isso.

— Eles me obrigam, mas há uns dois de que eu gosto. Eles me tratam bem, me trazem comida, e eu me vendo por pouco! — Um choro contido brotou de sua alma.

— Você não está se vendendo, você foi vendida. Está apenas tentando sobreviver e tirar o melhor dessa situação horrível em que se encontra. Expulse o homem que está em cima de você.

Ela começou a reagir empurrando com os braços o homem que estava em cima dela e com mais vigor gritou:

— Saia de cima de mim! Não sou sua! — Ela se debatia.

— Aja de acordo com sua vontade! Expulse-o! — Roumu gritava.

Aos poucos, a mulher foi ficando aliviada, até que disse convicta:

— Estou livre! Sou a dona do meu corpo!

— Sim, você é dona de si.

Um facho de luz desceu, iluminou a jovem mulher, que, com um sorriso no rosto, subiu.

Aquela era a única visão boa que havia ali: a luz invadindo o limo. Todos paravam o que estavam fazendo para olhar. Ela era a esperança de estarem no caminho certo.

"No fundo, essa luz nos incita a pensar que também seremos salvos deste lugar inóspito."

Havia almas que não seguiam pelo facho de luz. Elas iam por um facho escuro. Aquilo intrigava a todos os que, como Roumu, ali trabalhavam. Porém, ele sabia que isso não lhe dizia respeito.

Algum tempo depois, Roumu viu Turi se aproximar.

— Venha, me ajude com uma alma. Não estou conseguindo.

Roumu aproximou-se. Era uma criança de mais ou menos dez anos de idade.

— Qual é a dificuldade de lidar com crianças? — indagou Roumu a Turi, em tom de zombaria.

— Não se faça de rogado. Já me deve muitos favores como este — tornou Turi, com uma careta.

Aquilo era verdade. Turi e Roumu ajudavam-se quando algum caso complicado aparecia. Não só eles, como vários outros que desempenhavam a mesma tarefa. Havia certo companheirismo entre eles.

— Até onde você chegou?

— É um menino que trapaceava, levando informações de um para outro, e muitas delas mentirosas, o que causou a morte de duas pessoas que o ajudavam em suas trapaças. Um dia, ele foi pego, apanhou muito e morreu.

— Conseguiu perceber o que ele tem de bom?

— Não consegui ver nada de bom. Nem sei o motivo de ele estar aí. Esse menino deveria estar aqui conosco — comentou rindo como sempre. — Ele me lembra a mim mesmo. Sempre trapaceei.

O garoto debatia-se como se estivesse defendendo-se de algum ataque. Roumu agachou, ficando à mesma altura do menino.

— Eu juro, eu não sei de nada, já contei tudo — despejou o garoto.

— O que eles querem saber que você não quer contar? — interpelou Roumu.

— Não posso entregar meu amigo, ele sempre me ajudou. Da outra vez, eu contei, e eles o mataram. — O menino chorava.

— Você é um garoto de confiança. Está apanhando para não entregar seu amigo.

— Eles perderam a confiança que tinham em mim — continuou o menino, entre soluços. — Só este amigo meu ainda acredita em mim.

— Você é fiel a quem é fiel a você.

— Não sou fiel, sou um mentiroso.

— Você mentiu muito, mas agora está mentindo para proteger um amigo, assim como, muitas vezes, mentiu para proteger alguém. Você se saiu bem com as mentiras, porque, apesar de não serem boas, você é bom.

— Eu sou bom? — Quis saber o menino, abrindo um leve sorriso.

— Sim! Claro que é! Não precisa mais apanhar.

— E meu amigo?

— Ele ficará bem. Você já fez muito por ele.

O menino foi envolvido por uma luz clara e subiu sorrindo.

"Está alegre em se perceber bom..."

Turi, que estava próximo a Roumu, disse:

— Sei que estamos aqui para resgatar o que é bom em cada um e fazê-los se sentirem dignos. Temos de fazer de tudo, usar artimanhas, mas transformar mentira em mentira bondosa já é demais! — Turi riu gostosamente.

— Valeu, companheiro! Deu certo, e é isso o que importa!

Roumu não sabia como Turi conseguia achar graça de quase tudo, mas não se importava. Era muito bom ter alguém de bom humor constante ao seu lado. Ele divertia-se, e seu apreço por Turi crescia. Sempre ajudavam um ao outro, e Roumu aprendia muito com ele.

Só havia uma coisa que o intrigava. Turi parecia ficar feliz quando liberava uma alma.

"Não entendo. Pouco importa libertar almas se nós continuamos presos." Eles apenas cumpriam um serviço. "Fazemos o bem, mas não somos bons. Irônico."

Ninguém fiscalizava o trabalho deles. Eram eles e as almas. Por vezes, muito raramente, vinha um mensageiro do Senhor das Trevas, ou o próprio, trazer novos espíritos para fazerem o que Roumu fazia.

Roumu permaneceu naquele limo por incontáveis anos. Ele se tornara hábil em detectar o sofrimento das almas.

Aprendia como funcionavam as mentes, como se dava a formação dos traumas, que situações tinham o potencial de desintegrar uma alma e como extrair de cada uma sua parte boa. Como mestre em detectar a parte boa de cada um, ele aprendera a viver no limo sem deixar sua cabeça beirar à loucura.

À medida que a tarefa ficava mais clara, mais forte ele se tornava. No início, Roumu chegou a pensar que sairia dali quando retirasse todas as almas, mas a quantidade que chegava era sempre maior do que a das liberadas.

Roumu tinha acabado de libertar uma alma, quando tropeçou em um corpo que escondia a face com as mãos e voltou-se para ele. Era um homem que dizia com voz chorosa:

— Eu não matei. Quem sou eu? Não sou ninguém.

Aquela voz intrigou Roumu. Tinha a sensação de já tê-la ouvido. Abaixou-se, então, se aproximou.

— Eu não errei. Eu não sabia! Não fui eu, não fui eu! — dizia o homem com as mãos no rosto.

— O que você diz que não foi você? — questionou Roumu.

— Eu não usei aquelas mulheres. Não fui eu! Foi ela! — O homem começou a gritar, desesperado.

— Sim, não foi você quem usou as mulheres. Foi ela. Mas quem é ela? — Roumu estava com certa dificuldade para penetrar-lhe a mente.

— Aquela que se passou por minha mãe! Ela dizia falar com os deuses!

— E o que essa pessoa fez?

— Ela me fez matar meu pai, que não era meu pai; me fez roubar; me fez matá-la! — O homem urrava e pressionava a cabeça com as mãos.

Roumu estremeceu. Não era necessário penetrar-lhe a mente. Aquele era Omã. Sentiu calafrios e uma ligeira falta de ar.

"O que farei agora?", respirou fundo.

Roumu sabia que aquele seria um caso diferente. Ele, em vida, comandara e direcionara aquela alma para si, seus desejos e suas vontades. Aniquilara qualquer ímpeto que partisse de Omã, voltando toda a potência daquela alma para ele, que, no caso, era Ghinla.

Agora teria de comandar sua libertação, conduzi-lo a enxergar que estava aprisionado a Ghinla e a seus maquiavélicos desejos.

Roumu observava Omã. Sua mente, já enlouquecida em vida, agora estava pior. Penetrou-lhe os pensamentos e notou que Omã continuava da mesma forma. Ele repetia as mesmas coisas.

"Nada mudou desde a última vez em que o vi."

Na mente de Omã passava a cena da morte de Ghinla, quando Omã lhe cravou o punhal. Roumu sentiu algo lhe perfurando o peito e, automaticamente, levou as mãos ao local onde fora atingido.

Enfronhado em sua mente, ele sentia as mesmas coisas que Omã, porém a essa vivência eram também acrescentados seus próprios sentimentos e suas sensações. Roumu ficou atordoado.

De repente, sentiu a mesma indignação, a mesma ira.

Estava imerso naquele momento. "Tenho de fazer diferente!"

Tentava se recompor, retornar ao trabalho que deveria fazer. Afastou com dificuldade a ira que o acometia.

"Eu e Omã continuamos os mesmos. O tempo não modifica ninguém".

Ele concentrou-se em Omã, que repetia freneticamente as mesmas coisas, como se a mente dele não registrasse mais nada, a não ser aquele momento. Estava completamente preso a seus traumas.

— Você foi vítima dessa mulher. Ela o induziu a fazer o que fez — disse Roumu, afastando de si qualquer envolvimento.

— É, eu não fiz por minha vontade — sussurrou Omã.

— Você não fez por vontade própria. O que você teria feito se pudesse?

— Eu não teria matado meu pai. Ele nunca me fez mal. — Roumu percebeu a loucura dar lugar ao remorso.

— Você foi conduzido a matá-lo. Não foi você quem o matou — Roumu falava firme e seguro.

— Eu que busquei as cobras. Foram minhas mãos que as colocaram na tenda dele! — Omã começou a se agitar.

Roumu percebeu que tinha de ser rápido. Não podia dar muito tempo a Omã, caso contrário ele iria entrar na loucura e sua mente se fecharia.

— Suas mãos foram manipuladas por ela — insistiu, firme.

— Sim, foi ela quem fez! Foi ela quem fez — Omã parecia aliviado.

— Veja o que ela fez de você.

— Eu não sei! Eu não sei quem eu sou! Não sei! Não sei de onde vim! — Omã agitou-se, balançando a cabeça de um lado para outro.

— Não importa quem foram seus pais. Você é filho dos deuses — continuou Roumu, mas Omã entrou em desespero.

— Que deuses? Não existem deuses! — Ele olhou para as mãos e continuou a gritar: — Eu não dominei minhas mãos! Não dominei a mim mesmo! Quem sou eu? — Ele batia em seu próprio rosto e peito e gritava: — Quem sou eu? O que fiz? Onde estão os deuses?

Como iria ajudá-lo? Ele mesmo não sabia quem era Omã. O Omã de hoje era o Omã que ele, quando era Ghinla, havia construído.

Não conseguia enxergar o Omã original, depois de tantas intervenções em sua psique. Roumu estava perdido. Não sabia o que fazer.

"Minha lucidez está se afundando no limo."

Ele estava por demais envolvido naquela história. Roumu chamou Turi, que o observava rindo.

— Ei! Vai ficar aí só olhando? Não percebe que não estou conseguindo? — reclamou Roumu, irritado.

Turi aproximou-se.

— Saia pra lá! Deixe comigo! — ele agachou-se ao lado de Omã e penetrou-lhe a mente.

— Você não é ela. Foi ela quem armou tudo. Percebe isso? Você não tem culpa de nada.

Omã acalmou-se.

— Você não teve escolha. Desde pequeno, foi manipulado, e, por conta disso, sua mente foi enfraquecida. Por isso não sabe quem é. É claro que lhe faltou coragem. Talvez você pudesse reagir. Mas o fato é que não teria feito nada disso, se não tivesse sido manipulado por ela — e, com um sorriso sarcástico, completou: — E se deixado ser manipulado.

Omã moveu a cabeça para cima e para baixo, em sinal de aceitação do que estava ouvindo. Turi continuou falando de forma despojada e informal, como se fossem velhos conhecidos.

— Você se deixou ser manipulado, porque também gostou do poder que ela lhe prometeu! Pensava que esse poder lhe traria felicidade.

Omã assentiu com a cabeça.

— Teve um dia que você percebeu que isso não lhe trazia felicidade. E aí o que foi que fez?

— Eu devolvi o ouro ao povo — Um leve sorriso esboçou-se na face de Omã. Parecia uma criança reconhecendo que fizera algo de bom.

— E isso você fez sem que ela o mandasse!

— Eu fiz contra a vontade dela! — Notava-se uma pequena luz nos olhos de Omã.

— Então, esse é você! Um espírito que partilha o que tem!

Omã tranquilizou-se, talvez reconhecendo a manipulação à qual fora submetido e a força que tivera ao agir por conta própria. Roumu admirou-se com a facilidade e descontração com que Turi conduzira a situação.

— Eu a matei. Eu a matei. Por mim mesmo, ninguém me ordenou. Sou um assassino do mesmo modo! — disse Omã de sobressalto.

— Sim, você a matou, mas já estava insano, totalmente fora de si. De qualquer maneira, foi a saída que viu para se livrar das manipulações dela. Matá-la foi uma ação que exigiu coragem e força, tudo que ela sempre roubou de você. Depois da morte de Ghinla, você conseguiu ser você e doar tudo o que tinha!

Omã respirou. Parecia aliviado. Roumu percebeu que os olhos dele haviam clareado, quando um facho de luz desceu e o envolveu.

— Vá, Omã! Você se libertou de mim, mas eu ainda não me libertei de mim mesmo! — disse, enquanto olhava o facho de luz desaparecer.

"Por quanto tempo permanecerei aqui?" Seu olhar varreu a imensidão de almas presas em seus próprios infortúnios. "Ainda há muito trabalho a ser feito." E parecia infindável.

Em todo o tempo em que ali esteve, Roumu vira apenas dois deles saírem de lá. O próprio Turi, que chegou antes dele, ainda estava lá. Os amigos que ali fizera eram a melhor parte de estar ali. Riam, trocavam experiências e divertiam-se com os novos que chegavam. Só não era mais desesperador, porque não havia esperança. Numa das conversas entre eles, Roumu perguntou:

— Vocês sabem há quanto tempo estão aqui?

Eles gargalharam, e um deles falou:

— É melhor não saber... mas acho que você já está bem velhinho. Arriscaria uns quinhentos e cinquenta anos para você!

Aquilo abalou Roumu.

"Será que estou aqui todo esse tempo?"

Após Roumu encaminhar outra alma, viu uma névoa espessa no meio do limo. Em seguida, o Senhor das Trevas tornou-se visível. Ele caminhou em direção a Roumu.

— Você voltará para a Terra — asseverou o Senhor das Trevas.

Um tremor percorreu o corpo de Roumu.

— O que vou fazer na Terra? Cada vez que vou, erro mais! — disse Roumu, assustado.

— Você tem feito um bom trabalho. Aprimorou-se no trato com as mentes e já sabe como liberá-las das tramas das emoções carnais. A Terra está precisando disso.

— Mas vou fazer o quê? Apenas sei de mentes conturbadas e culposas.

— A religião é a maior formadora de culpas. Você viverá no meio da religião. Já está aqui há quatrocentos anos. É hora de ir para a Terra.

Roumu surpreendeu-se com os anos em que ali ficara. Pensou que fosse brincadeira quando seu colega disse quinhentos e cinquenta anos...

Não havia escolha; aquilo era uma ordem. Apesar de a notícia de seu regresso à Terra o assustar, imaginar-se fora dali era, de certa forma, um alívio. A agitação de uma nova encarnação tomou conta dele.

— Prepare-se. Jessé virá buscá-lo. — Sem mais nada dizer, o Senhor das Trevas afastou-se. Roumu acompanhou-o com os olhos estupefatos.

"O que será de mim?"

Em instantes, o Senhor das Trevas sumiu entre a névoa característica, e Roumu, mais uma vez, ficou sozinho no meio do limo. Um vazio acometeu-o.

"Pelo menos vou rever Jessé."

Turi e os outros colegas de Roumu foram em sua direção.

— O que você fez, Roumu? Essa movimentação não é comum! — insinuou Turi, rindo. — O que o Senhor das Trevas lhe disse?

— É, estou curioso! Ele raramente aparece por estas bandas e, quando vem, é só para trazer alguém. Conte-nos logo, Roumu! — disse o outro.

— Vou retornar à Terra. — Roumu abaixou a cabeça, e sua voz era quase inaudível.

Todos silenciaram. Os gritos do limo pareciam mais altos que o normal.

— Vocês ouviram isso? Ele vai voltar para a Terra! — Intrigado, Turi olhava para os outros. — Roumu, levante essa cabeça e fale direito! — Turi ficou bem próximo do rosto do amigo, que se sentiu pressionado a erguer a cabeça.

— Sim, vou para a Terra. Foi isso o que o Senhor das Trevas veio comunicar.

Roumu notou a surpresa na face de todos.

— Ser chamado para ir à Terra estando aqui não é normal — comentou um dos colegas, coçando a cabeça.

— Normal não é mesmo. Mas é melhor assim! Isso significa que ainda há esperança para nós! Se o Senhor das Trevas veio para ele, quem sabe não virá para nós algum dia? — disse animado outro. — Parecia que tínhamos sido esquecidos aqui. Agora veio a prova de que não fomos!

Roumu olhava para os companheiros com o olhar baixo, desiludido. Não compreendia onde eles podiam ver algo de positivo nessa notícia.

— Vocês não estão entendendo. Ir para a Terra, no meu entendimento, é cair na desgraça. Parece-me que todas as vezes que fui, só piorei minha situação. Se existe uma evolução, não consigo ver qual é! — Roumu ergueu os olhos, e uma onda de pavor tomou conta dele. Seus colegas estavam radiantes, apesar do seu desânimo.

— Que cara é essa, meu amigo? Está mais pálido do que quando aqui chegou! Você terá uma nova oportunidade! Ou prefere ficar aqui por mais quinhentos anos? — A gargalhada de Turi ecoava pelo limo.

Os outros também o acompanharam, e um coro de risadas alastrou-se pelo lamaçal, sufocando os gritos agoniantes.

— Sim, estou tendo uma nova oportunidade — ajuntou com uma tristeza profunda.

— Levanta esse humor, Roumu! Não acredito que haja lugar pior que este. E, na pior das hipóteses, você retornará para cá, mas pelo menos terá uma trégua. Isso não é bom? Veja o lado positivo, afinal, é isso o que fazemos todos os dias com essas almas! — Turi exaltava-se em alegria.

— Este lugar é horrível, mas já me acostumei e sei lidar com o limo e com a tarefa. Aqui não caio. Faço meu trabalho. Além de que, pela primeira vez, conquistei amizades leais.

Por mais antagônico que parecesse, Roumu, naquele lugar inóspito, teve acesso ao sentimento de companheirismo, inédito em toda a sua trajetória.

— Então, vamos comemorar nossa amizade! Que você tenha uma boa vida, meu amigo! — Turi abraçou Roumu, e os outros o acompanharam no gesto.

Eles eram em poucos naquele lugar, mas Roumu sentia-se querido.

Roumu passou os dias seguintes com o pensamento intermitente de que fracassaria. As memórias de outras vidas estavam aguçadas e o temor de errar o invadia com mais força a cada instante. Ele isolou-se dos amigos e entrou em profunda reflexão.

Apesar da avalanche de sentimentos, ele estava ansioso para saber o que faria na Terra.

Uma mão pesada em seu ombro o puxou para a realidade do limo. Ele virou-se e, para sua surpresa, ali estava Jessé.

— Está pronto, Roumu?

Um rompante de alegria tomou conta dele.

— Jessé! Que bom vê-lo! Achei que não o veria mais, até que o Senhor das Trevas me deu a notícia! — tornou Roumu, sorrindo, mas contendo-se para não ser intimista demais. — Pronto, acho que nunca estarei. Olha para onde eu vim! — Estendeu os braços. — Nem sei mais como é estar fora daqui. E você, por onde andou?

— Ele esforçava-se para não demonstrar suas inquietações.

— Sempre estou onde devo estar, assim como você. Este lugar pode lhe parecer ruim, mas de ruim não tem nada. A disciplina e a seriedade com que você se manteve aqui são respeitáveis. Erguer-se após a queda é o mais difícil, porém você está no início de um longo caminho. — Sua voz era firme e pausada.

Roumu percebia que Jessé exalava certa admiração por sua conduta, e aquilo lhe deu confiança.

— Vamos. Está na hora. — Jessé abriu os braços, e a névoa espessa envolveu-os.

Roumu não enxergava mais nada e sentiu seus pés no ar.

— Estou indo embora! Até mais, meus amigos! Vamos nos encontrar qualquer dia! Torçam por mim! — gritava Roumu. Seu coração estava sobressaltado, e sua respiração, ofegante e dificultosa.

— Vá, Roumu! Se voltar aqui, eu mato você! — Roumu ouvia a gargalhada de Turi ao longe. — Se voltar, deverá ser para me levar, seu desgraçado! — E, então, Roumu não ouviu mais nada. O silêncio reinou. Sentiu um torpor, um vazio na cabeça, como se estivesse oca. Não havia mais gritos, somente as dúvidas e os receios que o acompanhavam.

Os pés de Roumu tocaram um chão sólido. "Pelo menos o solo gosmento se foi."

A névoa que o envolvia se dissipou, e ele varreu o olhar pelo local, reconhecendo-o de imediato. O portão de ferros grossos e pretos estava à sua frente, assim como as duas sentinelas.

"Pelo visto vou mesmo para a Terra." Jessé estava a seu lado.

— Você vem comigo, Jessé? — Roumu estava temeroso.

— Sim — dizendo isso, Jessé fez um movimento com as mãos e as sentinelas abriram o portão.

Jessé caminhou, e Roumu o acompanhou. As paredes úmidas e o cheiro característico daquele corredor faziam Roumu sentir-se mais familiarizado, porém, prevendo os próximos passos, a ansiedade tomou conta dele.

Chegaram, finalmente, à vasta sala circular. Ao vislumbrar as várias entradas, as lembranças da programação de sua última encarnação lhe invadiram a mente, aumentando sua ansiedade.

Outrora, estava confiante de que iria fazer diferente, contudo, agora estava incrédulo de si mesmo, temeroso, com vontade de sumir daquele lugar. Mas para onde correria?

A movimentação ordenada de vários espíritos lhe era familiar.

"Tantos esperançosos, e eu aqui, sem a menor esperança."

— Como é difícil reconhecer as chances perdidas, e com elas a confiança em mim mesmo não existe mais. Estou numa vala sem fim. Recomeçar sem confiança é suicídio... — pensou em voz alta, esquecendo-se de que Jessé estava ao seu lado.

Jessé não disse nada, limitando-se a indicar uma das entradas, e os dois foram em direção a ela. Era pequena, e havia nela uma mesa e duas cadeiras. Lá, havia também um espírito esguio, magro e com uma capa preta como todos os que ali trabalhavam. Roumu reconheceu-o de imediato.

"Foi ele quem programou minha última encarnação e que me recebeu de volta, quando eu ainda era Ghinla."

As recordações vinham aos montes e pareciam diminuir o tamanho de Roumu.

"Não tenho escolha."

Jessé olhou para o espírito que o reverenciou.

— Sente-se. — O espírito indicou-lhe uma cadeira. — Temos muito que conversar. Antes, trate de aquietar seus pensamentos e aceite logo o que está por vir.

Roumu sentou-se na cadeira indicada.

— Vou explicar todo o trajeto do seu espírito até agora. Isso facilitará o encarne e sua missão na Terra — tornou sério. — Tudo o que lhe sucedeu está dentro da lei, de acordo com seu nível de consciência e a atuação prática com o que foi aprendido. Você acreditou que o fato de sentir remorso era suficiente para neutralizar o desejo de poder e controle. O remorso, contudo, apenas lhe aponta que existe outros seres que não você. Por vezes, isso não é suficiente para gerar um novo tipo de atitude. Em sua última encarnação, o desejo de poder imperou neutralizando o remorso. Foi aí que você caiu. O remorso que sentia lhe possibilitou perceber o outro a ponto de vislumbrar de que forma eles poderiam servi-lo. Dadas as condições da época, aflorou sua inteligência mental, manipulando os que o cercavam sem escrúpulos. Você reconheceu o outro, mas somente a ponto de desenvolver artimanhas mentais de forma a utilizar-se do outro a seu bel-prazer, sem benefícios recíprocos. Essa maneira de agir em cima do remorso foi o que gerou sua queda.

Roumu sentiu seu corpo expandindo-se, como se aquelas palavras entrassem nele. Momentos da vida aos quais o espírito se referia passavam em sua mente.

— No limo, você conseguiu perceber e sentir as consequências de seus atos, portanto, essa lição está gravada em seu espírito. Veja seu desenvolvimento: em suas primeiras vidas, sua consciência estava limitada apenas ao corpo etérico e à sua necessidade de sobrevivência, que, não reconhecendo nada além de si, o fez viver através do instinto animal. Retornou ao plano espiritual no calabouço, e sua maneira de servir era através da dor e das torturas físicas, forma com a qual lhe era possível servir, visto que esse era seu nível de consciência. Quando estava na Terra como Zirrá, foi tocado pelo sentimento de remorso quando condenou Zarah à morte. Você, então, retornou ao plano espiritual com a missão de reconhecer as almas que também haviam sido tocadas pelo sentimento de remorso, ou seja, que também tinham acessado, de alguma forma, a consciência do corpo emocional. Esse corpo emocional traz a ciência das próprias necessidades e das necessidades do outro. Tendo isso já plasmado em seu espírito, você foi chamado à Terra como Ghinla, encarnação que lhe possibilitou acionar o corpo mental.

O temor de Roumu afastava-se, dando espaço para a compreensão. Ele, então, percebeu que não era tão mal quanto pensava. Tudo fazia sentido para ele.

— Agora você está pronto para ativar na Terra a consciência de seu corpo astral, que traz o primeiro contato com o amor. O que você pode saber por ora é que nascerá em uma família religiosa, no corpo de um homem, numa época decisiva, em que é necessário que a fé emerja no coração dos homens para amolecer a dureza que se instaurou. Perceba a sincronicidade entre o momento que a Terra passa e o momento de que seu espírito necessita. Aproveite essa oportunidade.

Roumu pouco compreendeu da época sobre a qual o espírito discorria, porém estava mais confiante. Acostumava-se paulatinamente com a ideia de ir à Terra.

— Roumu, utilize-se da coragem e da determinação de seu espírito. Você estará muito bem acompanhado na Terra. A programação de sua vida veio lá de cima — incentivou Jessé, fitando-o com seriedade.

Roumu confortou-se com essas palavras. A coragem brotava em seu coração, e ele não mais hesitou perante o novo desafio.

— Estarei, como sempre, próximo a você.

CAPÍTULO 5

Joé, apesar de muito jovem, ajudava seu pai no comércio. Sua pele era morena, tinha grandes olhos negros e cabelos escuros ondulados.

— Mamãe, cheguei! — Joé procurou a mãe e correu para seus braços.

— Meu filho! Que bom que está em casa! — devolveu a mãe, enquanto afagava-o em seus braços. — A mamãe estava sentindo sua falta. — E beijou-o no rosto. O pai de Joé foi ao encontro de sua mulher, beijando-lhe também a face.

— O que fez para cearmos? — perguntou gentilmente.

— Meu amor, fiz o que tínhamos. Infelizmente, não é muita coisa, mas creio que dará para nós — considerou Aná.

A mesa estava posta com singeleza, e as duas irmãs mais novas de Joé já estavam sentadas, brincando entre si.

Aná dirigiu-se a Joé:

— Cada dia mais forte e crescido! A mamãe o ama muito. — Ela olhava fundo nos olhos de Joé. Ele sempre sentia um carinho e amor muito grande quando ela lhe dizia aquilo.

— E eu amo a senhora, mamãe. Fico apressando o papai para voltarmos logo para cá para que eu fique com a senhora — redarguiu Joé, comprimindo-se contra o corpo da mãe.

— Menino lindo! — Sorriu Aná, devolvendo o abraço. — Mas saiba que tem que aprender tudo o que seu pai lhe ensina, meu filho. Você é o primogênito. — Sua voz havia ficado séria, mas ela nunca perdia a meiguice.

E daí, mamãe? Vocês falam isso sempre. Parece que vim com destino certo.

O destino é aquele que você traçar, meu menino, mas aprenda com seu pai. Os mais velhos sempre têm o que ensinar.

Aná soltou Joé e foi colocar os alimentos na mesa. Joé, por sua vez, sentou-se com as irmãs e o pai.

Assim que Aná se sentou à mesa, o pai de Joé fez uma oração em agradecimento aos alimentos e às conquistas daquele dia. Todos respeitavam aquele momento.

Após se alimentarem, ficaram um bom tempo conversando e brincando. Aquela era a melhor hora do dia para Joé, que se sentia querido e amado. Ele adorava olhar para a mãe, que achava linda. Ela tinha a pele clara, os olhos castanhos, e o cabelo escuro escorria pelos ombros de forma delicada.

— Todos para a cama! Hora de dormir! — ordenou Aná.

— Mamãe, posso dormir com você hoje? — pediu Joé.

Aná agachou-se, ficando à altura do filho.

— Você já é um homenzinho. O que a mamãe sempre lhe diz?

— Que tenho de proteger minhas irmãs e dormir com elas — resmungou Joé, emburrado.

— E outra, a mamãe está a um tecido de distância! — respondeu, sorrindo, Aná.

Ela pegou-o pela mão, chamou as duas filhas e colocou-os na cama. Beijou cada um deles na face e fechou o cômodo com um tecido.

— Quero ouvi-los, cada um, fazendo as orações — solicitou Aná com amabilidade.

— Deus, olhai por nós. Amém — disse Joé.

— Obrigada, Deus, por este dia. Amém — tornou uma irmã.

A outra já havia caído no sono, e assim dormiram.

— Vamos, Joé! Estamos atrasados! — gritou o pai da porta de casa. — Aná, tem mais legumes ou já carreguei tudo?

— Já está tudo na carroça. É só partirem. Hoje, irei colher mais com as meninas.

— Estou indo, pai! — respondeu Joé. Ele pegou rapidamente dois cestos que estavam ao lado de sua cama e foi até a cozinha.

— Mãe, já vou com o papai. Eu a amo muito. — Beijou-a na face.

— Vá com Deus, meu filho. — Fitou-o Aná amorosamente. Joé já era um rapazinho.

O pai já havia colocado todas as cestas na carroça, e o cavalo estava pronto. Joé, rapidamente, depositou as duas últimas cestas na carroça. Subiram, acenaram para Aná e as duas irmãs. O pai guiou-os em direção à cidade.

— Hoje será um dia bom, meu filho. Posso sentir.

— Será, sim, pai. Também estou confiante. Tomara que a cidade esteja calma.

— Ah! Que aqueles guardas romanos tenham ido embora! — Riu o pai.

Logo chegaram à cidade. Nas ruelas de chão de pedras, ouviam-se os cascos do cavalo e o trepidar da carroça, que balançava o corpo de Joé de um lado para outro. Ele colocou a mão em cima da cesta mais próxima para evitar que os legumes caíssem.

Ao se aproximarem da praça, viram que perto da sinagoga havia muitos guardas e centuriões romanos. Alguns judeus da alta sociedade também estavam lá.

— Filho, monte a tenda. Verei o que está havendo — Joé tirou os legumes e deu início à montagem da tenda.

O sol começava a despontar no céu, e vários comerciantes vinham chegando. Joé acenava para os conhecidos.

— Joé, trate de montar sua tenda mais para lá! Aí vai pegar o meu espaço! — gritou um comerciante alterado.

— Bom dia! — respondeu Joé, que nada mais disse. "Esse homem é sempre mal-humorado", pensou.

— Filho, não o afronte. Coloque a tenda mais para o lado — pediu o pai de Joé. — É, pelo que ouvi, as guerras continuam. Estão matando o povo judeu, meu filho.

— São esses romanos! Os membros do sinédrio nada fazem! — disse Joé alterado.

— Acalme os ânimos, Joé. A justiça tem tempo certo, e Deus está no comando. A nós, cabe respeitá-los. — O pai olhava Joé com seriedade. — Há boatos de um novo profeta. Dizem que é por isso que as mortes aumentaram.

— Novo profeta? — Aquilo intrigou Joé.

— Sim, um novo profeta. Alguns dizem que é aquele que veio nos salvar.

— Ouvi boatos desse tipo também, pai — falou enquanto arrumava a última cesta. Passou a mão na testa, já molhada pelo esforço físico. — Pronto! — Joé abriu um sorriso, e seu pai fitou-o com satisfação.

Os guardas do governador passavam entre o comércio supervisionando, e alguns recolhiam as taxas. Joé sempre os observava atentamente: suas armaduras, o jeito como andavam.

— Esses guardas são imponentes, não acha, pai?

— Acho que eles levam muito do que conquistamos com esforço, filho, é isso o que acho.

— Mas eles são poderosos. Ninguém se atreve a não dar a taxa a eles...

O pai de Joé ficou face a face com o filho.

— Por acaso você quer ser igual a eles? Acha isso bonito?

— Ah, pai... Eu acho que eles são importantes, só isso.

— Espante essa ideia! Nosso trabalho é este! — O pai de Joé parecia preocupado.

— Está bem... Pelo menos, vendemos bem hoje! — tornou Joé, tentando mudar de assunto.

— Só voltaremos com uma cesta para casa! Hoje foi bom, como previmos! — O pai abraçou o filho.

Eles desmontaram a tenda, juntaram as cestas vazias e colocaram-nas na carroça. Joé segurou a cesta cheia em seu colo para que os legumes não caíssem, e seguiram de volta para casa.

Joé correu em direção à mãe. Apesar de já estar um homem, a demonstração de afeto para com Aná não diminuíra em nada. Eles tinham uma forte ligação.

Aná já havia posto a mesa e aguardava o marido e o filho para cearem. Recebeu de bom grado o beijo de Joé, que se sentou logo à mesa.

— Mãe, a cidade está muito tumultuada. Os guardas não nos deixam em paz! Estão a toda hora de vigia.

— Estão dizendo que as mortes aumentaram. Há um homem que está fazendo confusão — comentou o pai de Joé.

— Eu também ouvi algo parecido aqui na aldeia. Fiquei curiosa para saber mais. Contem-me tudo! — pediu Aná, animada.

— Mãe, estão dizendo que é o messias. Parece que os romanos e os sacerdotes não estão gostando muito.

— Podemos ir conhecê-lo um dia e...

— De maneira alguma! — interrompeu o pai. — Não quero ninguém da minha família metido nisso! É perigoso! — Sua voz foi tão grave que Aná e Joé se assustaram.

— Que mal pode haver nisso, pai?

O pai encarou-o com olhos fulminantes.

— Você não estava comigo na cidade hoje? Não ouviu os boatos? Os sacerdotes não gostam desse homem! Você sabe que, quando os sacerdotes não gostam de algo, exterminam!

— Está bem... — Joé nada mais disse. Eles terminaram de cear em silêncio. Seu pai só estava tentando protegê-los, porém

Joé percebeu que sua mãe estava realmente interessada nisso e ele gostava de agradá-la. E, afinal, que mal poderia haver?

O pai de Joé retirou-se da mesa, e as irmãs brincavam entre si.

— Mãe, eu quero ser como os soldados do imperador. Eles vão para vários lugares! Não quero ficar a vida toda fazendo o que o papai faz — sussurrou.

— Não deveria falar assim, Joé. O trabalho de seu pai é honesto, nos dá o sustento, e estamos sempre em harmonia com todos. Não precisamos nos envolver nessas guerras. — A voz de Aná soava séria.

Joé percebeu que isso desagradava sua mãe.

— Sei o quanto esse trabalho é bom, mas devo negar minha vontade?

— Não deve negá-la, mas pondere, meu filho. Ser um soldado do imperador pode ser bonito, mas você pode perder a liberdade.

— Mas isso é o que eles são: livres. Vão de um lado a outro, conhecem lugares interessantes...

— Filho, isso é o que aparenta a nós. Mas, no fim, eles fazem o que o imperador manda. Em nosso comércio, é você e seu pai que comandam. Em qual ofício reside maior liberdade? — indagou Aná, amavelmente.

— Mas nosso ofício não nos proporciona grandes riquezas, tampouco posso comprar os belos mantos que vejo no comércio. — Os olhos de Joé brilhavam. — Ser um soldado é conhecer toda a Judeia, Galileia e quem sabe a Grécia de que tanto ouvimos falar! É vestir belas armaduras... — Joé olhou para o alto, sonhador.

— Meu filho, podemos não ter riquezas, mas temos tesouros, que é o convívio com nossa família e a tranquilidade.

— Reconheço isso, mãe. De maneira alguma me afastaria de vocês... A senhora acha que é tão má ideia assim?

Aná aproximou-se do filho e passou as mãos por sua face.

— O que você quer fazer? Já é um homem — observou, delicada.

— Ainda não sei claramente. Só sei o que não quero — percebendo que, apesar da última fala, sua mãe estava um pouco preocupada, o rapaz tratou de mudar de assunto. — O que você pensa sobre esse tal messias de que falam?

— Tenho muita vontade de vê-lo. Tantos falam dele. Mas, como pudemos perceber, seu pai não será a favor. Eu o compreendo. Ele quer nos proteger. E, conhecendo-o, sei que teme que isso vire uma rebelião — tornou Aná, de cabeça baixa.

— Eu penso que não pode haver tanto mal assim. O papai é muito temeroso. A senhora o conhece, sabe como é exagerado...

— Concordo com você. — Eles riram.

— No comércio disseram que ele estará por aqui nos próximos dias... Posso levá-la para vê-lo, se isso a fará feliz! — Joé abriu um grande sorriso e olhou para a mãe com afeto.

— Você faria isso? — perguntou Aná, esperançosa.

— Posso... Será nosso segredo! — incentivou Joé, abraçando-a.

— Mas será que é correto? Nunca fiz nada escondida de seu pai.

— Mãe, que mal pode haver nisso? Como você mesma disse, já sou um homem. Posso protegê-la caso algo aconteça. E, na verdade, acho improvável algo acontecer. Se falarmos ao papai, ele não gostará, mas isso é só porque ele está receoso.

— É... acho que não há mal nenhum. Se der, me leve então.

— Vou me certificar do dia em que ele virá.

Aná beijou o filho no rosto, apagou a lamparina a óleo e foi se deitar.

No comércio não se falava de outra coisa a não ser sobre o misterioso homem. Joé já montara a tenda e arrumara as cestas, enquanto seu pai conversava com os comerciantes ao lado. Ele viu seu pai aproximando-se com um comerciante.

— Joé, escute o que esse homem misterioso diz. Parece que ele é mesmo o messias.

— Joé, chamei seu pai para ir à reunião que costumo fazer em minha casa. Você é muito bem-vindo também. A pressão por parte do sinédrio está grande, mas gostaria que fossem até lá para eu lhes contar algumas coisas que vi e o que já ouvi falar desse homem — comentou o comerciante em tom baixo.

— Por que meu pai afirmou que ele é mesmo o messias?

— Eu o vi fazendo milagres! — contou, animado, o comerciante.

Joé olhou para o pai, que também parecia animado. "Esse assunto está na boca de todos do comércio. Seria interessante ouvir mais a respeito", refletiu.

— Está bem, se meu pai for, eu o acompanho.

A casa do comerciante era simples como a de Joé. Havia somente dois cômodos e uma lamparina a óleo. A mulher do comerciante havia posto alimentos na mesa, e já estavam lá algumas pessoas, todas conhecidas de Joé. Eles cumprimentaram todos e ficaram ouvindo o que diziam.

— Estou muito feliz que vocês vieram, não é mesmo, mulher? — disse o comerciante em voz alta.

— Sim, sejam bem-vindos! — confirmou a mulher do comerciante.

— Como estava dizendo antes de chegarem, não temos dúvidas de que esse homem tem algo especial. Ele fez milagres, que eu vi com meus próprios olhos.

— Que milagres ele fez? — questionou Joé.

— Eu o vi curar um maltrapilho que não conseguia andar. Ele ordenou que o homem andasse, e assim aconteceu. — Os olhos do comerciante brilhavam. — Quando ele fala, todos ao redor param para ouvi-lo. Ele diz coisas que nenhum sacerdote diz. É ousado! Quem, nos dias de hoje, fala o que pensa sem se preocupar com os sacerdotes? Pois bem. Ele assim o faz. Em toda a Galileia fala-se dele.

— Isso é verdade. No comércio, não há outro assunto — alegou Joé, intrigado.

"Milagres? Agora quem quer conhecê-lo sou eu..."

— Ele estará aqui na cidade dentro de pouco tempo. Vamos ouvi-lo! Dessa forma, vocês poderão tirar suas próprias conclusões!

— De maneira nenhuma! Se os membros do sinédrio nos virem ao lado desse homem, com certeza nos colherão mais taxas! E eu não posso dispor de mais do que já dou a eles — retrucou rispidamente o pai de Joé.

— Bem, a escolha é sua, mas, quem quiser me acompanhar, eu vou! — completou o comerciante.

Joé abaixou a cabeça, pensativo. Queria levar sua mãe para ver o tal homem, mas seu pai estava irredutível. Via complicação onde não existia.

Enquanto comiam, Joé aproximou-se do comerciante.

— Onde ele vai estar nos próximos dias?

— Ele é andarilho. O local certo só saberemos quando chegar. Provavelmente, estará perto da água. Eu lhe avisarei no comércio. Todavia, seu pai não é a favor disso...

— Você sabe como meu pai é exagerado. Quero ver esse homem.

Finalizaram o encontro com uma oração, agradecendo a Deus por ter enviado um messias à Galileia.

Uma tarde, chegando em casa, Joé saltou da carroça e correu ao encontro da mãe.

— Vista-se! Já sei onde ele está! — sussurrou Joé ao ouvido de Aná, fitando-a com um sorriso de moleque arteiro. A mulher não conseguiu disfarçar a alegria.

— Onde está seu pai?

— Ele está numa daquelas reuniões com os comerciantes. Voltará com um deles mais tarde.

— Você é realmente impulsivo! — Deu um leve tapa em seus ombros e correu para se vestir.

Ele ajudou Aná a subir na carroça e conduziu-os até o local que lhe fora informado.

Andavam rapidamente pela estrada. Joé estava feliz, sentindo-se uma criança brincando como antigamente com sua mãe. Antes era ele quem corria atrás dela; hoje, era ele quem a conduzia.

— Olhe lá, Joé! Há umas pessoas reunidas ali! — Aná apontava para um aglomerado de pessoas.

— Sim, é lá mesmo. — Joé sentiu-se feliz percebendo a empolgação da mãe.

Eles pararam a carroça ao lado de outras. Joé ajudou a mãe a descer e, abraçado, caminharam em direção às pessoas. Havia muitas. Elas se acotovelavam para chegar à frente. Havia um homem no meio delas vestindo uma túnica velha. Ele tinha cabelos compridos, era magro, alto, pele morena. Sua voz era serena. O homem tinha a fala pausada, calma, suave, porém envolvente. As pessoas olhavam-no, vidradas.

— Venha, Joé, vamos mais perto! Mal consigo ouvi-lo! — pediu Aná, puxando-o pelo braço.

— É mais seguro ficarmos aqui. — Joé resistia aos puxões de sua mãe, sem sucesso. Foi até onde era possível, abrindo caminho entre toda aquela gente, para que Aná passasse.

— Aqui está bom, mãe. Não vamos mais adiante. — A posição estava boa. Era possível ouvi-lo claramente. Aquela voz tinha algo de diferente que intrigava Joé. Ele olhou para as pessoas e parecia que todas absorviam as palavras daquele homem. Uma paz reinava ali. Definitivamente, aquela não era uma pessoa comum.

Não havia cavalarias, armaduras, gritos ou guardas. Havia somente um homem, um único homem, com a fala mansa e aconchegante que trazia paz. Sim. Paz. Joé sentiu-se em paz, apesar de pouco compreender o que aquele homem dizia. Ele tinha uma fala complicada, mas ouvir o som de sua voz parecia ser o bastante.

"Como pode um homem com essas vestes causar tamanho fascínio? Nunca vi essa quantidade de pessoas dar atenção a um maltrapilho. Sua túnica está mais surrada que a minha!"

O poder que aquele homem exercia nas pessoas inquietava-o. Ele parecia olhar profundamente para todos que ali estavam. Joé tinha a sensação de estar sob seu olhar a todo instante.

Até que, em dado momento, os olhos do homem encontraram os de Joé, e isso não era mais sensação; era real. Foi um instante que pareceu uma eternidade.

Aquele olhar tocou-o de uma forma estranha. O corpo de Joé estremeceu da cabeça aos pés. Um misto de sentimentos o confundiu. Não sabia discernir se sentia paz, alegria ou medo. Aquilo estava cada vez mais esquisito. Joé não se lembrava de ter sentido medo havia muito tempo. Em sua cabeça passava um vendaval de emoções e pensamentos desconexos.

"Quem é esse homem? Não entendo o que ele fala e muito menos o que me faz sentir."

Ele não compreendia como o medo o tomara, se não havia do que ter medo ali.

"Ninguém está me atacando. Por que meu corpo treme?"

Respirou profundamente na tentativa de reordenar os pensamentos e o corpo. Apesar de tudo isso, ele estava consciente e presente. Lembrou-se de sua mãe, que deveria estar ao seu lado. Virou o rosto e lá estava ela, sorrindo, radiante, encantada com o homem.

Não era só ela que estava encantada. Muitos outros sorriam enquanto o ouviam falar. Tantos outros estavam com feições sérias, compenetradas, talvez tentando compreender o que o homem dizia. Mas, de fato, todos estavam envolvidos por aquele misterioso homem.

O céu começava a escurecer. Joé pegou na mão de sua mãe.

— Mãe, já está escurecendo. Temos que voltar — observou ele, esforçando-se para disfarçar a confusão de sentimentos.

Eles foram de mãos dadas até a carroça, e Joé ajudou-a a subir.

— Muito obrigada, meu filho, por ter me trazido aqui. Você é um homem bom. — Os lábios de Aná esboçavam um sorriso suave e seus olhos estavam marejados. Joé apertou a mão da mãe, percebendo o quanto ela estava emocionada, mas nada disse. Ele estava sem reação.

Não sabia o que deveria falar. Joé pôs a carroça a andar. "Este homem me tocou de alguma forma irreconhecível. Ele não tem nada que eu goste. Suas vestes são feias, não tem nem uma túnica decente. Como pode agregar tantas pessoas? Que poder é esse?" Joé nada compreendia, mas não podia negar que havia ficado fascinado com o poder que aquele homem exercia sobre as pessoas.

"O modo como as pessoas o olham... Com admiração... Mas admiração a quê?"

Pairavam muitas dúvidas na cabeça de Joé. Seguir aquele homem certamente lhe traria bons conhecimentos, contudo, o poder que aquele homem tinha não era palpável da maneira como Joé gostava. Ele comparou, inevitavelmente, o poder do homem ao dos sacerdotes.

Os segundos, indubitavelmente, exerciam seu poder sobre as pessoas de forma prática e bela. As sinagogas eram lindas, ao contrário daquele homem, que nem sequer um teto tinha para pregar.

"Minha família quer que eu siga os passos de meu pai, mas a singeleza que vivemos também não me satisfaz. Por que tive de ser o primeiro filho e, pior, o único homem?" Joé acreditava que seus pais não receberiam bem a notícia de que ele não iria dar seguimento ao ofício paterno. "Entre os sacerdotes e este homem, qual lhe daria mais segurança? Que segurança aquele homem maltrapilho pode dar a alguém? Não... Não... Seguir aquele homem não é o melhor. Talvez ouvi-lo, mas somente para ter algum conhecimento..."

A viagem de retorno a casa foi silenciosa. Apesar disso, Joé notou que sua mãe estava emocionada. Quando chegaram, o pai ainda não estava lá.

— Mãe, arrume as coisas para que o papai não desconfie — pediu, amavelmente.

— Sim. Farei isso. Vocês irão àquela reunião hoje novamente?

— Creio que sim. Vamos aguardar o que diz o pai.

O pai de Joé chegou em pouco tempo.

— Filho, prepare-se, vamos retornar à casa do comerciante hoje — falou, num tom animado.

— Ótimo, pai, já estou pronto.

— Eu quero ir com vocês! — disse Aná, inesperadamente.

— Não, é perigoso.

— Pai, que perigo há? Estamos nós dois.

— E onde você deixará as meninas, Aná?

— Deixo com a mulher aqui do lado. Vocês ficaram só um pouco da última vez, e ela não se incomodará de ficar com as crianças.

O pai de Joé acatou. Os olhos de Aná brilharam, e ela tratou logo de apressar as crianças e trocar de túnica. Juntos, eles saíram e passaram na casa próxima para deixar as meninas. Seguiram na carroça até a casa do comerciante. Joé e Aná trocavam olhares animados. Ao que parecia, aquele segredo de certa forma os unira ainda mais. As reuniões na casa do comerciante passaram a ser frequentes. Eles gostavam de estar lá. Joé achava os encontros importantes, pois falavam sempre acerca daquele homem que havia lhe causado tamanho fascínio.

Já havia amanhecido, e Joé e seu pai estavam um pouco atrasados. Chegaram à cidade mais tarde que o usual. O espaço que eles usavam já havia sido preenchido, restando somente uma pequena parte.

— Não se irrite, Joé. Nós estamos atrasados e sabemos como funciona o mercado!

— Esses homens sabem que nós sempre ficamos aqui! — Joé mostrava-se irritado, enquanto montava a tenda no espaço que restara.

— Deixe passar, filho. Paciência, mais paciência.

Joé avistou a guarda do imperador chegando. A irritação foi-se embora.

"Se eu conseguir ser um deles, chegarei mais perto de ser um sacerdote, talvez..."

Ele fitava os centuriões com admiração.

A tenda estava montada, e os legumes frescos também estavam expostos.

— Bom dia! — gritava Joé para os transeuntes. — Bom dia! Temos legumes frescos para a ceia desta noite! Bom dia, senhora! Bom dia, senhor! Aqui temos legumes frescos para uma bela sopa!

— Quanto custa essa cesta? — perguntou um homem bem-vestido.

Joé sempre o observava passar pelo mercado, porém, ele nunca havia parado ali. Ele abriu um grande sorriso.

— O que mais o agradou nesta cesta, senhor?

— Achei a aparência dos seus legumes muito boa.

— Porque são frescos! Colhemos todos os dias! Como é a primeira vez que vem à nossa tenda, eu lhe darei essa cesta! — disse Joé, com um sorriso.

— Muito obrigado! Um comerciante dando seu produto de graça? O que quer em troca? — Quis saber o homem, desconfiado.

Joé pegou a cesta e entregou ao servo do requintado homem.

— Que experimente os legumes e veja por si como eles são bons. Dessa forma, sei que voltará! — asseverou Joé, sorrindo amistosamente.

O homem fitou Joé e inclinou a cabeça.

— Veremos! — E colocou-se a andar com o servo a seu encalço.

— Até mais, senhor! Desfrute! — gritou Joé, alegremente. — Estou aqui para servi-lo.

O pai de Joé aproximou-se.

— Filho, o que fez? Você deu a cesta cheia de legumes a ele? Por que fez isso? Ele tinha dinheiro para nos pagar.

— Pai, qual é o comerciante que dá os legumes? Nenhum. Agora, pense. Não acha que, quando ele provar nossos legumes e gostar, não vai nos dar preferência? Ele se lembrará de mim, pelo menos! — respondeu Joé, empolgado.

O pai de Joé arregalou os olhos.

— É, até que foi bem pensado. Vamos ver se sua maneira de comercializar nos trará bons frutos. — E deu um tapinha de leve nos ombros de Joé.

O dia foi longo, mas eles venderam todas as cestas. Na semana seguinte, o mesmo senhor bem aparentado retornou à tenda de Joé.

— Senhor! — Joé abriu um sorriso. — Gostou de nossos legumes?

— Você tinha razão, rapaz. Seus legumes são bons. Minha mulher gostou. Selecione alguns mais, pois vou levar.

Joé rapidamente separou os melhores legumes numa cesta.

— Aqui estão os melhores legumes do mercado! — Joé entregou a cesta ao servo que acompanhava o senhor.

— E o mais simpático vendedor! Você leva jeito! — disse o homem. — É seu filho? — O homem voltou-se para o pai de Joé, que estava logo atrás.

— Sim, senhor. Desde pequeno, ele me acompanha no comércio.

— Fez um bom trabalho. E, pelo visto, você parece gostar do que faz, não é, rapaz?

— Gosto muito do que faço, afinal, é o ofício passado por meu pai. Porém, por vezes, me imagino defendendo nosso imperador! — Os olhos de Joé brilharam, e o homem pareceu perceber.

— É bom sonhar, rapaz! É bom sonhar! — disse o homem, rindo. — O que você acha disso? — perguntou ao pai de Joé.

— É sempre uma honra servir o imperador.

— Sabe montar um cavalo e empunhar uma espada? — perguntou a Joé.

— O verdadeiro homem já nasce empunhando uma espada. Dê-me uma e verá! — falou firme e altivo.

— Você me parece audacioso, rapaz. É desse tipo de homem que a guarda imperial precisa. Quem sabe não chega lá?

— Isso é o que mais quero. Quem pode predizer nosso destino, senão Deus?

— Muito bem, rapaz. Até qualquer dia! — O homem distanciou-se.

— Filho, não sabia desse seu desejo — espantou-se o pai de Joé.

— Já o tenho há algum tempo. Olhe lá uma freguesa! — disse Joé rindo e afastando-se do pai para cumprimentar uma mulher que se aproximava.

Aná estava terminando o jantar, quando Joé e o marido chegaram. Aproximando-se da mãe, Joé deu-lhe um beijo na face.

— Como foi o comércio hoje? — perguntou ela amavelmente.

— Muito bom! Joé tem se mostrado um excelente comerciante. Estou muito orgulhoso de você, filho — exultou, olhando para Joé. — Aquele homem que voltou à nossa tenda parece gostar de você.

— Também percebi, pai. Ele parece ser boa gente, não?

— Sim, parece. Porém, nós temos de ser cautelosos quanto à diferença de classe.

— Sei bem disso.

— Mas me conte sobre seu interesse em pertencer à guarda.

— Pai, seu ofício vai bem sem mim. As meninas estão crescendo e logo poderão ajudá-lo. Nós já temos forte presença no comércio e compradores regulares, que independem de mim.

— Isso não é verdade. Desde que você começou, vendemos mais. Você tem algo que cativa as pessoas — explicou o pai, orgulhoso.

— Sei disso, mas como guarda terei mais recursos para ajudar em casa. É o que desejo, contudo, sei o quanto é difícil devido à nossa classe social. De qualquer forma, não veja isso como se eu não gostasse do que faço. Tenho orgulho do que fazemos.

— Também temos muito orgulho de você. Eles precisam de homens valentes e corajosos, e isso você é. Eu vi que aquele homem percebeu exatamente isso em você. Quem sabe o que o destino lhe reserva?

Joé sorriu ao ouvir o pai e surpreendeu-se com a aceitação paterna. O rapaz tinha quase certeza de que ele nunca aprovaria.

— Meu filho, você sabe que, pertencendo à guarda, deverá obedecer sem contestar. Acredita que está pronto para isso? — instigou Aná.

— Obedeço a todos os fregueses, satisfazendo-os. — Riu Joé, sendo acompanhado pelos pais.

— De uma coisa tenho certeza: sua presença alegrará muita gente, se tudo isso der certo — replicou Aná.

Eles cearam alegremente. Joé sentia-se feliz e ansioso com essa perspectiva. Agora, com o aval dos pais, era só aguardar o momento oportuno.

Antes de se deitar, Joé devaneou sobre como seria sua vida com mais poder. Viu-se comandando vários soldados, vestido com aquela armadura lustrosa e sendo respeitado não como bom comerciante, mas como fiel centurião.

Ele ansiava por poder e respeito. Esses pensamentos afastaram o sono, e Joé já começava a planejar uma maneira de fazer isso acontecer.

No dia seguinte, o comércio estava cheio. Joé e seu pai haviam chegado cedo e já trabalhavam, quando o mesmo senhor requintado se aproximou de sua tenda.

— Trouxe-lhe algo — disse o homem. Ele virou o rosto e apontou para o servo, que, por sua vez, retirou da cintura uma espada e jogou-a na direção de Joé.

Joé assustou-se e, instintivamente, pegou a espada. O peso da arma fez o rapaz pender para frente, causando riso no homem e até mesmo no servo.

— Não queria empunhar uma espada? Pensou que fosse igual à sua cesta de legumes?

Joé nada disse. Segurou a espada firmemente, fitando-a.

— Vamos ver se sabe usá-la. Lute com ele — ordenou o homem ao servo.

Joé aguçou os sentidos. Viu o servo se aproximar, afastou um pouco os pés e flexionou as pernas. Empunhou a espada em posição de ataque. O servo desferiu o primeiro golpe. Joé cambaleou, e a espada escapou de suas mãos.

Todos ao redor gargalhavam. Joé olhou para o pai e percebeu que ele estava envergonhado. O rapaz caminhou até a espada.

"Esta é a sua oportunidade, Joé! Mostre para eles!"

Ele agachou-se e pegou a espada. Empunhou-a novamente e, em meio ao riso das pessoas, correu em direção ao servo, desferindo vários golpes sequenciais. O servo titubeou, porém não caiu. Não se ouviam mais risos.

"Ele tem força, mas não é ágil", considerou o homem. Joé posicionou-se, aguardou o servo vir em sua direção e, quando isso aconteceu, esquivou-se, girou o corpo e desferiu um golpe próximo ao calcanhar do oponente, que caiu instantaneamente. Joé avançou para cima dele, subiu em seu corpo e colocou a espada em seu pescoço.

O homem requintado bateu palmas. As pessoas ao redor olhavam perplexas. O pai de Joé estava admirado.

— Esplêndido! Qual é seu nome, rapaz? — Quis saber o homem.

Joé estendeu a mão para ajudar o servo a se erguer.

— Me chamo Joé. — Ele estava um pouco ofegante.

— Amanhã, quando o sol estiver a pino, esteja nos portões de minha casa — convidou o homem, firme e sério.

— E onde é sua casa, senhor?

— Vá à casa de Menéas.

Joé já escutara aquele nome, mas não se lembrava onde.

— Levo a espada?

— Sim, leve sua espada — disse o homem, que foi embora sem olhar para trás.

Joé foi até sua tenda, onde o pai estava.

— Onde você aprendeu a lutar? — questionou o pai.

— Não sei. Parecia que a espada conduzia meu corpo — rebateu Joé.

— Vamos ver se sua cabeça conduz o corpo tão bem quanto a espada! — advertiu o pai. — Agora, guarde-a e venha trabalhar, pois, pelo visto, amanhã terá outro compromisso! — E bateu as mãos, apressando-o. — Não vamos comentar nada disso com sua mãe, senão ela ficará preocupada.

Joé pouco dormiu naquela noite. Acordou mais cedo que o usual e já havia preparado a carroça quando seu pai se levantou.

— Já acordado? E arrumou tudo? — comentou o pai, admirado com a rapidez do rapaz.

— Sim, pai, vamos! Hoje, tenho que vender duas vezes mais pela manhã, não é mesmo?

— Muito bem, filho! Pelo visto está animado.

— E quem não estaria? Um importante encontro me espera esta tarde — comentou baixinho.

O pai riu.

— É verdade, meu filho. Está certo. Vou me apressar.

Após algum tempo, já estavam no comércio. Os clientes chegavam, e Joé vendeu bem na parte da manhã. O sol já ia se aprumando no centro do céu.

— Tenho que ir — avisou Joé ao pai.

— Cuidado! Fique atento. Nós não sabemos o que ele quer.

Joé pegou sua espada, desatrelou o cavalo da carroça, montou e seguiu adiante.

A casa era afastada da cidade, e Joé percorreu um longo caminho. A estrada estava vazia. Havia muitas árvores, e ele finalmente chegou a um portão de madeira, que se unia a um vasto muro de pedras e barro.

De onde estava, podia ouvir o tilintar de espadas. Aquilo animou-o. Ele desceu de seu cavalo, foi até o portão e o abriu, deparando-se com vários homens lutando entre si. Reparou em um homem corpulento, de postura rígida e musculoso, que usava somente uma tanga de pano, assim como os que lutavam.

Atrás dos homens havia uma casa, a maior que Joé já vira. Tinha dois andares, e no de cima estava o homem que o convidara a ir até lá. Joé o viu acenar para o homem corpulento, que foi em sua direção.

— Coloque sua túnica ali, pegue uma tanga que está ao lado e junte-se a nós! — gritou a certa distância o homem para Joé. Ele rapidamente seguiu para onde fora instruído.

Caminhar sob o som de espadas chocando-se e o cheiro de suor eram pura adrenalina para ele.

"Parece que já estive aqui." Joé estava eufórico, mas ao mesmo tempo tenso. "Agora é a sua chance, Joé."

Apesar de não esperar esse cenário, Joé não demonstrava muita surpresa.

Em instantes, ele juntou-se aos homens que lutavam.

Menéas olhou-o da sacada, e Joé retribuiu o olhar.

— Vamos lá, Joé. Mostre o que fez no comércio. — O homem olhou para um dos lutadores, que foi na direção de Joé. Os homens pararam de lutar. Todos fitavam Joé, que se sentia cada vez mais desnudo, porém a coragem lhe subia pelo corpo.

Joé e seu oponente ficaram frente a frente. Ele aguardava os movimentos do homem com as pernas flexionadas e a espada empunhada.

Subitamente, seu oponente desferiu um golpe, que, por pouco, não atingiu o ombro de Joé. Ele, rapidamente, girou o corpo e atacou-o pelas costas, com uma tremenda habilidade. O homem foi em sua direção e desferiu-lhe mais um golpe perto da face, do qual Joé desviou.

Em um instante, o homem atacou Joé novamente, atingindo-o nas pernas, que começaram a sangrar. Vendo o sangue escorrer, Joé respirou fundo, e seu corpo todo se enrijeceu como se seus músculos saltassem.

Ferozmente, avançou com vários golpes intermitentes para cima do homem, que ofegantemente se defendia. Joé estava agindo como um animal. Não tinha conhecimento, mas seus instintos o guiavam de forma descomunal. Os homens que assistiam começaram a olhá-lo compenetrados.

— Já basta! — gritou da sacada Menéas. — Já basta!

Joé ouviu de longe o grito e parou imediatamente. Seus olhos estavam saltados, seu corpo estava firme, pronto para um próximo ataque. Seus sentidos estavam aguçados. Seu oponente estava à sua frente, ofegante, fitando-o assustado.

— Estamos aqui só para treinar! — alegou rispidamente o homem com quem lutara.

Joé olhou para cima e viu Menéas fazer um movimento com as mãos para o homem que parecia liderar os lutadores. Ele subiu, e os dois ficaram conversando por pouco tempo. Depois, desceram juntos, e Menéas foi ter com Joé.

— Você tem jeito com a espada e habilidade. Parece ter um instinto para a coisa. Nunca pegou numa espada antes?

— Não, senhor. É a primeira vez.

— Vê esses homens? — Menéas apontou para os lutadores. — Eles são treinados por mim para serem entregues à guarda imperial. Parece que você tem sorte. Esteja aqui todos os dias ao nascer do sol.

— Poderia chegar um pouco mais tarde para poder ajudar meu pai a montar a tenda?

— Uma vez aqui, deverá estar aqui como todos os outros e obedecer às minhas ordens se quiser ser um soldado. Vá e faça sua escolha.

— Eu estarei aqui, senhor.

Joé montou em seu cavalo e foi ao comércio buscar seu pai.

— Como foi na casa de Menéas, Joé? — inquiriu o pai assim que Joé chegou.

— Foi muito bom — falou com um sorriso nos lábios.

— Vamos desmontar tudo, e no caminho eu lhe conto.

E assim desmontaram a tenda e recolheram as cestas. Colocaram tudo na carroça, Joé atrelou o cavalo à carroça, e partiram.

— Na casa de Menéas se treinam soldados para servirem à guarda imperial! — contou Joé. — É muito grande, e há vários homens lutando ininterruptamente. Ele me pôs para lutar com um deles. Saí-me bem! Depois, Menéas veio até mim e disse que devo estar lá ao nascer do sol! Pensei em montarmos nossa tenda mais cedo. O que me diz?

— Parece que você já tomou sua decisão.

— É isso que sempre quis. Tenho a sensação de que já conhecia aquele lugar. Eu me senti bem. Estar com uma espada na mão me faz sentir forte, pai.

— Você me parece feliz com essa oportunidade. Sentirei sua falta no comércio, porém, se isso é o que clama seu coração, que vá! E que dê o seu melhor. Vamos contar a Aná o que decidiu.

E eles seguiram conversando sobre a guarda imperial e como Joé havia se saído na luta imposta por Menéas.

Em casa, Aná estava com suas filhas arrumando os alimentos, quando Joé adentrou a casa e foi beijá-la. Estava mais sorridente que o normal.

— Pelo visto, o comércio foi bom hoje!

— O comércio foi como sempre. Joé tem algo a dizer.

Aná surpreendeu-se e olhou para o filho.

— Amanhã não irei ao comércio. Vou treinar para ser soldado — anunciou Joé, orgulhoso de si mesmo.

— Vai treinar onde? Com quem? Como isso aconteceu?

Joé, então, explicou tudo a sua mãe. Ela transpareceu certo receio com o que ouvia.

— O que acha disso? — perguntou Aná ao marido.

— Eu o vi lutar. Mesmo sem treino, ele foi muito bem. Fiquei surpreso com sua destreza. Fora isso, me parece que é o que ele quer, e o destino trouxe até Joé um homem que lhe ofereceu exatamente o que ele quer. Não é muita coincidência? Parece que é a vontade de Deus!

— Não sei. Fico um pouco angustiada em imaginar Joé no meio de lutas e guerras. Ele será treinado para lutar como um animal! — Aná levantou-se e, de cabeça baixa, deu seguimento aos seus afazeres sem dizer mais nada.

Joé percebeu que isso desagradara a mãe. Apesar de isso o incomodar, estava determinado.

"Minha mãe está pensando em me proteger. Acha que estarei em perigo. Mas isso é o que quero e com o tempo ela se acostumará", pensava Joé.

No dia seguinte, Joé e seu pai saíram mais cedo de casa, para que Joé pudesse auxiliar na montagem da tenda. Em seguida, ele foi à casa de Menéas.

Treinou o dia todo sob o sol escaldante. Avistou Menéas de longe, na sacada, que acenou para ele em aprovação à sua escolha. Não conversaram naquele dia.

Joé sentia que estava no caminho certo. Teria muito que aprender, ele sabia, porém já estava no caminho de grandes conquistas. Apesar de ser o primeiro dia de treinamento, sentia--se confortável no meio dos outros lutadores.

No findar da tarde, Joé foi buscar seu pai, e retornaram para casa.

Lá chegando, Aná estava sentada no chão, em frente à casa, e parecia aguardá-los. Ela estava cabisbaixa, e seu olhar parecia perfurar a terra.

Joé saltou da carroça e foi em direção a ela.

— Meu primeiro dia de treinamento foi muito bom! Senti--me bem lá! — contou Joé, feliz. — Meu corpo está um pouco dolorido, mas isso não importa! — E beijou a mãe na face.

— Sente-se ao meu lado. Gostaria de conversar com você.

Joé sentiu a voz de sua mãe firme além do normal. Sentou--se ao lado dela, em silêncio. Seu pai já havia entrado na casa, após cumprimentá-la.

— Por que você quer ser soldado? Responda-me com sinceridade — pediu Aná, séria.

— Para ter mais respeito, poder conhecer outros lugares...

— Você não se sente respeitado com o ofício que tem?

— Sim, me sinto. Mas quero ter outro tipo de respeito. Quero estar no meio de pessoas que decidem o que os outros farão. — Os olhos de Joé brilhavam ao falar sobre isso, mas ele percebia que os de sua mãe perdiam o brilho. Ela olhava-o com tristeza.

— Aonde espera chegar, Joé?

Joé irritou-se com o comentário da mãe.

— Ao poder! Quero liderar pessoas. Quero que sigam o que falo. O que há de mal num homem querer o poder?

— Ter poder nem sempre é bom. Pode lhe tirar o que tem de melhor.

— E o que a senhora considera que temos de melhor? Esta casa simples? A quantidade de taxas que temos de pagar? Isso não é bom. Quero melhorar tudo isso.

— Sua paz, minha paz. Como soldado, terá de viver sob o comando de outro homem. Como acha que fará o que quer?

Terá de obedecer; não comandar. Onde pensa que isso é ter poder? Pelo contrário! É tirar seu poder, o poder de suas escolhas, e colocá-lo à disposição de outra pessoa. Que importa nossa casa? Ela sempre o acolheu bem. Vivemos muito bem aqui.

— Sei que isto a preocupa, mas fique tranquila. Eu sei me cuidar. E, quando estiver na guarda do imperador, ajudarei a todos, nada lhe faltará e a ninguém desta casa. Eu não sou ingrato. Esta casa sempre foi suficiente para vocês, mas eu quero mais!

— Não é disso que estou falando. Já tenho tudo de que preciso. Você não percebe que está iludido? O poder em demasia estraga as pessoas.

— Eu me sinto bem no meio deles, mãe! Já chega! Tomei minha decisão. — Joé levantou-se, deu às costas à mãe e entrou na casa. Ele sentia-se mal por Aná não concordar com o rumo que estava tomando. Aquilo o magoava.

"O que posso fazer? Desistir de tudo o que quero, porque ela não entende? Eu sei me cuidar. Se meus planos derem certo, todos se beneficiarão, e ela me agradecerá..."

Joé e sua família cearam. Aná permanecia quieta, porém Joé e o pai conversavam animadamente.

Ao se deitar, Joé podia ouvir sua mãe rezando, pedindo a Deus que dirigisse sua vida. Aquilo o entristecia.

"Tudo aconteceu naturalmente. Ela não percebe que só pode ter as mãos de Deus nisso?"

Afastou os pensamentos que o entristeciam e animou-se com o dia que seguiria no treinamento. Seu corpo, exausto, logo caiu no sono.

Passou-se um bom tempo, e Joé tornara-se um exímio lutador. Defendia muito bem e sabia prever com facilidade os movimentos do oponente. Ele destacava-se na casa de Menéas. A espada parecia compor sua estrutura física.

Os homens que treinavam com ele pouco lhe dirigiam a palavra; parecia que todos ali procuravam se destacar de alguma forma aos olhos de Menéas. Eles sabiam que dali poderia vir, ou não, a transferência para a guarda imperial. E era isso o que motivava Joé.

No início de mais um dia de treinamento, Menéas surgiu na sacada junto com um centurião.

— Hoje é um dia importante. Aqui ao meu lado está o centurião-chefe, que irá escolher alguns de vocês para a guarda imperial. Boa sorte! Lutem!

Os futuros soldados já haviam sido divididos em duplas para a apresentação. Joé lutou com um homem alto e musculoso. Ele ainda não adquirira tantos músculos como os outros. O clima era de competição. Era possível ver nos olhos de cada um o furor e a gana de vencer.

Lutou uma dupla por vez. Joé e seu colega estavam entre os últimos. A apresentação durou até o meio-dia. Joé reparara que, ao findar de cada luta, o centurião falava algo ao ouvido de Menéas.

Ao final, quando todos já haviam lutado, os aprendizes foram organizados em filas. O centurião desceu com Menéas e se pôs a caminhar entre eles.

— Este. — Apontou para o primeiro que estava na frente.
— Este também. — Fez sinal para o quinto da fileira e, assim, sucessivamente.

Joé estava ansioso. O centurião aproximava-se dele. "Ele vai me escolher, sei que vai."

Quando parou na frente de Joé, o homem ficou observando-o mais que aos outros. Joé, apesar disso, estava seguro. Seu olhar era firme.

— Este é habilidoso e rápido, apesar de magro. Quero este — pediu o centurião.

Joé manteve seu olhar fixo, não deixando transparecer a alegria que sentia.

"Essa é minha primeira vitória."

O centurião não selecionou mais nenhum. Ele havia escolhido um total de seis homens. Todos fortes e musculosos, menos Joé.

— Todos vocês, amanhã, no palácio do imperador, logo que amanhecer — ordenou Menéas.

No dia seguinte, Joé foi com seu pai ao comércio e depois se dirigiu ao palácio do governador. Uma vasta escadaria e colunas ornavam a entrada do palácio, transformando-o em uma imponente construção.

"Sempre quis entrar aqui. Agora cá estou."

Assim como Joé, os outros selecionados pelo centurião lá estavam, em frente à escadaria. Eles subiram até o plano, e Joé inevitavelmente olhou para a frente. Havia muita gente na cidade, correndo de um lado para outro.

— Venham. O centurião os aguarda — informou um guarda, interrompendo os pensamentos de Joé.

Ele e os outros homens seguiram com o guarda. Joé absorvia tudo o que podia daquele local. As paredes eram de barro e pedra; ele percebera, porém, que algo as encobria e elas ficaram brancas.

Havia uma divisão nas paredes. A parte inferior continha formas geométricas, e a de cima era branca. Aquilo ornava as paredes de forma impecável.

O guarda levou-os até um amplo terraço, com várias pilastras, e recomendou que esperassem o centurião ali. Em instantes, o homem chegou.

— Vocês foram selecionados por mim para trabalharem na corte. Aqui, serei meticuloso e avaliarei constantemente o desempenho de cada um de vocês. Defender a corte é ofício dos mais nobres, e vocês sabem disso. A partir de hoje, são representantes da lei de Roma e somente a ela e a mim deverão obedecer, em nome do imperador.

Joé e os outros ouviam atentamente, com semblante pacífico, porém sério.

— Traga as vestes deles — ordenou o centurião ao guarda que os trouxera ali.

O guarda, por sua vez, bateu palmas duas vezes, e vários escravos entraram com elmos, escudos retangulares, um gládio, um pilo (dardo), sandálias de couro e malhas de ferro trançadas.

Joé mal se continha de tanta empolgação. Ele não deixava transparecer, pois ali tudo era muito sério, mas não via a hora de colocar as vestimentas.

— Vistam-se — continuou o centurião.

Assim eles fizeram ali mesmo. Em instantes, o centurião ordenou que as armas fossem trazidas. Joé recebeu uma espada ornada com os símbolos de Roma e do imperador, adaga e dardos, assim como os outros.

Eles foram apresentados aos outros legionários que faziam parte da legião do centurião. Passaram o dia cada qual com um tutor. O convívio entre eles era ameno, mas não trocavam muitas palavras. Parecia que ainda estavam tentando provar algo ao centurião.

Um longo tempo se passou. Várias execuções, crucificações e outras tarefas eram designadas ao centurião, que as repassava aos seus.

Joé sentia-se seguro com a nova realidade, e as vestes de um romano lhe caíam tão bem que ele nem se lembrava das túnicas velhas que usava.

Conviver com centuriões, governadores e homens da alta sociedade faziam-no regozijar-se, mesmo trocando raríssimas palavras com eles. Joé tinha mais regalias que os outros, devido ao destaque em tudo que lhe era ordenado fazer.

Participava da segurança dos banquetes reais e de casamentos importantes. Por vezes, era convidado a festas, e os melhores alimentos e as melhores mulheres eram colocados à sua frente.

Joé provara ser um exímio lutador e excelente no trato com os companheiros e com os próprios judeus. O centurião tratou logo de promovê-lo, e o rapaz passou a liderar um grande grupo de guardas, destacando-se pela eficiência.

Certo dia, chegou em casa quando já era noite, após uma honraria recebida. Ele estava ansioso para contar a notícia aos seus pais.

— Pai! Mãe! — gritou ele, entrando em casa.

— Filho! — exclamou a mãe, beijando-o na face.

— Acabo de ser promovido! Sou um centurião! — Orgulhoso, Joé ergueu o novo emblema que carregaria nos ombros, com um grande sorriso.

Ele percebeu que sua mãe abaixara a cabeça. Aquilo o irritava. O que havia de errado com aquela mulher?

O que ele estava fazendo de errado? Afastou esses pensamentos e chamou o pai, que foi rapidamente saudá-lo alegre.

— Parabéns, meu filho! Essa é mais uma conquista sua! Você deixa nossa casa orgulhosa!

— Obrigado. E como foi o comércio? Eu trouxe moedas para vocês — avisou, enquanto entregava o dinheiro ao pai.

— Foi bom, filho. Prosperamos depois que você entrou para a guarda, e o comércio, surpreendentemente, também melhorou. — De fato, a casa singela de outrora ganhara construções modernas.

— Fico feliz com isso. Mãe, por que insiste em não torcer por mim? O que há com a senhora, que vive preocupada?

— Já sabe o porquê. Cuidado, Joé! Não deixe a ostentação ser o pilar que o ergue mais alto do que Deus. Ninguém está acima Dele.

— Estamos vivendo melhor, só isso. — Joé irritou-se. — A senhora vive dizendo isso, não percebe o quanto estou feliz?

— Percebo, por isso me preocupo. A felicidade real vem do pouco que se tem. Quando a felicidade se baseia no muito que se conquistou, ficamos abalados por qualquer infortúnio. É isso o que me preocupa.

— Eu estou bem, e a senhora deveria se alegrar com minhas conquistas.

Aná abaixou a cabeça.

"O que posso fazer? Abandonar tudo? Por que ela sempre age assim?", remoía-se Joé.

Apesar de já saber o que a mãe pensava de seu ofício, nem o longo tempo que se passou amenizou a tristeza de Joé em ver o desagrado de sua mãe. Aquilo o irritava, sim, mas o entristecia também. Ele sempre tivera uma ligação muito forte com ela.

Naquela mesma noite, ele ouviu novamente sua mãe pedindo a Deus que o guiasse.

No dia seguinte, Joé foi chamado ao palácio pelo centurião-chefe. Entrou num cômodo com as mesmas paredes ornadas e altas pilastras. Surpreendeu-se, pois lá também estava o legado, cargo de altíssima importância que respondia somente ao general. Joé pressentiu que, devido à presença dele, algo relevante lhe seria pedido.

— Muito bem, Joé — começou a falar o centurião-chefe. — Aqui estamos para incumbi-lo de uma tarefa prioritária.

Joé ouvia, sem nada dizer.

— Há um homem que anda dizendo que é rei e que tem suas próprias leis. Está causando alvoroço, e reuniões sigilosas têm se alastrado por toda parte. Precisamos tê-lo sob nosso controle. Os fariseus mostram-se cada vez mais desconfortáveis, e veio ordem expressa do imperador. Você, junto com os seus, vai acompanhá-lo por onde ele for e, a qualquer sinal de exacerbação, comunique-me imediatamente. Se você vir alguma rebelião, tem ordem para executar.

— Sim, senhor! — respondeu Joé, firme.

E, assim, Joé foi ter com os seus sobre a nova missão.

Após ter com os seus comandados, Joé seguiu marcha para onde diziam estar o homem. Foram até o meio de uma estrada, e, entre árvores e pedras, lá havia uma multidão. Joé deu ordens para se aproximarem em silêncio.

Com Joé à frente, assim fizeram. Eles circundaram a multidão e permaneceram calados, à espreita.

Joé, em dado momento, foi em direção do homem, para ouvi-lo como fora ordenado. Quando chegou a uma posição que tornava possível enxergá-lo, assustou-se.

"É o mesmo homem que vi anos atrás com minha mãe."

Ele continuava igual, com as mesmas vestes velhas e surradas. A fala continuava a mesma, suave.

Joé tremeu. O mesmo tremor de antes, na primeira vez em que o viu. Joé esforçou-se para compreender o que o homem dizia, mas ele continuava a contar histórias sem sentido para ele.

De qualquer forma, o que o homem falava e sua voz tinham ressonância no corpo e na mente de Joé, de modo que ele tremia por dentro e sentia uma emoção forte, indecifrável. "Os fariseus estão certos. Esse homem só pode ser o satanás! Como pode tirar-me do eixo com tanta facilidade? As pessoas não olham para outra coisa e parecem não respirar tamanha concentração. Isso não é normal, não é do bem."

Joé estava lá para observar e, no caso de alguma rebelião, executar. Mas não havia o menor sinal de rebelião naquele local. E, se houvesse, seria muito fácil, pois aqueles homens não tinham nada.

O próprio homem causador de tamanha aflição nos altos cargos romanos e judeus era simples e de arma só tinha a si próprio e a voz que emanava.

"Como dizem que ele representa algum mal? Não há alvoroço algum aqui; há só um homem contando histórias e repetindo a palavra amor."

Joé ficou ouvindo, já que nada mais podia ser feito. "Ele fala de um reino. Mas como terá um reino sem soldados? Com

217

que força? Ele é ousado, não posso negar. Falar em ter um reino com o poder de Roma por grande parte da Terra é suicídio."

Entretanto, o homem falava de forma tão calma e serena que, por alguns momentos, Joé se viu envolvido e com o mesmo olhar das pessoas que estavam à sua volta. Como acontecera anos antes, os olhos do homem penetraram os de Joé. Ele sentiu o mesmo calafrio e arrepios percorrerem todo o seu corpo. Sua cabeça ficou confusa, e Joé não soube mais decifrar os sentimentos que pairavam em seu coração. Num ímpeto, ele aproximou-se de uma mulher e perguntou:

— Diga-me: o que faz você ficar aqui, ouvindo esse homem?

— Ele nos dá esperança. Ele fala de Deus, mas um Deus diferente, que não separa ninguém por classes. Quer esperança maior que essa? Ouvi-lo nos traz paz e segurança.

— Segurança? — Riu Joé. — Que segurança esse homem singelo pode lhe trazer?

— A segurança da alma, a segurança de Deus.

— Que alma precisa estar segura diante da espada do imperador? — Joé gargalhou. — Se me vir agir com a espada do imperador, verá o que é ter segurança! — tornou convicto.

Joé sentia um misto de ódio, raiva, tristeza e alegria. Ele estava nervoso, confuso.

"Essas pessoas estão loucas, atordoadas. Os sacerdotes estão certos. Esse homem mexe com a cabeça das pessoas, é o satanás. Causa tumulto e deturpa as leis vigentes! Que arrogante! Acha-se superior às leis de Moisés e de Roma! É isso que falarei aos meus superiores."

Quando as pessoas se dissiparam, Joé e seus comandados retornaram ao palácio. Lá, ele foi ter com os superiores.

— Esse homem mexe com a cabeça das pessoas. Não é coisa boa, senhor. Quando o veem, as pessoas ficam perplexas e, se um burro passar pela sua frente, acho que nem sequer piscarão.

— Houve algum tumulto?

— Só tumulto nas dúvidas dos ouvintes; ele não tem guarda e muito menos armas. Não faz outra coisa senão falar, e as pessoas não fazem outra coisa senão ouvi-lo.

— É o que parece, mas não é, Joé.

— Senhor, a ordem que recebi é condizente por demais. Ele tem que ficar sob vigilância, pois diz que conhece outro reino, que diz ser o verdadeiro. Isso, por si só, representa ameaça a Roma e ao imperador.

— Exatamente, Joé. Continue em seu encalço.

E assim Joé continuou seguindo o misterioso homem durante vários dias. Num deles, Joé irritou-se com a presença de Aná e puxou-a a um canto.

— Mãe, o que faz aqui entre essas pessoas? Não vê que ele é louco? — indagou Joé, furioso.

— Estou somente ouvindo, meu filho. Esse homem nos diz que há uma vida diferente. Você também deveria ouvi-lo.

— Estou aqui a serviço, como bem sabe. E eu já o ouço, inevitavelmente. Ele só fala asneiras. Caso algo aconteça, terei de detê-lo.

— Deter por quê? Ele nada fez, a não ser curar enfermos e dizer palavras de Deus e amor. — Aná olhava-o com amor.

— Que pessoas ele já curou? Nunca vi nenhuma. Só escuto falar.

— Vou lhe mostrar uma, então.

E Joé viu sua mãe chamar um homem que estava do outro lado da multidão.

— Diga a ele o que o homem que está falando fez com você.

— Eu era cego, senhor. Esse homem me devolveu a visão.

— Ah! Você era cego? Se fosse cego, não estaria vendo, pois cego é cego. — Joé gargalhou.

— É assim que eu pensava também, porém ele me curou. Eu voltei a enxergar. Não só eu, como várias outras pessoas. Pergunte a qualquer um daqui sobre mim e saberá que eu era cego.

Joé estava confuso. Mandou o homem ir embora, e sua mãe ficou ao seu lado.

"Esse homem não pode mentir descaradamente. Se era cego, era cego. Mas que poder tem esse homem que fala para curar as pessoas?", perguntava-se Joé.

— Esse homem ameaça a segurança de Roma, ameaça os judeus — tornou Joé. — Não podemos ter alguém com tanto poder solto por aí.

O coração de Joé pulsava de ódio. Sua vontade era matar o homem ali mesmo.

— Que ousado! Ele acha que pode ser mais do que Deus? Só Deus pode curar. Ele acha que é mais do que o nosso imperador? Que petulância! E você aí o ouvindo. Prova de que tudo que me ensinou vai por água abaixo.

— Nada do que eu lhe ensinei vai contra o que ele declara! — Aná pegou em sua mão: — Escute-o com o coração. Abra-se para o que ele diz. — Ela puxou Joé até mais próximo do homem que falava, sem desatrelar sua mão à dele.

Estar ali era sufocante para Joé. De algum modo, aquele homem penetrava nele incontrolavelmente. Ele tinha medo de seus sentimentos e de suas emoções quando estava próximo daquele homem.

Joé buscava uma forma de sair dali, de fugir, quando viu o homem se aproximar dele. Rapidamente, Joé apertou a espada que estava em sua cintura, preparando-se para qualquer movimento inesperado do homem.

O coração de Joé acelerou, e ele estava com raiva de si mesmo. Olhando nos olhos do homem, viu um brilho estranho, diferente. Os olhos daquele homem, fitando os seus, deixavam-no totalmente perdido.

— São os valentes e brutos que o céu aguarda. Só os valentes terão a coragem de enfrentar o mal e seguir. Faça seu trabalho. Mas faça para o bem.

Joé não emitiu nenhuma palavra, e nenhum som saiu de sua boca. Estava petrificado.

"Faça para o bem... valentes... coragem..." Ele devaneava.

"Como ele sabe que sou valente? Ele disse que o céu me aguarda?"

De repente, sentiu-se o mais fraco e medíocre dos homens. Olhou ao redor e notou que o homem já havia ido. Olhou para suas vestes, levou a mão ao elmo, sentindo-o na cabeça. Parecia estar muito mais pesado que antes. Sentiu o peito comprimir-se dentro das vestes e as sandálias romanas apertarem seus pés.

Ele sentia-se impotente. A mão que segurava a espada escorregou, Joé olhou para seus comandados e se perguntou: "Para quê tudo isso?"

Não compreendia por que estava cheio de belos ornamentos e armado.

"Este homem não representa perigo. Não faz o menor sentido empunhar uma espada contra ele. Se alguém me mandar fazer isso, certamente não conseguirei."

Faltavam forças em Joé.

"Como ele diz que sou valente, se agora me sinto o pior dos homens? Que valentia é essa a que ele se referiu? Diante dele, sou fraco."

Joé sentiu a mão de sua mãe na sua. Aná puxou-o gentilmente, e eles retornaram juntos um pouco do caminho de regresso. Joé fez um sinal com as mãos, e seus comandados o seguiram. Ele ia à frente com a mãe, mudo.

De certo, Aná percebia que havia algo errado com o filho. Ele estava desconcertado e não fazia a menor questão de esconder isso. Joé até tentou, mas não conseguiu disfarçar a confusão que estava em sua mente.

Em dado momento, quando o caminho que Joé ia seguir divergiu daquele que sua mãe seguiria, ela puxou-o, ficando face a face com ele.

— Filho, faça o que é certo. Sei que deve estar confuso, porém, também sei que dentro de você reside a direção correta. Preste atenção aos seus valores e ao que o homem lhe disse. Sei que saberá o caminho a tomar — ponderou sua mãe, complacente, e com os olhos marejados.

221

Joé nada disse. Apenas a beijou na face e seguiu com os comandados ao encalço do homem.

Os dias que se seguiram foram desconexos para Joé. Ele não fazia o que lhe mandavam com a mesma eficiência. "Quem eu sou? O que estou fazendo? Com qual finalidade faço isso? Qual é o sentido da minha vida? Como é possível que um único olhar e umas palavras soltas que eu mal compreendo tenham me deixado confuso dessa forma? Quem eu sou, afinal? Um homem que mata e saqueia porque os outros mandam! Um homem que estremece diante de outro homem que nem armas carrega? O que é isso que sinto?" Joé ficara aturdido desde que aquele misterioso homem lhe disse aquelas palavras. A sensação de fraqueza o perseguia. A espada que outrora lhe conferia força agora parecia sugar-lhe ainda mais o pouco de vitalidade que tinha.

"O que devo fazer agora?"

Joé permanecia em total desespero interno e culpava aquele homem.

— Joé, conte para mim o que está havendo! — Aná tentava em vão consolá-lo.

— Nem eu sei, mãe. Estou tentando há dias compreender o que está acontecendo comigo, mas não consigo. — Ele ergueu um pouco as mãos e fitou-as. — Minhas mãos não têm mais força. — Joé puxou a espada da cintura e jogou-a no chão. — Minha espada não me dá mais força alguma. Eu não sei quem sou! — Seus olhos estavam esbugalhados.

— Siga seu coração — aconselhou a mãe, abraçando-o, mas Joé não correspondeu ao abraço como sempre fazia.

— Como seguir meu coração, se quem sempre me comandou foi a razão? Eu costumava ter um objetivo, mas e agora? Que objetivo eu tenho? Estou perdido, completamente perdido — desabafou Joé.

— Você saberá o que fazer no tempo certo, tenho certeza.

Ele estava tão fora de si que nada que lhe fosse dito surtiria efeito.

Dias depois, no palácio do imperador, todos estavam agitados. Os centuriões e todos acima destes foram convocados.

— Temos de deter este homem. Ele está causando alvoroço demais entre as pessoas e se tornou uma ameaça real, pois diz que trará seu reinado para cá. Temos ordens de prendê-lo.

Joé nada mais ouvia.

"E se minha mãe estiver no meio da multidão que o segue? O que farão com os outros? Como podem prendê-lo, se ele nada faz às pessoas?"

Terminada a reunião, cada qual voltou para suas atividades. Agora era oficial: estavam à caça daquele homem.

Na mesma noite, Joé adentrou sua casa.

— Mãe, não se junte mais à multidão que segue aquele homem. Roma está à procura dele. Não quero você em perigo.

— Como? Filho, você pode deter isso!

— Eu? Você está louca? Quem sou eu para deter o que o general manda fazer? Não tenho poder para isso, de forma alguma.

Aná abaixou a cabeça.

Eles cearam em silêncio e foram dormir. Joé pensava em encontrar-se com o homem e dizer-lhe que estavam atrás dele.

"E se alguém descobrir que eu lhe disse algo? Devo esquecer essa ideia."

Uns dias se passaram até que Joé ficou sabendo que o homem havia sido preso. As pessoas pareciam não se importar.

"Como podem um dia amá-lo e noutro simplesmente fingir que ele não é nada?"

Aquilo irritou Joé.

"Se o povo nada fizer, aquele homem morrerá!"

O fato de Joé não ser incumbido de ir atrás do homem deixou-o aliviado. "Por meio de minha espada ele não morrerá.

E não foi por mim que foi preso. Eu não teria coragem de prendê-lo. Minha valentia e coragem se foram."

    Chegou o dia em que o homem seria crucificado. O povo nada fez. O governante perguntou às pessoas quem deveria ser crucificado, e elas logo disseram em coro o nome daquele homem.
"Povo hipócrita!"
    Joé não conseguia entender, tampouco gritou a favor. Permaneceu mudo. Havia um bom tempo que ele só pensava, não falava com ninguém sobre seus sentimentos, a não ser com sua mãe umas poucas vezes.
    Joé observou tudo: o homem levando sua cruz e o comportamento das pessoas para com ele. Aquela visão o entristeceu, mas ele não entendia o porquê. Aquele homem morreria como qualquer outro.
"Afinal, o que ele tem de especial, então?"
    Com a morte daquele homem, algo dentro de Joé também morreu. Sua estrutura estava abalada, mas ele não sabia decifrar ao certo o porquê disso.

    Naquela noite, em sua casa, Joé sentiu-se vazio.
— Filho, o que há com você?
— Desisti da vida que levo. O peso das vestes romanas já não me deixa bem. As ideias que tinha antes não me servem mais.
— Isso é bom sinal, meu filho.
— Bom sinal como? Não gostei do fato de terem matado aquele homem. Algo em mim mudou. Vou deixar a guarda. Não consigo mais voltar ao palácio e empunhar uma espada. Isso não é mais possível para mim. Sangue não é mais o que quero. Não quero receber ordens de matar esta ou aquela pessoa e muito menos de saquear cidades como me mandavam

fazer. A última vez que fiz isso meu corpo tremeu, e eu senti repugnância de mim mesmo.

Sua mãe olhava-o com docilidade e abraçou-o.

— Eu o orientei que fizesse o que seu coração mandava. Pois bem! Seu coração pede outra coisa agora. Que mal há nisso?

— Não tenho certeza do que devo fazer. Ficar aqui não me será útil em nada.

— Meu filho, faça o que seu coração mandar.

Conversaram mais um pouco, e ela foi dormir. Joé, aproveitando que ninguém estava acordado, pegou um pouco d'água, um cajado de seu pai e saiu de casa.

Perambulou por locais longínquos. Se alguém lhe perguntasse onde estava, não saberia dizer. Passou longos anos sozinho, sem ninguém para conversar.

Algumas pessoas lhe davam água e um pouco de comida e não raro lhe deixavam dormir sob o teto de suas casas, porém, ele não permanecia em nenhum local mais do que poucos dias. Sentia-se fraco por dentro, mas forte por fora. Fisicamente, estava saudável, por mais estranho que isso fosse, visto que perambulava.

Joé procurava algo que acalmasse sua mente e seu coração, que o tirasse do turbilhão de pensamentos e ideias.

"O que você fez comigo?", ouvia uma mulher dizer. "Matou-me dentro de minha própria casa!"

"Você não tem piedade! Um judeu que escolheu ficar do lado dos romanos! Que tipo de homem é você?" Outro grito o ensurdecia dentro de sua cabeça.

"Desgraçado! Você roubou tudo o que eu tinha! E ainda dizia trabalhar para Roma! Traidor! Traidor!" Aquilo ecoava em sua mente.

Joé questionava-se sobre as palavras que aquele homem lhe havia dito: "Faça o que é correto". O que seria correto afinal?

Certo dia, Joé vislumbrou casas de palha e barro em círculo. Era uma aldeia. Pediu comida e abrigo, e eles assim fizeram. Durante a ceia, conversaram.

225

— Por que você está andando sem rumo? — perguntou o homem da aldeia.

— Porque eu simplesmente não vi mais utilidade no que fazia e minha mente ficou confusa.

— Como assim?

— Eu trabalhava para o imperador, era guarda imperial. Matava e saqueava várias aldeias como esta, em que vive.

Os homens e as mulheres retraíram-se, mas ele continuou:

— Eu buscava poder, glórias. Fui, inclusive, promovido mais que qualquer outro que iniciou comigo. Subia de posto e me vangloriava disso. O que mais um homem pode querer do que comandar outros e participar de boas festas e cerimônias da corte? Isso era o que eu pensava na época. E por muito tempo aquilo me serviu, e eu pensava estar feliz.

As pessoas o ouviam, e ele sentia os olhares curiosos sobre ele.

— Até que, um dia, surgiu um homem... aquele que foi crucificado depois. Mandaram-me vigiá-lo; não matá-lo, mas vigiá-lo. Assim o fiz. Durante um bom tempo, vigiei o homem com meus comandados, porém, havia algo diferente nele. Ele falava sobre o reino de Deus, sobre o amor. Aquelas palavras eram asneiras para mim, porém a voz dele tocava algo dentro de mim.

"Aos poucos, fui me desinteressando pelas regalias, pelo poder e pela glória que havia conquistado. Aquilo, no final, de nada importava. Vejam vocês mesmos... aquele homem não tinha nada além de uma túnica velha e surrada. Vejam como ele ficou conhecido, mas percebam que também morreu como todos nós morremos. Ele, porém, fez algo de bom da vida dele. Ele mudou pessoas! Eu vi isso acontecer. Ele curou! Eu vi um cego curado por ele. Muita coisa mudou por meio das palavras daquele homem. Seja ele certo ou não, dentro das leis de Roma ou não — acreditem que eu o julgava por isso — , aquele homem mudou pessoas e as tornou melhores. O que o condenava não fazia jus a tudo o que presenciei.

"No final, ele foi morto pelas leis injustas de Roma. Isso me levou a pensar: quantas vezes matei em nome do imperador e de Roma e minhas ações também foram injustas? Eu ajudei Roma com a injustiça! De alguma forma, aqueles que o seguiam e o ouviam mudaram, deixando a ambição desenfreada ou mesmo a vontade de matar alguém que os tenha desagradado. São as pequenas ações que percebi nas pessoas que me fizeram ver que as minhas estavam muito diferentes do que dizia aquele homem, em quem eu, sem mais nem menos, passei a acreditar. Certo dia, ele se aproximou de mim e disse: 'São os valentes e brutos que o céu aguarda. Só os valentes terão a coragem de enfrentar o mal e seguir. Faça seu trabalho. Mas faça para o bem'. Essas palavras me tocaram profundamente."

Joé ficou um longo tempo contando sua história. As pessoas pareciam interessadas, pois lhe cravavam de perguntas. Quando terminou, sentiu-se mais leve.

Naquela noite, Joé teve um sono tranquilo, como havia muito tempo não tinha, e acordou renovado. Sonhara com sua mãe. Agradeceu as pessoas que o acolheram e seguiu seu caminho, que era incerto.

Andou por muitas aldeias e por várias estradas. Quando as pessoas o recebiam em suas casas, sempre queriam saber quem ele era ou o que fazia ali, e Joé relatava sua história novamente.

Ele a contava simplesmente porque lhe perguntavam e não achava estar fazendo bem ou mal a alguém. E, de fato, quando ele se ia, as pessoas desejavam-lhe boa-sorte e elogiavam sua história.

"Eles gostam do que ouvem", concluiu Joé.

Conforme caminhava, o vazio que sentia parecia preencher-se. Joé não saberia dizer do que, mas sentia sua mente amenizar e os pensamentos obsessivos de antes se acalmarem.

As vozes haviam diminuído, e Joé, gradualmente, foi se sentindo bem. Ondas de tranquilidade o preenchiam de repente, quando ele menos esperava.

Longos anos se passaram.

Joé amanheceu em uma casa humilde, construída com pedras e barro. O sol irradiava seus primeiros raios, e seus hospedeiros ainda dormiam. Como o calor estava mais ameno, Joé resolveu sair para respirar ar fresco.

Ele andava cambaleando, sonolento. Olhou para o céu, e uma paz indescritível envolveu-o. Ele sentiu o vento em sua pele, como se o abraçasse.

Subitamente, sentiu uma pontada no coração. Antes que pudesse pedir ajuda, seu corpo foi lançado ao chão. Uma segunda pontada, mais forte que a primeira, imobilizou-o. Joé teve a sensação de que uma força o empurrava para fora do corpo, num solavanco. Não sentiu mais dor alguma, e o vento ainda o tocava gentilmente.

De repente, Joé sentiu-se leve. Parecia que estava livre do peso de seu corpo. Sua respiração estava ritmada, e ele sentia-se bem; apenas não conseguia se levantar.

"Em instantes, eles acordam e me ajudam", refletiu Joé.

— Está tudo bem, você finalizou seu trabalho com perfeição. — Ele ouviu a voz doce e inconfundível de sua mãe. Aquilo o alegrou.

— Mãe, é você? — Joé virou o rosto e viu Aná.

— Sim, sou eu. — Ela estava sorrindo.

Num impulso, Joé foi ao encontro da mãe e, sentindo seu corpo leve, a abraçou.

— Quanto tempo, mãe!

— Muito tempo, meu filho. Você caminhou bastante, não foi?

— Sim, muito. Sinto-me bem melhor!

— Filho, olhe para trás.

Joé viu seu corpo estendido no chão e seus hospedeiros tentando animá-lo. Não adiantava, o corpo não se mexia. Assustado, ele fitou seu corpo, abaixou a cabeça e olhou para si próprio.

— Como isso é possível? — Joé estava perplexo diante de dois corpos exatamente iguais. — Como posso estar aqui e ali ao mesmo tempo?

— Observe o que eles fazem com você.

Joé escutou-os falar:

— Não há nada que possamos fazer. Ele se foi — disse o hospedeiro.

— Não entendo — redarguiu à sua mãe. — Como isso é possível?

— Você morreu, Joé.

— Se morri, por que continuo a sentir as mesmas coisas? E a senhora também morreu?

— Sim, eu estou morta, mas muito viva — confirmou sorrindo.

Joé estava confuso. A alegria de ver sua mãe invadiu-o, contudo, a incompreensão de ver seu corpo jogado e pessoas dizendo que ele estava morto o entristecia. Aquele vazio que o acompanhou durante longos anos voltou ainda maior.

— A morte é apenas do corpo. Nosso espírito é imortal. O corpo é apenas um instrumento necessário para as tarefas que o espírito precisa realizar na Terra.

Enquanto a ouvia, Joé deliciava-se com o olhar sereno e amoroso da mãe, de quem tanto sentira falta naqueles anos. Sentia-se vivo como sempre.

— Compreendo que não somos só corpo, mas por que me sinto cansado como se ainda estivesse nele?

— Você consegue sentir minha mão na sua? — Aná segurou-o pela mão.

— Sim, consigo.

— Várias vezes, após minha morte, me aproximei de você e segurei suas mãos. É claro que você não as sentia como agora, porém sentia meu amor a envolvê-lo e registrava minha presença com alívio e sentimento de paz.

— Era você? Por várias vezes, quando estava aflito, de repente, sem nada acontecer, eu me tranquilizava e a paz voltava ao meu coração como um vento suave. A mesma sensação que tive antes das pontadas em meu coração. Era você quem me tranquilizava? — Joé estava embalado por uma profunda emoção.

— Sim, era eu mesma. Quando existe uma forte ligação de amor entre as pessoas, mesmo que uma delas tenha partido, a outra sente a presença do espírito. Foi o que aconteceu com você. Apesar de não saber que era eu, registrava minha presença respondendo ao amor que eu emanava para você.

Joé a ouvia, emocionado.

— Então, você esteve comigo em muitos momentos! — concluiu ele, feliz.

— Sim, estive. — Aná abriu um sorriso. — Você se sente fraco, pois seu corpo já estava envelhecido e, quando morremos, ficamos somente com o corpo etérico, que guarda as memórias do corpo físico. Venha comigo. Vou levá-lo a um local para que recupere sua vitalidade.

Joé olhou para seu corpo estendido no chão e despediu-se em silêncio daquela capa que lhe fora útil. Ele estendeu a mão para Aná, que o envolveu em seus braços, e uma brisa suave tomou conta dele, como se o embalasse.

Ele não sentia mais seu corpo ou via algo à sua frente. Não se desesperou, pois sabia que estava com sua mãe. Como uma criança indefesa, ele foi com ela.

A brisa cessou, e Joé sentiu novamente seu corpo, agora dolorido. Abriu os olhos e estava em um grande e belo jardim. Havia flores coloridas como ele nunca vira antes. Construções ornavam a paisagem ao redor do jardim. Eram grandes, altas, com vitrais.

Havia muitas pessoas ali. Algumas estavam no gramado, deitadas sob o cuidado de outras. Algumas pessoas estavam sendo auxiliadas a andar. Em todo o jardim e dentro das construções, havia pessoas indo de lá para cá, certas de onde deveriam estar.

"Todos são bem ocupados aqui", considerou Joé.

De repente, ele sentiu seu corpo mais fraco que antes. Suas pernas fraquejaram, sua cabeça começou a girar, e ele teve a sensação de que iria cair. Olhou para o lado, em busca da mãe. Ela fez um sinal estranho a ele, e, em instantes, alguns homens surgiram carregando uma espécie de tábua. Um deles ajudou Joé a se deitar.

— Seja bem-vindo! Você só precisa descansar um pouco, se refazer energeticamente e, logo, se adaptará a este local. Agora, só relaxe o corpo — explicou o homem, de forma amável.

Devido à fraqueza, Joé não conseguiu dizer nada; somente retribuiu com um leve sorriso.

— Durma, meu filho. Estarei aqui quando acordar. — Joé ouviu sua mãe dizer. Dessa forma, tranquilizou-se, entrando em um sono profundo.

Passou-se um bom tempo, e, quando despertou, Joé sentiu-se melhor. Olhou em volta. Vários leitos estendiam-se pelo cômodo em ele que estava. Em todos eles havia pessoas deitadas. Algumas recebiam o que Joé entendeu como sendo comida.

Erguendo um pouco o corpo, viu através de uma janela um jardim, abaixo. Ele estava numa grande sala clara, em que o sol batia suavemente através das janelas. Como se sentia bem, tentou levantar-se.

— Calma. Não se levante abruptamente. Já vou ajudá-lo. — disse uma voz fina e doce.

Virou o rosto para ver quem lhe dirigia as palavras e deparou-se com uma mulher pequena, de cabelos longos e castanhos, presos. Sua feição era serena, e ela tinha traços delicados. Ela colocou as mãos nas costas de Joé, empurrando-o com cuidado para frente, de modo que se sentasse.

— Estou um pouco tonto.

— É normal. Você dormiu por bastante tempo. Aguarde um pouquinho.

— Como vim parar aqui? Que lugar é este?

— Você está aqui para restabelecer a vitalidade. Aqui é onde cuidaremos de você.

— Você é médica?

A moça riu.

— Aqui todos fazem um pouco de tudo. Beba. — Ela entregou-lhe uma bebida de cor azul. — Vai lhe fazer bem.

Diante de tanta gentileza, Joé bebeu confiante. Estava em um local estranho, mas as pessoas lhe pareciam tão amáveis que achou impossível alguém dali querer seu mal. Ele bebeu sem perguntar o que era. Em instantes, sentiu-se fortalecido.

— Onde está minha mãe? — Quando terminava de falar, viu sua mãe entrar na sala.

— Vou deixá-los a sós — finalizou a moça, retirando-se sutilmente.

A mãe de Joé observava-o com carinho, tocando levemente sua testa.

— Estou feliz em vê-lo bem.

— Também estou feliz em vê-la! Ver a senhora é a melhor parte de minha morte! — confessou Joé, e eles riram como nos velhos tempos. — Meu pai também está por aqui?

— Ele está bem, mas não poderá vir. Antes de saber de seu pai, tem que saber de você! É para isso que estou aqui.

— São tantas dúvidas... não sei por onde começar...

— Venha, vamos caminhar um pouco. Eu o ajudo a se levantar.

— Acho que consigo me erguer sozinho. Estou me sentindo bem-disposto. Você parece mais jovem! Parece que a morte nos rejuvenesce! — comentou Joé, rindo, enquanto se levantava.

Ele seguiu sua mãe pelo prédio. Desceram umas escadas e saíram no jardim. Joé respirou profundamente, sentindo paz e um grande alívio.

Estar ali era revigorante, e, na companhia da mãe, parecia que tudo ganhava mais cor e brilho. Caminharam em silêncio por um tempo, enquanto os pensamentos de Joé se atropelavam entre o que ele fizera em sua vida e o porquê de estar ali.

De certa forma, não se sentia merecedor de estar ali. Apesar disso, não se atreveu a questionar; apenas usufruía da companhia de sua mãe e daquele local tão agradável.

"Se existe céu, eu estou nele!"

— Tenho que lhe mostrar algo. Assim, você compreenderá por que está aqui. Sente-se pronto? — Aná interrompeu os pensamentos do filho.

— Não sei. Mas se a senhora acha que sim... São tantas dúvidas.

Aná sorriu e continuou a conduzi-lo por entre o jardim. Agora Joé via mais nitidamente. Eram muitas as construções. Ele olhou para trás, onde estivera havia pouco. Reparou que a única construção que não tinha teto arredondado era uma que estava no centro do jardim. Esta tinha o teto pontiagudo, que ia longe, como se cortasse o céu.

"Tudo aqui é tão bonito..."

As construções eram todas claras, ainda mais bonitas do que o palácio do imperador, em que Joé estivera. A mistura das cores do jardim com as paredes claras das construções formava uma bela paisagem.

Até o teto que lhe fora estranho à primeira vista ornava perfeitamente com aquele local.

"Nunca pensei que existissem coisas assim."

Aná adentrou uma das construções. Por fora, pareciam todas iguais. Joé a seguiu. Deparou-se com uma enorme sala circular, bem iluminada pelo sol. O piso era claro, assim como as paredes, que pareciam brilhar. Ele ergueu os olhos. O teto era translúcido.

Joé sentiu o sol da mesma forma como sentira segundos antes, quando estava no jardim. Várias portas perfilavam-se, e ele forçou o olhar para decifrar o que acontecia dentro das salas. Não conseguiu ver nada, a não ser alguns espíritos sentados e outros em pé.

Ele seguia a mãe, porém observava atentamente tudo o que se apresentava. Sua curiosidade era incontrolável.

Joé notou em uma das portas uma mulher acenando. Caminharam um pouco mais em direção ao local, e ele conseguiu reconhecê-la. Era a mesma mulher pequena e dócil que havia cuidado dele assim que Joé chegou àquele local. Ele tranquilizou-se. O que quer que fosse lhe acontecer, ele estaria entre sua mãe e aquela mulher de quem ele tinha gostado.

A mulher fez sinal, em silêncio, para que adentrassem a sala, que era pequena, circular e clara, e nela havia uma mesa e algumas cadeiras em volta. Apesar de tudo ser belo e confortável, e mesmo diante do olhar sereno e amoroso de sua mãe e da mulher, certa aflição foi se apoderando de Joé.

"Eu já vivi algo assim."

Joé olhou para a mãe, e sua mão procurou as dela. Percebeu que tremia um pouco.

— Fique tranquilo, eu estou aqui. Você está se recordando de antes, quando reviu suas vidas passadas. Não há outro jeito. Para que compreenda o que se passou com seu espírito e esteja apto a prestar serviços aqui no plano espiritual, é necessário passar por isso. Você entenderá, e tudo ficará bem. Tenha coragem.
— Aná apontou-lhe uma cadeira para que se sentasse.

Joé sentou-se, e Aná acomodou-se ao seu lado. A mulher sentou-se na frente dos dois. Ele havia se acalmado um pouco, apesar de sentir o coração pulsando com força.

— Aqui, Joé, é um momento importante para seu espírito. Vamos repassar sua vida, desde o nascimento até o desencarne. Vou lhe mostrar onde poderia ter sido diferente e que forças estavam sendo movimentadas para que você fizesse a melhor escolha. Após essa compreensão, faremos um paralelo com a programação que você fez antes de nascer — a mulher falava pausadamente, mas olhava de maneira fixa para Joé, que sentia ternura em seus olhos.

A parede à frente de Joé iluminou-se de repente e dela começaram a surgir imagens.

Joé se viu pequenino nos braços da mãe. Do corpo dela, fluídos rosados partiam em direção a ele, como ondas envolvendo-o. A imagem parou neste momento.

— Essas ondas rosadas que o envolviam estiveram com você sempre que se aproximava de sua mãe. Era ela lhe transmitindo amor. Foi esse amor o que o tranquilizou durante toda a sua infância. Era a presença de sua mãe neutralizando, por meio do amor, a voluptuosidade de seu espírito.

Joé emocionou-se ao ver aquela cena.

— Por isso que eu queria estar com ela a todo instante? A paz que eu sentia perto de minha mãe era o amor dela por mim?

A mulher moveu a cabeça suavemente, em confirmação.

— Ela pediu para estar com você nesta vida. Foi com o propósito de auxiliá-lo a desenvolver o amor.

Os olhos de Joé encheram-se de água. Ele mal podia conter sua emoção e olhou para a mãe.

— Como pude? Perdoe-me. Mesmo recebendo seu amor, não fui capaz de amar.

Aná tocou seu ombro.

— Você acha que o amor emanado a você foi em vão? Não! Veja com carinho sua vida, a trajetória de seu espírito. Você mudou, Joé, se transformou!

— Vamos continuar — avisou a mulher.

As imagens na parede movimentaram-se velozmente, até parar na primeira em vez que Joé viu o homem que falava às pessoas. A imagem parou quando o olhar do homem repousou sobre Joé. Ele sentiu-se aturdido e amedrontado.

A confusão mental acometeu-o novamente. Seu olhar estava fixo na imagem. Dos olhos daquele homem saíam fachos de luz que iluminavam a cabeça e o coração de Joé.

Os mesmos sentimentos de alegria, paz e tristeza acometeram-no, e José esqueceu-se de onde estava. Ficou absorto naquele momento.

"Que poder é esse? Como ele consegue provocar isso em mim?

— Joé, volte para cá! — pediu a mulher, enfática, mas sem perder a ternura. — Temos de continuar.

Um tremor percorreu seu corpo, e ele piscou os olhos, como se saísse de um transe.

— Desculpe.

— Esse homem, através do olhar, lhe direcionou grande quantidade de amor. Seu espírito ainda mantinha forças impetuosas, que almejava o poder ilusório. Essa impetuosidade era sua estrutura naquele momento e, por ser tão divergente da energia que foi ao seu encontro, seu corpo tremeu, sentindo o choque. Perceba que, mesmo com a divergência, a energia que o homem emanou fez sua cabeça e seu coração iluminarem-se. Ela, apesar de sua resistência, conseguiu romper a crosta que envolvia seu coração e seus pensamentos. Vamos continuar.

Na parede, surgiram imagens das reuniões que Joé e seu pai frequentaram, de sua mãe, bem como de Joé no comércio, conversando com comerciantes e fregueses.

— Essas reuniões tinham o propósito de, justamente, fazê-lo se interessar pelos ensinamentos daquele homem e crer neles. E o comércio seria o local oportuno para você espalhar o que ouviu e viu. Adiante, vê-se, no entanto, que você escolheu um caminho mais tortuoso.

O coração de Joé apertava-se a cada explicação. Aná segurava sua mão, dando-lhe forças para continuar.

Na parede, surgiu o momento em que Aná tentava dissuadi-lo de entrar para a guarda romana. Joé dizia que aquela era sua decisão e não ouvia mais os argumentos da mãe, tampouco se deixava levar por sua tristeza aparente.

As ondas rosadas que partiam da mãe escureciam ao chegar perto do corpo de Joé. Seu corpo ficara escuro, com plaquetas pretas em volta.

— Apesar da energia de amor emanada por sua mãe, a vontade de obter poder estava instaurada em seu espírito de tal forma, Joé, que formou ao redor de si placas energéticas que impossibilitaram o acesso da energia emanada por ela. Seu espírito estava totalmente fechado para qualquer outro sentimento que não fosse a vontade de ter poder. Imperava a força do seu espírito, que, apesar de estar em processo de aprimoramento, estava sujeito ao livre-arbítrio humano, que é sempre respeitado. Você escolheu seguir seus desejos instintivos, e assim foi. Essa escolha lhe foi muito importante, pois aqui você se desviou do planejado. Entrou em um emaranhado de ilusões, que fizeram emergir inquietações no âmago de seu ser. Essas inquietações o impulsionaram ainda mais em sua busca por poder e ostentação, distanciando-o da Lei do Amor, propósito maior de sua encarnação. A partir desse instante, você ficou à mercê da própria sorte e fechou-se para qualquer interferência do Alto. O vazio que passou a sentir e se intensificou adiante têm origem nesse desvio.

Lágrimas escorriam dos olhos de Joé.

"Como pude ser tão tolo? Não ouvi quem mais me amava e fui parar no precipício da ilusão!"

As imagens voltaram a passar na parede. Joé viu-se em seu trabalho na guarda romana, matando, executando e crucificando pessoas, as pequenas regalias que obteve dos centuriões, as promoções.

Ele sentia-se pequeno. O mesmo orgulho que sentira naquela ocasião o acometia, porém repleto de arrependimento. A sensação de ser importante era para ele irreal e ilusória agora.

Lágrimas saltavam de seus olhos. Imagens de Joé comandando outros homens a matarem também passavam, fazendo-o sentir-se o mais inescrupuloso dos seres. O aperto em seu coração era tão grande que a vontade de sumir dali o invadiu.

— Não sou digno de estar aqui! — gritou ele, em descontrole, com lágrimas varrendo-lhe o rosto. — Como pode me amar? — Joé olhou para a mãe. — Sou um assassino! Não há amor que possa me transformar! Não fui capaz sequer de ver o sofrimento que lhe causava! Pensava que estava orgulhosa de meus feitos! — Joé olhou para o próprio corpo. — Pelo visto, era meu orgulho que me cegava! Somente meu orgulho!

Aná e a mulher mantiveram-se em silêncio, respeitando a dor de Joé. Apesar de chorar descontroladamente, ele sentia o olhar das duas mulheres sobre si, e isso, após alguns momentos, o acalmou.

— Podemos continuar? — perguntou a mulher.

Joé consentiu com a cabeça.

A parede começou a se movimentar novamente, surgindo o momento do segundo encontro de Joé com o homem que falava. A imagem paralisou no instante em que o homem lhe dirigiu a palavra.

Um facho de luz intenso partia do homem em direção a Joé. Essa luz arrebentou as plaquetas energéticas que o envolviam. O corpo de Joé tremia da mesma forma que tremia na imagem.

Apesar disso, ele ainda estava consciente e observava, curioso. A luz emanada por aquele homem transformara-se em uma grande cascata de energia luminosa, que rompeu por completo as placas de energia, transformando o corpo de Joé em um grande corpo de luz.

Na cena, Joé estava confuso e perdido, seus pensamentos eram intermitentes e desconexos; o mesmo Joé sentiu sentado. Enquanto assistia, sentia seu corpo desmoronar, como se estivesse em erupção.

Uma grande paz cresceu dentro dele, seguida por um imenso vazio. De novo, ele se pôs a chorar descontroladamente, sentindo o ar lhe faltar. Seu coração parecia pequeno em demasia, do tamanho de uma oliva.

— Fique calmo — solicitou a mulher.

Joé ergueu o olhar em direção a ela, sentindo-se melhor. As mãos de sua mãe juntaram-se às suas, e ele conseguiu respirar e aquietar-se.

— Esse momento foi muito importante para você. Aquele homem conseguiu romper a impetuosidade de seu espírito por completo, por isso você se sentiu totalmente confuso. Sua estrutura foi colocada por terra, para uma nova estrutura emergir. Por ter se desviado de forma tão grotesca de seu planejamento e por não ter assistência do Alto, essa transição lhe foi penosa, contudo, foi extremamente proveitosa para sua missão. Após esse encontro, você regressou ao seu objetivo.

As imagens que apareciam agora eram de Joé abandonando seu posto de guarda e caminhando sem rumo.

— Mesmo incapaz de decifrar seus sentimentos, você abandonou as glórias que antes o sustentavam e passou a ser um viajante que nada tinha. Abandonou a casca velha, a antiga estrutura por completo, e passou a construir uma nova a partir de si mesmo.

Os momentos em que Joé conversava com as pessoas e lhes contava sua história emergiram na parede. Enquanto falava, de seu corpo saíam tímidas ondas rosadas que o envolviam.

— Você passou a falar pouco, pois a maior parte do tempo estava sozinho e, quando falava, contava em que acreditava, o que passou com você. Em momento algum, pensou no bem que poderia fazer a quem o ouvia, mas seguiu o instinto da pureza da nova estrutura que lhe fora concedida através daquele homem. E a pureza do espírito é plena em amor. Por isso, você vê o indício da energia rosada partindo de si, mas sem ser dirigida a quem o ouvia.

Joé sentiu-se aliviado.

— Você cumpriu medianamente aquilo a que se propusera, porém teve um avanço em relação às suas outras vidas. Foi a que mais chegou perto do que estava planejado.

— Como posso ter chegado perto do planejado? Eu entrei para a guarda romana! Matei pessoas, sem o menor escrúpulo!

Pausadamente, a mulher prosseguiu:

— Nós vamos à Terra sempre com duas missões: uma pessoal, que visa a adquirir sabedoria, conhecimento e, quando estamos prontos, reavaliar nosso carma. A segunda missão é coletiva e está a serviço de uma contribuição para o desenvolvimento da Terra e do povo que lá está encarnado. Ambas se interligam para que possamos evoluir nas leis do amor. No propósito pessoal, você foi tocado pelo amor de sua mãe quando era criança. Ao crescer, contudo, deixou que a ânsia desenfreada de poder o dominasse, e isso desacelerou seu crescimento. Quando se encontrou com o homem que falava às multidões, pôde sentir a energia emanada por ele. Nesse instante, o amor, ainda que precário, se instaurou em você, quebrando a dureza de sua alma, mas também gerando descontrole e confusão, pois você se deparou com quebras de paradigmas muito grandes.

Ele balançou a cabeça, como se estivesse absorvendo o entendimento daquelas palavras, e a mulher continuou:

— Veja, quando nos desviamos por muito tempo, a retomada do caminho é tortuosa. Essa quebra em sua missão pessoal interferiu diretamente em sua missão humanitária. Nesta, você teria como, com toda a eficiência que seu espírito vinha demonstrando, envolver as pessoas e suas mentes no amor que absorvera, a princípio no lar e depois com o homem, por meio das conversas no comércio e nas reuniões que frequentou por algum tempo. Você, porém, se desviou do planejado indo para a guarda, retardando sua missão humanitária.

"Após ser tocado de forma profunda pelas energias amorosas daquele homem, em união ao amor emanado por sua mãe, você seguiu caminhando e conversando com as pessoas sobre sua história. Aqui, de forma parcial e menos potente, conseguiu concluir sua missão humanitária. Até onde lhe foi possível, envolveu-os com um amor primitivo. Como pode ver, sua energia amorosa não irradiava de seu corpo, indo ao encontro dos outros; permanecia somente em volta de você. Isso se deu por não ter completado sua missão pessoal. O amor foi sentido de forma desconexa e confusa, mas, por meio dessa confusão, que era tudo o que você tinha naquele momento, passou adiante certo envolvimento amoroso. O vazio em seu coração perdurou, porque você não conseguiu, na vida terrena, atingir a máxima potência amorosa programada, restringindo-a somente a si. Você não se desviou por completo de seu planejamento; apenas fez escolhas que tornaram a conclusão de suas missões mais difícil e tortuosa.

Veja um pouco mais sobre o tempo em que você conversava com as pessoas."

Na parede, as imagens que surgiram foram de Joé conversando com as pessoas. Ele, sentado, enquanto assistia, percebeu que falava mais para desabafar do que para fazer algum bem a quem o ouvia. As imagens passaram rápido. Algumas mulheres e homens haviam, de fato, sido tocados pelo que ele dizia, porém ele não criou um vínculo consistente com nenhuma daquelas pessoas.

— Você espalhou aquilo em que acreditava, a verdade que lhe permeava o ser. Algumas pessoas conseguiram entendê-lo e até seguiram novo rumo, mas muitas não o ouviam, tomando-o somente como uma pessoa mental e sentimentalmente confusa. Percebe, Joé? Não foi de todo inválido. Poderia ter sido melhor, mas foi como pôde.

Joé, apesar de compreender o que ouvia, permanecia amargurado.

— Fiz muito pouco, quando vejo tudo o que recebi. Muito pouco... Não aproveitei as oportunidades como deveria... — reconheceu Joé, cabisbaixo.

— Você fez bastante em comparação às suas vidas passadas. Reconheça seu avanço — disse Aná, amavelmente, enquanto passava a mão em sua cabeça.

— Minhas outras vidas foram piores do que esta? — Ele estava envergonhado.

Aná e a mulher entreolharam-se.

— Você está fraco. Deve descansar por ora. Mais tarde, continuaremos — anuiu a mulher, encaminhando-se para a porta da sala.

Aná tomou Joé pelos braços, ajudando-o a se levantar.

Ele foi cambaleando, em silêncio, ao lado dela.

Passaram pelo lindo jardim, mas Joé estava tão fraco que não conseguiu aproveitar a beleza do lugar. Entraram na mesma construção em que ele estivera antes. A grande sala, repleta de leitos, estava movimentada.

Aná conduziu-o até seu leito e ajudou-o a se deitar. Em seguida, foi até uma mesa que estava ao lado do leito e pegou um copo que continha um líquido azul.

— Tome, Joé. Vai lhe fazer bem

Ele sorveu todo o conteúdo. Seu corpo doía.

— Agora, você precisa descansar. Rever a vida faz desfalecer o corpo etérico, e você ainda está em fase de recuperação.

— Você ficará aqui? — Quis saber, com a voz cansada.

— Sim, estarei aqui quando acordar. Não se preocupe.

Joé nada mais disse; apenas movimentou levemente a cabeça em concordância. Sentia-se pesado, com dificuldade para controlar os movimentos. Seus olhos cerraram, e ele entrou em sono profundo.

Joé permaneceu naquela sala por bastante tempo. Quando acordava, davam-lhe a bebida azul, e muitas vezes ele voltava a dormir. Joé sentia a falta da mãe.

"Ela havia dito que estaria comigo..."

Após um tempo, foi-lhe permitido caminhar no jardim. Ele seguia feliz e encantado com a quantidade de cores das flores e das magníficas construções.

Permaneceu um tempo no jardim, absorto em seus pensamentos, sozinho. Assim como ele, outros também caminhavam no jardim, alguns com ajudantes, outros sozinhos.

Certo dia, sentado no gramado, ele viu sua mãe se aproximar. Ele abriu um largo sorriso, levantou-se e foi ao encontro dela. Ao vê-la, sentiu-se melhor.

"Será isso o amor?", perguntou-se.

— Vejo que está bem melhor! — comentou sua mãe, abraçando-o.

— Não sei o que colocam naquele líquido azul, só sei que me sinto mais forte cada vez que o bebo e mais alegre toda vez que a vejo — disse Joé, enquanto correspondia ao abraço da mãe.

Eles olharam-se.

— Por que não veio mais? — indagou, curioso.

— Aqui não é meu lugar. Venho, de vez em quando, para ver como está.

— E onde é seu lugar? Por que não me leva com você?

— Não é muito longe daqui. Não posso levá-lo agora. Você não tem permissão ainda e precisa se fortalecer mais. Um dia, tenha certeza, você poderá ir comigo. Agora, vamos ao que interessa! Você está pronto para ver a trajetória do seu espírito?

— Sinto-me bem, mas, depois de vê-la, talvez volte a me sentir mal — tornou Joé, dando uma gostosa risada.

— Ah, você melhorou! Este é o meu Joé! Corajoso como sempre! — devolveu, rindo. — Vamos, ela já está à nossa espera.

Aná abraçou-o, e eles caminharam juntos até a mesma sala em que haviam estado dias antes. A mesma mulher do outro dia estava na porta, aguardando-os.

— Olá! — cumprimentou com um sorriso. — Acomodem-se! — convidou, apontando as cadeiras.

Joé e Aná sentaram-se.

— Creio que hoje será mais fácil. Você se lembrará de quem foi em todas as vidas passadas. As memórias já estão aí, em seu corpo etérico. Nós apenas iremos reativá-las. Como já está fortalecido, você se lembrará naturalmente, da mesma forma que lembra o que estava fazendo essa manhã — falou a mulher pausadamente.

Ela fez um estranho movimento com as mãos, e surgiram na porta quatro seres, altos e magros, que vestiam uma túnica branca. Eles entraram na sala e foram até Joé. Sorriram e abaixaram a cabeça em cumprimento. Joé retribuiu o sorriso.

Na sequência, postaram-se ao redor de Joé, que nada compreendeu, mas aguardou, em silêncio, o que seguiria.

"Tantas coisas que eu não entendo...", pensava.

Aná levantou-se e ficou ao lado da mulher, em pé.

— Esses homens estão aqui para ajudá-lo a retomar a forma do seu espírito. Eles formarão uma barreira energética, que propiciará a você se recordar de toda a sua trajetória e, consequentemente, os ensinamentos apreendidos. Você sentirá uma leve compressão e um pouco de tontura, mas não tenha receio, pois passarão rapidamente. Imagens e sentimentos surgirão espontaneamente em sua mente. Isso é importante para que reconheça quem é, o que fez ao longo do tempo e para que compreenda melhor o caminho que seguirá.

Joé não entendeu muito bem o que ela lhe disse, porém percebeu que não era hora para questionamentos.

Os seres que estavam ao redor de Joé abriram os braços, fechando-o num círculo. De seus corpos uma luz azul irradiava, e eles pareciam crescer para o alto e para os lados.

Em instantes, uma grande parede de luz azul foi erguida ao redor de Joé. A luz era tão forte que o impedia de enxergar qualquer coisa. Ele se acalmou, lembrando-se do que a mulher havia lhe dito.

A parede formada parecia querer engoli-lo. Ele sentiu uma pressão em seus ombros e na cabeça. Uma vertigem o acometeu, e Joé sentiu seu corpo movimentando-se sem qualquer comando. Estava tonto, como se estivesse sendo girado velozmente.

De repente, sentiu-se leve. Parecia que seus pés não tocavam o chão, e Joé sentiu seu corpo frouxo. Aquilo lhe gerou um alívio.

O alívio, contudo, durou pouco. Em sua mente, imagens vívidas surgiam. Viu-se no limo, com Turi, resgatando espíritos. Os gritos daquelas almas o atordoaram. Viu-se no corpo de Ghinla, nos cultos que fazia e convivendo com Omã. Imagens do calabouço surgiram em sua mente, e ele se viu fazendo o reconhecimento daqueles que tinham algum remorso.

A vida em que fora Zirrá se personificou. Ele assistiu à chacina na qual mataram seus pais, viu a legião de guerreiros que formou e a execução de Zarah. Aquilo lhe causou imensa dor. Imediatamente, recordou-se do olhar de sua mãe. Era o mesmo olhar de Zarah!

— O que fiz a Zarah! O que fiz à minha mãe! — ele gritou, e seu corpo tremeu.

Imagens de quando ele infligia dor nos espíritos do calabouço emergiram, e sua agressividade e raiva despontaram. Roumu surgiu em sua mente, o momento de sua morte, as batalhas e conquistas que obtivera e todo o seu orgulho.

— Jessé, Turi, onde estão todos?

As imagens cessaram em sua mente. Já era possível sentir os pés no chão e o apoio de seu corpo na cadeira. A tontura passara. Percebendo que a luz azul que o cegava havia diminuído, abriu os olhos.

Ele viu os corpos dos seres retraindo-se e retomando a forma original. Em seus corpos, a luz azul permanecia fraca, até, por fim, esvair-se completamente. Eles o observaram por alguns instantes e cumprimentaram-no, abaixando a cabeça levemente.

Na sequência, retiraram-se da sala. Ele observou suas mãos e não se assustou ao vê-las maiores e com pelos. Olhou para seus pés, notou que estavam grandes e sentiu seu corpo mais robusto. Ele havia retornado ao aspecto físico de Roumu.

Sem saber explicar, aquilo não o deixou surpreso. Todas as vidas e tudo o que passara estava vívido em sua mente, e ele compreendeu sua trajetória de forma clara e precisa.

De repente, tudo fez sentido. A única coisa que talvez o desconcertasse fosse ter matado Zarah. Ele ficou um tempo sentado, em silêncio, reordenando dentro de si tudo o que vira. Seu destino o preocupava.

"O que será de mim? O Senhor das Trevas em breve virá buscar-me..."

Uma pequena aflição iniciou-se em Roumu.

Ele olhou para a frente e lá estavam sua mãe e a mulher. Tinham o semblante plácido, que transmitiu a Roumu ternura e paciência. Elas se mantinham em silêncio, assim como ele.

Roumu olhou diretamente para sua mãe.

— Mãe, Zarah, me perdoe. Como pode amar um homem como eu? — Lágrimas escorreram de seu rosto. — Perdoe-me. — E cobriu o rosto com as mãos.

Aná sentou-se ao lado de Roumu e, suavemente, afastou as mãos que encobriam seu rosto.

— Todos nós já erramos. E por vezes vamos errar mais. Estamos em desenvolvimento. Nossas escolhas nos colocam em situações das quais nos arrependemos depois, mas sempre conseguimos tirar grandes lições de nossos erros. Não se menospreze demais. — Ela acariciou o rosto de Roumu. — Nessa última experiência na Terra, você deu um grande passo! De nada servirão as lamúrias.

Roumu estava com a voz embargada.

— O que consegui fazer de bom não é nada perto das atrocidades que cometi. Nem certeza de que não tornarei a repetir as mesmas coisas eu tenho.

— Você não tornará a repetir as mesmas coisas — asseverou ela, enfática.

— Como pode ter tanta certeza?

— O amor foi despertado em você. Ainda que indelével, ele repousa em seu ser. E o amor é como fonte de água no deserto. Começa com pequenas gotas e são essas que embasam todo o fluxo ininterrupto que só cresce. É a esperança viva de que é possível ir mais à frente, pois é a água que nutre e irriga nosso corpo, nos impulsionando a grandes conquistas. Quem, no deserto, caminha sem água? Quem, após ser despertado pelo amor, não vai mais longe? É a lei natural da vida, meu querido. Agora é só caminhar mais adiante, irrigado com a seiva divina. Você está pronto a continuar sua trajetória com toda a coragem e determinação que sempre lhe foram características. — Enquanto falava, os olhos de Aná brilhavam.

— Você realmente confia em mim?

— Sim, confio em você, e mais ainda no que o amor que há em você poderá realizar.

— Não sinto esse amor que você diz existir em mim. Como pode ter certeza de que tenho algo que não percebo que tenho?

— Quando somos tocados pelo amor pela primeira vez, isso gera confusão e estranheza, pois é algo totalmente diferente ao nosso espírito e a todas as memórias que carregamos. Esse, no entanto, é um caminho sem volta! — Aná riu. — Suas ações serão agora sob o toque do amor, mesmo que você pense que não. Viverá, agora, com a semente de amor que foi despertada em você. A partir disso, praticará o amor, e essa prática o fortalecerá, impulsionando a fonte de amor a jorrar ainda mais a divindade em seu ser. Sente-se agora como um fruto que não se reconhece como tal, porém é somente uma semente por ora. Lembra-se de como ficava encantado ao ver uma sementinha virar fruto? — Ela riu mais uma vez.

— Começo a compreender... Por que você pediu para ser minha mãe?

— Foi você, como Zirrá, que despertou em mim a semente do amor. Ao maltratar as pessoas que lhe desobedeciam, senti algo diferente que nunca havia sentido antes: compaixão. Eu me reconhecia naquelas pessoas. Não medi esforços para ajudá-las, mesmo me arriscando a perder a confiança que você tinha em mim. Simplesmente, eu achava que era o certo a fazer e segui aquilo em que acreditava. Quando conversávamos, sentia que o acalmava e isso me fazia bem, pois eu também me acalmava. Conseguia enxergar que, por trás da rudeza, havia um homem bom. Você era diferente comigo, e seu comportamento quando estávamos juntos me despertava mais compaixão e amor. Eu me reconhecia em você. Eu o amei e sempre o amarei, Roumu.

— Sinto meu coração pular de alegria quando estou com você, desde aquela época. Se isso é a semente do amor, onde está a terra para adubar essa semente até se transformar num fruto saudável? — Roumu empolgou-se, tomou Aná nos braços e girou-a ao redor do seu corpo.

Eles riram, alegres. Olharam para onde deveria estar a mulher e não a encontraram ali.

— De certo, ela preferiu deixar-nos a sós — avaliou Aná, já no chão. — Vamos caminhar no jardim?

Eles conversaram animadamente.

Roumu estava um pouco ansioso para saber o que faria agora, para onde iria. Sabia que ali não era seu lugar, assim como também não era o lugar de Aná.

— A qualquer momento, o Senhor das Trevas virá me buscar. Tenho de aproveitar ao máximo o tempo com você... — refletiu Roumu.

— Como sabe, vim até aqui para recebê-lo e encaminhá-lo ao seu destino. — Sua voz estava suave.

— Sim, sei que estou aguardando o Senhor das Trevas vir me buscar. — O semblante de Roumu estava triste.

Mal acabou de falar, viu o Senhor das Trevas se aproximar com mais seis pessoas que Roumu já tinha visto no jardim.

"Chegou minha hora", concluiu ele.

— Você se saiu muito bem! Voltarei a vê-lo, mas em outro momento — assentiu o Senhor das Trevas, com a mesma voz tenebrosa e incisiva.

Ele se envolveu na névoa escura e desapareceu.

Roumu não compreendeu.

"O que está acontecendo? Afinal, para onde irei?"

— Vou lhe explicar seu serviço. Você é necessário, agora, em outro local, não mais com o Senhor das Trevas. Você aprendeu a lidar com mentes atordoadas pela culpa e pelo remorso. A culpa e o remorso em excesso consomem a alma na estagnação e, portanto, nada produzem de bom, não sendo úteis ao processo da Grande Vida. São almas tomadas pela inércia de si mesmas, que não saem do lugar. É importante que elas sejam recolocadas em ação para, assim, adentrarem no fluxo natural da Grande Vida. Para isso acontecer, é preciso que seja ativada nelas uma gota de amor, dentro do deserto de suas lamúrias. Desta forma, elas se lembrarão da semente de Deus que são! Você introduzirá nelas essa gota de amor.

— Não entendo como serei útil nesse serviço. Não sei ao certo o que é o amor! Continuo, no fundo de minha alma, sentindo aquele vazio e tenho a sensação de não conhecer a mim mesmo. — Roumu estava aflito.

— Uma gota de água, por mais insignificante que possa parecer, é água. Se colocarmos muita água em uma planta ressequida de uma só vez, ela morrerá. Mas se formos de pouco em pouco hidratando essa planta com água, ela ressurgirá, com todo o esplendor que já existe nela, que estava enfraquecido e adormecido. No amor há vários estágios. Você tem a quantidade e a qualidade exata de amor que serão necessárias para o seu serviço. Não tenha receio quanto a isso, pois a Vida é sábia. Você saberá ajudar essas pessoas.

— E onde essas pessoas estão? — perguntou Roumu.

— Lembra-se do limo, quando surgia uma luz e as almas eram libertadas dali?

— Sim, claro que me lembro. Nunca soube para onde iam.

— Você irá para um dos locais aos quais essas pessoas são encaminhadas. Esses espíritos já estarão aptos a se libertarem da culpa e do remorso, contudo, é necessário um pouco de amor, alguém que as faça sentir dignas e merecedoras de algo bom para que isso aconteça. — Ela sorriu. — Meu tempo urge, Roumu! Aguarde aqui que virão com mais explicações. Estarei sempre com você, como sempre estive!

Roumu sentiu seu coração pequeno, apertado, sufocando-o.

"Ela não pode me deixar...", repetia para si.

— Você irá me visitar lá? — Lágrimas escorreram de seus olhos. — Você diz que estará sempre comigo, mas eu só a sinto quando estou ao seu lado! Como irei senti-la ou falar com você?

— Você sentirá minha presença! De onde eu estiver, lhe enviarei ondas de amor! Como já tem a semente de amor desperta em si, não terá como não sentir! — Ela olhou-o firme nos olhos, com um sorriso nos lábios.

— Estou com medo e inseguro! Não quero que se vá! — Ele chorava baixinho. — Sei que isso é impossível... Estou acostumado a obedecer... Obrigado por me amar, apesar de tudo que lhe fiz!

— Roumu, não caia nesse sentimento de remorso. Você não me fez nenhum mal. Só nós mesmos temos a condição de fazer isso. O mal que acreditamos fazer é o que infligimos em nós mesmos, assim como o bem que fazemos ao próximo é o bem que fazemos a nós mesmos. Lembre-se disso e não caia na tentação da estagnação da culpa. Erga-se no amor que existe em você e faça o melhor que puder! Eu confio em você!

Ela abraçou Roumu, que comprimiu seu corpo ao dela enquanto chorava, na tentativa desenfreada de tornar aquele encontro infindável. Ele queria levar para a eternidade aquele momento e sentiu em seus ombros as lágrimas de Aná. Roumu a colocou à sua frente.

— Só de saber que me quer bem, já me sinto acalentado, e isso me faz acreditar neste amor. Obrigado, mais uma vez. — Roumu beijou a testa de Aná e respirou fundo.

A mulher de antes se aproximava deles. Com ela, estava uma outra, alta, morena, de longos cabelos pretos e cacheados, com feições longilíneas.

— Esta será sua tutora. Ela se chama Tesa. É com ela que passará os próximos anos.

Tesa olhou para Roumu, que ainda estava ao lado de Aná, estendeu-lhe a mão e disse:

— Pode vir. Só você virá comigo.

Roumu olhou mais uma vez para Aná, que estava com o semblante sereno e, sem nada dizer, seguiu com Tesa, que lhe deu a mão. Ele olhou para trás e não viu mais Aná. Ela se fora.

Uma nova jornada estava se iniciando para Roumu, que se mantinha firme, mas com o coração acelerado.

Conforme ia caminhando ao lado de Tesa, uma fumaça branca desprendia-se do chão e os envolvia, formando uma nuvem que se tornava mais espessa a cada passo. O jardim ia ficando cada vez mais embaçado e distante, até que não podiam ver mais nada, a não ser a fumaça esbranquiçada que penetrava suas narinas com um odor cítrico, que se intensificava, quase sufocando-o. O ar ia gelando, e Roumu começou a tremer de frio; sentiu a mão de Tesa segurando a sua, o que lhe transmitiu segurança.

Subitamente pararam de andar. A nuvem foi se desmanchando, e Roumu conseguiu ver um grande vale, com algumas flores, umas bem tratadas, outras não, algumas árvores frondosas, outras ressequidas. Era um lugar agradável, mas não tanto quanto o outro.

Havia várias pessoas andando para lá e para cá. Umas choravam, outras riam sem parar, como se fossem histéricas. Algumas, por sua vez, ficavam encolhidas a um canto, parecendo tristes.

Entre elas havia alguém conversando, como se as estivesse consolando. Havia pessoas que pareciam bem e outras que pareciam estar perdidas.

O vento suave trazia odores diversos, ora de enxofre, ora de flores, ora de mofo, num misto de odores bons e ruins. Roumu olhava para todos os lados, fazendo o reconhecimento de sua nova morada. Percebendo a curiosidade de Roumu, Tesa comunicou:

— Chegamos ao seu novo lar. Caminhe e habitue-se ao lugar. Quero que conheça tudo por si só. Suas percepções são importantes. Antes de fazer algo por alguém, deverá fazer algo por si mesmo.

— Não sei o que tenho que fazer por mim ou por alguém, ninguém... — comentou Roumu, confuso.

— Está na hora de descobrir! Vá! — Tesa empurrou-o levemente à frente.

Roumu se pôs a caminhar, e seus olhos percorriam cada canto do novo e curioso local. Assim como ele, outros também caminhavam: alguns pareciam perdidos, como se nem sequer soubessem quem eram; outros, por sua vez, estavam absortos nos próprios pensamentos, e havia aqueles com aspecto doentio, feições pálidas e aparência fraca.

Roumu se perguntou se também estava doente, levando em conta sua confusão mental e a sensação de que sua alma estava dilacerada.

Enquanto caminhava, notou que ninguém reparava nele. Era como se cada um estivesse vivendo no próprio mundo, sem se abalar o mínimo que fosse com o que acontecia ao redor.

Ele avançou mais, e seus olhos pousaram numa caverna. Foi, então, em direção a ela. À medida que avançava, sentia a umidade em seu corpo e o ar difícil de respirar. Seus pelos eriçaram-se.

A entrada da caverna era muito escura, mas em instantes os olhos de Roumu acostumaram-se, e ele pôde perceber que havia pessoas lá dentro.

— Oláá! — ecoou a voz de Roumu dentro da caverna. — Por que vocês não saem daí? — gritou, sem resposta. — Aqui fora é mais claro e quente! — Não obteve resposta.

"Não dá para entender! Por que eles não saem? Está tudo aberto. A passagem é livre. Por que preferem ficar aí dentro?"

Roumu afastou-se da caverna, confuso, e concluiu que era escolha deles estarem lá.

Caminhou um pouco mais, e umas casas ao longe lhe chamaram a atenção. Eram muito velhas. Decidiu ir até lá para averiguar.

Conforme se aproximava, percebeu que aquele conjunto de casas, tão próximas umas das outras, era realmente muito velho. Partes do teto estavam caídas e estilhaçadas no chão, as janelas quebradas com cacos pontiagudos e a porta de entrada dependurada. Resolveu entrar.

Uma senhora estava no centro da casa, encurvada como se protegesse do frio congelante que fazia dentro da casa. Seu corpo tremia, e ela encurvava-se mais. Não notara a presença de Roumu.

Ele aproximou-se da mulher.

— O que faz aqui, senhora? Aqui é frio; lá fora é quente. Venha comigo! — Estendeu-lhe a mão Roumu, porém a senhora só fez se encolher ainda mais e tremer de forma mais intensa.

"Ela está presa nela mesma. Não me permite ajudar, não se permite me enxergar. Este lugar é muito estranho." Roumu saiu da casa e pôs-se a caminhar novamente.

Avistou muitas coisas desconcertantes. Uma mulher dentro de um buraco tão raso que bastava um pulo para sair de lá. Viu homens atrelados a troncos ressequidos de árvores por cordas tão frouxas que bastaria um rápido movimento para se soltarem, mas eles só se movimentavam de forma lenta, como se quisessem se manter presos ali.

"Eles são livres, mas não são. Querem se desatar, mas não se desatam. O que eles querem, afinal? Será que também estou me flagelando por tudo o que fiz? Estou me amarrando a algum lugar? Será que estou preso em algum buraco e não estou percebendo? Tesa me disse que deveria fazer algo por mim, mas o quê?"

Roumu estava muito confuso e intrigado com aquelas pessoas e com ele mesmo. Olhou novamente para a mulher dentro do buraco raso e foi ter com ela.

— O que está fazendo aí? — interpelou-a, mas ela continuou encolhida, imóvel, como se não ouvisse e muito menos notasse sua presença.

Ele abaixou-se e tocou no ombro da mulher. Ela não teve nenhuma reação. Ele, então, mexeu um pouco no corpo dela, mas nada.

— O que faz aí? Responda-me. Por que não sai? Venha, pegue minha mão. Eu a ajudo! — Em vão, Roumu estendeu a mão à mulher, que continuou na mesma posição, encolhida, imóvel, como se definitivamente não houvesse ninguém ali.

"É isso. Essas pessoas estão presas em si mesmas. Nada nem ninguém pode tirá-las daí. Elas nem sequer percebem que existe algo além delas mesmas. Parecem surdas, mudas, ausentes. Onde estão? Será que estou como elas? Devo estar, se estou no mesmo lugar que elas."

Roumu sentia-se confuso, e sentimentos estranhos de inquietação o acometeram.

De repente, a lembrança do caminhante errante que fora outrora fazia todo o sentido.

Como noutro tempo, ele permanecia vagando solitário, perdido dentro de si mesmo, tentando achar algo que não sabia o que era. Talvez essa fosse a semelhança entre ele e aquelas pessoas.

"O que faço aqui? Há quanto tempo estou aqui? Também estou aprisionado?"

Roumu foi até uma árvore e sentou-se, cansado de tantas dúvidas e nenhuma resposta.

Sem saber quanto tempo se passara, foi acordado por Tesa.

— O que achou de tudo o que viu?

Roumu abriu os olhos.

— Eu estou como eles? — perguntou, cansado e angustiado.

— Não, você não está como eles. Você está me ouvindo.

— O que faz eles não ouvirem? Tentei falar com vários, mas ninguém me respondeu.

— É porque eles não foram tocados pelo amor, e você, sim. Fale com amor, e eles o ouvirão.

— Mas como vou falar com amor, se nem sei ao certo o que é esse amor?

— Você passou anos de sua vida caminhando e contando o que havia ocorrido com você. Aqui, deverá fazer exatamente a mesma coisa. Caminhe por este vale e vá falando com as pessoas, com o tanto de amor que tem. Seu amor é rude, mas é por meio dessa rudeza que elas o compreenderão e conseguirão ouvir. O amor mais puro e sutil como de Aná não as tocaria. Você tem exatamente o que eles precisam — explicou Tesa, firme.

— Mas naquele tempo eu contava minha história para amenizar a angústia e o vazio que me consumiam todos os dias, na tentativa de tornar tudo mais claro e compreensível para mim. Eu não tinha de tirar ninguém de lugar algum, pelo contrário. Eu estava procurando meu lugar.

— Exatamente isso! Agora você fará o mesmo, porém com a intenção correta de fazer o bem ao outro, por meio das chagas que ainda possui. Não há como curar suas chagas por outro caminho que não seja curando a chaga de outra pessoa. Você não pode impor-lhes que saiam e esperar que eles lhe obedeçam. Você lhes mostrará o caminho por meio de sua história, de seu caminho. Vá! Tenha confiança e entregue-se ao sentimento de amor — dizendo essas palavras, Tesa foi se distanciando, até não ser possível mais enxergá-la.

Roumu pensou no que Tesa lhe explicara. Percebeu que aquelas pessoas perambulavam sem rumo, da mesma forma que ele fazia quando era Joé. Não percebiam nada à sua volta, falando somente de si, com um único e egoísta propósito: aliviar a si mesmas, descarregando nos outros suas dores.

Naquele tempo, Joé infligia-se a culpa, passava fome como forma de quitação de dívidas ilusórias, totalmente aprisionado em si mesmo, sem amor, mas repleto de egoísmo.

Essa verdade calou fundo no coração de Roumu, que se deu conta de que se utilizara da boa-vontade dos outros para conforto próprio, como motivação e impulso para seguir algo que nem sabia ao certo o que era.

"Como pude ser tão egoísta?", pensou.

Lembrou-se de que, já mais para o fim daquela experiência terrena, pôde sentir gratidão pelas pessoas, e essa lembrança o fez sentir-se repleto de amor para com cada um deles.

Aos poucos, foi sentindo o corpo fortalecido, a mente sã, e a confusão de antes se afastava, dando espaço à confiança no trabalho que iria desenvolver.

Olhou ao redor não mais assustado e incrédulo com o estado daqueles espíritos, e, sim, com a vontade genuína de fazer diferente. Finalmente, compreendia o porquê de estar ali: ele teria terreno fértil para colocar em prática o entendimento sobre o amor e tudo aquilo que vivera. Leve e confiante, foi ter novamente com a mulher do buraco.

Observou-a. Ela aninhava-se no buraco como se fosse um bom lugar. Roumu lembrou-se das noites em que ele próprio se aninhou embaixo de árvores, sentindo-se confortável, como se aquela árvore fosse o melhor lugar para estar. Imbuído dessa lembrança, começou a falar:

— Mulher, assim como você, eu também já estive aninhado em lugares que, para mim, eram os melhores. Já fiz coisas erradas achando que era o correto a fazer. Já estive cercado por paredes que me pareciam ser o mundo inteiro. Servia-me da minha lógica e certeza para não ver nada além, até que, um dia, um homem olhou nos meus olhos e disse que aquelas paredes eram muito pequenas para minha valentia e que eu poderia ir bem mais longe. Foi quando resolvi sair dali e partir ao encontro de novos lugares.

Para espanto de Roumu, a mulher mexeu-se, abriu os olhos e enxergou o buraco onde estava. Balbuciou ruídos indecifráveis, mas voltou a cerrar os olhos. Sem perda de tempo, Roumu continuou:

— Assim como eu estive aí nesse mesmo buraco um dia, achando que era o melhor e o certo, você está hoje. Eu me vejo em você. Toda a força que agora reconheço que tinha, vejo e sinto em você. Assim como sei também que há outras coisas fora desse buraco que gostaria muito de compartilhar com você.

A mulher abriu novamente os olhos e, dessa vez, olhou fundo nos olhos de Roumu. Ele retribuiu aquele olhar profundo, exalando ternura, e sentiu seus olhos marejarem. Seu coração pulsou mais forte, pois alguém o ouviu novamente, como naquele tempo em que estava encarnado, mas agora o centro de suas atenções era a mulher, não ele.

Pela primeira vez, Roumu sentia gratidão por poder compartilhar um pouco de si com o outro.

— Pensa que sou valente como você? — balbuciou a mulher.

— Só uma pessoa muito valente consegue ficar tanto tempo em um único lugar tão espremido como esse — devolveu Roumu, com ternura.

A mulher abriu um sorriso, e Roumu estendeu-lhe as mãos. Ela as tocou um pouco receosa e, devagar, foi se erguendo, deixando, finalmente, o buraco para trás. Pisou firme no chão, com olhos arregalados, vislumbrando o vale em que estava. Roumu a incentivou a andar.

— Veja! É mais valente do que pensei! Dê mais alguns passos! — exultou Roumu, e a mulher soltou-se das mãos dele e pôs-se a caminhar relutante.

Em instantes, ela estava sorrindo e caminhando com confiança e alegria, encantada com a possibilidade de andar.

"Parece uma criança aprendendo a andar."

Roumu estava perplexo com a simplicidade como tudo ocorrera. Ele apenas havia entrado em contato com os próprios sentimentos, e isso a fez sentir que também tinha força e coragem.

Ele viu como mágica uma alma ficar feliz, pois a mulher girava e saltitava de alegria, dizendo:

— Eu consegui sair, estou livre!

De repente, Roumu sentiu alguém lhe tocar o ombro.

Virou-se e viu Tesa.

— Essa é a magia do amor. Você não a recriminou por estar ali, mas se pôs no lugar dela e a deixou livre para escolher o que fazer. Você apenas sabia que era possível. Foi seu sentimento que a libertou, Roumu.

— Estou me sentindo muito bem! Vê-la sair feliz me fez feliz! — contou, empolgado. — É como se tudo o que eu vivi tivesse realmente valido a pena, tivesse um propósito maior do que jamais imaginei!

— Como lhe disse, é curando que se é curado.

— E para onde ela irá agora?

— Isso é comigo. Você já fez sua parte.

Roumu procurou com os olhos a mulher que acabara de libertar e a viu longe, sendo conduzida por outros espíritos.

Tesa olhou para Roumu e inclinou levemente a cabeça, e ele entendeu que deveria prosseguir. Foi, então, para a caverna. O silêncio e a escuridão intensificaram-se, a umidade e a dificuldade para respirar também. Um leve cheiro de mofo subiu-lhe ao rosto.

Ele entrou. Assim que seus olhos se acostumaram com a pouca claridade do local, ele avistou vários espíritos. Todos pareciam segurar algo nas mãos, como se estivessem protegendo um tesouro. Encaravam-se a todo instante, como se fossem uma ameaça uns aos outros.

Alguns estavam sentados rígidos em cima de algo; outros cavavam freneticamente um buraco, olhando ao redor com medo de serem descobertos.

Estava claro para Roumu: eles tentavam esconder coisas que lhes eram extremamente valiosas. O cheiro de mofo era intenso, alertando-o de que era hora de começar.

Roumu postou-se bem no centro da caverna, proferindo as seguintes palavras:

— Eu também vivia dentro de uma caverna! Eu acreditava que ela estava repleta de ouro. Quanto mais eu cavava, mais ouro parecia emergir dela. Eu adorava aquela riqueza, sentia-me protegido e forte, como se nada pudesse me acontecer. Um dia, eu estava admirando a caverna cheia de ouro, olhando tudo o que conquistara, orgulhoso de mim mesmo, quando, para minha surpresa, surgiu na minha frente um ouro que brilhava mais do que todo o ouro junto. Até então, não havia reparado naquele ouro em especial. Esfreguei os olhos, incrédulo, e percebi que o ouro era, na realidade, o olhar de um homem. Aqueles olhos brilhavam mais do que qualquer coisa já vista por mim.

Os espíritos olhavam para Roumu, prestando atenção.

Ele prosseguiu:

— Aqueles olhos irradiavam uma luz tão intensa quanto o Sol, e essa claridade que partia dos olhos daquele homem revelou o ouro que estava escondido dentro do meu coração. Esfreguei os olhos mais uma vez, olhei para meu corpo e vi o ouro brilhando aqui dentro. — Roumu pressionou levemente o peito. — O homem havia desaparecido, e eu voltei o olhar para a caverna. Todos os meus tesouros já não tinham tanta luz, e eu percebi que a caverna onde eu estava era muito escura. Sentindo e vendo a luz que irradiava do meu coração e a escuridão daquela caverna, percebi que não havia mais sentido ficar ali. Foi quando resolvi sair e ir atrás daquele homem que tinha o ouro que brilhava mais que tudo.

Os espíritos que ali estavam começaram a observar seu próprio corpo, em busca da luz de que Roumu falava. Olhavam para os objetos que guardavam, na esperança de ver aquela luz.

— Aqui está muito escuro! Meu ouro não brilha — tornou um dos espíritos.

— Diante dessa outra luz, percebemos o escuro em que estamos — continuou Roumu, alegre ao perceber a movimentação de quase todos.

— Você nos leva até ele? Até esse ouro?

— Sim! Venham comigo — Roumu foi em direção à saída da caverna, e, aos poucos, os espíritos foram se levantando e o seguiram. Eles estavam presos à ilusão do poder do ouro: essa caverna Roumu conhecia bem.

Do lado de fora, estava Tesa, com um olhar que brilhava intensamente, de modo que todo o seu corpo irradiava o brilho do ouro. Os espíritos ficaram extasiados e encantados ao verem tamanha luz e foram em direção a ela.

Tesa conversava com eles e envolvia seus corpos naquela luz dourada. Alguns estremeciam e choravam, fazendo Roumu lembrar-se de como seu corpo estremecera ao ver aquele homem e da confusão que se instaurara em seu coração naquele momento. Parecia que elas estavam vivenciando as mesmas sensações que ele vivenciara.

Tesa foi conduzindo-os para algum lugar, enquanto Roumu pensava: "Jamais serei capaz de exalar essa luz que vejo em Tesa. Nem consigo imaginá-la dentro da caverna. Eu vou até certo ponto, e ela faz o que lhe compete".

Ele sentiu que fazia parte de algo maior.

Pouco tempo depois, Tesa foi ao encontro de Roumu.

— Vê o que um pouco de compaixão e amor são capazes de realizar? Ao vê-los na caverna, brotou em você a compaixão, pois já esteve em uma. Hoje, sabe que existem outras coisas fora da caverna e está se dirigindo para a saída aos poucos. Agora, é preciso que você viva fora da caverna.

— Está mais claro para mim o que tenho para lhes oferecer e até onde posso chegar. Sei que é pouco, mas é tudo o que tenho, e isso está me fazendo muito bem.

— Você está em um patamar de energia, eu estou em outro. Interligando-se os diversos patamares, obtém-se uma corrente única no caminho de ascensão das almas. Realizamos nosso serviço no que tange a nós, para que o outro possa realizar na potência que lhe compete. Nesta corrente, o que importa são os elos: não existe melhor ou pior; formamos um todo em equilíbrio. As pessoas que aqui estavam se aprisionaram ao apego da matéria ou de alguém e não conseguiam perceber que havia algo mais importante. Elas ficaram estagnadas. É essa energia de estagnação que produz o odor sentido por você. Se não há movimento, não há equilíbrio. Temos que movimentar essas almas, caso contrário as energias se aglomeram e impedem o fluxo natural da vida, gerando o desequilíbrio. Ao movimentá-las, estamos movimentando a energia universal, restabelecendo, assim, o equilíbrio cósmico. Seu trabalho vai além da própria cura e, ao fazê-lo, você também se coloca em movimento. Essa é uma das causas do seu bem-estar.

Roumu sentia-se aliviado e feliz.

— Devo lhes contar minha história, é isso?

— Deve transmitir o sentimento que permeou sua vida. Todos vivem histórias. Perceba qual é a história deles e acrescente o amor que eles não sentiram. Em sua última vida carnal, você deu o primeiro passo para soltar as amarras do poder. Mostre-lhes esse passo.

— Farei o melhor que puder. — Roumu estava emocionado com tudo o que ouvia e grato pela paciência de Tesa.

Roumu viu a caverna toda envolta em uma luz dourada.

"Então era isso que Tesa queria dizer com colocar a energia cósmica em movimento!"

Nem o cheiro de mofo perdurou.

Caminhando pelo vale, Roumu viu uma mulher envolta em cordas frouxas atadas a uma árvore ressequida. Aproximou-se, observando-a apenas.

A mulher enrolava-se nas cordas, enquanto as acariciava e beijava. Roumu pôde ouvi-la dizer:

— Eu só quero o bem de vocês... Fiquem aqui. Aqui estão protegidos.

Roumu compreendeu do que se tratava aquelas cordas. Agachou-se bem próximo da mulher e começou a contar sua história:

— Muito tempo atrás, conheci uma mulher que despertou em mim um sentimento diferente. A vida com ela era mais leve. Um dia, essa mulher se foi e fiquei anos sem vê-la. Cheguei a pensar que nunca mais a encontraria de novo.

Às vezes, conseguia senti-la ao meu lado, mas rapidamente achava que estava delirando. Depois de muito tempo, de repente, eu consegui vê-la. Para minha surpresa, ela disse que estivera ao meu lado todos aqueles anos e que, quando eu a sentia, não era delírio, mas, sim, sua presença. Ela me explicou que eu não conseguia enxergá-la porque acreditava ser impossível, porém não há distância quando se ama.

A mulher olhou para as cordas.

— Será que eles estão aqui? — perguntou Roumu.

— Sim, este é meu filho menor. Ele nunca me abandonou. — E apontou para um pedaço de corda pequeno.

— Posso tocá-lo?

A mulher estendeu a corda para Roumu, que a segurou alisando-a:

— Posso sentir seu amor por seu filho. Ele deve estar em outro lugar, mas esta corda é o amor que a une a ele, assim como eu também tenho uma corda que me liga a Zarah, a mulher de que lhe falei e que está aqui.

— Mas onde ela está? Eu não a vejo.

— Apenas eu a vejo, aqui no meu coração, e, de onde ela estiver, também está me vendo. Sinto que agora ela está nos ouvindo. — Roumu sentiu o vento suave que a presença de Zarah lhe trazia, e seus olhos encheram-se de lágrimas.

Ele continuou sua história:

— Consigo senti-la e estar sempre com ela, porque acredito que ela me ama e que eu a amo. Quando se ama, não é preciso estar grudado com a pessoa; basta saber que ela está bem e que, quando um precisar do outro, nós nos ajudaremos. O amor não precisa de cordas; ele vai até onde a pessoa está! Quanto mais longe fisicamente ela estiver, mais forte será a ligação.

A mulher soltou algumas cordas e subiu um odor de carne apodrecida, que causou náuseas em Roumu. Ele não deixou transparecer e prosseguiu:

— Um dia, precisei muito dela e ela veio, ficando muitos anos comigo. Eu tive que partir para um lugar, e ela, para outro, porque tínhamos trabalhos diferentes a fazer. Passou-se muito tempo, e voltamos a nos encontrar, mas nos separamos de novo depois. Agora eu percebo que, na realidade, nunca nos separamos, pois, mesmo distantes, estávamos próximos. Ficar junto o tempo todo impossibilita o crescimento. Essa é a liberdade que temos quando amamos.

A mulher, aparentemente confusa, perguntou:

— Sempre quis todos perto de mim para protegê-los... Eles queriam ir, mas eu os segurava... Eles ficavam bravos comigo, pareciam não gostar de mim. Você não a segurou, e ela sempre ficou com você. Como faço isso?

— Solte-os, e eles virão naturalmente. Onde eles estão agora?

Ela mostrou cada pedaço de corda, dizendo ser o filho e o marido, e soltou as cordas que a enrolavam.

— E agora, o que faço?

— Sinta seu amor por eles! Pense nos momentos de alegria que passaram juntos, em cada situação agradável que viveu com eles.

A mulher abriu um sorriso, levantou-se, mexeu os braços e declarou:

— Eu os amo... Amo vocês, cada um de vocês!

Uma brisa passou próximo de onde estavam. Roumu sentiu paz, amor e gratidão.

Tesa aproximou-se de Roumu e movimentou a cabeça, sinalizando que ele já havia concluído o serviço. Ela voltou-se para a mulher que estava totalmente livre das cordas e envolveu-a em uma luz rósea, desaparecendo com ela no imenso vale.

Roumu não se continha de alegria cada vez que liberava uma pessoa. Foi aprimorando seu jeito de falar, de contar histórias sobre o amor, aprendendo a usar a própria vivência em benefício do outro. Passou a chamar aquele local de Vale Encantado, devido às transformações que via ocorrer: eram milagres que só o amor conseguia realizar. Os odores desagradáveis eram compensados pelo perfume que exalava no ar, quando uma alma era tocada pelo amor.

Roumu executava seu trabalho com muita satisfação e prazer, sentindo-se forte e feliz. Fez vários amigos, sentia uma profunda gratidão por Tesa, que sempre o acompanhava e lhe ensinava muitas coisas. Várias foram as vezes em que sentiu a presença de Aná banhando-o com o vento suave que o envolvia.

Certo dia, Roumu perguntou a Tesa:

— Posso encarnar novamente? Gosto muito daqui, você sabe, mas quero vivenciar este amor encarnado. Eu sempre tive vidas muito livres, e as regras que me eram impostas vinham de fora, não de dentro de mim. Penso que uma vida com disciplina e regras rígidas, junto com esse pouco amor que sinto e a compaixão que desenvolvi por todas essas pessoas, possa disciplinar meus instintos.

Tesa olhou-o complacente.

— A meu ver, você está pronto para uma próxima jornada. Levarei seu pedido adiante, e veremos o que poderá ser feito.

Roumu vibrou de alegria. Estava ansioso pela resposta final, pois sabia que isso não dependia de Tesa, "contudo, se ela achou que estou pronto, isso é um bom sinal". E continuou a realizar seu trabalho com o mesmo empenho e alegria.

Num determinado dia, Tesa lhe comunicou:

— Você poderá reencarnar! Já fizeram sua programação, embasados em sua solicitação: uma vida de disciplina! — tornou Tesa entusiasmada, como se soubesse de algo mais.

— Quando será? — perguntou Roumu, feliz.

— Prepare-se, você já vai partir. Vou levá-lo ao lugar onde o busquei.

— Aná estará lá?

— Provavelmente. Você fez um bom trabalho aqui; faça o mesmo na Terra. Já sabe que lá afloram os instintos primários do espírito e que todo o sentimento registrado também estará presente, mas, para aflorarem, tudo dependerá de como você lidará com o instinto. A Terra é a grande oportunidade para provar que o amor prevaleceu em seu espírito. Caminhe um pouco pelo Vale, se despeça e absorva o que aprendeu. Voltarei daqui a pouco — dizendo isso, Tesa deixou Roumu sozinho.

Ele irradiava felicidade. Teria uma nova oportunidade na Terra e estava confiante. Caminhou pelo Vale Encantado, observando tudo atentamente. Agradeceu cada momento passado ali, cada alma com que tivera contato. Lembrou-se de como estava confuso quando chegou e agora como se sentia livre, como tinha clareza do que tinha de ser feito e como aumentara sua determinação e vontade de ajudar.

"Este Vale Encantado fez milagres em mim. Curou minhas chagas! Na Terra vou me lembrar disso."

Roumu tentou apreender dali tudo quanto pôde, com certo receio de cair nas tentações de seu próprio espírito falho. Estava ansioso e confiante, porém era quase inevitável não ficar apreensivo.

Quando Tesa chegou, Roumu já estava preparado. Ela fez sinal para ele, que respondeu com um leve balanço da cabeça.

Tesa aproximou-se dele abrindo os braços, e uma névoa branca desprendeu-se do chão, envolvendo-os. Roumu sentiu os pés saírem do chão. A névoa intensificou-se, formando uma nuvem espessa que tornou tudo embaçado.

Roumu podia sentir que estavam flutuando, mas não enxergava mais o vale. Apesar de estar com Tesa e ela lhe dar muita segurança, ele sentiu um grande aperto no peito ao deixar o vale e tudo o que ali vivera.

Essas viagens de um lugar para outro aconteciam em uma velocidade que ultrapassava a noção de tempo real. Roumu sempre tinha a sensação de que eram muito longas, devido aos milhares de pensamentos e sentimentos que experimentava nessas transições.

Logo que sentiu seus pés tocarem o chão, a névoa clareou, e Roumu se viu num grande jardim rodeado de belas construções.

Aquele lugar lhe era familiar, reconheceu-o, mas havia algo diferente que ele não soube identificar. Tudo estava mais belo e muito mais claro.

Ainda estava ao lado de Tesa, quando viu a mulher que o recebera das outras vezes vindo em sua direção com um sorriso aberto:

— Que bom recebê-lo de volta! Uma das coisas que mais me agrada em trabalhar aqui é poder rever as pessoas e perceber a grande mudança que ocorre nelas. Você está bem melhor! — falou de forma entusiástica, abraçando-o.

— É um pouco estranho... parece que nunca estive aqui, apesar de saber que já estive — comentou Roumu, rindo de si mesmo.

— Você alterou seu padrão vibracional, está mais calmo, sem confusão mental e com todo o seu espírito presente, o que faz ver e sentir diferente, mas lhe garanto que está tudo igual — tornou a mulher, rindo.

— Eu não esqueci que me prometeu mostrar onde fazem o líquido azul revigorante!

— Eu também não esqueci! Temos tempo agora. Venha, vou lhe mostrar.

Tesa dirigiu a Roumu e comunicou:

— Você está em boas mãos! Vou levar três pessoas para o vale para substituí-lo, afinal, o trabalho lá continua. — Tesa sorriu e apertou a mão de Roumu em despedida.

— Será que nos veremos novamente? — indagou Roumu com aperto no coração.

"Definitivamente, não gosto de despedidas."

— Isso não há como prever, mas revê-lo será sempre um prazer. — Sorriu Tesa, indo em direção a uma das construções.

A mulher posicionou-se ao lado de Roumu, enquanto Tesa se distanciava. Após algum tempo, ela conduziu-o a uma grande casa redonda.

— Vamos entrar na sala onde são manuseadas as energias universais, que contêm ectoplasma humano. Você verá um grupo de pessoas ao redor de uma pira. Elas estão em meditação, atraindo as energias de amor que os humanos exalam quando oram. Elas as purificam e acrescentam a energia vital deles e deste local, por isso você se sentiu revitalizado. Lá dentro, não poderemos falar. Mantenha-se em paz e em silêncio para não interferirmos. Ficaremos a uma boa distância — dizendo isso, a mulher seguiu com Roumu até a casa, na qual adentraram devagar.

Era uma grande sala. Havia espíritos sentados em círculos, irradiando uma luz azul e branca, que se entrelaçavam. No meio do círculo, havia uma luz azul intensa, que girava rapidamente em espiral, lançando pontos escuros que caíam abaixo do nível do chão.

"Será essa a purificação de que ela falou?"

Essa espiral era formada pela união de diversos cordões coloridos que desciam do alto.

"Certamente, esses cordões são condutores da energia humana da oração."

Roumu observava tudo com muita atenção. Os cordões dançavam de forma sincrônica. Ele percebeu que, no meio da espiral de luz azul, caía como cascata um líquido azul denso, que se acumulava em um grande recipiente localizado no final da grande espiral. Aquilo remetia Roumu a um lago cristalino azulado.

"Esse deve ser o líquido pronto!" Roumu estava maravilhado.

A mulher fez um sinal com a mão para saírem, e Roumu a seguiu.

— Obrigado por me trazer aqui. É lindo! Os cordões coloridos são das orações?

— Sim, eles vêm de várias partes da Terra. Quando os encarnados têm o hábito de orar sempre na mesma hora, isso facilita a canalização de energia, mas, de qualquer forma, as orações sempre ajudam a manter o equilíbrio. Eu o trouxe aqui para que isso fique gravado em seu espírito: a importância da oração. Essa informação será necessária em sua próxima vida. Temos de ir para prepará-lo.

Caminharam pelo jardim até a casa. Lá, encontraram Aná na porta, com um sorriso e os braços abertos para receber Roumu, que, como uma criança, correu para os braços da mulher.

— Maravilhoso vê-la, minha querida Aná. Consegui registrar as vezes em que esteve comigo. Sentia um vento suave me abraçando e me embalando numa paz profunda.

— Também sentia sua alegria, que me contagiava. Está seguro do que quer fazer na Terra?

— Aprendi que, quando se vai para a Terra, nunca se está totalmente seguro, porém estou confiante e esperançoso de poder colocar em prática o que já aprendi e domar meu instinto de poder. Quero estar onde você está. Isso é desejo de poder? — questionou Roumu, dando uma gostosa gargalhada.

— De certa forma, sim, mas, se esse for seu único desejo, se sairá bem — retrucou Aná, rindo.

Adentraram a pequena sala onde havia uma mesa e algumas cadeiras. Aná sentou-se ao lado de Roumu, e em frente estava a mulher que o acompanhara, com alguns papéis na mão.

— Fui encarregada de lhe passar a programação de sua vida, seguindo o objetivo por você escolhido, que é de ter uma existência de retidão e disciplina, para poder colocar em prática e sedimentar o amor que desenvolveu, não se deixando levar pelo desejo de poder, como outrora. Correto? — questionou a mulher.

— Sim, é isso que almejo alcançar, mas não sei como fazê-lo — tornou Roumu, ansioso.

— Nós já estudamos o melhor lugar e as melhores condições para que você tenha êxito. Nascerá na Índia, em uma família simples, e será criado em um mosteiro. Todas as disciplinas lhe serão passadas desde pequeno, o que facilitará seu caminho. Não podemos nos esquecer, é claro, de que você ficará à mercê de seu livre-arbítrio e poderá usá-lo ou não nesta oportunidade. Você terá como objetivo planetário o mesmo escolhido para o seu crescimento, ou seja, colocar em prática o amor — falava firme a mulher. — Tem alguma dúvida?

Ele virou-se para Aná e perguntou:

— Você virá comigo?

— Não, meus propósitos no momento são diferentes, mas o acompanharei, como sempre. Está tudo alinhado para que você tenha uma vida de sucesso. — Havia docilidade na voz de Aná, o que fez Roumu acalmar-se.

— Estou tranquilo. Sinto que conseguirei atingir os objetivos — Roumu abraçou Aná longamente.

Estava alegre por ir, um pouco triste por se despedir e passar pelo esquecimento dos fatos, mantendo apenas os sentimentos, mas tratava-se da prova fatal que determinaria quem era maior dentro de si: o amor ou o poder. O livre-arbítrio apenas deixa fluir o que mais se exacerba no espírito, que, uma vez na Terra, traça seu próprio destino.

Olhou profundamente Aná. Seu olhar meigo e doce fazia o coração de Roumu latejar de amor e saudade antecipada. Beijou-a e seguiu com a mulher, rumo à sua nova vida.

CAPÍTULO 6

Às quatro da tarde em ponto, Mahavir estava em frente ao mosteiro onde passaria a viver. Seus pais vinham logo atrás dele. Seu coração estava calmo, e ele permanecia confiante. Sabia que, cedo ou tarde, o que tinha de ser feito deveria ser feito, então, que fosse agora.

Para uma criança de cinco anos, ele era bem determinado. Seus olhos grandes mal piscavam, suas bochechas estavam mais rosadas que o usual e seu corpo robusto estava agitado. Os cabelos pretos e lisos de Mahavir foram aparados no dia anterior pela mãe.

Desde que se lembrava, seus pais diziam que ele deveria ir para um mosteiro, e a ideia nunca lhe fora avessa. Era comum, na Índia daquele tempo, que as famílias mais simples escolhessem um filho para ser educado em mosteiros, atingindo a iluminação que se reverberava por toda a família e pela casta à qual pertencia. Mahavir sentia-se orgulhoso de ter esse destino.

O mosteiro ao qual estava destinado era muito bem avaliado por todos onde morava e ir para lá era sempre motivo de grande satisfação. Não havia como negar, contudo, que um pouco de ansiedade repousava em Mahavir.

Assim como ele, mais quatro crianças com seus respectivos pais aguardavam o monge vir apanhá-los. Diferente de

Mahavir, eles estavam chorosos e agarravam seus pais, na tentativa de que, quem sabe, desistissem da ideia.

O pesado portão de madeira bruta abriu-se, e um monge de feições tranquilas, vestindo uma túnica de cor laranja-terra, apareceu. Ele olhou placidamente para os meninos e os pais. Abriu os braços e fez um movimento com as mãos em direção à entrada.

Mahavir olhou para os pais rapidamente e seguiu o caminho indicado pelo monge, sem titubear. Seus olhos varreram o ambiente. Havia muito tempo que ele imaginava como seria aquele momento.

Um grande jardim aberto, com muitas árvores e caminhos de pedra, estava abaixo dele e logo à sua frente. Nas laterais, havia um pavimento superior, e alguns meninos já crescidos o observavam curiosos.

Ao vê-los, Mahavir sorriu. Olhou para trás, em busca do monge, mas não o viu.

"Ele deve estar ocupado com os meninos chorões."

Sua vontade era a de sair correndo pelo jardim, mas ele tratou de aguardar o monge.

Após alguns minutos, o monge surgiu com os quatro meninos. Eles, então, desceram juntos as escadas que levavam ao imenso jardim, enquanto o monge ia na frente. Nada falavam.

Mahavir fazia um esforço para seus passos não serem tão rápidos.

"Por que o monge anda tão devagar?"

Conforme caminhavam, Mahavir reparava nas grandes árvores e lindas flores que lá havia. Seus pés pisavam um caminho de pedras, e, discretamente, ele ia brincando entre elas.

Olhou para cima, e os meninos já não estavam mais os observando. Andaram bastante, até que o monge pediu que se sentassem.

Mahavir e os meninos sentaram-se. Com o coração acelerado pela ansiedade que sentia, Mahavir esforçava-se para ficar quieto. Ele observava o monge e a árvore que estava bem ao lado dele. Ambos eram esguios. A cabeça sem cabelos do monge fê-lo se questionar se iriam também cortar seu cabelo.

— Sejam bem-vindos — disse o monge, fitando cada um deles de modo amoroso. — Aos poucos, vocês conhecerão melhor este lugar e se sentirão em casa. O que preferem? Que lhes diga como funciona aqui ou que os leve para conhecer o mosteiro? — A voz do monge era serena.

— Quero conhecer o mosteiro! — tornou Mahavir alegremente.

— E vocês estão de acordo com ele? — O monge olhou para as demais crianças, que acenaram positivamente.

Então, vamos começar por aqui. Este é o Grande Jardim. Aqui, cultivamos flores, ervas e os alimentos que ingerimos. É onde meditamos e onde vocês poderão brincar! Venham, vamos mais adiante. — Fez um sinal com as mãos e as crianças o seguiram para a direita. — Aqui é onde acontecerão os exercícios práticos — um grande círculo de pedras no chão e vários troncos medianos saíam da terra, devidamente cortados do mesmo tamanho. Havia um tronco maior, central, e os demais troncos em volta.

Por que há todos esses troncos? — Antecipou-se Mahavir.

Você saberá no momento certo — respondeu placidamente o monge.

Continuaram a caminhar, e o monge indicou-lhes cada canto. Eles seguiam pelo caminho de pedras. Havia certos lugares para os quais o monge somente apontava, dizendo que lhes era proibido entrar naquele momento, mas que, no tempo ideal, lhes seriam apresentados.

Esses locais aguçavam a curiosidade de Mahavir. Eram pequenas entradas, nas quais o mato e as flores dificultavam o acesso. Outros tinham uma porta pequenina com uma pequena construção em forma oval.

"Deve estar trancada... Que pena!"

Dirigiram-se novamente à entrada do mosteiro e subiram as escadas rumo ao pavimento superior. Mahavir não viu mais os meninos que antes estavam ali. Olhou ao redor e percebeu que somente eles estavam caminhando por ali.

O monge percorreu todo o pavimento superior, no entanto, mais apontava do que mostrava o que havia dentro das salas. Eles viram os locais onde fariam as refeições, onde dormiriam e onde se reuniriam na manhã seguinte com o mestre.

— Nós vamos entrar aqui, porém não é permitido falar absolutamente nada. Somente observem. Os locais para os quais eu apontar serão os exatos lugares em que vocês se sentarão amanhã com o mestre — tornou firme o monge.

Mahavir adentrou a grande sala. Era ampla, sem nenhuma mobília. Um grande artefato de metal redondo tomava a parte central da parede oposta à porta de entrada. Uma mesa de madeira sustentava uma jarra de barro e poucos copos. O monge indicou aos meninos os lugares que iriam ocupar na manhã seguinte, no encontro com o mestre.

Após se retirarem para o corredor, o monge explicou:

— Vocês se sentarão em círculo, nos locais para os quais apontei. Está claro?

Todos acenaram positivamente.

— Vamos agora à biblioteca. Lá, vou instruí-los. — Seguiram pelo corredor até a extrema ponta esquerda. O monge os guiou através de uma porta. Mahavir ficou abismado com a quantidade de livros que havia naquele lugar.

Era uma biblioteca enorme, com várias mesas de madeira com livros em cima e cadeiras em volta. Mahavir ergueu sua pequena cabeça, esforçando-se para ver o final das estantes. Pareciam não acabar.

O monge sentou-se na ponta de uma mesa e sinalizou para os meninos sentarem-se em volta dele.

— Vou lhes explicar como será a rotina — introduziu o monge calmamente. — Nós nos levantamos todos os dias antes do nascer do sol, por volta das cinco e meia da manhã. Vocês se trocam e arrumam as camas. A seguir, vamos ao Grande Salão para a primeira meditação do dia. Apesar de ainda não saberem meditar, deverão apenas ficar em absoluto silêncio. — O monge fez uma pausa prolongada e continuou: — Depois, vamos ao refeitório para o desjejum. Às dez horas, novamente, vamos ao Grande Salão para a segunda meditação do dia. Após a meditação das dez horas, seguimos para os exercícios no jardim e lá ficamos até a hora do almoço, que acontece meio-dia e meia. Após o almoço, todos retornam ao dormitório por quarenta minutos para o repouso do corpo e a digestão dos alimentos. Depois, vocês terão tempo livre até a próxima meditação, das quinze horas. Após essa meditação, partimos novamente para os exercícios práticos, que podem ou não acontecer no jardim, até dar dezoito horas, que é o horário de nossa próxima meditação. O jantar é às dezenove horas. Às dezenove e trinta, nos reunimos para a avaliação do dia e preparação da noite. Às vinte e uma horas, encerramos nosso dia. Aos poucos, vocês se acostumarão a este ritmo. Eu estarei sempre os acompanhando nos próximos anos.

Mahavir não se espantou com o que ouviu. Sempre lhe foi dito que ali a vida era regrada. Apesar da pouca idade, como ouvira constantemente que esse seria seu destino, nada o assustou.

O sol ainda não nascera, mas todos do mosteiro já estavam acordados e caminhavam lentamente e em silêncio. Mahavir seguia atrás do monge, junto com as outras crianças.

— Para onde estamos indo? — indagou.

O monge levou o dedo à boca em sinal de silêncio e continuou caminhando pelo corredor, sem nada dizer. Mahavir calou-se. Olhava para o jardim, querendo brincar, e sem perceber esbarrou no monge.

— Desculpe! — tornou Mahavir. O monge pareceu não perceber o esbarrão e muito menos as desculpas do menino. Seu passo continuava lento.

Adentraram o Grande Salão. Já havia monges lá dentro, devidamente sentados em círculos, com seus pupilos em volta.

Os incensos acesos ao redor do salão exalavam um cheiro agradável e suave. Não havia ninguém sentado diante do metal redondo que ornava a parede.

"O mestre deve se sentar aí!"

Próximo estava um gongo. O monge sinalizou aos meninos que se sentassem.

Mahavir, já sentado, olhou com atenção para o artefato de metal, que tinha uma cor bronze e dourada. Apertou bem os olhos e percebeu que no metal havia pequenos desenhos desconhecidos para ele.

Ficou com vontade de perguntar ao monge, mas o silêncio que lá imperava o fez calar-se. Isso o intrigou ainda mais.

"Por que não se pode falar aqui?"

Mais meninos chegavam com seus monges e se sentavam. Todos sabiam onde se sentar, e a entrada era organizada, pausada e lenta. Formavam um semicírculo, voltados para o artefato de metal. Um monge que estava perto do gongo se levantou e bateu nele com um instrumento que Mahavir não conhecia.

Quando ouviram o gongo, todos os presentes se levantaram e no instante seguinte adentrou um homem baixo, aparentemente jovem, de corpo cheio, com olhos fundos e levemente puxados, num rosto redondo. Ele vinha cercado de quatro monges, dois de cada lado. Vestia uma túnica diferente, mais clara que as dos demais monges e da túnica de Mahavir.

"Esse deve ser o mestre a que o monge se referiu na noite anterior!" Mahavir sentiu-se importante de estar ali, diante de uma figura tão comentada onde morava.

"Será que este é Krupa?" Sempre ouvira que o mestre tinha pouca idade, mas muita sabedoria e que sua presença irradiava luz.

"Se for ele, vou ver luz saindo de seu corpo!"

O homem da túnica diferente fez um sinal com a cabeça e todos se sentaram. Em seguida, começaram a entoar cânticos.

275

Mahavir só ouvia. Eles pararam e depois voltaram a cantar. Pararam novamente. O homem erguia e abaixava os braços. Os monges faziam igual.

Cânticos, silêncio e movimento de braços. Isso perdurou até o sol nascer. Mahavir mal podia se manter quieto. Com os olhos semicerrados, observava de canto de olho se o homem brilhava.

Para sua decepção, ele não brilhava. Voltou a fechar os olhos. A barriga de Mahavir fez um barulho. Ele estava com fome e não via a hora de sair do Grande Salão.

O gongo tocou, e todos inclinaram a cabeça até o chão. Mahavir olhava e repetia. No segundo toque do gongo, levantaram-se e foram, pouco a pouco, saindo do salão.

Mahavir viu o monge sair e o seguiu. Já era possível, do corredor, ver os primeiros raios de sol, o que alegrou Mahavir.

Ele seguiu o monge até a sala de refeições. Ela era simples, só com mesas de madeira e longos bancos. Havia uma porta ao fundo que provavelmente dava para a cozinha. Mahavir sentou-se ao lado do monge.

O silêncio era total também na sala de refeições. Mahavir podia perceber uma comunicação por sinais, mas não ouvia nenhuma voz.

As pessoas movimentavam-se pausadamente, de forma ordenada. Já Mahavir, desde que entrou no mosteiro, esbarrava em algo ou fazia barulho por descuido. Isso, em vez de envergonhá-lo, o divertia.

Mahavir viu saírem monges da porta dos fundos carregando tigelas. Eles as disponham delicadamente na frente de cada pessoa que lá estava.

Quando colocaram a tigela à sua frente, Mahavir fez uma careta. Era um caldo escuro fumegando com uns cereais que tinham um cheiro azedo. Ninguém tocou na comida, e Mahavir agradeceu por isso.

Depois de todos terem sido servidos, os monges fizeram um som com a boca e começaram a tomar o caldo. Mahavir lentamente aproximou a tigela de sua boa, sorveu um pouco do líquido e logo a colocou de lado, com uma careta:

"Isso é amargo!"

O monge olhou-o de esgueirada e levantou rapidamente a cabeça, o que fez Mahavir entender que deveria tomar o caldo de qualquer forma.

Todos finalizaram a refeição, menos Mahavir, que ainda tinha um pouco do caldo. O monge fez sinal para os outros meninos se levantarem e levarem suas tigelas para a cozinha, menos Mahavir. O monge olhou-o profundamente nos olhos.

"Será que ele quer que eu tome esse resto de caldo?" Lentamente, Mahavir pegou a tigela e sorveu o que faltava. O monge, com olhar satisfeito, sinalizou que se levantasse. Foram até a cozinha e colocaram as tigelas em uma bancada, junto com todas as outras.

Lá fora, os meninos esperavam por eles. Juntos, todos foram à biblioteca.

"Será que o homem que parece mestre já leu isso tudo?"

Sentaram-se numa mesa ele, os quatro meninos e o monge. Havia outras crianças e jovens em outras mesas com seus respectivos monges. Havia vários grupos na biblioteca, mas, apesar de falarem, ali também era silencioso.

"Pelo menos aqui se fala!"

O monge abriu um livro e do meio dele retirou um papel. Mahavir percebeu que nele havia um desenho de planta.

— Nossa primeira lição será sobre o plantio e a colheita das ervas e de alguns alimentos. — A voz do monge era serena e baixa. — Após a meditação das dez horas, vocês terão aula prática no lado oeste do grande jardim. O que eu lhes mostrar aqui, vocês verão lá, e aos poucos começarão a mexer na terra. — O monge entregou o mesmo desenho para os meninos.

O tempo voou para Mahavir, que se entreteve com a lição e se entusiasmou muito, quando, após a meditação das dez horas, foram para o jardim mexer na terra. Parecia mais brincadeira de barro que lição de plantio.

Após essa atividade, eles foram para a sala de refeições e sentaram-se em silêncio. Mahavir viu uma mesa disposta no fundo da sala, próxima à porta dos fundos, com grandes recipientes.

Quando todos já estavam sentados, os monges fizeram o barulho com a boca, todos se levantaram e foram se servir. Mahavir seguiu seu monge. Olhou o conteúdo dos recipientes, e nada lhe pareceu muito gostoso. Pegou uma pequena quantidade de alimento e olhou para o monge. Este lhe fez um sinal com a cabeça seguido de um sorriso. Movimentou a mão acima do recipiente próximo.

"Ele aprovou eu ter pegado pouca comida e disse que, se eu quiser, posso repetir... até que não é difícil entender essa conversa sem fala deles!" Mahavir sorriu para o monge, e foram se sentar.

Após a refeição, foram para o dormitório. Apesar de ter acordado cedo, Mahavir não sentia sono.

— Não quero dormir — contrapôs Mahavir ao monge.

— Mesmo sem sono, fique deitado e quieto até o gongo tocar. Então, levante-se e me encontre no jardim, na parte central — orientou o monge, sorrindo.

Mahavir frustrou-se. Não correspondeu ao sorriso do monge e seguiu para o quarto murmurando. O monge nada fez.

— Acorde! Acorde!

Mahavir abriu os olhos assustado e viu um dos meninos à sua frente. Levantou-se rapidamente e seguiu com ele até o jardim.

— Obrigado... — agradeceu Mahavir ao menino, e ambos sorriram.

Ao chegar ao centro do jardim, eles encontraram o monge.

— Vocês têm uma hora para fazer o que quiserem livremente. Eu estarei aqui, caso precisem de algo. Quando o gongo tocar, dirijam-se ao Grande Salão. Ao segundo toque do gongo, todos já devem estar lá.

Um sorriso estampou o rosto de Mahavir. Não sabia por onde começar. Queria andar sozinho, desbravar o mosteiro sem ninguém dizer aonde poderia ir ou o que deveria fazer. Afastou-se rapidamente do monge e foi andando pelo caminho de pedras.

A sensação de liberdade despontava, e ele imaginava-se sendo um mestre de muita luz, iluminando o caminho por onde passava.

Vozes chamaram sua atenção, e ele logo foi ver o que era. Encontrou vários meninos mais velhos brincando. Quando viram Mahavir, chamaram-no para brincar com eles.

"Terei muito tempo para conhecer o mosteiro", pensou ele juntando-se aos meninos.

O toque do gongo ecoou por todo o mosteiro.

"Já? Não aguento mais silêncio. Não quero meditar!" Todos os meninos pararam instantaneamente de brincar e seguiram rumo ao Grande Salão. Mahavir foi com eles, cabisbaixo. Quando deu por si, eles já estavam bem à frente, e Mahavir pôs-se a correr.

Todos já estavam sentados no Grande Salão. Mahavir, ofegante, entrou pela porta quase fechada. Avistou o monge, que lhe dirigiu um sorriso e um olhar amoroso, e sentou-se a seu lado.

A meditação foi mais curta e recheada de cânticos, o que a tornou mais agradável a Mahavir.

Ao final, dirigiram-se à biblioteca, em silêncio.

— Neste período, vamos iniciar o estudo do corpo humano — disse o monge, enquanto tirava alguns papéis do meio de um livro.

Mahavir empolgou-se. Sempre gostou muito de aprender, e era para isso que lá estava. O tédio foi embora com a rapidez de uma respiração.

As horas passaram rápido para Mahavir. O som do gongo surgiu de repente, e ele não conseguiu segurar sua indignação.

— Ahhh! — grunhiu. — Posso ficar aqui olhando os desenhos e estudando? Assim, gravo melhor tudo o que disse.

— Durante a meditação, traga os desenhos à sua mente. — Sua voz era suave. — Essa é a melhor maneira de gravá-los. — Sorriu para Mahavir e continuou: — Esta é a meditação de reverência do dia, ao Sol, que agora dará lugar à Lua. Vocês vão gostar. — E foram todos ao Grande Salão.

A meditação foi mais agradável que a anterior para Mahavir.

"Os cânticos mudam, conforme a hora do dia." Nesta, cânticos alegres e sussurros quase inaudíveis intercalavam-se.

Após a refeição da noite, os monges dirigiram-se à sala ao lado da sala de refeições. Lá, reuniram-se em pequenos grupos e discutiram como tinham passado o dia, com qual sentimento estavam no momento, o que mais gostaram de aprender e o que menos gostaram e, se pudessem, o que fariam diferente, bem como outras questões.

— Achei chato e cansativo meditar, gostei de brincar e de estudar, não vi a luz sair do homem que eu acho que é o mestre. Se pudesse fazer alguma coisa de diferente, eu meditaria menos... — comentou Mahavir francamente. — Não sei qual é meu sentimento. Acho que é de cansaço de meditar — terminou ele, pensativo.

O monge sorriu com o depoimento.

— Aos poucos, você se adaptará e sentirá prazer em meditar. Quando conseguir, verá a luz do homem que é, sim, o mestre e verá também sua própria luz.

Essa informação deixou Mahavir um pouco mais empolgado com a meditação.

— Eu tenho luz? — Olhou para seu pequeno corpo: — Onde, se não a vejo? — E todos riram.

Ficaram conversando entre eles durante um tempo. Essa era uma hora de avaliação e descontração. Podia-se falar livremente, e isso agradava Mahavir. Ele via os monges entrando e saindo, havia movimento, e isso o deixou mais alegre.

Eram vinte e uma horas quando todos se levantaram, deram as mãos e cantaram um cântico que agradecia o dia e a noite. Saíram em total silêncio e foram todos se deitar.

Esse foi o primeiro dia de muitos no mosteiro, cuja rotina era a mesma sempre. O que mudava eram as lições apreendidas e os exercícios propostos. No início, foi difícil a Mahavir se acostumar com o silêncio, as regras, os horários, a alimentação, mas, em pouco tempo, sentiu-se mais familiarizado com tudo.

O que passava a ser problema eram as atividades pedidas, que muitas vezes lhe tomavam muito tempo, e a pouca compreensão.

Mahavir já estava com quinze anos. Dez anos haviam se passado, e a vida no mosteiro lhe era agradável. Considerava os ensinamentos valiosos, apesar de ainda demorar a compreendê-los totalmente.

No jardim, estavam Mahavir e o monge.

— Você deverá ficar em pé e imóvel durante trinta minutos, todos os dias. Atenha-se às suas sensações. Seu corpo é muito ágil, e sua alma não acompanha o corpo — comentou o monge.

"Ah, isso é fácil!", refletiu Mahavir.

— Durante quanto tempo devo praticar esse exercício?

— Isso dependerá de você — tornou o monge, esboçando um leve sorriso.

O monge retirou-se, e Mahavir colocou-se em pé, imóvel.

"Que sentido tem isso? Ficar aqui parado enquanto há tanto o que aprender."

Em poucos minutos, Mahavir sentiu dor nos ombros. As pernas começaram a pesar. Não aguentou, mexeu o corpo e voltou ao início. Imóvel novamente. Rapidamente, sentiu as pernas e os ombros doerem. Aquilo o irritou.

"Mais uma tentativa."

Ele viu o monge aproximar-se.

— É insuportável ficar parado. Eu não consigo — declarou, irritado. — Já tentei várias vezes.

— É assim mesmo. Seja paciente consigo. Tente uma única vez por dia. Se não conseguiu hoje, deixe para amanhã.

— Mas, me explique... qual é a finalidade desse exercício?

— Você sabe que a explicação vem depois da aplicação — respondeu o monge, sorrindo.

Quase um mês se passou, mas Mahavir não conseguia permanecer os trinta minutos em pé e imóvel. Ficava cada vez mais ansioso e irritado, pois sabia que teria a mesma tarefa até conseguir concluí-la.

— Quem não consegue controlar o corpo nunca conseguirá controlar a mente — advertiu o monge certo dia.

Aquela frase ecoava dentro de Mahavir. Um de seus objetivos era controlar a mente, então, tinha de concluir de uma vez por todas aquele exercício.

E assim foi tentando até que atingiu seu objetivo, conseguindo suportar as dores nos ombros e nas pernas.

— Consegui! Fiquei trinta minutos imóvel em pé, aguentando as dores do meu corpo! — contou Mahavir ao monge, feliz e orgulhoso.

— Pois bem. Agora fique até a dor passar — ordenou o monge calmamente.

Com os olhos arregalados e para seu desespero, Mahavir indagou:

— E se a dor nunca passar?

O monge cumprimentou-o com a cabeça e distanciou-se.

Nos dias que se seguiram, as dores no corpo de Mahavir pareciam piorar.

— Você me deu um exercício impossível. A dor não cessa, ao contrário! — reclamou Mahavir ao monge.

— A dor cessará quando você estiver no presente, no seu corpo, no momento do exercício. O que ocorre é que quer fazer outras coisas e busca pular etapas para chegar a algo que julga ser maior e melhor. Não existe nada maior ou melhor do que o que está fazendo no momento. Lembre-se: você quis meditar para ver a luz e só conseguiu vê-la quando conseguiu meditar.

As palavras do monge trouxeram calma para Mahavir. "Ele tem razão... estou sempre esperando o que há de vir..." E assim ganhou novo ânimo para as práticas posteriores.

No dia seguinte, as dores diminuíram e, nos subsequentes, elas sumiram completamente.

Mahavir foi ao encontro do monge para dar a notícia:

— Não sinto mais dores, mas tenho a sensação de que, mesmo com meu corpo absolutamente parado, continuo em movimento.

— Esse é um excelente sinal. Você está percebendo a movimentação de sua alma. É ela que tem de mover seu corpo. Continue.

Mahavir compreendeu o que disse o monge. Ele estava confiante e feliz com as novas descobertas. Uma vontade prazerosa de continuar brotava nele, não mais porque o monge pedira, mas porque ele mesmo queria ver que respostas seu corpo lhe traria.

Ele permaneceu por sete meses praticando esse exercício e maravilhou-se com as percepções que obtinha. Percebeu que sua alma estivera muito rígida diante das normas e regras do que deveria fazer e que passara a cumpri-las de forma automática e pouco presente.

Com a frequência dos exercícios, passou a sentir a movimentação de sua alma e a diferença de expressão do corpo e da alma.

"O corpo responde a impulsos e reflexos imediatos do desejo do que virá, e a alma responde a impulsos de desejo do que realmente é. Se não estiverem equalizados a alma e o corpo, o que se quer e o que se tem, perde-se a função dos dois, ocasionando dor ao corpo. Dor no corpo é dor da alma em dessincronia com o corpo. É quando se valoriza mais o ter em vez do ser."

Naquela noite, o monge entregou uma medalha a Mahavir, simbolizando a assimilação completa do exercício.

— Agora será fácil a você ver a movimentação da alma de uma árvore — avisou o monge.

— Mahavir, você está pronto para um novo exercício — sentenciou o monge. — Escolha qualquer uma dessas árvores, fite-a e sinta a vida nela. Assim como a árvore está fixa sem estar parada, nós também estamos em movimento, mesmo quando nosso corpo não se movimenta. Escolha uma árvore e contemple-a até sentir a vida nela. Esse exercício não foi tão difícil quanto o anterior.

A alma de Mahavir já estava serena, e isso auxiliou-o na conclusão do novo exercício.

"Apesar de a árvore estar parada, há uma movimentação. A seiva que sobe pelo caule, os nutrientes da terra, a fotossíntese realizada pelas folhas, o crescimento e desenvolvimento da árvore. Se não houvesse movimento, como poderia haver tamanha transformação? Há sempre algo sendo movimentado e, mesmo que invisível aos olhos, é perceptível ao sentimento", refletia Mahavir.

Tudo o que aprendera na biblioteca fazia agora um novo sentido.

As lições no mosteiro poderiam levar muito tempo, dependia somente do discípulo. Mahavir chegou a permanecer um ano praticando a mesma lição, e nada lhe diziam sobre o que viria a seguir, enquanto o aprendizado atual não acontecesse.

Não havia pressa no mosteiro. Os monges continuavam placidamente esperando. Isso ajudou Mahavir a compreender que para tudo há um devido tempo e que cada um tinha o próprio desenvolvimento.

Muitos exercícios tornavam-se um hábito, e o hábito criava um ritmo. Tudo no mosteiro era ritmado; não havia mudanças bruscas nem exacerbação.

As ervas eram constantemente utilizadas no mosteiro para alimentação e para fins curativos. Quando o discípulo se empenhava bastante nos estudos, podia ser chamado para ir até a cidade curar pessoas.

Aquilo despertava vontade em Mahavir de aprender mais, para, quem sabe, poder curar pessoas um dia. Ele não saíra do mosteiro desde o dia em que seus pais o deixaram ali.

Mahavir sentia-se muito bem no mosteiro e incorporara-se ao local de forma impecável. Era exímio estudante e aplicado nos exercícios.

Almejava chegar ao nível do mestre Krupa, apesar de ter falado com ele poucas vezes. O monge sempre o alertava de que tivesse paciência consigo, tolerância com seu processo e que estivesse atento ao passo que estava dando e não ao próximo.

Assim, ele ia percebendo que a exacerbação e a ansiedade eram parte de sua constituição de expressão, mas que deveriam ser domadas para seu desenvolvimento.

Passaram-se longos anos. Mahavir aprendeu muito sobre chacras, energias, corpo humano, funcionamento da mente, medicina, alimentos. Aprendeu que nunca se deve comer por comer. Que o alimento tem a função única e exclusiva de nutrir o corpo. Para tanto, estudou os alimentos e as funções que desempenhavam em cada órgão.

"A árvore se alimenta da terra naturalmente, mas nós temos consciência além de instinto e devemos colocá-la como comandante e viver de maneira consciente, de modo que nossos instintos se acalmem e sirvam à consciência, nos elevando a sentimentos e sensações de plenitude."

Quando o alimento não agradava o paladar, Mahavir, rapidamente, lembrava-se do órgão que se beneficiaria com a ingestão daquele alimento e brotava a gratidão pela Terra propiciá-lo para sua nutrição.

Esse pensamento e essa consciência tornavam o alimento anteriormente desagradável um saboroso e prazeroso veículo de saúde.

Conforme angariava conhecimento, descobria uma paixão: a mente humana. A avidez de Mahavir por saber vinha de sua infância, quando ele queria conhecer além do que seus olhos podiam ver.

Quando o monge lhe falou sobre isso, Mahavir percebeu que, desde as primeiras lições, esse ensinamento já estava lá: enxergar além. Mas, só com a maturidade, ele foi capaz de juntar os aprendizados com as lições.

Certo dia, após a meditação das dez horas, o monge aproximou-se de Mahavir e anunciou:

— O mestre Krupa quer vê-lo.

— Que honra ser recebido por ele! — exclamou Mahavir, pego de surpresa.

— Vamos, eu o levo.

Mahavir sentia o corpo pulsar de felicidade. Seguiram pelo jardim, e lá estava o mestre Krupa sentado no tronco de uma árvore. As rugas já marcavam seu rosto redondo, mas em nada tiravam o viço de seus olhos puxados. O mestre reverenciou com a cabeça o monge, que se retirou, e indicou a Mahavir que se sentasse na grama.

— Pense em algo — pediu a voz um pouco rouca do mestre.

Sem nada dizer, Mahavir pensou: "Quero colocar em prática o que aprendi e curar as pessoas".

— Você quer colocar em prática o que aprendeu... e curar as pessoas — tornou o mestre em seguida.

Mahavir ficou sem reação.

"Como isso é possível? Como aprendo isso?"

— Toda a educação que você recebeu aqui, a forma como recebeu foi baseada no que sentia e pensava. Ensinar você é possível, sim.

Mahavir estava perplexo. Queria muito aprender a ler mentes e curar as pessoas. Feliz, abriu um grande sorriso.

— Primeiro, é preciso esvaziar a mente para, então, entrar na mente do outro — continuou o mestre. — Antes, me diga, por que acha importante saber o que pensam as pessoas?

— Para saber como tratá-las, mestre.

— Como ajudá-las — corrigiu-o.

Mahavir pensou que estivessem sozinhos no jardim, mas, a um aceno do mestre, apareceu um monge.

— Ensine-o sobre o poder da mente — solicitou o mestre gentilmente. O monge, que era alto e tinha as narinas grandes e os lábios grossos, assentiu com a cabeça. Virou-se para Mahavir e fitou-o. Seus olhos eram fundos e penetrantes. Pareciam perfurar a cabeça de Mahavir, que abaixou a cabeça instintivamente.

O monge e Mahavir reverenciaram o mestre e distanciaram-se.

Longos meses de aprendizado se passaram. Mahavir sentia imensa admiração pelo monge e por seus conhecimentos. Ele advertia Mahavir sobre sua curiosidade ansiosa e dizia que, antes de qualquer coisa, o que deveria prevalecer era a isenção de intenção. Aquelas palavras ecoavam na mente de Mahavir, já que aquilo lhe era particularmente difícil.

Um dia, o monge lhe disse:

— Amanhã, você irá comigo à cidade. Vamos visitar uma pessoa doente, mas seu exercício será apenas observar. Esta será a oportunidade de colocar em prática um dos valiosos ensinamentos que lhe dei: manter-se isento de intenção.

— Não irei decepcioná-lo!

Mahavir estava radiante. Mesmo que fosse só observar, ele tinha certeza de que o exercício lhe traria grande aprendizado. Estava excitado com a oportunidade de sair dos muros do mosteiro e ver como os ensinamentos eram aplicados na cidade.

— Não se exceda, Mahavir. Sabe muito bem que a boa lição é apreendida com boa disposição e que a agitação que sente em nada lhe será benéfica — falou o monge com tamanha calma e amor que Mahavir imediatamente recuperou o equilíbrio.

No dia seguinte, saíram pela manhã, após o nascer do sol, Mahavir, o monge que o tutoriava e mais dois. Caminharam por um período no silêncio habitual. Devido à sua animação, Mahavir nem sequer sentia o peso da cesta que carregava.

Chegaram a uma casa humilde, entraram direto e foram para o quarto. Lá, deitada num leito, estava uma mulher moribunda. A princípio, os monges só a observaram.

Após alguns instantes, um monge aproximou-se do leito e olhou para Mahavir. Este, por sua vez, foi em direção ao monge, depositando a cesta ao seu lado e retornando rapidamente ao lugar onde estava.

O monge retirou da cesta algumas ervas fervidas e deu de beber à mulher. Em seguida, pôs-se a passar óleos em seu corpo e, conforme o fazia, a mulher revitalizava-se. Ela conseguiu abrir os olhos, e Mahavir percebeu que estavam vermelhos. A palidez de antes foi dando lugar à coloração pigmentada da face.

"Por meio das ervas que cultivamos no jardim, milagrosamente, este monge fez uma cura."

Mahavir já fora tratado com aquelas ervas quando adoecia, mas aquele monge parecia se utilizar de algo além do manuseio de ervas e óleos. Emanava dele uma paz profunda e extrema tolerância.

Todo o processo durou cerca de meia hora. Após esse tempo, a mulher estava em pé, corada, revitalizada e forte. Ela agradeceu aos monges e a Mahavir.

"Eu quero ser como ele. Quero ser um monge curandeiro e receber das pessoas essa gratidão e reverência", pensava Mahavir.

Assim que chegaram ao mosteiro, Mahavir reuniu-se com o monge na biblioteca.

— O que sentiu, Mahavir?

— Uma enorme vontade de fazer o mesmo. Você pode me ensinar?

— Com qual finalidade quer aprender?

Mahavir parou por uns instantes. A resposta era certa.

— Quem tem poder sobre a morte, o que mais pode querer?

O monge não disse nada; apenas o contemplou. Eles retomaram os estudos, e um longo tempo se passou antes de o monge tocar novamente naquele assunto. Mahavir, que acreditava sair sempre para a cidade e ver mais vezes o que vira, muito se enganara.

Mahavir ficou um longo período realizando outros exercícios e, sempre que questionava o monge sobre o que vivenciara, ele dizia que se concentrasse na tarefa do momento.

"Ele está com receio de me ensinar... De que vale eu estar aqui, se não me ensinam aquilo que sei que conseguiria fazer? O motivo maior de eu estar aqui é me tornar mestre como eles. Se me negam isso, terei eu mesmo de ir atrás."

Mahavir passou a frequentar a biblioteca na calada da noite. Escapava sorrateiro do dormitório e afundava-se nas leituras.

Por vezes, muito do que lia não fazia sentido para ele, pois a leitura, sem a prática e sem se estar com o coração aberto para sorver o que estava escrito nos papéis, de nada lhe servia. Ainda assim, Mahavir satisfazia-se com o que lia, e a falta de entendimento imediato não o desanimava. Após tantos exercícios terem incutido nele a importância da persistência, ele não desistiria tão fácil.

Mahavir passou a ouvir atrás das portas as aulas exclusivas para os monges mais elevados. Ele escondia-se numa fresta e ouvia. Como sempre, os monges o descobriam e repetiam a mesma frase:

— Tenha calma, Mahavir. Curiosidade em demasia desvirtua.

O mestre Krupa lhe disse uma vez:

— Tudo lhe será dado no momento certo. Se colocar muita água numa planta, ela poderá morrer. Mas, se a dosagem certa lhe for dada, florescerá cada vez mais. Nós, aqui no mosteiro, lhe daremos a medida d'água correta para que não venha a fenecer. O conhecimento sem sabedoria e sem amor é água em demasia, que murcha qualquer flor.

"Não entendo. Eu não sou planta nem árvore; sou um homem. Um aprendiz de monge. Como me tornarei um, se não me ensinarem nada além de exercícios, que levam anos para serem executados e compreendidos com maestria?" Mahavir fazia sua própria rotina dentro do mosteiro.

Aprendeu sobre meridianos, aprofundou o conhecimento sobre chacras, todas as conexões psíquicas existentes, como transcender a mente, como ultrapassar os muros do mosteiro através da mente. Seguia à risca os exercícios que eram propostos nos livros.

Ele aplicava-se ao máximo, mas poucas eram as vezes em que tinha realmente resultados satisfatórios.

Certo dia, na biblioteca, Mahavir estava absorto em seus pensamentos, quando o monge lhe tocou gentilmente o ombro:

— Mahavir, nada acontece aqui sem que saibamos. — Encarando-o fixamente, o monge continuou: — O que vai fazer com o que sabe? Você quis seguir um caminho e ser seu próprio mestre. Isso faz parte de seu aprendizado. — O monge levantou-se sem esperar uma resposta de Mahavir, retirando-se da biblioteca.

Por um instante, Mahavir sentiu-se envergonhado, mas logo o sentimento passou.

"Eles sempre souberam...", esse pensamento o acalmou. "Ele não me repreendeu... Ele sempre soube e nada disse... É como se permitisse que eu fizesse meus estudos... Ele respeitou minha escolha."

Mahavir sentia-se livre de qualquer culpa. A complacência do monge fê-lo perceber o quanto era livre.

"Quem pensa que esses muros aprisionam e que as regras daqui endurecem nada sabe... Elas me direcionaram!" Refletindo, abriu um sorriso, e a gratidão por aquele lugar despontou em seu coração.

"Eu me achando perverso... eles sabiam! Sabiam e deixaram que eu prosseguisse. Será que aqueles livros de fácil acesso eram deixados por eles também?"

No dia seguinte, Mahavir foi à procura do monge.

— Pode me ensinar? Já compreendi... contudo, preciso de seus ensinamentos.

— Vejo que tem mais clareza das coisas. Mahavir sorriu para o monge.

Com o passar dos dias, o monge elucidou dúvida por dúvida de Mahavir. Todo o conhecimento que ele adquirira antes começava a fazer sentido. O monge explicou-lhe que ele só conseguiria compreender após todo o treino que tivera em todos aqueles anos.

— É necessário o treino inicial, empírico, para que depois se inicie a teoria e, então, retorne o treino. Treinar e obter conhecimentos têm de andar lado a lado. Se um desponta, o outro perde o sentido. O conhecimento teórico aguça a intuição. A intuição só se mantém com o treino e a prática intensos. Somente assim, entramos na estabilidade espiritual — explicou-lhe o monge.

Os dias que se seguiram foram repletos de exercícios. As meditações eram seguidas de projeções mentais e transportes energéticos, da mesma forma como Mahavir havia lido.

Ele divertia-se enquanto aprendia, e isso o enchia de prazer. Encantava-se com a vida e todas as possibilidades; conseguia perceber a energia dos corpos dos outros monges e tudo o que sempre lhe disseram no mosteiro fazia sentido: "O mestre e os monges sabiam muito sobre mim através da energia que eu exalo em cada pensamento e sentimento. Nada pode ser feito escondido".

Após algum tempo, o monge comunicou a Mahavir que iria ajudá-lo a destravar o ponto em que ele estacionara: o da racionalidade, no qual os conceitos predominam, mas a ordem e o sentido se perdem. A partir desse dia, todos os treinos voltaram-se para os sentimentos e não para os pensamentos.

Aos poucos, Mahavir foi percebendo o sentido de tudo: do mosteiro, dos exercícios, das pessoas que lá estavam. Entendeu que a cidade era abastecida pela energia que eles exalavam do mosteiro, e era por isso mesmo que os pais queriam que seus filhos fossem para lá.

"Tudo o que fazemos aqui reverbera nas castas e na cidade. A energia que hoje vejo é conduzida para lá. Meus pais me enxergam como um canal de luz. Realmente somos, não só para eles, mas para toda a cidade." Esse pensamento trouxe paz ao coração de Mahavir.

Ele passou a ir sistematicamente à cidade, à casa dos doentes, sem aquela curiosidade impetuosa que o cegava, mas com vontade de aplicar tudo o que aprendera. Durante vários meses, Mahavir ficou observando, aprendendo pela observação.

Um dia, deixaram-no curar um jovem que se ferira.

Com a mente tranquila, Mahavir a esvaziou de qualquer pensamento. Abriu seus chacras e tomou consciência de seu corpo energético. Focou o pensamento na qualidade das ervas e de seus efeitos, permitindo que a natureza criasse um campo de interligação entre ele e o jovem.

Deu-lhe o caldo de ervas para beber e passou óleo em seu corpo. O jovem recuperou a vitalidade, sem, contudo, se levantar da cama.

De volta ao mosteiro, o monge instruiu Mahavir:

— Você executou corretamente, mas lhe faltou sentir o que o jovem estava sentindo e acionar o coração dele por meio do seu. Voltaremos lá amanhã, e você fará novamente.

No dia seguinte, Mahavir estava novamente diante do jovem. Desta vez, enquanto lhe dava o caldo de ervas para beber, sentia o coração do jovem. O medo de morrer e o desespero fundiam-se numa confusão de pensamentos conturbados.

Concentrou-se mais e pôde sentir a fé que o jovem estava depositando nele. Ficou claro a Mahavir que ele próprio representava Deus para o jovem.

Deixou-se envolver pelo sentimento do jovem e foi passando o óleo em seu corpo. Ao final de todo o processo, o garoto estava revitalizado, corado e andava pelo quarto, agradecendo a ele e aos monges.

Mahavir, diante da casa onde acontecera sua primeira cura, agradeceu. Apesar de um pouco fraco, ele sentia-se sereno e pleno. Fez uma pequena meditação, esvaziando a mente e irradiando amor. Nesse instante, sentiu um fluxo percorrer-lhe o corpo. Não entendeu aquilo, mas voltou ao mosteiro.

Após a meditação, Mahavir perguntou ao monge o que era aquele fluxo que sentira.

— É a consequência de um trabalho bem-feito. Com o sentimento, você abriu e revitalizou seu corpo energético, e isso o recompôs. Porém, isso não tira a importância de você repor o corpo físico e cuidar em si do mesmo órgão que curou no jovem. Na cura que realizamos, a energia do seu corpo e do corpo do doente se misturaram, logo, se você não purificar os resquícios da doença, eles podem atacar seu físico. É preciso que você os libere.

O monge pegou algumas ervas e colocou-as sobre o órgão de Mahavir. Fez-lhe um curativo e recomendou que se deitasse. Mahavir aprendeu esses e outros cuidados.

Mahavir passou toda a sua vida no mosteiro. Ir à cidade curar os doentes tornara-se uma rotina, e ele sentia-se feliz.

Quando avistava novos garotos chegando ao mosteiro, recordava-se do dia em que lá entrara. Sabia da importância de todos aqueles ensinamentos e dos exercícios iniciais.

Ele já estava com setenta e dois anos. As rugas marcavam-lhe profundamente a face, mas o rosto redondo e os olhos vivos não haviam murchado.

Acordou com uma forte sensação de paz e com a lembrança de um sonho, no qual uma mulher lhe acenava com um sorriso. Aquela lembrança serenou seu coração.

Cada dia, Mahavir adoecia mais. O cansaço era persistente, ele caminhava com dificuldade e fazia certo esforço para falar. Ele, contudo, era grato às dores no corpo, pois elas o mantinham atento ao momento presente, e era grato aos setenta e dois anos que aquele corpo o servira.

Os rituais curativos realizados pelos monges aliviavam as dores, mas não o podiam curar por completo. Mahavir sabia que esse era um sinal de que seus dias na Terra estavam chegando ao fim.

Em seu dormitório, o monge que passara óleo em seu corpo se retirou, e o mestre Krupa, que já passara dos cem anos, adentrou com mais dois monges que o auxiliavam. Ele aproximou-se de Mahavir lentamente.

— Você se sente pronto para fazer o caminho de volta?

Mahavir olhou com dificuldade para o mestre Krupa. "Tão velho e tão forte."

— Sim, mestre — respondeu Mahavir com voz rouca. — Já tenho sonhado com alguém que me chama, e isso me traz paz.

— Isso é um bom sinal. Um bom sinal — tornou lentamente o mestre. — Vamos iniciar os preparativos para o ritual. — O mestre sorriu e retirou-se com os monges que o auxiliavam.

Mahavir já participara dos preparativos para o desligamento do espírito da matéria corpórea. Sabia que isso facilitava o desencarne de forma consciente, tornando a passagem mais amena, porém preparar-se para a própria passagem fez uma certa melancolia e apreensão lhe percorrerem o corpo debilitado.

Mahavir foi conduzido por dois monges pelo corredor até o Grande Salão. Já se podiam ouvir os cânticos, e isso o embalou em gratidão.

As portas abriram-se, e os monges ajudaram-no a se manter em pé. Mahavir viu os monges dentro do Grande Salão abaixarem-se em reverência à vida.

O gongo soou sete vezes, e depois fez-se silêncio. Mahavir foi caminhando com ajuda até o centro do Grande Salão. Lá havia uma esteira com almofadas, na qual ele se deitou lentamente.

Pondo-se em círculo, os monges retomaram os cânticos. A fumaça das ervas e as lamparinas acesas acolhiam os que lá estavam com aconchego. Mestre Krupa levantou-se e foi sentar-se ao lado de Mahavir. Ao erguer as mãos, os cânticos cessaram.

— Todos nós temos partes nossas com Mahavir, que foram construídas na relação que estabelecemos com ele. É chegado o momento de lhe devolvermos o que ele depositou em nós e o que de nós ficou nele, para que só o amor que sentimos e fomos capazes de trocar permaneça como ligação eterna. Com isso, Mahavir portará as moedas de ouro que lhe favorecerão na passagem do barqueiro da morte. — O mestre fez uma pausa, respirando profundamente. — Como sabem, a morte não abrupta é um enunciado pelo qual a pessoa, se quiser, pode se harmonizar com todos e com todos os seus atos.

O mestre parou novamente. O silêncio era tal que se podia ouvir a respiração dos presentes.

— Quando deixamos o corpo, toda a nossa vida é desvendada, não há o que ocultar. Os mais íntimos sentimentos são revelados, as mínimas ações esculpem o espírito.

O mestre olhou fixamente para Mahavir.

— Você está pronto para expor sua trajetória desta vida e ouvir o que eles têm a lhe dizer?

Mahavir sustentava um olhar calmo e sereno e movimentou a cabeça lentamente em sinal afirmativo.

O mestre tomou em suas mãos vários escritos. Eram os relatos de tudo o que Mahavir fizera, desde que entrou no mosteiro, aos cinco anos. Leu de forma pausada a história de Mahavir. Ressaltava seus pontos fortes e fracos, algumas passagens engraçadas que faziam todos rirem, sua rebeldia e impaciência, o desenvolvimento que dava, aos poucos, lugar à obediência, seu desejo de poder propiciado pelo conhecimento que angariou sendo paulatinamente substituído pelo poder do sentir e do servir, que é o que lhe possibilitou ajudar e movimentar energias.

Os olhos de Mahavir encheram-se de lágrimas.

— Sei que domei meus instintos, que melhorei, mas eles ainda estão em mim... — declarou Mahavir, emocionado.

— Você ainda se cobra muito. Reconheça o que conseguiu. Sua cobrança ainda é resquício de seu desejo de querer sempre mais — comentou o mestre. — Anule-a com a gratidão pelo seu esforço e pelas conquistas desta vida, pois isso lhe trará paz. — A voz do mestre era suave. Ele volveu seu olhar para os que estavam no Grande Salão e continuou: — Quem quiser, pode dirigir a palavra a Mahavir, dizendo qual diferença ele fez em sua vida, lembrando que, ao falarem, devolverão a ele a energia do sentimento que o impulsionou a realizar tal ato, ao mesmo tempo que ele também irá restituí-los. Sabemos que isso pode provocar fraqueza em Mahavir, dando início à limpeza de seu corpo energético. Ao final, ele partirá apenas com o que é dele, e o amor o fortalecerá.

O gongo ecoou três vezes. Um jovem monge, no fundo do Grande Salão, levantou-se e dirigiu-se ao centro. Agachou-se e olhou para Mahavir com amor.

— Sua determinação sempre me impulsionou a seguir, mesmo contrariado. Guardo comigo esta energia. No dia que você me segurou pelos braços, evitando que eu fosse embora do mosteiro, por achar que não conseguiria vencer os obstáculos, me disse de forma firme e austera: "Você acha que foi e é fácil para mim? O difícil está em encontrar o fácil, depois é só prosseguir, sem se queixar. O queixume enfraquece o espírito. Se não encontrar o fácil aqui, sempre viverá o difícil!".

Mahavir sentiu-se mais forte com a energia devolvida pelo jovem monge.

— Suas inseguranças foram vistas por mim com desdém, pois eu abominava fraqueza e não suportava a ideia de conviver com alguém fraco. Da mesma forma, também não me sentiria bem se você partisse por medo.

Guardei comigo a energia do descaso que você me provocou por muito tempo, mas ela sempre foi minha e não sua. Receba meu reconhecimento por sua coragem em prosseguir. Isso me ajudou a lidar com meus sentimentos — declarou Mahavir com voz fraca, mas firme.

O jovem inclinou a cabeça em reverência e retornou ao seu lugar. O gongo entoou mais três vezes. O silêncio permaneceu. O monge, que o ensinara dos cinco aos vinte e um anos, levantou-se e aproximou-se de Mahavir.

— Ensinar-lhe foi para mim um grande desafio e uma alegria, porque, mesmo contrariado e com pensamentos hostis, você realizava as tarefas com empenho e dedicação. Sua vontade de aprender sempre foi admirável. Guardo comigo sua força, que me ajudou a ter paciência e desenvolver meu talento de ensinar. Você foi um dos meus primeiros discípulos.

Mahavir emocionou-se ao ouvi-lo.

— Se lhe entregar tudo o que recebi de você, morrerei agora mesmo. — Todos na sala riram respeitosamente.

— E eu o acompanharei — respondeu o monge rindo, pois também estava velho, embora com vitalidade.

Mahavir sentiu-se fortalecido. Suas dores diminuíram.

O gongo ecoou mais vezes, e diversos monges devolveram as partes a Mahavir. Ele sentia-se cada vez mais forte.

— Não sabemos exatamente o dia da passagem, mas, a partir de hoje, iniciaremos as meditações das dezoito horas preparando seu espírito — concluiu o mestre Krupa, encerrando o ritual daquela noite.

Os monges entoaram cânticos, e Mahavir foi auxiliado a se levantar por dois monges. Todos saíram do Grande Salão, e Mahavir foi se acomodar no dormitório.

Sete dias se passaram. Mahavir pediu a um monge que o levasse até o jardim. O monge relutou em ajudá-lo devido ao seu estado, porém, após muita insistência, ele o ajudou.

O monge acomodou Mahavir em um toco de árvore, de modo que ele pôde sentir a suavidade do sol acariciando-lhe o corpo. Olhou para cima, e o azul do céu tranquilizou-o. Estava em paz, mas sentia certa curiosidade de saber como seria sua passagem.

Tanto aprendera sobre a passagem que se sentia pronto a vivenciá-la.

"Certamente, é a mais bela lição: a vida além do corpo."

Seus olhos marejaram. O céu não estava mais tão nítido. Um clarão forte, como se o sol tivesse descido do céu até ele, o fez fechar os olhos. A mulher de seus sonhos apareceu, mas ele não podia vê-la. Mahavir tentou apalpar algo à frente, mas não conseguia sentir o corpo.

Uma brisa de paz envolveu-o, e uma alegria tomou-o por completo. Sentiu o corpo flutuar. Tentou balbuciar algo, mas a voz não encontrava força. Ouviu vozes distantes, que conseguiu reconhecer como sendo dos monges. Queria falar com eles, mas não era mais possível.

De repente, adentrou numa escuridão completa. Só conseguiu ouvir as vozes dos monges ao longe, mas como se fosse um sonho. Sentiu uma mão tocar-lhe o ombro e ouviu nitidamente uma voz doce:

— Está tudo bem. Você pode ver agora.

Mahavir abriu os olhos. Lá estava, diante dele, a mulher que via nos sonhos.

"Estou sonhando", pensou ele sorrindo.

— Isso não é mais um sonho. Você pode me ouvir. — A voz doce continuou.

"É verdade. Nunca a ouvi nos sonhos."

— Eu fiz a passagem? — A voz de Mahavir saiu meio rouca, meio esganiçada.

— Sim — tornou a mulher.

— É assim tão simples como estudei? — Mahavir tentou ver seu corpo, mas não conseguiu. — Onde está meu corpo? Onde estou? — questionou, perplexo.

— Você ainda está no mosteiro. Olhe para baixo.

Mahavir estava um pouco acima do corpo, que permanecia imóvel, deitado na grama do jardim. Os monges entoavam o cântico dos mortos. Ainda estava perplexo com a facilidade com que o espírito se desligava do corpo, apesar de sentir que ainda tinha ligações com aquele corpo, não sentindo vontade de deixá-lo. A mulher, percebendo sua inquietação, explicou:

— Ainda há cordões de energia que o ligam aqui. Você morreu faz pouco tempo; isso é normal. Quer presenciar a cerimônia ou prefere ir comigo?

Mahavir estava um pouco confuso. Deixar o mosteiro para sempre era algo estranho para ele. Agora percebia que o apego ao mosteiro retardara sua morte. Despediu-se em vida dos amigos, mas não se despediu do lugar.

— Dê-me alguns minutos — solicitou um pouco triste. Passou os olhos por todos os cantos, pelo jardim e pela construção. Ainda podia ouvir os cânticos, o que tornava tudo mais bonito. Olhou pela última vez o lugar que fora o recôndito de sua alma e agradeceu cada pedaço de terra, cada monge que cruzara seu caminho.

— Já presenciei várias cerimônias como esta. Estou pronto para ir com você.

A mulher envolveu-o em seus braços.

— Deixe a mente vazia, como aprendeu. Isso facilita o transporte — orientou a mulher amavelmente.

Mahavir fechou os olhos, esvaziou a mente e sentiu-se levitar.

Ao abrir os olhos, estava num lugar que lembrava o Grande Salão, mas as paredes de pedra davam lugar a um material translúcido que irradiava luz.

Em volta dele e da mulher, havia vários seres com túnicas brancas, posicionados em círculos, e eles também entoavam um cântico, como os monges no mosteiro, que despertava em seu coração uma imensa alegria, como nunca sentira.

"Eles estão me recebendo."

Conforme eles cantavam, Mahavir sentia-se mais forte, como se o corpo fraco desse lugar a um corpo jovem. Do corpo dos seres saíam cordões que se ligavam ao corpo de Mahavir.

Abaixou um pouco os olhos e observou a movimentação energética de seu corpo. Energias subiam e desciam em grande velocidade.

"Estão renovando minhas energias."

Tudo acontecia em total silêncio. Em dado momento, os cânticos expressavam o que Mahavir conseguira adquirir em sua alma na Terra, e ele emocionou-se. Chorou e sorriu ao mesmo tempo, e uma alegria profunda transbordava de seu peito.

— Olhe para baixo. Veja sua cerimônia no mosteiro. — Mostrou a mulher.

Mahavir olhou para baixo e viu o mosteiro. Os monges estavam em círculo, seu corpo estava no meio, e eles entoavam cânticos que brindavam a morte e a vida. Mahavir notou uma energia que subia do mosteiro até onde ele estava e outra, que descia de onde estava até o mosteiro. Ele estava em êxtase.

"Estudei sobre a passagem, mas nunca imaginei que fosse desse jeito."

Ele sentiu tamanha paz que perdeu a noção do tempo.

Em dado momento, os cânticos cessaram no mosteiro e onde estava. Os seres que ali estavam ao redor de Mahavir o cumprimentaram com um leve inclinar de cabeça e se retiraram.

— Os cânticos restituíram seu corpo etérico, por isso sente-se bem. Quer conhecer um pouco do lugar onde está? — indagou a mulher.

— Sinto-me bem, mas não estou acostumado a nada disso — respondeu, enquanto seus olhos varriam o ambiente onde se encontrava.

— Vou levá-lo para descansar um pouco.

A mulher conduziu Mahavir pelo salão, e foram a uma sala pequena, onde havia uma névoa branca e azul. No centro da sala, havia uma cama transparente que ficava em movimento uníssono com a névoa. As paredes pareciam se mover também.

— Deite-se aqui — falou delicadamente, apontando para a cama. — Você se sentirá bem melhor! Depois eu volto.

Mahavir agradeceu e a mulher se retirou. Ao se deitar, a sala se fechou e se transformou em um círculo azul e branco. Ele caiu em sono profundo.

Mahavir abriu os olhos e deparou-se com a mulher.
— Sente-se melhor?

Mahavir movimentou o corpo facilmente. Levantou-se, respirou profundamente e olhou para a mulher.

— Estou mais disposto do que nunca! Se tivesse um lugar assim no mosteiro, acho que não teria morrido tão cedo! — tornou rindo.

— Venha. Vou lhe mostrar onde está.

Mahavir sentiu sua habitual curiosidade despertar e seguiu a mulher.

Chegaram a um largo átrio, rodeado de grandes arcos. Tudo parecia se mover. Uma luminosidade transparente envolvia aquele lugar, as paredes eram delicadas, translúcidas, muito diferente das paredes de pedra do mosteiro. Muitos seres andavam por ali.

"Seus pés não tocam o chão... Eles estão flutuando..."

Imediatamente, Mahavir olhou para os próprios pés e percebeu que eles também não tocavam o chão. Havia um grupo de seres que meditava em círculo, enquanto outros pareciam confeccionar mandalas.

Não havia barulho, conversas, nada. Era tudo muito silencioso. Cada ser que lá estava realizava sua tarefa sem importunar o outro, e isso o remeteu ao mosteiro. As túnicas que Mahavir pensou ver nos seres era uma energia branca em movimento.

Olhou para seu corpo e viu que ele mesmo também tinha essa energia a revestir-lhe o corpo.

— Você está na Casa de Cristal. Esta é uma casa transitória, que fica acima da Terra. Aqui, o objetivo primordial é a canalização das energias de que a Terra necessita para manter seu equilíbrio. Cada um desses arcos é um portal para dimensões superiores. Este é um patamar de grande conexão com a Terra e as dimensões superiores — explicou ela, apontando para os arcos que ficavam nas extremidades do salão. — Medita-se o tempo todo para que esse fluxo seja possível. Os encarnados que meditam se tornam canais de interligação com este local. As mandalas — apontou ela para os seres que as confeccionavam — também são canalizadoras de energia. Elas são importantes, pois dão forma à energia sutil purificada pela meditação, tornando possível a condução até a Terra, que, como bem sabe, é repleta de formas e materializações.

Mahavir ouvia e olhava tudo com encantamento. Havia tantas perguntas a fazer que ele não sabia por onde começar.

— As meditações que fazíamos e as mandalas que confeccionávamos se interligavam com as daqui?

— Sim, claro. Todo encarnado que silencia, ora se conecta liga-se aqui, e daqui distribuímos as vibrações. Você terá tempo para ver tudo o que estou dizendo, mas agora precisa resgatar na sua memória quem você é.

— Será mostrada minha vida e as passadas, é isso? — Quis saber, já que havia lido sobre isso nos livros do mosteiro.

— Sim, é isso mesmo! Receber quem já estudou o que se passa além da morte facilita muito nosso trabalho! — A mulher sorriu e começou a andar.

Mahavir seguiu a mulher, que o conduziu a uma das aberturas do salão que ficava no fundo. Conforme se aproximavam, ele pôde ver uma escada que parecia feita de pedras azuis. Degrau após degrau, o caminho abria-se e, quando passavam, fechava-se. Chegaram a um espaço maior. Lá estavam dois seres altos, envoltos em energias azuis. Tudo ali era de pedra azul. Eles abriram um largo sorriso a Mahavir:

— Sente-se — convidou um deles, com uma voz extremamente pausada.

— Seja bem-vindo! — disse o outro. — Você tem plena consciência do que fez nesta vida. Vamos lhe mostrar seu caminho até aqui, para que integre todas as experiências já vividas pelo seu espírito. Iniciaremos com o momento antes seu encarne e seus propósitos. A partir daí, sua história será desvendada como algo muito familiar. — Ele fez uma pequena pausa antes de continuar: — Fique tranquilo! Você já passou por isso inúmeras vezes, mas desta vez será bem melhor.

O ser virou o corpo, ficando de frente para a parede. Passou a mão sobre as pedras azuis, e uma grande tela translúcida surgiu. Mahavir estava um pouco ansioso, porém tranquilo.

A primeira imagem a surgir foi ele recebendo as informações de como seria sua vida. Uma mulher chamou-lhe a atenção neste momento, fazendo com que seu coração palpitasse de alegria.

— Quem é ela? — perguntou, ansioso pela resposta.

— Agora não é hora de perguntas, apenas veja e lembrará. — Mahavir acalmou-se e continuou a assistir a história de suas vidas.

Ele emocionou-se. Chorou de alegria por ter, pela primeira vez, conseguido realizar o proposto. Suas outras existências passaram brevemente: os trabalhos que realizou no limo, no Vale, viu Tesa, a vida de Roumu, o Senhor das Trevas e todas as outras. Seu coração apertava a cada imagem, sem saber como pudera ter sido tão cruel e como fora capaz de errar tanto.

"Só nesta vida no mosteiro, com disciplina acirrada, eu não caí", concluiu Mahavir.

Ao mesmo tempo em que se sentia orgulhoso de ter conseguido, sentia vergonha por tantos desatinos. As imagens apagaram-se, e a tela desapareceu. Mahavir tinha lágrimas escorrendo pela face. Sentia-se pleno, apesar de comovido.

— O que acontecerá agora? Minha alma ainda não está pura! O Senhor das Trevas virá me buscar? Qual será meu destino? — Havia certa aflição em Mahavir.

— Ainda não o verá. Primeiro, conhecerá as dimensões superiores e verá que tudo está interligado. Nesta vida, você conseguiu alterar seu patamar energético. Você realizou tudo a que se propôs fazer, e isso é muito difícil acontecer. Normalmente, as pessoas realizam somente uma parte, contudo, você concluiu com muito êxito — tornou o ser. Mahavir sentia-se feliz. — Falta muito a aprender e a se lapidar como espírito de luz, mas vejo que é só questão de tempo.

Sorrindo, o ser continuou:

— Você permanecerá com a roupagem energética da sua última vida, porque alterou seu padrão vibratório. A roupagem de Roumu era mais materializada e propícia ao serviço que prestou na última estada no plano espiritual. Agora, você auxiliará de outra forma, e a roupagem em que se encontra é mais apropriada. Alguém especial irá conduzi-lo. — O ser acenou para uma mulher, que entrou sorrindo na caverna de pedras.

Mahavir reconheceu-a imediatamente. Com os olhos cheios de lágrimas, correu ao encontro de Aná e a abraçou forte.

— Aná! Reencontrá-la será sempre a melhor parte de morrer! — falou, sorrindo emocionado.

Aná pousou seu olhar meigo e penetrante nele.

— É sempre muito bom revê-lo! Estou feliz e orgulhosa de suas conquistas de alma. Agora, você poderá conhecer outros mundos espirituais e compreender melhor toda a sua trajetória e os diferentes trabalhos que executou — comentou Aná, suavemente.

— Nosso trabalho com você termina aqui. Está em boas mãos. — Os dois seres longilíneos apontaram para a saída.

Mahavir inclinou a cabeça em reverência e exalou gratidão pelos dois seres. Olhou para a mulher de seus sonhos e exalou gratidão por ela.

— Obrigado por me preparar para a passagem — agradeceu à mulher.

— Foi a pedido de Aná. Era melhor que não se confundisse com a presença dela. Foi bom vê-lo adoentado, sem perder a fé e a boa disposição — concluiu ela abrindo um leve sorriso.

Aná e Mahavir subiram as escadas, e ele sentiu o caminho fechando-se atrás deles. Encaminharam-se a um canto do salão.

Havia seres que iam e vinham por todos os lados de forma organizada. Eles falavam baixo, e havia silêncio apesar da movimentação. Alguns confeccionavam mandalas, sempre em harmonia. Isso o fazia lembrar-se muito do mosteiro: o silêncio em união ao movimento.

— Até agora, você esteve dentro de uma faixa vibratória de almas em tormento, porque sua própria alma estava atormentada e em conflito. Lembra-se do calabouço, dos anos que passou no limo, do Vale com Tesa?

Mahavir assentiu com a cabeça.

— Essas faixas se localizam na Terra, em uma dimensão energética diferente da crosta terrestre, que os humanos habitam. Nessas dimensões, o encarne é imediato, sem que haja contato com as dimensões superiores, pois o corpo etérico não suporta a sublimação energética. Por isso mesmo que, desta vez, você não retornará à forma de Roumu. Aquela roupagem não se sustentaria aqui. Os encarnes naquelas dimensões são a pedido da própria alma ou por imposição do processo de evolução. Até mesmo os hospitais e as escolas pelos quais você passou lá fazem parte das dimensões da Terra, e por isso são muito semelhantes, com construções similares às terrenas, pois a energia desses locais vibra vagarosamente. É onde se recebem almas desequilibradas, desde doenças físicas até distúrbios mentais e emocionais, para que se recomponham e se dirigiram a espaços pertinentes à sua evolução. Os hospitais são locais de transição, assim como este aqui. O que difere um do outro é que este pertence às dimensões espirituais que se localizam acima da crosta terrestre e têm uma densidade mais fluídica. Você perceberá que não há nada parecido na Terra. Não há construções físicas; tudo está em movimento.

— Aná, você disse que tudo se move. É por isso que nossos pés parecem não tocar o chão?

— Sim, aqui tudo se movimenta. O chão que vê é energia em movimento. Você é um corpo de energia. Mas aqui ainda há formas, pois a movimentação das energias é lenta, o que possibilita sua compreensão, pois faz associações com o tempo que viveu na Terra. Lá, as energias se movem ainda mais lentamente, por isso a sensação da matéria. Você verá que, conforme subirmos, tudo lhe será novo.

Mahavir assentiu com a cabeça, e Aná continuou:

— Vou mostrar-lhe estas dimensões. É melhor lhe explicar quando chegarmos. Tudo será muito diferente e, quanto menos buscar similaridade com o que conhece, melhor será sua assimilação. — Ela fez uma pausa antes de prosseguir. — Esvazie sua mente, como já sabe fazer muito bem, e me acompanhe.

Mahavir estava curioso e feliz, mas pensou: "Difícil será não fazer associações...".

Enquanto ouvia as explicações de Aná, Mahavir lembrava-se do mosteiro e do que aprendera. O que lera sobre energia, chacras, energia das ervas etc., tudo apresentava similaridade com o que via por ali.

Aliás, por isso ele entendera tão fácil a movimentação energética daquele lugar.

— Tudo que você aprendeu será muito útil para sua compreensão, não se preocupe. — A voz de Aná era doce e gentil.

Aná e Mahavir foram em direção a um dos arcos do salão. Ele tinha a sensação de estarem imersos no céu. Embaixo do arco, sentiu-se pequeno, tamanha era a altura.

Assim como ele, outros seres também estavam ali. Aná ficou de frente para Mahavir e abriu os braços. Uma energia clara envolveu-os, e Mahavir sentiu seu corpo chacoalhar levemente.

Rapidamente, chegaram a um espaço um tanto estranho para Mahavir. Não havia paredes, o que dava a sensação de infinidade.

O espaço era ora amarelo-claro, ora amarelo-escuro. Não havia som de vozes, mas um som que Mahavir associou ao dos ventos quando na Terra. Formas surgiam e desapareciam.

Havia vários grupos de mais ou menos dez seres. Da mente de cada um do grupo saía um filete de energia, que se unia a todos os outros filetes das mentes dos outros do grupo, formando um conglomerado energético que era automaticamente conduzido para baixo.

— Mahavir, aqui é um nível mais sutil que a Casa de Cristal. Os grupos que vê estão com a mente extremamente concentrada. Todos pensam a mesma coisa, e o que eles pensam se materializa. As energias se movimentam sob o comando mental. Cada grupo é responsável pelo envio energético condizente com um local. Por exemplo, aquele grupo — Aná apontou para a esquerda — direciona as energias para os hospitais, sejam eles terrenos ou espirituais. Este outro — apontou para a direita — conduz energias aos vegetais, agregando-lhes os nutrientes devidos para a manutenção do corpo humano. Outros grupos aqui direcionam energias para os corpos sutis dos encarnados, auxiliando-os no equilíbrio físico e energético, visando à manutenção. Tudo aqui visa à manutenção e revitalização do corpo etérico da Terra.

Mahavir viu certa similaridade com o que fazia no mosteiro: o manuseio das ervas e a energia que se acumulava sendo distribuída uniformemente pelo corpo humano que tratavam.

— Podemos continuar? — perguntou Aná.

— Sim — respondeu Mahavir com um sorriso.

Eles ficaram um de frente para o outro. Aná abriu os braços, e a energia os envolveu.

Quando abriu os olhos, Mahavir deparou-se com algo encantador: energias coloridas, em tons pastéis, movimentavam-se de forma muito delicada, como se estivessem dançando.

Não havia paredes ali, e ele não conseguia avistar seres. Olhou para Aná e viu que do coração dela saíam energias que lentamente o envolviam. Ele abriu um sorriso, e seu olhar ficou sereno e calmo.

"Que lugar é este?", pensou Mahavir.

Aná não disse nada, e eles ficaram um tempo nesse sentimento.

Aná tocou Mahavir, que estava com os olhos cerrados. Ele abriu os olhos e a seguiu. Lá, Mahavir viu vários seres sentados em círculos: um pequeno, de quatro seres no centro; outro com oito fora, outro com doze, e assim por diante até o infinito. Eram muitos seres.

Do coração de todos eles, em uníssono, partiam energias coloridas e finas, que bailavam e pulsavam com sincronicidade indescritível. Mahavir olhou para Aná e notou que dela também saíam filetes, que se encontravam com os filetes dos seres no círculo.

"Ela deve trabalhar aqui", deduziu Mahavir.

Ele lembrou-se do coração dos livros do mosteiro e da importância desse órgão ao corpo humano. Aquele lugar lembrava um grande coração de energia, que, discretamente, mantinha todo um sistema.

Foram se afastando dos seres.

— Nesta dimensão, prevalece o sentimento do amor. Essa energia é canalizada para a Terra e todas as dimensões espirituais. Dependendo do local, certa cor encontra mais aderência, por isso tantas cores e a similaridade com o arco-íris da Terra. Nosso trabalho é ativar e manter o amor inerente a cada ser, lembrando-os de que todos somos filhos do amor.

— Aquelas energias de paz que eu sentia vinham de você ou daqui?

— Vinham de mim e daqui. — Ela sorriu. — Eu trabalho aqui. Assim como você sentiu, conduzimos esse amor para vários outros seres e outras dimensões.

Os olhos de Mahavir brilhavam.

— Este trabalho é muito bonito. Lembro que isso me acalmava e eu fazia melhor meu serviço.

— O amor é a força que impulsiona todos os seres na busca do melhor. Por meio do amor, a aceitação se faz presente e não há julgamentos. Espalhamos essa energia por todo o Universo, independentemente do que fazem.

Do coração de Mahavir, apenas um fraco filete de energia saía, o que o fez perceber que não era compatível com aquele local, apesar de se sentir muito bem ali.

"Tenho muito a aprender para conseguir servir aqui." Aná sorriu, e eles se foram para outra dimensão.

Quando Mahavir abriu os olhos, sentiu uma ligeira tontura e, instintivamente, levou as mãos aos ouvidos. Vários feixes de luz surgiam e desapareciam velozmente, provocando um som alto.

Mahavir associou aquilo aos raios que partiam o céu em dias de chuva no mosteiro. Eram como raios que iam e vinham, de forma desordenada. Ele buscou Aná, mas não a viu de imediato. Forçou a vista, tentando enxergar melhor. Aná estava um pouco mais à frente dele.

— Aná, o que é isso? Estou muito confuso!

— Você já vai compreender — tornou ela, sem alterar a voz e levando o indicador à boca, em sinal de silêncio.

"Silêncio aqui?", questionou Mahavir.

— Esvazie a mente como aprendeu, assim, não interferirá no trabalho. Já lhe dou as explicações devidas.

Conforme caminhavam, Mahavir ia acostumando a visão e a audição. O barulho ensurdecedor de antes havia diminuído. O que viu foi muito diferente de tudo o que já tinha visto.

No que poderia ser o centro daquele espaço havia um grande receptáculo de raios vindos do alto sustentado por um longo tubo de material rígido.

Cada raio era direcionado a vários seres que lá estavam. Havia milhares de seres. Os raios entravam pelo receptáculo e eram imediatamente encaminhados para eles. Aná e Mahavir aproximaram-se de um dos seres que lá trabalhavam.

A concentração era tamanha que ele continuou seu trabalho, apesar de lá estarem. Ele recebia o raio, olhava para uma plataforma flutuante translúcida, que lhe possibilitava enxergar a Terra, tocava na mesa, certo ponto se destacava e ele pregava o raio lá.

Mahavir ficou impressionado. Através da mesa, eles podiam ver o caminho do raio até o destino final, que se iluminava com a chegada do raio. Rapidamente, o ser recebia outro raio e fazia o mesmo procedimento com outro ponto.

— Esta é uma dimensão que estimula os humanos a agirem de forma humanitária, visando ao todo e não apenas ao pessoal. É muito importante, pois é daqui que os humanos recebem os *insights* catalisadores de grandes mudanças. O receptáculo do centro capta a Sabedoria Cósmica.

"Quando a Sabedoria Cósmica encontra esta dimensão, ela se materializa nesses raios de luz carregados de eletricidade. Isso acontece porque, para chegaram até os humanos, eles têm de perfurar várias camadas densas. Como vimos, os seres que aqui trabalham recebem um raio da Sabedoria Cósmica e rapidamente buscam o humano que a receberá."

— Qualquer ser humano recebe esses raios?

Aná sorriu e respondeu:

— Para receber os raios, é preciso que o ser humano pense, sinta e aja coerentemente. Ao recebê-los, o humano encarnado tem seu metabolismo ativado e potencializado, tornando-o capaz de tomar a decisão correta e agir benéfica e humanitariamente. Veja aqueles seres. — Ela apontou à esquerda. — Eles são responsáveis por conduzir a Sabedoria Cósmica para os chacras e meridianos da Terra, equilibrando-a. Outros seres encaminham esta energia para os outros planetas. Nesses outros planetas, os seres que lá habitam são mais suscetíveis à recepção, pois possuem uma inteligência cósmica mais aguçada. Mas isso você verá em outro momento.

— Aná, o que ocorre lá? — Mahavir olhava para a direita, distante de onde estavam.

— Vamos até lá para você ver.

Eles dirigiram-se até um grande fluxo escuro que crescia do chão e ia além daquele espaço. Seres ficavam em volta e formavam uma barreira energética.

— O que é tudo isso?

— Esse fluxo negro advém desde guerras até pequenas discussões que os humanos travam entre si por mesquinharias. A barreira energética formada por esses seres visa a conduzir essa energia para local propício à neutralização e impedir que atrapalhe as tarefas que aqui são executadas.

Mahavir sentiu uma profunda dor e um imenso arrependimento. Lembrou-se das guerras que provocara enquanto Roumu, das matanças de Zirrá, do ódio e das intrigas de Ghinla.

"Também sou responsável por essa energia."

— Todos nós já contribuímos com isso de alguma forma. Pense agora em como pode fazer melhor. Você já sabe que a culpa não faz andar para frente — dizendo isso, ela tocou-lhe o braço.

— Você tem razão, Aná. Ao olhar para tudo isso, sinto vontade de ficar aqui e ajudar. Seria possível? Gostaria de contribuir na construção do que destruí.

Aná riu.

— Que bom que sentiu isso. É aqui mesmo que ficará. Aguarde-me um pouco.

Aná retornou com um ser alto, robusto, de rosto oval e longos cabelos pretos presos.

— Seja bem-vindo! Estava à sua espera! — disse o ser de voz alta, grossa e firme.

— Agora me vou, Mahavir. Vamos nos ver com mais frequência que antes! — tornou Aná com voz doce.

Mahavir abraçou-a.

— Obrigado, Aná, por todas as instruções e pelos aprendizados. Apesar de não me sentir tão confortável onde você está, eu consigo ficar um pouco, nem que seja para lhe dar um abraço.

Eles despediram-se, e Aná se foi.

Durante um bom tempo, Mahavir ficou naquela dimensão. O trabalho que desenvolveu ali ampliou sua compreensão sobre o tempo em que trabalhara com o Senhor das Trevas. Lembrou-se de quando trabalhava no limo, libertando as almas sem saber para onde elas iam.

Hoje, era claro que cada um tinha o seu lugar. Elas iam tanto para hospitais e de lá para dimensões da Terra, quanto diretamente para as dimensões elevadas.

Mahavir encantou-se com a organização e a inteligência que regiam tudo o que viu.

"Não há culpa nem punição; apenas as leis de causa e efeito, que, a todo instante, incidem sobre todos os seres. O sofrimento é um simples processo de lapidação da alma. Não há julgamentos. A própria alma é que se julga e se recrimina, e a culpa a adoece. Não há força energética exterior que cause isso."

Mahavir sabia que havia outras dimensões superiores inacessíveis a ele naquele momento. A liberdade estende até onde o espírito é capaz de ir, e esse limite tem a ver com crescimento, aceitação, compreensão de um todo e, acima de tudo, com sua capacidade de amar.

"Essa compreensão de amor me é pequena ainda."

Enquanto executava seu trabalho naquela dimensão, Mahavir percebeu que a Terra passara por várias mudanças provocadas pela cegueira dos homens. Essa era também a razão da existência das várias dimensões de movimento constante: manter o equilíbrio cósmico.

Despontava em Mahavir a vontade de utilizar seu conhecimento dos chacras, das emoções humanas, das mentes, da Sabedoria Cósmica, das ervas medicinais e de tudo mais, interligado às conexões humanas que vivenciava. Essa descoberta do poder de Deus lhe trazia imensa alegria. Agora, ele sabia onde tudo era gerenciado e organizado e obteve essa resposta não por meio da razão, mas pelo sentimento. Simplesmente, Mahavir sentia que havia um fluxo constante de forças que vigoram.

"Para quê? Qual é o propósito maior?", perguntava-se.

Mahavir ainda estava longe desse conhecimento. A ele ainda não fora revelado o princípio ativo dessa força de amor a qual chamam Deus, que move o Universo. Pelo menos não racionalmente.

O trabalho de Mahavir era intenso. Ele descia e subia entre as várias dimensões para completar o trabalho da dimensão dos raios.

Certo dia, Mahavir desceu ao limo e para isso teve de se revestir de uma capa energética mais densa. Viu que muitos de seus amigos já não estavam lá, nem mesmo Turi. Outros permaneciam, mesmo tendo encarnado diversas vezes.

"Nada fizeram de diferente, mas continuam presos aqui", pensou.

Um desses amigos de Mahavir estava se preparando para renascer. Mahavir encorajou-o e percebeu que todos do limo torciam verdadeiramente por ele.

Quanto ao ambiente, nada havia mudado. Essa foi a primeira de muitas vezes que Mahavir retornou ao limo. Com tantas guerras, o trabalho da dimensão de Mahavir era intenso, na tentativa de restaurar o equilíbrio da Terra. Devido à ascensão de Mahavir e à fluídica composição de seu corpo etérico, era preciso que ele se revestisse de uma capa energética densa quando descia às dimensões da Terra. Seu trabalho requeria que, uma vez ou outra, ele fosse até essas dimensões da Terra para concluir suas tarefas. A permanência nessas esferas era limitada. Quando ficava muito lá, a turbulência energética penetrava nos corpos sutis de Mahavir, desvitalizando-o.

Cada dimensão requer uma frequência vibracional. Se o corpo etérico de algum espírito não se adequa perfeitamente àquela vibração, é preciso usar capas energéticas. Na dimensão do amor puro, onde Aná trabalhava, a permanência de Mahavir era permitida, porém sua adequação ao ambiente não era plena. Sua capacidade amorosa não era suficientemente profunda e despretensiosa, o que lhe permitia apenas concluir pequenas tarefas.

Durante essa experiência de serviço, Mahavir fez muitos amigos.

"A maioria das trocas afetivas que construí foi no mundo espiritual. Na Terra, meus laços afetivos eram poucos, e eu não cultivei relações profundas. Talvez, por isso, não consiga sentir amor suficiente para permanecer muito tempo na dimensão do amor e do sentir."

Aquele pensamento ia e vinha à mente de Mahavir.

Uma vontade de amar despontava em seu ser. "Eu quero reencarnar."

Ele estava um pouco aflito, pois sabia que a decisão de encarnar era a escolha de deixar para trás o serviço que prestava e os aprendizados que viriam, e seu coração apertava-se diante da ideia de que teria de se despedir novamente de Aná.

Incomodava-o saber que não estava na mesma frequência vibracional de Aná, e isso o motivou.

Decidido, foi se encontrar com Aná para ver a possibilidade de seu novo encarne.

Na dimensão do amor e do sentir, buscou-a com o olhar e logo a encontrou. Um sorriso instantâneo estampou-lhe a face. Eles se abraçaram.

— Querida Aná — ele olhou-a com carinho — , eu preciso sentir amor. Percebi que tenho muitos amigos aqui, no mundo espiritual, porém não criei sentimentos fortes por ninguém na Terra, a não ser por você. No mosteiro, cultivei um sentimento de amor fraterno pelos monges e mestres e, quando curava as pessoas, sentia-me bem, mas não construí relações. Percebo que minha permanência aqui, nesta dimensão do amor e do sentir, é prejudicada devido a isso — falava com certa inquietação. — Pensei que, se me for permitido ir à Terra novamente para desenvolver o amor terreno, talvez consiga acessar o amor celestial e possa ajudá-la nesta dimensão um dia!

Aná observou-o com amor.

— Seu impulso de querer melhorar é admirável. Para ter acesso ao amor celestial, é preciso desenvolver o amor terreno. Você está certo. Comunicarei sua solicitação.

Abraçaram-se, e Mahavir retornou à sua dimensão. Estava confiante e feliz. Sentia, em seu coração, que esse era o caminho certo a tomar. O receio de queda, comum antes de qualquer reencarne, despontava nele, mas não tão grande como das outras vezes.

Poucos dias se passaram, e Aná encontrou-se com Mahavir em uma das muitas dimensões existentes. A energia presente nessa dimensão em particular assemelhava-se a raios cósmicos.

— Tem a permissão para nascer novamente! Seu pedido foi aceito imediatamente. Eles já estavam planejando seu regresso; você realmente precisa retornar. — A voz de Aná estava um pouco tristonha.

— Que bom! — tornou Mahavir, prontamente. — Quando partirei?

315

— Agora mesmo! O processo se dará na Casa de Cristal. Já o estão aguardando.

Mahavir sentiu um pouco de tristeza em Aná e indagou:

— Há algo de errado? Sinto-a apreensiva...

— Saberá o que me aflige... Faz parte do processo. Você se sairá bem. Vamos?

Mahavir assentiu com a cabeça, um pouco intrigado.

Os dois desceram para a Casa de Cristal. Chegando ao salão, dirigiram-se para a caverna azul. Lá, já estavam os dois seres que o receberam quando Mahavir desencarnou da última vez. Quando o viram, sorriram.

— Você está bem melhor desde a última vez em que o vimos! Está decidido a partir? — indagou um deles.

— Sim, estou — respondeu tranquilamente Mahavir.

— Sigam-me, então.

Mahavir, os dois seres e Aná seguiram pela caverna azul. As energias abriam-se enquanto eles caminhavam e fechavam-se após passarem.

Por fim, chegaram a uma sala vazia, não muito grande. Os dois seres pararam na frente de Mahavir. Aná estava um pouco afastava, observando. Um deles começou a explicar:

— Suas vidas na crosta terrestre, até agora, tiveram por objetivo trazer-lhe conhecimento e sabedoria. Agora, você está pronto para voltar à Terra e lidar com desafios que representam a reparação do carma obtido por você mediante ações praticadas no não amor em outras vidas. — A voz do ser era firme.

Mahavir estava confuso.

— Pensei que a reparação desses carmas, das minhas ações baseadas na ganância e no poder, tivesse sido feita enquanto estava no limo, no calabouço, e em todos os lugares de sofrimento que já estive.

— Os carmas só são purificados na Terra. É necessária uma nova ação concreta baseada na lei do amor. No mundo espiritual, realizamos o que sabemos, ampliam-se conhecimentos que devem ser testados e provados na carne, mas não se adquirem novas habilidades. O nascimento na Terra é o caminho para a evolução do espírito.

— Muito do que faço na minha dimensão aprendi no mosteiro, de maneira diferente, é claro, mas realmente aplico o que aprendi. Mesmo o que fazia no Vale foi o que aprendi em vida na Terra. — Mahavir começava a compreender.

— Muito bem! Nesta nova vida, você se submeterá à Lei do Carma. Como já sabe, essa Lei é o conjunto de todas as suas ações em vida e suas consequências.

Mahavir lembrou-se rapidamente de tudo o que já havia feito em vida, principalmente do sofrimento que inflingira nas pessoas. Um calafrio percorreu seu corpo etérico. Ele refletiu:

— Minhas vidas não foram tão duras... Não tive sofrimentos imensos como os que provoquei... Senti a dor da alma apenas aqui, no mundo espiritual, mas não compreendo uma coisa... Por que não fui reparando meus carmas?

O ser sorriu e continuou a explicar:

— Sem reparar carmas, você teve dificuldade de colocar em prática os aprendizados, imagine sob o jugo do carma. Pense em uma criança na Terra, com toda a sua inocência. Ela se depara com uma faca. Brinca com a faca perto dos irmãos e, sem querer, ela escapa de suas pequenas mãozinhas e atinge o irmão, que se fere. Ela, nesse momento, não tem o conhecimento, o discernimento e a intenção de ferir. Isso não provocou rachadura em sua alma, pois ela estava na ignorância. A maneira como o irmão recebeu esse golpe dependerá também de seu conhecimento e discernimento. É de responsabilidade do irmão a assimilação que obtiver do fato. Se assimilar com ódio e amargura, responderá por esses sentimentos. Não importa o que o outro faça a você, mas como cada um reage aos acontecimentos. A Lei do Carma atua na ação tomada pelo espírito. Se a mesma criança, já maior, aprende como se dá o manuseio da faca e, ainda assim, opta por ferir pessoas com esse instrumento, aí sim ela desencadeia rachaduras em sua alma, pois, quando ferimos o outro com consciência, ferimos a nós mesmos.

E esse processo de ferimento em si e no outro é o que dá início à roda cármica.

Mahavir ouvia a tudo atentamente. Dúvidas rondavam sua mente.

— A consciência da repercussão dos meus atos veio de forma clara e límpida aqui, no mundo espiritual. Encarnado, agia sob o impulso de emoções descontroladas.

— Muitos conhecimentos são adquiridos no mundo espiritual. A Terra é para sedimentar no espírito os verdadeiros conhecimentos. Só assim eles farão parte essencial do espírito. Conhecimento sem prática é um grande laboratório de carma.

Mahavir começava a entender. O ser prosseguiu:

— Em suas primeiras vidas, você tinha como objetivo o controle dos impulsos humanos. Era o início de seu crescimento, no qual a vida terrena tinha como intuito despertar e desenvolver qualidades de seu espírito. Como Roumu, você despertou e desenvolveu a coragem e a determinação. Depois, como Zirrá, nasceu para despertar e desenvolver o que aprendera no mundo espiritual, que era a justiça que imperava nos calabouços. Na Terra, deveria unir a coragem, a determinação e a justiça aprendidas. Nessa vida, obteve sucesso no desenvolvimento das qualidades, mas não da virtude, pois usou a justiça com critério egoísta. Aí se iniciou sua roda cármica, pois você já tinha o conhecimento e o desvirtuou como quis, infligindo dor nos outros deliberadamente. Com isso, sua alma rachou, e a roda teve sua atuação intensa após a aprovação da morte de Zarah e todo o sofrimento que veio em seguida.

Mahavir lembrou-se da sua vida como Ghinla e todo o seu corpo estremeceu.

— E quanto a Ghinla? Eu me afundei ainda mais no carma?

— Como Ghinla, você nasceu para aprender, por meio da submissão e da obediência, servir e domar seu instinto de busca por poder. Se tivesse conseguido servir, sem ódio no coração, teria anulado imediatamente o carma da vida anterior. Porém, seu indomável espírito potencializou a roda cármica, endurecendo seu espírito ainda mais. No mundo espiritual, como sabe, você obtinha a clareza e servia com o que conquistara, mas isso não alterou em nada a dureza de seu coração. Por isso, viver na Terra como Joé foi o momento mais que propício para quebrar a dureza em que se encontrava. Sem o mínimo de amor, a roda aumenta infrutiferamente, apenas gerando sofrimento, e em nada você contribuiria para o equilíbrio. Sua vida no mosteiro foi uma grande escola espiritual na Terra. Tinha o objetivo de, por meio da disciplina, domar seus instintos e canalizar sua força para o serviço ao próximo. Essa foi uma vida de solidificação de aprendizados. Conhecimentos adquiridos na Terra penetram eternamente no espírito. Conhecimentos adquiridos no mundo espiritual devem ser praticados na Terra para se firmarem no espírito... — O ser fez uma pausa antes de prosseguir. — Agora, mais do que nunca, você está pronto para, mediante o amor, neutralizar os carmas e ímpetos do espírito.

Mahavir sentiu-se grato pela vida e por todas as experiências que lhe foram dadas.

"Mesmo tendo sido tão mau, tive grandes e valiosas oportunidades", alegrou-se intimamente.

— Como será esta minha vida? — inquiriu Mahavir.

— Você viverá situações semelhantes às que viveu como Ghinla, mas hoje sua condição de aceitar, servir e amar é bem maior. Tenha confiança! — O ser sorriu.

Mahavir estava um pouco aflito. A vida de Ghinla passou-lhe pela mente rapidamente. Ela fora sua maior queda. Apesar de confiante, não podia negar o medo que o assombrava.

— Sei o mal que causei aos outros e a mim mesmo e sei também que o sofrimento com resignação e aceitação burilam a alma. Ao fechar esta ferida, fecharei também a ferida das almas que feri? — Quis entender Mahavir, com pesar do que fizera.

— Não, pois cada um é responsável pelas próprias feridas. Você conviverá com pessoas que ainda não têm o conhecimento para agir diferente. Sendo assim, competirá a você compreendê-las e aceitá-las como são. Só assim o amor brotará em seu coração. Não veja carma como punição. Aqui nada se pune; é a consequência natural dos atos e sua repercussão na alma. Assim que fechar sua ferida, sua vibração mudará drasticamente, e dessa forma você ajudará os outros — esclareceu com amabilidade o ser.

Mahavir tinha o semblante pesado, a testa enrugada, e vários pensamentos lhe passavam na mente. Sentiu medo de reencarnar e cair. Sentia-se sufocar de tanto que seu coração estava apertado. Ele olhou para Aná, aflito.

— Meu querido, não tema. Você já passou por situações difíceis. Hoje, tem a maturidade espiritual para concluir esta vida com sucesso. Como sempre, estarei com você. O processo de evolução é uma constante. Esta não será a primeira nem a última provação a que se submeterá. Está tudo programado para que tenha êxito. Confie! — A voz de Aná era doce e cheia de confiança. Mahavir sentiu-se mais seguro e calmo.

— Se esse é o melhor jeito para eu desenvolver o amor e poder, estar onde você está, Aná, não será sacrifício. — Os olhos de Mahavir estavam cheios de lágrimas.

— Você conseguirá! Nunca estive longe de você! — consolou-o Aná, abraçando-o.

O ser retomou suas explicações:

— Você nascerá como mulher, e seu objetivo será amar não importa o que venha a acontecer. Constituirá uma família e terá uma vida normal e singela. Todos os conhecimentos que adquiriu até agora ficarão adormecidos, pois não serão necessários, uma vez que o objetivo maior é que amplie o sentimento. A lembrança da dimensão do amor e do sentir será vívida e sentida por você como auxílio. Boa sorte! — disse o ser, estendendo a mão para Mahavir.

— Obrigado — agradeceu Mahavir com um sorriso e, voltando-se para Aná, concluiu: — Espero não lhe dar muito trabalho. Não gosto desta hora. É sempre uma dor antecipada do tempo que ficaremos longe, mas levarei comigo seu amor, que é tudo de que necessito.

Beijou-a, olhou-a por um longo tempo e acompanhou o ser rumo à sua preparação encarnatória.

CAPÍTULO 7

Marie e seu irmão estavam trancados naquele quarto escuro havia dias. Sujeira e pó encobriam a pele clara de Marie e emaranhavam seus longos cabelos pretos. Falar era-lhe custoso, e ela ouvia com frequência o roncar de sua barriga. Suas mãos acariciavam os cabelos duros do irmão, que dormia em seu colo.

Apesar de já estar acostumada com os ímpetos violentos de seu pai, desta vez ele tinha sido rude demais. Estava aflita pelo irmão, tão novo, havia tantos dias sem comida e água para hidratar o corpo. Os constantes latejos em sua cabeça intensificavam-se, mas ela não se incomodava como antes.

"Não há nada o que fazer", pensava.

Ouviu de súbito a porta da frente de sua casa abrir e tremeu. "Ele voltou."

— Onde estão as crianças, mulher? — gritava a voz estrondosa do pai. — Cadê o menino?

— Eles estão onde você os deixou. — Marie pôde ouvir a voz triste da mãe.

— Vá tirá-los de lá e traga o menino para cá! — ordenou o pai.

Marie ouviu um barulho estridente.

"Ele esbarrou no vaso da sala. Está agressivo de novo. Os negócios não vão bem", pensou com tristeza e medo. Tratou de chamar o irmão, baixinho, para não assustá-lo.

— Acorde. A mamãe está vindo para nos tirar daqui. — Ergueu-o um pouco e abraçou-o, dizendo ao pé de seu ouvido:

— Fique quietinho, não diga nada ao papai. Ele está bravo. — E ninou-o, enquanto a mãe não chegava.

O barulho das chaves na porta aliviou o coração de Marie. Quando a porta se abriu, ela tampou seus olhos e os do irmão. Acostumou um pouco a vista e logo viu sua mãe à porta, sinalizando para que saíssemos. Ela fazia sinal de silêncio, que Marie já entendera.

Pegou o irmão pelas mãos, e foram saindo devagar, sentindo as pernas doerem.

— Vão direto para o quarto, filha. Lá tem água e comida para vocês. — A voz da mãe mostrava apreensão. — Vou tentar acalmá-lo — comentou, beijando Marie e o irmão na face.

Eles foram sorrateiramente para o quarto. Estavam acostumados a essa rotina. Alimentaram-se e dormiram um pouco.

— Onde está o menino? Traga-o para cá! Eu já falei!

Marie acordou assustada com os gritos do pai.

"Ele deve ter dormido, assim como nós", concluiu. Acordou o irmão, e, ao saírem do quarto, depararam-se com a mãe, que estava muito aflita. O menino correu ao seu encontro.

— Mamãe, ele vai me bater de novo? — Quis saber, choroso.

Marie olhou para os dois. A mãe nada disse, mas seus olhos estavam marejados.

Naquela noite, Marie não dormira, cuidando do irmão machucado. Cada vez que ele acordava choramingando, ela sentia raiva do pai e inconformismo pela passividade da mãe.

323

Passaram-se bons anos, e Marie, com dezoito anos, já era uma mulher. Seus cabelos negros pendiam pelos ombros em contraste com a pele clara. De seus pequenos olhos negros, lágrimas escorriam, e ela abafava o choro com as mãos.

Marie estava no corredor, espiando o pai bater no irmão com o coração acelerado e aflito. O barulho das pesadas mãos sobre o corpo do irmão era ouvido por Marie como chicotes, e ela sentia o próprio corpo arder de dor.

— Pare! Você irá matá-lo! — gritava a mãe.

O pai largou o menino, que caiu de boca no chão, e avançou sobre a mãe, desferindo-lhe um golpe no rosto.

— Não se meta, vadia! — disse, agarrando-a. — Eu mato você! — E deu um soco na boca da mãe, abrindo um feixe por onde o sangue escorria. Ele, então, virou-se e voltou a bater no menino.

Marie viu sua mãe agachar-se, e colocar as mãos no ferimento. Ela correu até onde estava a mãe. O pai nem sequer a notou, tão entretido estava espancando o filho.

— Mãe, deixe que a ajudo. — Quando Marie tocou nela, notou que estava tremendo. Foi rapidamente pegar ataduras.

— Marie, seu pai vai matá-lo — observou a mãe assustada.

Marie nada disse, mas o barulho da porta batendo a fez deixar as ataduras na mesa e averiguar se o pai havia saído.

Ao entrar na sala, viu o irmão desfalecido no chão e nem sinal do pai. Aproximou-se dele e chamou-o, porém ele não respondeu.

— Mãe, venha até aqui! — gritou Marie, começando a chorar.

A mãe adentrou a sala e pegou o filho no colo. Chamou-o, mas ele não respondeu.

— Marie, corra até a casa do médico. Diga para vir para cá o mais rápido possível.

Marie secou as lágrimas e saiu correndo em busca do médico.

No dia seguinte, pela manhã, o pai já havia saído de casa para trabalhar e Marie ajudava a mãe na cozinha. Seu irmão ainda dormia profundamente no quarto.

— Por que a senhora aceita isso? — Marie colocou o copo em cima da mesa e olhou para a mãe. — A senhora não vê o quanto sofremos? Meu irmão quase perdeu as pernas! Ouviu o que o médico disse? Ele pode morrer! — Ela tinha ódio na voz.

— Ele se excedeu na noite passada. Temos que ter paciência. Seu pai é um homem bom, porém explosivo. Esta é nossa família. — Havia certa melancolia na voz da mãe. — Também queria que as coisas fossem diferentes. Mas se não dá, o que nos resta é aceitar com resignação, aproveitando os momentos de paz que temos, como este, por exemplo. — Sua mãe sorriu para Marie, abraçando-a.

Marie desvencilhou-se do abraço.

— Mãe, olhe para mim. — Sua voz era firme. — O papai não está aqui agora. Vamos embora! Pegamos meu irmão e vamos embora daqui! Vamos embora, mãe! Por...

A mãe não esperou que ela completasse a frase e lhe deu uma bofetada no rosto.

— Nunca mais diga isso! Nunca mais! Esta é nossa família! — A voz da mulher ficara grossa e firme. — Jamais abandone sua família, Marie! Jamais!

Marie chorava copiosamente.

— Eu não quero abandonar minha família, mãe. Mas a maneira como vivemos é desesperadora! Não sei como você suporta isso. Nós nunca sabemos o jeito como o papai vai chegar!

— Nossa vida não é ruim, filha. Temos casa, comida, seu pai nos mantém, tenho dois filhos que amo, que também são meus alunos. Reconheça o que você tem. Você tem a mim! — E a mãe a acalentou em seus braços, enquanto chorava. — Há pessoas muito piores que seu pai. E ele nos ama à sua maneira.

Um tempo se passou. O irmão de Marie se recuperou, apesar das contínuas agressões do pai.

Já fazia dias que os homens entraram em casa e levaram seu pai. Ela não estava preocupada, pois isso era usual.

"Pelo menos não fazem nada conosco. Pegam-no com brutalidade, mas só a ele", conformava-se Marie.

Quando voltou para casa, ele estava sujo e com sangue por todo o corpo. Marie, seu irmão e sua mãe estavam na sala. Ele nada disse, apenas se sentou no sofá da sala.

A mãe foi rapidamente à cozinha, pegou alimentos e algumas ataduras. Marie pegou o irmão pela mão e levou-o para o quarto.

— Fique aqui — recomendou ela ao irmão. — Vou ver se está tudo bem com a mamãe.

Marie retirou-se do quarto, escondeu-se no corredor e ficou espiando a mãe e o pai na sala. Sua mãe cuidava do pai com muito cuidado e carinho. Ele era rude com ela e mesmo assim ela o beijava e tratava de seus ferimentos.

Marie sempre gostou de estudar. Frequentou a escola durante pouco tempo, pois o pai implicava com ela. Então, sua mãe passou a ensinar a ela e ao irmão em casa.

Marie ouvira inúmeras brigas entre o pai e a mãe por causa dessas aulas que ela dava aos dois filhos. A própria Marie já pedira à mãe que deixasse de dar essas aulas, já que eram motivo de muita briga entre os pais. Sempre que esse assunto vinha à tona, a mãe de Marie acabava machucada. Ela admirava a persistência da mãe.

Já mais crescida, a jovem havia se tornado uma excelente dona de casa. O irmão provavelmente seguiria o caminho do pai, trabalhando na política.

Às vezes, após o jantar, Marie ouvia o pai brigar com o irmão.

— Você é incompetente e fraco! Desse jeito, nunca será alguém na vida!

Seu irmão vivia sob o fardo da incompetência que o pai lhe incutia. Ele era sempre prejudicado pelas falas maldosas e pelas mãos pesadas do pai. Quanto a Marie, ele quase nunca lhe dirigia a palavra.

— Marie, venha cá — chamou o pai, já cansado e doente.
— Sim, senhor — atendeu ela, abaixando a cabeça.
— Você vai se casar.
— Casar-me com quem, se não conheço ninguém?
— Você não precisa conhecer. Quem precisa conhecer sou eu. — A voz do pai era firme. — Uma mulher não sabe nada, quanto mais escolher um marido. Amanhã à noite, ele estará aqui.

Aquela novidade a pegara de surpresa. Ela sonhava em casar-se, ter filhos, construir a própria família com um homem amoroso, que a respeitasse e que ela escolhesse.

"Quem será esse homem?", perguntava-se Marie.

Ela estava com medo do dia seguinte. Foi cabisbaixa para o quarto.

— Quem é esse homem? Você não me disse nada! — Do quarto, Marie ouviu a voz da mãe.
— Que importa? Desde quando digo o que vou fazer para você? — tornou o pai, levantando a voz.
— Mas estamos falando do destino da nossa filha!
— E quem sempre cuidou do destino de vocês senão eu?
— Mas quem é esse homem? De onde você o conhece?
— É alguém com quem tenho negócios. Ele virá aqui amanhã e já irá levá-la. Prepare as malas dela.

Marie estremeceu. Foi até o corredor ouvir a conversa. "Ir embora? Amanhã?"

Lágrimas brotavam de seus pequenos olhos pretos.

— Não criei nenhuma prostituta! — rebateu a mãe, e o pai lhe desferiu um golpe no rosto.

— Cale-se! Eu mando nesta casa. Ela irá!

Marie viu o pai levantar-se e correu para o seu quarto.

Passou a noite toda chorando.

Já era noite quando bateram à porta da casa de Marie. O pai foi abrir a porta. Marie, seu irmão e sua mãe já estavam lá para receber o tal homem.

Ele era alto, forte, de rosto quadrado e cabelos ralos.

Quando entrou na casa, Marie sentiu um calafrio.

— Boa noite — cumprimentou. Sua voz era penetrante. Ele olhou para Marie de um jeito que ela ficou desconcertada. Todos o cumprimentaram, e eles foram jantar.

Após o jantar, Marie e o homem, que se chamava Gerard, ficaram a sós.

— Quais são suas reais intenções comigo? — indagou Marie, com a voz baixa e um pouco receosa.

— Minha querida — ele alisou os cabelos de Marie — , quem não tem dinheiro deve ter ao menos uma carne sedosa a oferecer por suas dívidas. — E seus lábios esboçaram um sorriso.

Os olhos de Marie encheram-se d'água, mas ela nada disse.

Voltaram à sala e pegaram as malas dela. Marie despediu-se aos prantos da mãe e do irmão. A face do pai estava rosada.

— Vá logo, Marie — ordenou o pai. Ela deu-lhe um beijo e foi em direção à porta.

"Você pode amá-lo aos poucos, filha. E ele também pode amá-la. Seja gentil e devote-se a ele."

As palavras de sua mãe antes do jantar ecoavam em sua mente.

"Tomara que ela esteja certa."

O primeiro ano junto de Gerard não foi fácil. Ele passava muito tempo fora de casa e, quando retornava na calada da noite, estava sob efeito de bebida e possuía Marie de maneira brutal.

Ela sentia-se como um objeto do qual o marido dispunha. Vivia sob as reclamações e gritos de que ela lhe dava muitas despesas.

Marie não tardou a engravidar.

Certa noite, quando ele entrou violentamente no quarto, ela gritou:

— Pare, Gerard! Ouça-me!

— O que quer?

— Eu estou grávida. Carrego um filho seu! Não durma comigo hoje, eu suplico! — Marie encolheu-se na cama, desesperada.

Gerard avançou para cima dela.

— Quem disse que eu quero um filho? Eu quero uma mulher! — Bernard desferiu vários golpes no corpo de Marie. — Vadia! Prostituta! — E seus golpes eram mais violentos.

Marie chorava baixinho, tentando pensar em outra coisa que não a dor que ele lhe infligia. Lembrou-se de sua mãe falando de Deus.

"Deus, assim como protegeu minha mãe durante todos esses anos, proteja a mim também. Não deixe que ele tire meu filho de mim."

Nos meses que se seguiram, Marie esforçou-se para ser mais carinhosa com o marido, a fim de conter seus ataques violentos. Sentia medo que algo acontecesse com o filho.

— Essa barriga inchada está fazendo bem a você e a mim — comentou Gerard uma noite.

Dessa forma, Marie conseguiu levar a gravidez até o fim.

Quando a criança nasceu e Marie a carregou no colo, ela sentiu que, pela primeira vez, sua vida teria significado. A felicidade transbordava de seu coração.

"Eu amo meu marido. Ele me deu esta linda criança."

Era um menino e tinha as feições do pai, o que foi um alívio para ela. Do jeito que ele era desconfiado e rude, poderia pensar besteiras, e Marie nunca sabia, ao certo, do que ele era capaz.

Gerard batizou o filho com o nome de Louis. Se por algum instante Marie pensou que Gerard ficaria mais dócil com a chegada do filho, muito se enganara.

Ele permanecia com o mesmo comportamento rude e austero com ela, reclamando de que os gastos tinham dobrado desde que Louis chegara.

Marie ficava horas olhando para Louis. À medida que ele crescia, também crescia incrivelmente o sentimento de amor de Marie para com ele.

Aquela criança despertara amorosidade em Marie como nunca pensara ser possível. Lembrava-se muito das palavras de sua mãe: "Nunca abandone sua família".

E passou a aceitar o marido e respeitá-lo de outra forma. Ela descobrira que tinha carinho por Gerard.

Os anos se passaram, e a educação que Gerard dava a Louis era muito severa. Todos os dias, ele batia no filho.

— Esta é a melhor forma de educar um filho. Se não bater, ele fica fraco! — tornou ele após uma intervenção de Marie.

— Há outras maneiras de educá-lo — pediu, receosa.

— Não se meta na educação do meu filho. Eu o educo como quiser! — gritou o marido, fazendo Marie calar-se imediatamente.

O filho passou a sorrir menos e tornou-se um pouco arredio com Marie.

Após comerem, Marie percebeu que o filho estava incomodado com algo. A face dele estava rubra.

— Está tudo bem, Louis?

— Não. Não está tudo bem. Você é uma mulher fraca! Por que ficou ao lado do papai todo esse tempo, deixando-o fazer tudo o que fez comigo?! — gritou, enraivecido.

— Não posso abandonar nossa família, filho...

— Família? Isso parece uma família para você? Ele bate em você e em mim quase todos os dias. Por que se submete a isso?

— Eu aprendi a amar e respeitar seu pai como ele é. Você deveria fazer o mesmo. É claro que gostaria que ele fosse mais dócil conosco. Sempre tentei tratá-lo bem e proteger você ao máximo...

— Proteger? — ironizou. — Acha que cuidar das minhas feridas é me proteger? Pode deixar que isso não ficará assim. Colocarei um fim nisso, e você verá o que é proteção.

Louis tornou-se um homem forte, alto e impetuoso, assim como o pai. Quando Gerard avançava para cima dele, ele revidava, enfurecendo-o ainda mais.

Certa vez, lutaram como inimigos, com facas nas mãos. Marie estava apavorada. Nunca vira o filho daquela maneira. Seu corpo forte avançava para cima do pai e rasgava-lhe a pele.

"Ele vai matá-lo", pensou, apavorada. Louis encostou a faca na garganta do pai.

— Não! — gritou Marie desesperada. — Não faça isso, filho! Ele é seu pai! — implorou ela, aproximando-se deles.

— Encoste em mim outra vez e eu o mato! — desafiou Louis.

Marie olhou para Louis, que chutou o pai no chão, e viu muito ódio. Ele saiu batendo a porta. Marie ajudou Gerard a se levantar.

— Você não soube educá-lo, Marie! Olhe o monstro que seu filho se tornou. Atacar o próprio pai!

Marie apenas ouvia.

— Esse moleque é indolente! Ele verá o que farei. Ele tem de aprender a me respeitar.

— Mas...

— Cale a boca! Você não vale nada, mulher! É um peso na minha vida. Você e o moleque! Aliás, dois pesos em minha vida! Onde estava com a cabeça quando a aceitei? — Ele bufava ódio.

Marie tratou de seus ferimentos até que ele adormeceu.

Desde então, estabeleceu-se uma relação de ódio entre Gerard e Louis. Marie mal conseguia dormir com medo de que eles brigassem no meio da noite e se matassem.

Louis a culpava pelo pai que tinha. Gerard a culpava pelo filho que criara. Marie compreendia os dois, mas não conseguia suportar ver o ódio entre eles. Isso lhe causava enorme tristeza.

Louis estava cada vez mais rebelde. Não conversava muito com Marie e, quando o fazia, parecia distante.

Numa das poucas conversas que tiveram, Louis disse:

— Estou só esperando o pai me agredir. Ao primeiro sinal de agressão dele, eu o matarei — ameaçou Louis com ódio nos olhos.

Aquele olhar arrepiou Marie.

— Quer ser preso? — indagou Marie, com firmeza.

— Ninguém vai me prender. Eu vou fugir — respondeu decidido.

— E como farei sem você? — Quis saber Marie, assustada com a possibilidade de não ter o filho próximo dela. Ele nem sequer a olhou.

Um tempo se passou. A situação entre Gerard e Louis amenizou. Eles tinham discussões, porém nunca mais brigaram fisicamente. Gerard envelhecera e estava doente. Aquilo também tornara as coisas mais tranquilas na casa.

Apesar de ainda ter medo das discussões entre os dois, Marie sentia tamanho amor por Louis e respeito e carinho profundo por Gerard que, de certa forma, isso amenizava a tensão em que viviam.

Quando se entristecia, logo se lembrava de sua mãe dizendo que ela deveria ver o que tinha e, quando pensava em Gerard e Louis, sentia muita paz e muito amor.

Ver o pai abatido e fraco possibilitou a Louis abrandar o coração em relação a ele.

Certa noite, após o jantar, Marie tentou conversar com o filho.

— Aonde você vai todas as noites? Estou preocupada.

— Não se meta, mãe! — respondeu Louis secamente.

— De onde vêm as bolsas de dinheiro que você traz? Que novo trabalho é esse? — questionava Marie, aflita.

— Já lhe disse, mãe. Não se meta. Eu faço o que tenho de fazer. Não está satisfeita?

— Não é isso. Eu me preocupo, só isso. Por que tem de andar com isso sempre? — Marie apontou para a cintura do filho.

— Isso é para minha proteção. Sei o que estou fazendo! — tornou Louis rispidamente e levantou-se da mesa.

O coração endurecido de Louis não lhe permitia sentir o amor de Marie.

Ela tentou lhe falar sobre Deus, como sua mãe fazia com ela e seu irmão, mas ele dizia que aquilo era besteira. Todas as orientações que tentava dar ao filho eram vistas por Louis como bobagens de uma mulher fraca.

Por vezes, sentia-se triste, mas logo afastava a tristeza quando se lembrava de que tinha um filho e um marido que precisavam dela.

"O importante não é o que eles fazem, mas como eu posso tornar a vida deles melhor", pensava.

Queria ver o filho casado com uma boa mulher, mas ele vivia sempre rodeado de mulheres. Sabia que Gerard também saía com outras, mas ela sempre aceitara isso.

"O que posso fazer, afinal?"

Gerard faleceu. Durante o enterro, Louis ficou ao lado da mãe. Ele chorou copiosamente. Marie olhou para o filho e percebeu que era um choro de remorso e amargor.

333

Ele estava diferente. Claro, Marie nunca o vira chorar daquela maneira, mas seus olhos revelavam uma mudança.

Após a morte de Gerard, Louis ficou mais próximo de Marie.

— Agora somos só nós dois, mãe — desabafou ele quando chegaram em casa. Ela lembrava-se sempre do olhar carinhoso do filho para ela naquele dia.

Os trabalhos que Louis realizava e as noites que passava fora de casa continuaram da mesma forma que a aflição constante de Marie, mas ele permanecia mais tempo com a mãe do que antes.

Quando Marie adoeceu, o filho ficou próximo, cuidando de sua saúde. Esse foi o momento mais feliz da vida de Marie.

Sentir o filho olhando-a com amor a fez perceber que ele sempre foi assim, mas que as condições em que viviam não deixavam o amor fluir. Sentiu-se mal com esse pensamento, mas feliz, muito feliz em ver que o filho se tornara mais dócil.

Marie sabia que seu corpo estava muito fraco e que em breve ela faleceria. Temia pelo filho. De certa forma, mesmo doente, ela sabia que sua presença em casa o acalmava e lhe dava certa responsabilidade.

"O que acontecerá a Louis quando eu morrer? Esses trabalhos são perigosos...", remoía-se.

Numa manhã, Louis levou comida a Marie na cama.

Acordou-a com um beijo na face.

— Tome, mãe, vai lhe fazer bem. — Seus olhos encontraram os de Marie.

O amor eclodia no peito de Marie como raios de sol que cortam as nuvens espessas. Ela desejava manter-se viva enquanto tivesse força suficiente, pois encontrar amor nos olhos do filho a fez ver que tudo valera a pena.

Todo o medo que sentira e a angústia que vivera não tinham sido em vão: ela amou e ele a amou também.

— Promete-me uma coisa, Louis? — Marie falava baixo e com dificuldade.

— O que quiser. Prometo, mãe — jurou o filho amavelmente.

— Prometa-me, filho — Marie tossiu — , que encontrará uma boa mulher e construirá uma família? Prometa-me que vai amá-la e respeitá-la, diferente do que fizeram comigo?

— Sim, mãe. — Louis pegou na mão de Marie. — Vou encontrar uma que seja como a senhora. — Ele sorriu.

— Que seja como você, meu filho: amável, forte e que cuide de você quando eu não puder mais. — A voz dela quase sumiu.

Marie ouviu o choro de Louis ao fundo. Tentou falar algo para acalmá-lo, mas não tinha forças. Louis sentou-se na cama e colocou-a em seu colo. Um cansaço a tomou.

— Não me deixe, mãe! Como ficarei sem você? — Marie ouvia, já distante, a voz chorosa do filho. Ele chacoalhava seu corpo, mas ela sentia somente um leve incômodo.

Seus olhos pousaram no olhar assustado do filho, e ela tentou transmitir-lhe todo o seu amor. Queria acalmá-lo, mas o esforço foi em vão.

— Não lhe resta mais nada a fazer, Marie. Deixe seu corpo e venha.

Ao ouvir essa voz, Marie acalmou-se. Já não ouvia mais o filho. Suspirou aliviada, como se estivesse entrando num sono profundo.

Não relutou contra o inevitável.

Passado algum tempo, Marie despertou. Olhou em volta. Estava num lugar amplo. Havia várias camas, e homens e mulheres de branco andavam de um lado para outro. Era um local muito claro, cujas paredes eram translúcidas. Marie ficou confusa.

"Isso é um hospital? Onde está Louis? Como ele sabia deste hospital? Nunca vi nada igual."

Um homem vestido de branco interrompeu os pensamentos de Marie.

— Como se sente? — A voz do homem era calma.

"Que homem simpático!", Marie pensou.

— Estou bem melhor. Acho que posso me levantar. — Ergueu um pouco o corpo.

O homem tocou-a levemente nos ombros, fazendo-a deitar-se novamente.

— Não se levante ainda. Daqui a pouco, faremos uma leve caminhada pelo jardim.

— Onde está meu filho? — perguntou Marie, ansiosa.

— Ele está se recompondo e também ficará bem.

— Quero vê-lo. Ele ficará feliz em me ver com saúde. — Marie sorriu para o homem, que lhe devolveu o sorriso.

— Marie, você está em um hospital espiritual. — A voz do homem era tranquila.

— Hospital espiritual? Devo estar sonhando?

— Não, não é um sonho. Você morreu.

— Desculpe-me, senhor. Como posso ter morrido se sinto meu corpo? Se estou falando com você e a ouvindo? E essas pessoas que estão nos outros leitos? Elas também estão mortas? — Marie ergueu um pouco a voz, perplexa.

— Sim, todos que você vê aqui já deixaram seus corpos físicos. O que você sente é seu corpo etérico e outros corpos de energia que permanecem com o espírito. Na morte, nos desfazemos apenas do invólucro corpóreo. Eu sou um espírito, Marie, e você também é. Seu corpo físico morreu, mas seu espírito vive, assim como eu também vivo.

O que aquele espírito lhe dizia fazia sentido para ela. Contudo, no instante seguinte, o filho lhe veio à mente.

— Mas e meu filho? — O coração de Marie apertou, e ela não pôde conter as lágrimas. — Como Louis viverá sem mim? Ele está sozinho. Eu preciso voltar! Me deixe voltar! — Marie chorava alto, em total desespero.

— Não lhe resta mais nada a fazer. Você cumpriu sua parte muito bem, e é hora de seguir em frente — tornou o espírito com docilidade.

O filho não saía do pensamento de Marie, que chorava muito. Entendeu o que o espírito lhe dissera, porém a dor que sentia era maior que qualquer aceitação que pudesse ter. Preocupava-se com o futuro do filho. Seu rosto estava banhado em lágrimas e seu corpo parecia comprimir-se.

— Posso — balbuciou Marie — pelo menos vê-lo?

— Agora, cabe a ele encontrar o próprio caminho, Marie. Ainda não é o momento propício para vê-lo, mas lhe asseguro que ele está bem.

De nada adiantavam as palavras do espírito. Marie apenas chorava e sentia-se cada vez mais cansada.

O espírito pegou um copo com um líquido azul e deu-lhe para beber.

— Tome. Você se sentirá melhor. Descanse. Tente não pensar em seu filho agora.

Marie não ouviu mais o espírito, tamanha a dor que sentia. Adormeceu chorando.

Após um longo tempo, Marie abriu os olhos. Quando percebeu onde estava, caiu em prantos novamente.

— Meu filho... meu filho precisa de mim — balbuciava. Ela não se importava com o fato de ter morrido, mas, sim, de ter deixado o filho só.

Espíritos aproximavam-se dela, davam-lhe o líquido azul, e ela dormia um pouco mais.

Apesar de todos os cuidados e do carinho com que estava sendo tratada, a dor da saudade dilacerava o coração de Marie.

Certo dia, o espírito que a recebera ali voltou.

— Tenho boas notícias para você, Marie! — disse ele com um grande sorriso e animação.

— Já posso ver meu filho? — indagou Marie, animada.

— Tenho uma notícia melhor que essa! — falou alegremente o espírito.

"O que pode ser melhor que ver meu filho?", pensou.

— Seu filho se casou com uma mulher meiga e doce! No dia do casamento, fez um discurso dizendo que aquele era um dia muito feliz, pois encontrara a mulher que sua mãe sempre lhe havia dito e que em seu coração havia então dois brilhantes: o de sua mãe e o de sua esposa.

Os olhos de Marie lacrimejaram, e ela suspirou aliviada.

— Ele cumpriu a promessa... Queria tanto estar lá para ver... — Marie estava sorrindo.

— Você está um pouco ressentida, e isso não faria bem a ele. Sua ausência o ajudou a seguir em frente — tornou o espírito, animado. — Seus ensinamentos e o amor que trocaram continuam vivos nele. Alegre-se com isso. Sua tristeza em nada fará bem para Louis. Se você se cuidar, estará cuidando dele. E, quanto mais rápido melhorar, maiores serão as chances de vê-lo.

Marie acalmou-se. Suspirou e sorriu. Era a primeira vez que sentia paz.

— Se é para o bem de meu filho, também seguirei meu caminho. Nunca quis atrapalhá-lo. Se ele está bem, fico feliz até mesmo com minha saudade. Se não precisa mais de mim, é sinal de que se tornou um homem de bem.

O doutor sugeriu-lhe uma caminhada pelo jardim, o que Marie aceitou prontamente.

O dia estava claro, havia sol, e as flores eram tão lindas que pareciam falar. Marie respirou fundo.

— Você tem certeza de que estamos mortos? Aqui é muito parecido com a Terra, só é muito mais belo. Ah! As pessoas, aliás, os espíritos, são todas sorridentes, exceto algumas como eu! — Riu gostosamente Marie.

— Este local ainda pertence à Terra. Está muito próximo, por isso a semelhança. Em breve, você será encaminhada para continuar o caminho de evolução.

— Então aqui não é tudo? — perguntou Marie, intrigada.

— É apenas um local de refazimento e transição.

— Quando serei transferida? E para onde?

— Bastou você melhorar que já quer ir embora? — Riu o espírito.

— Não entenda dessa forma! Aqui é muito agradável.

— Vou deixá-la um pouco só. Caminhe pelo jardim. Algumas memórias importantes serão ativadas, e você entenderá tudo melhor.

— Está bem.

O espírito se despediu.

Quanto mais caminhava, mais forte Marie se sentia. A notícia de que seu filho estava bem e casado não lhe saía da cabeça. Ela estava feliz.

Cenas começaram a emergir. Ela em corpo de homem dentro de muros; ela em um lugar de solo pegajoso falando com espíritos. Um calabouço, um espírito esguio, com uma capa preta, um lugar com energias coloridas pulsantes. Vários momentos do espírito de Marie desfilavam-se em sua mente.

Aquilo a confundiu ainda mais. Conforme caminhava, mais memórias desconexas surgiam.

Marie tinha a sensação de estar no jardim havia dias, até que o espírito foi falar com ela.

— Foi um prazer cuidar de você, Marie. Agora que está bem, é hora de nos despedirmos.

— Muito obrigada! Você é muito dócil e gentil. — Marie lhe deu um abraço. — Um dos poucos homens gentis que conheci... ops, você é um espírito! — Ambos riram.

O espírito deixou Marie, que respirou profundamente, plena. Tudo estava bem. Havia muito tempo, ela não sentia aquela paz. Continuou a caminhar, quando, de repente, viu uma mulher clara, de olhos redondos e serenos.

Seu coração bateu forte. Emocionada, lágrimas caíam-lhe dos olhos.

"Eu a conheço!", pensou, sem dar espaço para a razão. A mulher vinha em sua direção, e Marie ficava mais perplexa e feliz. Caminhou em direção a ela, e se encontraram num abraço demorado. Elas nada disseram, deixando apenas a emoção guiá-las.

A mulher desvencilhou-se delicadamente de Marie e olhou-a profundamente nos olhos. Uma névoa rosa saiu do corpo da mulher e envolveu Marie, que não conseguiu pensar em nada; apenas sentir a leve brisa que tocava seu corpo e despertava um profundo sentimento de amor.

Em dado momento, Marie parecia flutuar. Não sentia os pés nem o chão onde pisava. Aqueles olhos lhe transmitiam uma confiança tão grande que não se preocupou com isso.

"Estou sendo transferida?", pensou, mas logo os olhos da mulher a fixaram com nova força, o que fez com que não se importasse.

Sem noção de quanto tempo passara, Marie chegou a um local que não lhe era de todo estranho. A mulher não estava mais com o olhar fixado nela, e ela pôde ver o local onde estavam. Energias de cor em tom pastel bailavam em sincronicidade.

Marie olhou para a mulher e do seu coração também pareciam sair energias que envolviam a ela e a Marie. Ela sentia uma paz profunda e muito amor.

Havia vários seres em círculo, e do coração de todos eles as mesmas energias em tons pastéis saíam juntas, como numa dança, pulsando ordenadamente.

Marie percebeu que de seu próprio coração também saíam energias que se misturavam à energia que saía do corpo da mulher. Sentiu que já estivera ali, mas parecia ser a primeira vez que experimentava aquele amor.

O coração de Marie pulsava em sintonia com o amor de todos os espíritos que ali estavam. Marie pensou em seu filho, em como seria bom se ele estivesse ali com ela, sentindo aquele amor.

Imediatamente, as energias coloridas movimentaram-se para baixo, e Marie acompanhou o movimento com o olhar. Viu Louis em sua casa e essas energias o envolverem. Parecia que ela mesma estava lá, ao lado dele, tocando-o.

"Ele está sereno, feliz", pensou Marie.

Ela o viu com a esposa, cuidando dele. A sensação era de que ela mesma estava na pequena e aconchegante sala com eles. Pôde sentir seu coração e enxergou nele um forte propósito de fazer as coisas certas, assim como notou o grande amor que o filho sentia pela esposa.

Marie orgulhou-se do filho.

Energias mais fortes pulsavam do corpo de Marie, ativando sons que reverberaram para muito além, fazendo-a pensar em todas as mães do mundo e no amor que todas sentiam pelos filhos. Aquele pensamento a abasteceu de amor profundo. As energias movimentavam-se para todos os lados de forma suave.

A mulher que estava com Marie fez um movimento com as mãos, e três espíritos caminharam até elas. Eles e a mulher fizeram um círculo ao redor de Marie.

Do coração deles partiram as energias em tons pastéis que bailavam, mas desta vez tomaram a forma de paredes ao redor dela, como um tubo que se movimentava.

— Marie, você se lembrará rapidamente de todas as suas vidas e dos propósitos de cada uma — falou docemente a mulher.

Aquela voz era como música aos ouvidos de Marie. Tinha certeza de que a conhecia.

— No final, sua forma física mudará para a de sua penúltima vida. Você sentirá um pouco de pressão, mas não se aflija. Isso é normal e bem passageiro — continuou a mulher.

Marie permaneceu confiante e tranquila. Em sua mente, a vida de Roumu e todas as outras passaram rapidamente, mas com muita intensidade.

Ela sentia cada emoção proveniente de suas ações. Sentiu fortes pressões em seu corpo enquanto enxergava a vida do mosteiro.

A imagem de um homem entrando em seu corpo foi sentida com uma forte pressão.

As imagens cessaram. Ela abriu os olhos e viu seu corpo. Já não era mais o de Marie, mas o de Mahavir. Ele abriu um sorriso. As energias em tons pastéis foram, aos poucos, se dissipando, e ele olhou para a mulher, reconhecendo-a de imediato.

— Como não a reconheci antes, minha querida Aná! — Um largo sorriso estampou o rosto de Mahavir, e ele sentiu muito amor. Tocou as mãos de Aná.

— Você reconheceu o mais importante: o amor — tornou Aná. — Eu quis lhe fazer essa surpresa. Pedi que ninguém lhe falasse nada. — Eles fitavam um ao outro.

— Estou muito orgulhosa, Mahavir. Você não foi só uma boa mãe. Conseguiu amar mesmo quem o maltratava, aceitou o jugo sem revolta, teve compaixão por seu esposo, estabeleceu laços de afeto em um meio hostil, não se sentiu caído a antigos instintos de poder e dominação e foi corajoso e determinado para implantar a paz em meio a tanta discórdia. O amor que desenvolveu foi capaz de penetrar corações duros como o de Louis e de Gerard.

Mahavir ouvia e lembrava-se dos dois. Um grande amor o envolveu.

— Você conseguiu neutralizar seu maior carma com amor! — continuou Aná, sorrindo.

Mahavir ouviu impressionado. Em nenhum momento, pensou que tivesse feito tudo aquilo, mas se Aná dizia...

— Por isso pude sentir esta dimensão do amor com naturalidade? Ouvir os sons? Antes, eu não ouvia som. Vejo toda a movimentação que esses espíritos fazem de forma clara. — Ele olhou em volta, admirado. — O amor com que você sempre me envolveu, Aná, consigo senti-lo forte agora. — Ele olhou-a com carinho.

— Só conseguimos assimilar totalmente a energia do amor quando o desenvolvemos em nós. Antes disso, podemos registrá-lo, mas não vivenciá-lo e senti-lo totalmente — concluiu Aná.

— Os laços do amor são eternos e perenes, e a distância é efêmera. Você esteve comigo em todos os momentos, e eu também estarei com Louis neste caminho em direção ao amor. O amor que sinto por você e o reconhecimento de como é importante tê-la em minha vida fazem com que me sinta agraciado. Minha vontade é fazer o mesmo por outros, servir com este amor. — Os olhos de Mahavir encheram-se d'água, e ele abraçou Aná.

Mahavir ficou um pouco nesta dimensão. Olhava ainda com perplexidade a energia que aqueles seres movimentavam e o som que repercutia solene.

— Como posso ser útil neste lugar? Adoraria ficar aqui — solicitou Mahavir.

— Agora, você já está em perfeita condição de trabalhar aqui — Sorriu Aná. — Você pode escolher se quer ficar aqui, ir para a dimensão dos raios de luz ou ir para lugares que ainda desconhece, mas que requerem o mesmo nível de compreensão e amor.

— Posso escolher? — Mahavir arregalou os olhos, surpreso.

— Sim, pode! — esclareceu Aná, alegre. Dependendo do grau de evolução, de conhecimento e sabedoria, é permitido ao espírito escolher em qual dimensão quer atuar, auxiliando no equilíbrio e bem-estar dos demais.

— Se posso, prefiro ficar aqui com você, aprendendo com esse poder do amor. Isso ainda é novo para mim e sinto que preciso aprimorá-lo.

— Muito bem! Vou lhe mostrar o que fará primeiro. — Aná conduziu-o ao grande círculo de espíritos que emanavam amor. As energias em tons pastéis bailavam sutilmente e desciam até a Terra através de tubos.

Ao se aproximarem da crosta terrestre, espalhavam-se em pequeninas partículas e sutilmente penetravam as camadas mais densas, indo em direção aos hospitais e a toda a crosta terrestre, envolvendo os humanos.

Aqueles mais receptíveis à energia amorosa tinham todas as células do corpo vibrando amor e neles havia um fluxo de doação: eles recebiam o amor que era emanado e, naturalmente, o distribuíam para os encarnados que estavam próximos.

A energia amorosa que os humanos receptíveis distribuíam era potencializada e materializada com o ectoplasma humano, tornando-se mais capaz de penetrar nos encarnados mais rígidos ao amor.

Já os que não tinham aberto o canal do amor em si recebiam as partículas emanadas pelos espíritos do círculo em volta de todo o corpo, que ficavam como que esperando o momento oportuno de adentrar.

Mahavir olhou para Aná e lembrou-se dos momentos que conviveram na Terra. Ele estava encantado com a sabedoria de todo aquele sistema.

— Você esteve comigo na Terra sendo este canal, Aná. Percebo agora! — tornou, alegre. — Enquanto Zirrá, eu me acalmava com a presença de Zarah. Quando você morreu, senti que me faltava algo... e a tristeza tomou conta de mim. Naquela época, eu estava totalmente fechado para o amor, mas ele estava ali.

— O amor sempre está presente, de um jeito ou de outro. Essa energia permeia tudo.

Mahavir continuou interligando os fatos em sua mente, e, a cada lembrança, seu coração se expandia em mais amor e gratidão.

"Em todas as minhas vidas, houve alguém me distribuindo amor. Aná, quando minha mãe na Terra, exercia essa função...", concluiu.

— Nessa última vida, servi como canal desse amor para meu filho, mesmo sem ainda ter muito amor em mim? — perguntou, curioso.

— Lembre-se, Mahavir, de que uma pequena gota de amor move oceanos. Na Terra, sempre há alguém por perto servindo de canal para o amor celestial. Esse é o grande círculo da vida! Tudo gira em torno do amor.

— Quando posso começar? — perguntou, mal contendo a alegria.

— Você já começou — respondeu Aná com um sorriso. — Não há como estar aqui sem exalar esse amor. Olhe para você.

Mahavir olhou para seu corpo. As mesmas energias em tons pastéis saíam de seu coração, misturavam-se com os espíritos dos círculos e eram canalizadas através dos tubos.

— Então basta eu ficar aqui? — arriscou Mahavir.

Aná riu e respondeu:

— Se você já exala esse amor, que é canalizado até a Terra, já está servindo. Porém, é preciso que você ajude a canalizá-lo. Vamos nos aproximar do centro para que você veja.

A uma pequena distância do centro, Mahavir pôde notar que os espíritos tinham a cabeça muito iluminada. Seus corpos brilhavam e eram translúcidos, o que possibilitou a Mahavir ver a ligação entre a cabeça dos espíritos e o coração.

Um fio que irradiava luz saía da parte inferior de suas cabeças e se ligava ao coração. Ele pôde ver que uns direcionavam a energia para um lado e outros para outro lado. Não havia percebido antes, porém aquele grande tubo tinha várias ramificações.

— Vá. Junte-se a eles. Basta ativar sua mente recordando-se da crosta e dos hospitais. A doença abre as portas da fé, facilitando a assimilação dessa energia — instruiu Aná.

Ele foi em direção a um dos círculos mais próximos. Lá, o amor que pulsava ecoava dentro do corpo etérico de Mahavir. O sentimento de plenitude o cercou.

Ele fez como Aná o orientara. Canalizou toda a força de sua mente para os hospitais e a crosta terrestre. Instantaneamente, sentiu um fio percorrer-lhe a cabeça. Manteve-se concentrado e viu que de seu corpo saía um fluxo grosso de energias amorosas, que eram encaminhadas ao tubo central.

Não pensou em mais nada; simplesmente deixou o serviço acontecer, mantendo a concentração.

Mahavir ficou bastante tempo servindo à dimensão do amor e do sentir. Percebia e sentia a força do amor, que tinha o poder de atravessar tempo e espaço, tocando e transformando as pessoas.

Aprendeu sozinho a canalizar a energia de amor a Louis. Bastava pensar e emanar dali as energias de amor para Louis, e ele sentia como se estive bem próximo.

Ficara maravilhado com a mudança imediata de Louis às suas emanações de amor. Nunca havia imaginado que estaria tão próximo de alguém em morte e tão feliz.

Após longo tempo servindo àquela dimensão, Mahavir pediu a Aná que o levasse à dimensão dos raios de luz.

Chegando lá, tudo parecia mais brilhante e nítido. Pediu a Aná para servir um tempo naquela dimensão, e ela disse que a escolha era dele.

Eles se despediram, e Mahavir se aproximou de seu antigo tutor, que o recebeu com alegria. Passou a trabalhar ali, obtendo mais conhecimentos e, principalmente, compreendendo como os humanos agiam quando recebiam os raios de luz.

Alguns os aproveitavam muito bem e, quando isso acontecia, se tornavam mais sábios e conscientes, colocando-se na Terra como exemplos vivos de compreensão, aceitação, sabedoria e mudança.

Tornavam-se seres humanos capazes de acender a luz nos outros e abrir novas possibilidades de vida, bem como torná-los conscientes.

Mahavir também aprendeu sobre a interferência e sincronicidade que existia entre essa e outras dimensões. Ficou, afinal, muitos e muitos anos servindo ali.

Certo dia, sentindo que era hora de conhecer outras dimensões, foi até onde Aná estava.

— Você pode me levar para conhecer outras dimensões?

— Estava esperando você me pedir isso. — Sorriu com graça. — Levarei você ao que chamamos de oitava dimensão. Como já expliquei, existem muitas no cosmos. Nessa para onde iremos, pouco se fala e muito se sente. Deixarei você com um espírito de lá e voltarei para cá. Lembre-se de que lá não se fala; vocês se comunicarão mentalmente. Em breve, retornarei para buscá-lo.

Mahavir ouviu atentamente e assentiu com a cabeça. A curiosidade que antes consumia Mahavir extinguira-se. Ele aceitava o que lhe era permitido e agradecia as oportunidades que tinha.

Eles envolveram-se em uma energia amorosa e partiram. Após alguns instantes, Mahavir sabia que havia chegado a algum lugar, mas nada ouvia nem enxergava, e seus pés não tocavam nada sólido. Tinha a sensação de que estava flutuando. "Será que ainda não chegamos a nenhuma dimensão?"

Não conseguia ver Aná, mas sabia que ela estava ao seu lado. Aguardou um pouco.

Apesar de não conseguir reconhecer nada, ele teve certeza de que tudo estava bem. Mesmo parecendo estar solto no meio do nada, o silêncio do lugar o acalmava.

Quando conseguiu ver Aná, havia um espírito feminino ao seu lado, extremamente alto. Ela cumprimentou-o com a cabeça.

"Vamos, vou com você por aqui." Não havia voz; ela se comunicara com ele mentalmente. Aná se fora.

A mulher fitou-o.

"Silencie", ele ouviu a penetrante voz feminina em sua mente.

Assim Mahavir o fez. Imperava uma certeza irrefutável naquela dimensão de que tudo estava certo, de que cada um ocupava o lugar que devia ocupar.

Isso o lembrou da ordem irrefutável do mosteiro. Quanto mais se aquietava, mais aquele lugar o abastecia de certeza e coerência. Tinha a sensação de ser o Universo inteiro.

Aos poucos, Mahavir acostumou-se àquela dimensão. De repente, no meio do vazio e do silêncio, surgiram vários pontos de luz.

"Eles são seres, Mahavir", ouviu a voz feminina em sua mente.

Não tinham forma humana; eram pontos de luz que brilhavam muito. Mahavir olhou para a mulher que o acompanhava, e, para sua surpresa, ela não tinha mais forma humana; havia se transformado num ponto de luz. Ele percorreu o olhar por aquele lugar tão diferente, e a paz e a certeza da vida o preencheram.

O que antes era escuridão agora se parecia com o grande céu estrelado do mosteiro. Vários pontos de luz movimentavam-se gradualmente. Um som grave percorreu aquele espaço, aumentando ainda mais o pulsar da luz de cada ser. Não havia palavras para descrever à altura o que se passava ali.

Mahavir estava encantado e sentia a exaltação da verdade. Como se a verdade da vida estivesse contida naquele espaço. Ali imperavam a luz, a paz, o silêncio e a certeza. O tilintar dos seres quebrava levemente o silêncio. Além deles, um pó dourado e brilhante descia do alto, percorria aquele espaço e continuava a descer abaixo deles.

"Olhe para baixo", disse novamente a voz feminina.

Mahavir olhou para baixo. O pó que acabara de ver descia na Terra como uma cascata abundante, envolvendo o solo terreno e o corpo dos humanos. Muitos deles iluminavam-se ao receber o pó.

Mahavir sentia uma paz profunda, maior do que a que sentia quando meditava no mosteiro.

Era a pura sensação de estar no vazio e de estar em tudo, como se Mahavir e o Universo fossem um só. Ele ficou um bom tempo observando e sentindo tudo quanto podia daquela dimensão.

Quando pensou ser a hora de se retirar, ouviu a voz feminina: "Fique um pouco mais".

Silenciosamente, esperou.

Alguns pontos de luz uniram-se e formaram um portal, que irradiava como o Sol. O pó dourado brilhante formou um tapete, e Mahavir foi junto com a longa mulher, que retomara sua forma humana.

Ultrapassaram o portal. Aquele lugar parecia pertencer de alguma forma ao espaço em que estavam antes, mas era bem diferente. Os seres de luz que ali trabalhavam movimentavam-se freneticamente, entoando sons graves e ocos, que vibravam toda a constelação e trepidavam todo o Universo.

De onde estava, Mahavir podia ver e sentir o Universo inteiro. Tratava-se de uma energia intensa e densa, que se diferenciava da energia característica da Terra, porque era só luz e amor, mas cuja densidade se parecia com a da Terra.

"Aqui, nesta dimensão, já não possuímos a forma humana. Trabalhamos com o objetivo de manter a unicidade, de unir todos os lados e partes do Grande Universo e mantê-los funcionando. Temos o serviço de fazer brotar e continuar com a fonte Universal Cósmica, mantendo a grande engrenagem da vida em ação. Por isso, você sente que o Universo está aqui. Ele está mesmo!", a voz feminina parecia cantarolar.

Mahavir olhava para todos os lados. A uma longa distância dele, para baixo, viu o submundo em que trabalhara e o pó dourado da dimensão onde estava descendo até lá.

Agora entendia o que ocorria quando trabalhava no limo e uma forte luz levava aqueles que ele libertava. Era aquela dimensão, com toda a sua luz, amor e força, agindo no Reino do Senhor das Trevas.

Lembrou que à vezes, sem que ele nem seus amigos falassem nada, os espíritos perturbados subiam direto, envoltos nessa luz. Naquela ocasião, pensava que tinham se libertado por si sós.

Agora entendia que eles recebiam daquela dimensão gotas de consciência, que os alertava de que eles faziam parte de uma grande engrenagem e precisavam se movimentar. "Quantas vezes as pessoas estão em momentos de dor e crise e encontram uma força que não sabem de onde vem? Somos nós que jorramos a lembrança do movimento ao Universo inteiro, independentemente de quem irá captá-la ou não", ouviu como melodia a voz feminina em sua mente.

Mahavir sentia-se agraciado de estar ali. Sabia que não vibrava como eles e que estava muito distante de ser assim, mas estar ali e conhecer aquela dimensão fizeram brotar nele um sentimento de unicidade e gratidão como ele nunca sentira antes.

"Seria muito bom se essa energia tocasse Louis", pensou Mahavir.

"Aqui não é lugar para pensar em ninguém individualmente. Aqui, servimos para o bem de todos, sem distinção. Trazemos a luz e o amor de forma que movimentem a Vida dos encarnados e desencarnados. O Amor Universal impera aqui. É hora de você ir. Paz... Paz... Paz...", ouviu a voz feminina sumindo.

Aná surgiu ao lado de Mahavir, que estava um pouco envergonhado por ter pensado em seu filho naquela dimensão do amor Universal.

"Mas o que posso fazer? É o amor que eu conheço...", pensou ele.

Sabia que ainda não aprendera a amar universalmente. Por enquanto, o amor individual que aprendera o ajudara.

"Talvez este seja meu próximo passo... amar universalmente", refletiu ele.

Ele e Aná retornaram à dimensão do amor e do sentir. As energias de cores em tons pastéis o envolviam totalmente.

Ele sentia-se confortável ali.

— Como foi? — perguntou Aná.

— Aná, querida, percebi que tenho muito que aprender ainda. Preciso aprender o amor universal.

— Tudo a seu tempo. — Sorriu Aná. — Vamos! Temos muito a fazer aqui também! Você pode usar o que sabe de amor, mesmo o amor individual que sente, para o bem de todos.

Durante seu trabalho naquela dimensão, Mahavir absorvia e emanava o amor individual que aprendera até então.

Ali não se trabalhava para pessoas específicas, mas transbordando o amor que se iniciara nas relações de intenso amor com determinadas pessoas quando na carne.

O amor individual reverberava em todos, dando início ao aprendizado de Mahavir do que seria o amor universal.

A ida de Mahavir à dimensão da unicidade o motivara a aprender e se desenvolver mais. Essa busca de sempre ser melhor é o que o impulsionava a continuar, sem desistir.

— Aná, sei que falta muito para eu ir trabalhar naquela dimensão e que muito aprendo e aprendi aqui, mas você acha que eu conseguirei atingi-la em breve?

— Você sempre querendo mais, Mahavir! — Aná sorriu. — Você conseguirá, tenho certeza. Mas, antes de subir, ainda tem muito o que aprender aqui. Sua última existência foi a primeira para a reparação dos carmas adquiridos. Você precisará ir mais vezes para dissolver todas as redes que o acompanham.

— Que redes são essas?

— Todas as nossas ações são precedidas de intenções. Quando não agimos com sentimentos amorosos, seguindo a Lei do Amor, nos ligamos a todas as pessoas ou a espíritos que tiveram ações parecidas ou seguiram a mesma intenção. Dessa forma, afiliamo-nos a certas redes carmáticas de pessoas ou espíritos que têm o mesmo desafio a vencer. Essas redes exercem poder sobre nossa evolução, sendo necessárias a total compreensão e reparação do que foi feito para conseguirmos a liberação.

— E como nos liberamos disso?

— Tendo ações concretas, repletas de amor, em situações extremamente parecidas àquelas quando nos decidimos por ações não amorosas. Só limpamos o rastro que deixamos com amor. É quando, em situações que antes lhe atingiriam o impulso, você não responde com ódio ou vingança, mas com compreensão, aceitação e amor. É o amor que neutraliza o carma.

— Quero fazer isso, Aná. Qual é o passo seguinte? Permitirão que eu faça mais uma tentativa na Terra? — perguntou, aflito.

— Se você sente essa necessidade agora, posso interceder.

— Sim, eu gostaria, Aná! — disse com alegria.

O que Mahavir fizera em sua última existência não fora suficiente para superar todos os carmas adquiridos. Não bastava apenas amar uma ou duas pessoas, sucumbindo a dores, como ocorrera em sua última encarnação. Deste momento em diante, foram várias vidas encarnando e desencarnando para seu constante crescimento. Seria entediante relatar todas. O importante é que, em suas vidas subsequentes na Terra, suportou a dor e o sofrimento que um dia provocou nos outros, sempre manteve a serenidade diante de qualquer desafio e suas ações basearam-se sempre na ação do amor.

Viveu reencarnado de várias formas e nas mais diversas situações, sempre com o objetivo de agir no amor, para finalizar o constante aprisionamento em que nos colocamos na morte por infringir as leis espirituais que nos norteiam na seara do bem.

Quando, em vida, infligimos a dor a alguém ou a nós mesmos, intensificamos nosso carma, pois encarnamos para agir dentro da lei evolucional do amor: amar ao próximo como a si mesmo. Infelizmente, o mal perdura em nossas mentes e em nosso coração mais do que o bem que recebemos. Por isso, para reparar em vida todo o mal que causamos, é necessário realizar muitas ações no bem.

Muitas pessoas na dor e no sofrimento formam elos de energia densa e, quando partem desta vida, permanecem dessa forma após o desencarne.

O caminho evolutivo não é linear; é feito de subidas e descidas. Em algumas, Mahavir obteve sucesso, mas, em outras, nem tanto. Porém, tudo foi usado pelo plano espiritual para sua evolução. Ele levou o tempo necessário para sair das redes de energia mais densas que ele mesmo ajudara a tecer com suas ações baseadas em poder.

Durante esse processo de purificação e evolução, Mahavir se libertava e libertava outros. Ele aprendera, enfim, que o sofrimento e a dor servem para despertar o amor e que não é preciso submeter o outro a nenhuma dose a mais do que o próprio sofrimento que cada um já carrega. Após várias encarnações, muitos filhos, maridos, muitas mães, esposas e muitos amigos conseguiram despertar nele o amor universal, não totalmente, mas já conseguindo superar os limites antigos. Aprendeu a desapegar-se, abnegar-se e liberar as pessoas que criaram amor para o Grande Sistema da Vida.

Na contínua vivência da união e da separação, ele conseguiu desenvolver a capacidade de amar indistintamente e incondicionalmente, aceitando o destino de cada espírito.

"As escolhas que cada um faz e a trilha pela qual cada um segue montam a rede em que se está. Estou pronto para desenvolver a infinidade do amor, mas como? Muito já aprendi e vivi, mas como amar sem olhar a quem? Qual experiência proporcionaria a mim o amor que vai além das famílias e daqueles que estão próximos a mim?", pensou.

Muitas amizades ele fez no mundo espiritual, e diversas tutoras o auxiliavam em seu caminho. No mundo espiritual, muito se ouve que o melhor lugar para estar é onde se está no momento.

— Quero ir além. A dimensão da unicidade me revelou outras portas, e eu quero atravessá-las — disse ele às tutoras. — Como se contentar com menos? — perguntou a elas.

— Mahavir, até o momento em suas idas à Terra, observamos um impulso de reencarnar para crescer. Toda a sua vontade de melhorar e fazer algo por alguém nasce de sua necessidade de ficar em paz com a consciência.

Ouvindo sua tutora, um vazio acometeu-o no peito. O que ela falou lhe fez sentido. Mesmo enquanto servia no mundo espiritual, existia nele a vontade de aprender sempre mais. A realidade de ter sido egoísta o assolou.

"Que grande ilusão a que vivi! Achava que estava contribuindo, mas na verdade contribuía somente comigo mesmo! O período em que resgatei almas serviu somente para que eu pudesse ir mais alto. Nunca fiz pelo puro amor de servir." Esses pensamentos o devastaram.

— O que posso fazer? — perguntou à tutora.

— Desça novamente às Trevas. Não estará mais preso a redes de energias densas e poderá servir por servir. Conheça os reinos e sinta a dor verdadeira de todos que lá estão e padecem. Atue em favor da humanidade e não da individualidade. Pense no outro e não somente em si.

Mahavir hesitou. Sentia como se estivesse começando agora e nada lhe valera todo o caminho que percorrera.

"Pensava servir, mas fui o único a ser servido."

Depois de muito refletir, agradeceu ao Grande Sistema da Vida por tudo o que já trilhara. Sabia que, em algum momento, reconheceria seu valor.

Ainda assolado pela vergonha do egoísmo, decidiu que iria servir nas Trevas, abrindo o coração para a dor do outro, sem dívidas a sanar, sem recompensa do conhecimento de novos mundos, mas, sim, pelo prazer de servir.

Mahavir desceu várias dimensões e chegou ao jardim. Já estivera ali muitas vezes. As construções lhe eram familiares, e ele observou com melancolia o hospital que o tratara quando foi Marie.

Estava ansioso para sua nova empreitada, mas tinha um pouco de receio do que viria. Tinha a sensação de que se preparava para um novo encarne. Desta vez, não seria na Terra, mas nas terras do auxílio universal.

Avistou o Senhor das Trevas. Ele vinha em sua direção.

— Você se superou — disse aquela voz inconfundível. — Quem quiser adentrar os céus tem que, por livre e espontânea vontade, adentrar o inferno e descobrir o céu que lá existe. — A voz era firme e tenebrosa. Em seguida, os olhos do Senhor das Trevas começaram a faiscar e do seu corpo saiu uma névoa espessa e escura que os envolveu. — Vou colocar capas de energia em você e vamos descer.

Mahavir sentiu seu corpo tremer e, em seguida, um puxão. Sabia que estavam descendo à grande velocidade. A pressão na cabeça de Mahavir deixou-o tonto, e partes do seu corpo pareciam ter sido quebradas. Sentiu dor, mas manteve-se firme, afinal, estava a serviço.

Sentiu os pés firmes num chão de terra e o pó cobrindo seu corpo e entrando em suas narinas. Abriu os olhos e viu que o Senhor das Trevas estava ao seu lado. À sua frente, havia um enorme castelo.

Os muros pareciam intermináveis, e um alto portão de ferro era guardado por dois seres de capas escuras e tridentes. Muitos seres rondavam o castelo. Havia tochas de madeira encostadas nos muros e próximas ao portão.

Ouviu um som estranho. Ergueu os olhos. Aves pretas voavam em cima do castelo e por vezes desciam até o solo. Era possível ouvir suas asas batendo.

Eles foram em direção ao portão.

Os seres que o guardavam cumprimentaram o Senhor das Trevas e abriram os portões. O barulho do ferro sendo empurrado ecoou.

À frente de Mahavir, um enorme castelo de pedra despontava. Parecia imenso. Eles caminharam passando por galhos secos e árvores sem vida. Ouvia-se somente o som das aves e o contato de seus pés com o solo arenoso.

Chegaram diante de uma porta de madeira maciça. Lá havia dois seres: um homem e uma mulher. O homem tinha a pele morena, cabelos escuros e segurava uma lança. A mulher era belíssima, sua pele era negra, e longos cabelos negros enrolados lhe pendiam sobre os ombros. Usava muitos ornamentos no corpo. Atrás de uma fina malha, seu corpo era voluptuoso. Seu rosto era forte, porém delicado.

Quando Mahavir encontrou seus olhos, viu sair deles uma energia vermelha que o rondou. Ficou um pouco tonto. Do homem uma energia negra saía da lança e se encontrava com a energia vermelha da mulher, envolvendo Mahavir e o Senhor das Trevas.

Mahavir ouviu sons que sabia ser provenientes da mulher, distante. Era como se não comandasse mais o corpo.

Um estrondo o fez recuperar o sentido. O homem havia batido sua lança no chão, e a névoa se dissipara.

— Entrem — convidou o homem, com voz penetrante. A mulher o observava, mas nada dizia.

Eles seguiram por um longo corredor. As paredes eram ornadas com ouro, e eles pisavam em belos tapetes. Chegaram a uma pequena sala vazia, mas muito bem ornada, e continuaram por mais um corredor. O Senhor das Trevas sabia muito bem como se locomover ali.

Conforme caminhava, Mahavir sentia-se mais confiante. As paredes tornaram-se douradas, e havia várias pinturas de mulheres e homens nus e de outros castelos. Lanças de metal estavam grudadas e cruzadas em "xis" nas paredes.

Uma porta, no final, tinha outro ser, que os olhou de cima a baixo e já foi abrindo-a.

Eles adentraram num grande salão. O chão era de mármore, e havia pilares de ouro, que iam até muito acima de suas cabeças. Ali havia vários seres com capas escuras, vermelhas, verdes e pretas.

Encontravam-se ali muitas mulheres com belos corpos; algumas tinham desenhos cobrindo-lhes o corpo e arcos de metal na cabeça. Elas conversavam sobre algo desconhecido a Mahavir.

Assim como ele, avistou outros seres numa fila, sem capas. O Senhor das Trevas foi com ele em direção a esta fila.

Um longilíneo tapete terminava onde começava o altar dos reis. Duas grandes poltronas de ouro serviam de assento a dois seres. O homem era robusto, e uma capa dourada com desenhos vermelhos e pretos o revestia. Tinha dois grandes olhos que brilhavam.

A mulher era muito alta, a pele de seu corpo magro parecia brilhar e seus longos cabelos negros trançados iam até seus pés.

Seus olhos eram pretos e puxados, e uma tinta preta os contornava até o início dos cabelos. Era uma das mulheres mais belas que Mahavir já tinha visto.

Diante dos dois seres, o Senhor das Trevas e Mahavir curvaram-se em reverência.

— Apresento-vos, meu rei, um novo soldado a ser treinado por mim. Peço vossa permissão — solicitou o Senhor das Trevas.

O rei e a rainha olharam fixamente para Mahavir. Aqueles olhares pareciam perfurar seu corpo e sua história. Ele sentiu-se desnudo, como se tudo sobre ele estivesse revelado, seus mais íntimos sentimentos e anseios. Uma névoa espessa envolveu-os e em seguida se dissipou.

O Senhor das Trevas e Mahavir curvaram-se novamente em reverência aos reis e se retiraram.

Em um canto do vasto salão, Mahavir fitou os seres da fila.

— Todos estão aqui por escolha própria, assim como eu?

— Por acaso, você está aqui apenas por sua escolha?

Essa pergunta pegou Mahavir de surpresa, que timidamente respondeu:

— Sim... acho que sim...

O Senhor das Trevas soltou um riso estridente e falou alto:

— De que importam os propósitos que os fazem estar aqui? Se o serviço é por si, pelo outro, ou por ninguém? Isso só muda a qualidade e a força do trabalho, porém todos estão no mesmo caminho de evolução, submetidos às mesmas leis que aqui imperam.

Mahavir suspirou um pouco aliviado.

— Qual será meu trabalho?

— Primeiro vai aprender. Ficará ao meu lado, observando. Saberá, no momento certo, o que e como fazer. Vamos começar por um lugar que já conhece bem! — E deu uma alta risada.

Eles saíram do castelo. Lá fora, as aves permaneciam rondando o céu. O Senhor das Trevas abriu os braços, e a névoa escura os envolveu.

Antes mesmo de abrir os olhos, Mahavir já sabia onde estava. Seus pés afundavam na substância gosmenta inconfundível. O odor de água podre subiu às suas narinas. Ele abriu os olhos. Os seres gritavam, agoniados, afundados naquele lodo.

Nada havia mudado. Milhares de almas continuavam ali mergulhadas, assim como vários espíritos realizavam o mesmo trabalho que ele outrora fizera.

— Vou fazer o que fazia naquele tempo?

— Não. Vou usá-lo melhor.

Mahavir buscou com o olhar alguns dos seus companheiros antigos. Ficou feliz em não encontrá-los, afinal passara-se muito tempo.

O Senhor das Trevas interrompeu seus pensamentos, chamando-lhe a atenção:

— Olhe atentamente para as almas que saem do lodo. Veja o que acontece.

Mahavir viu um pequenino raio de luz cortar a escuridão do limo e levar a alma que lá estava. Aquilo o intrigou. Quando estivera trabalhando ali, aquele raio lhe parecia um grande facho de luz.

"Acho que hoje sei o que é luz de verdade..."

Aquilo parecia apenas uma faísca, nada comparado à luz que ele vira nas dimensões superiores.

— Isso que vê é apenas um pequeno lampejo de consciência, que possibilita às almas saírem daqui.

— São os raios da dimensão dos raios de luz em que trabalhei, não é?

— Sim, está tudo interligado.

Mahavir sabia que daquela dimensão eles conduziam os raios para lá, mas ver aquilo de perto era extasiante. Sentiu-se grato por ter servido naquela dimensão.

— Daqui essas almas são levadas para os hospitais... — disse Mahavir, seguro.

— Como é tolo! — O Senhor das Trevas riu. — Elas continuam em nossas mãos. Não é tão simples! Antes de irem aos hospitais astrais, passam por outro processo que ativa mais a consciência e as consequências de seus atos. Vamos para lá agora. — O Senhor das Trevas abriu os braços, e a névoa escura os envolveu.

Mahavir pisou em solo duro. Abriu os olhos, e eles estavam em um ambiente cheio de seres com resquícios do lodo em seus corpos. Era uma ampla sala escura, cujas paredes eram de pedra e cujo odor era desagradável.

Havia várias entradas nas paredes, mas sem portas. Em todo o perímetro havia espíritos armados como soldados.

— É aqui o local da entrega. Este lugar não é de ninguém, é transitório. Na Terra, poderia se assemelhar a um porto, onde os donos vão retirar suas mercadorias. Aqui somos os entregadores de almas.

Mahavir estava assustado e apreensivo quanto às almas, e percebia que isso não incomodava o Senhor das Trevas.

— Aqui não há lugar para sentimentalismo! — urrou o Senhor das Trevas. — Temos de fazer a Lei imperar! — Puxou bruscamente Mahavir para perto de si e envolveu-o em sua capa escura. O corpo de Mahavir estremeceu, pois capas energéticas eram reforçadas para que ele pudesse realizar o trabalho com eficiência.

O Senhor das Trevas soltou-o e olhou fixamente em seus olhos. Mahavir sentiu como se raios penetrassem seu corpo. Já mais forte e seguro, teve a visão das interligações entre as várias dimensões, e isso o aliviou.

— Agora vamos começar. Essas almas estão envoltas em um emaranhado de forças mentais e emocionais. Todas as vivências em Terra que não tiveram sucesso estão juntas, distribuídas no corpo etérico delas, atormentando-as. Elas construíram essas ligações em Terra, mas agora as aprisionam. São as redes cármicas que criaram. A partir de um pequeno lampejo de consciência delas, recebem os raios da dimensão dos raios de luz, que lhes dão força para poderem olhar para si mesmas e arcar com as consequências de seus atos. Seu trabalho é entregá-las ao dono correspondente.

— E o que acontecerá com elas ao serem entregues para o dono?

— Você verá isto futuramente. Por enquanto, precisa entender o que são, como funcionam, como se interligam e quem é o responsável por elas. Quando estão no lodo, suas mentes ficam entorpecidas, cegas. Quando saem, têm condições, ainda que mínimas, de arcarem com as consequências de seus atos.

Mahavir fez sinal com a cabeça de que estava compreendendo.

— Deverei usar tudo o que aprendi no mosteiro e nas dimensões superiores, certo?

— Utilizará tudo o que aprendeu até agora. E lembre-se: as consequências dos erros aqui são imediatas. O menor erro seu será dívida sua. Seja rigoroso e vigilante. Você, assim como eles — o Senhor das Trevas apontou, com sua mão esquelética, mais quatro seres um pouco distante deles — , está em treinamento. Vá até lá. Já os chamarei — disse ele, secamente.

Mahavir olhou, piscou, olhou novamente e gritou:

— Turi! É você? — E correu até o grupo que o Senhor das Trevas apontara.

— Sim, sou Turi. E você, quem é? — respondeu do jeito escrachado que lhe era habitual.

— Não me reconhece? — Mahavir fitou Turi.

— Você está diferente! — Riu Turi. — Ainda bem que os olhos não mudam! Que roupas são essas? Está mais bonito! — brincou, enquanto observava o corpo de Mahavir.

— E você não mudou nada! — tornou Mahavir, alegre. — Continua o mesmo brincalhão! — Mahavir e Turi abraçaram-se.

— E você continua o mesmo turrão! Pois é, meu caro! O inferno é nosso ponto de encontro! — Turi deu uma gargalhada. — Nem vou lhe perguntar por onde andou, mas sim o que o traz aqui.

— Tudo o que fiz até agora foi voltado só para meu benefício. Quero fazer algo que vá além de mim...

— E quem lhe disse que aqui é o lugar? Acho que o enganaram. — Ambos riram.

Mahavir já havia esquecido como era bom estar com Turi no meio das trevas e poder rir.

— E você, por que está aqui? — Quis saber Mahavir.

— Algo parecido com o que você espera também... Aprendi a ser curioso como você e querer dar uma espiada no quintal ao lado. Mas você está mais sério! O tempo não o corrigiu? — Turi riu. — Deveria ter feito o mesmo caminho que o meu! — continuou rindo e bateu levemente nas costas de Mahavir, que parecia não se incomodar com as brincadeiras.

— Algo sempre permanece igual; é nossa praga individual — rebateu Mahavir, com uma risadinha de canto de boca. — Assim como nossa amizade, nada se alterou com o tempo, e cá estamos! Estradas diferentes que desembocam num único lugar — comentou alegre.

— Essa é a grande roda da vida: voltas que vão se ampliando em espirais, que se interligam em um mesmo ponto: o coração do Universo, sempre em sincronicidade.

— Nossa! Repita essa última frase! De onde você veio mesmo? — perguntou Turi, gargalhando. — Acho que ainda não percebeu onde está! Vai continuar a me dar trabalho?

O Senhor das Trevas aproximou-se do grupo, e, rapidamente, Turi e Mahavir se recompuseram.

— Venham e observem o que faremos. — O Senhor das Trevas pegou uma mulher que estava trêmula, segurando-a firme com as mãos e conduzindo-a junto com Mahavir e os outros a uma das várias entradas daquela sala. Assim como eles, vários outros espíritos trabalhavam pegando almas e levando para essas entradas.

Adentraram um vasto espaço vazio, com as mesmas paredes de pedra. O Senhor das Trevas foi ao centro do espaço, conduzindo a mulher, e olhou-a fixamente nos olhos.

— Como foi sua vida? Lembre-se de como viveu e me conte — ordenou o Senhor das Trevas, sem desviar os olhos da mulher.

Ela era alta, já não tão jovem e tinha cabelos negros. Seus olhos eram duros e sem brilho. Mahavir pôde sentir o coração dela cheio de rancor e revolta.

— Eu fui uma parteira — titubeava a mulher. — Tirei muitos bebês das mulheres que me procuravam. Tirei muitos meus também. Algumas mulheres morriam em minhas mãos, principalmente as que não me pagavam bem... — Sua voz começou a embargar. — Não queria gastar muito material... eles eram caros. — Ela começou a chorar. — Eu as avisava do perigo, dizia que precisavam me pagar o justo. Entretanto, ajudei mulheres que não podiam ter filhos — concluiu ela em prantos.

Mahavir e seus companheiros estavam bem próximos e atentos, e, enquanto a mulher relatava sua vida, saíam cordões escuros de várias partes de seu corpo: da cabeça, do estômago, do genital, e eles se entrelaçavam numa rede ao redor dela.

A mulher, ao ver seu corpo envolto pela rede, debatia-se na tentativa de se libertar. O Senhor das Trevas não esboçou nenhuma reação. Mahavir e os outros estavam estupefatos.

— Que venham agora todas as ligações que tecem essa rede! — gritou o senhor das Trevas, com sua voz metálica que estremeceu o ar.

O que Mahavir e seus companheiros presenciaram os deixou boquiabertos.

Imediatamente, a rede que envolvia a mulher liberou cordões de energia. Acoplados a esses cordões, espíritos de mulheres berrando, bebês chorando e homens raivosos surgiram e entrelaçaram-se, formando uma nova rede de espíritos.

Mahavir estava horrorizado diante do que presenciava. Cada espírito que aparecia na rede trazia consigo vários outros, no mesmo estado atormentado. Uma imensa rede de espíritos entrelaçados ocupou aquele ambiente e ia além dele. Mahavir não pôde se conter e levou as mãos às orelhas, na tola tentativa de abafar os gritos agoniantes daquelas almas em desequilíbrio.

Sabia que nada podia falar, mas não podia conter as dúvidas que brotavam a cada instante.

"Uma única alma amarra em si várias outras! O que fazer com os seres que estavam surgindo? E onde eles estavam antes de aparecerem aí?"

O Senhor das Trevas disse para nós:

— Olhem para o corpo dela.

O que Mahavir viu foi espantoso: do ventre da mulher um enorme rio de sangue percorreu a rede, banhando todos os espíritos e ela própria.

O Senhor das Trevas permanecia inalterado.

— Essa é a vida que mais a aprisiona à Terra, e ela deverá, agora, arcar com as consequências de seus atos. Temos que fazê-la perceber a ação que desencadeou a rede em vida na Terra.

O Senhor das Trevas dirigiu-se à mulher, que gritava e se debatia.

— Você ajudava algumas mulheres mais do que a outras. Por quê? — bradou o Senhor das Trevas, no meio da grande rede de espíritos, bem próximo à mulher. A voz penetrante fez a mulher olhar para ele e responder, porém ela continuava se debatendo.

— Esse era meu trabalho! Tinha que sobreviver! Algumas me davam pouco dinheiro, e eu não podia comprar os materiais necessários! — confessou a mulher, gritando e chorando.

— Você queria ajudar ou ganhar dinheiro? — bradou o Senhor das Trevas.

— Fazia por dinheiro, na maioria das vezes... — admitiu a mulher aos prantos.

— Seu trabalho era um mercado da morte! Venda de atos homicidas! É isso que a aprisiona! — A voz do Senhor das Trevas estava carregada de tom de comando. A mulher berrou ainda mais.

"Eu também matei pessoas por interesse próprio. Também estou nessa rede?", Mahavir refletiu, assustado. O Senhor das Trevas olhou imediatamente para ele.

— Não pense em sua história! Atenha-se à dela! — A voz era enfática e direta.

Mahavir percebeu com lógica que é preciso isolar a própria história para compreender outra. Ele sabia que, se misturasse o que vivera com o que lhe era revelado, causaria complicações. Para ele, era muito difícil conter as dúvidas.

"Como isso vai ser resolvido?", pensou.

O Senhor das Trevas continuou firme, o que fez Mahavir pensar se algum dia seria como ele naquele serviço.

Mahavir atreveu-se a olhar para seus colegas, que também pareciam atordoados. Nunca vira Turi tão sério, e isso o tranquilizou um pouco.

"Pelo menos não sou só eu que estou assustado."

Os espíritos bebês da rede tomaram forma de adultos e gritavam incessantemente:

— Assassina! Você vai pagar por isso!

A mulher beirava à loucura.

Mahavir também se desesperou. Era muita dor naquela mulher. Sem pensar, disse:

— Tiramos essa mulher do limo para melhorá-la! Estava melhor lá, entorpecida pelo limo! Aqui, sua consciência a está matando!

O Senhor das Trevas continuou impassível.

— Cale-se e observe!

Diante dessa resposta do Senhor das Trevas, Mahavir encolheu-se um pouco, envergonhado.

Um enorme corpo de energia escura surgiu no ambiente. Vários tentáculos saíam daquele ser grotesco com grandes olhos. Ele, imediatamente, sugou a mulher em desespero e toda a rede que a envolvia, desaparecendo no instante seguinte.

O ambiente aquietou sem os gritos incessantes daquelas almas, mas as que lá estavam grunhiam.

"Pobrezinhas... são as próximas", pensou Mahavir.

— Mas o que vai acontecer com ela? Nós a ajudamos? — perguntou Mahavir ainda atônito.

— Ela pertence a ele. É nessa rede que ela está. Ele saberá como lidar com isso, não nós. O trabalho de vocês é puxar a rede do espírito e torná-lo consciente, até onde for possível. Quando tiverem sucesso nisso, o ser responsável pela rede em que a alma estiver virá apanhá-la — tornou o Senhor das Trevas, convicto de ter realizado um bom trabalho.

— Penso que o limo era melhor para ela. Lá sofria menos — replicou Mahavir, tentando recompor-se do choque.

— Tolo! Claro que não! — observou o Senhor das Trevas. — Não se lembra da tortura mental, dos gemidos constantes, da dor que não cessa nunca? Esta é a grande oportunidade de se ter consciência do que fez, assumir as consequências e se propor algo novo. Aqui não há lugar para dó! Onde estão sua convicção e determinação?

Acabrunhado, Mahavir calou-se. Para ele, era difícil absorver aquele serviço, pois lhe faltava compreensão. Sentiu vontade de seguir aquele ser que levou a parteira para saber qual seria o desfecho daquela história.

— Ainda não! — O Senhor das Trevas interrompeu os devaneios de Mahavir. — Mais para frente, saberá o destino dela e entenderá essas tramas que agora lhe parecem absurdas. Tudo tem um sentido — concluiu, afastando-se deles.

Mahavir sentiu-se melhor ao ver que seus companheiros estavam confusos como ele. Turi, ao ver Mahavir cabisbaixo, soltou uma gargalhada e comentou:

— Ué? Não viemos aqui para ajudar? Que cara é essa? Eu falei que o enganaram!

Mahavir sorriu, mas continuou absorto em seus pensamentos, até que o Senhor das Trevas voltou acompanhado de um espírito de capa preta e olhos vivos.

— Este aqui — apontou para o espírito ao seu lado — vai lhes dar algumas explicações. A confusão que emanam não ajudará em nada o trabalho, pelo contrário. Vocês vão me atrapalhar. O que viveram é diferente do que vão fazer aqui. São vários os caminhos, mas todos seguem na mesma direção e ordem e se interligam. Ouçam com atenção! Preciso de homens fortes e convictos do que fazem! Não pode haver titubeio! — Saiu, deixando-os com o espírito.

Só de saber que iria ter algumas explicações, Mahavir e os outros respiraram aliviados.

— Muito do que vou falar, vocês já sabem; só não estão conseguindo associar o que viram aqui com o que vivenciaram nas dimensões superiores. Prestem atenção e, caso tenham dúvidas, podem me interromper — iniciou o espírito, encarando Mahavir e os outros com firmeza.

— Há vários ambientes como este. Cada um tem sua utilidade. Aqui, lidamos com almas totalmente inconscientes, que acabaram de ter uma mínima consciência de si, com a ajuda do serviço da dimensão dos raios de luz. É preciso que ampliem essa consciência. Cada ação humana, seus pensamentos, seus sentimentos e suas emoções geram energias. Essas energias são atraídas para um fluxo energético semelhante, que aglomera todos os seres encarnados ou desencarnados que vibram na mesma frequência. Essa ligação através de ações, pensamentos e sentimentos semelhantes é o que forma as redes cármicas, que comprometem o equilíbrio cósmico. Uma vez nas redes, é evidenciado ao espírito o seu comportamento. Isso facilita a ele ver o desequilíbrio que criou. Se não fossem as redes, a alma poderia ficar mais tempo na ignorância de seus atos e em sofrimento inglório. As redes não objetivam o aprisionamento nem a liberação. Ela é espaço propício para o despertar da consciência. É a pura consequência do livre-arbítrio do homem.

— E como é possível se libertar dessas redes? — perguntou Mahavir.

— Basta usar o livre-arbítrio e executar ações que comprovem a consciência adquirida. Falar, desejar, se lamentar e pensar não são suficientes. É preciso agir diferente para que, aos poucos, a pressão das redes afrouxe e a pessoa consiga se desvencilhar, não porque alguém a deixou sair, mas porque sua frequência não é mais compatível com a rede em questão.

— E a parteira não percebeu que estava matando pessoas em vida na Terra? — Quis saber Turi.

— No final de sua vida, a parteira ouvia vozes acusando-a e ela se autojustificava dizendo que só queria ajudar. Não conseguia perceber suas ações egoístas e assassinas. Ela, então, passou a se lamentar de sua triste vida, se sentindo vítima das situações. Em nenhum momento, conseguiu perceber que foram suas escolhas que a fizeram sofrer. É difícil mudar a maneira de agir quando se tem a convicção de que se está certo. Essa é a cegueira em que vivem os humanos: a ilusão de que estão separados de um Todo Unificado e que suas ações não comprometem a todos.

Ele respirou fundo e prosseguiu:

— Os humanos vivem sustentados por mentiras criadas por eles mesmos. Tentam convencer a si mesmos e aos outros da verdade que vivem, num ciclo asfixiante embalado pela preguiça de se expandir e de mudar. Daí advém a falsa sensação de poder. A parteira viveu sob a convicção de que o justo era que quem mais lhe pagasse tivesse melhores cuidados. Ao criar essa verdade para si, julgava-se com poder suficiente para definir quais mulheres viveriam e quais não. Pensava agir corretamente, pois as alertava antes de que, se pagassem menos, os riscos seriam maiores. Percebam a mentira que ela criou para si mesma e a sensação de poder que essa mentira lhe imbuía.

Mahavir sentia-se melhor. "Faz sentido...", refletiu-se ele.

— Quanto mais espíritos, encarnados ou desencarnados, se mantiverem como dominadores ou dominados, superiores ou inferiores, não reconhecendo a si, maior serão a extensão e a força dessas redes baseadas no poder. Os encarnados querem sobrepor sua verdade à verdade absoluta do amor. Essa é a grande transgressão do homem. Quando assim o fazem, sentem uma cisão na qual de um lado encontram a falsa verdade que criaram e de outro a verdade absoluta do amor que sentem internamente. Tudo isso ocorre no inconsciente e se revela no comportamento cotidiano da vida terrena por meio das angústias, das tristezas, da revolta, do ódio, da melancolia e da lamúria. Todos esses sentimentos gerados pelas inverdades criadas pelos humanos fortalecem as redes da ilusão. Eles ficam tão absortos na realidade criada que nem sequer enxergam ou se encontram aptos a receber intervenção lá do alto, fortalecendo mais as redes cármicas em que se colocaram. Sentirão, inconscientemente, uma força que as paralisa diante de qualquer mudança. — O espírito parou por um instante e perguntou: — Isso está claro para vocês?

Mahavir e seus companheiros assentiram.

— Vamos aprofundar um pouco mais... Os humanos, com sua facilidade em criar verdades ilusórias e segui-las com afinco, tornam-se alvos da escuridão. Como já sabem, eles alimentam as redes de poder e ilusão, nutrindo essas verdades. Para entenderem melhor, vou lhes dar um exemplo. Observem um humano que tenta expor sua mentira a alguém. Ele se utiliza de artimanhas e mais mentiras para que aquilo em que acredita impere como verdade. Percebam como esse humano pode acreditar piamente nas próprias inverdades, transformando-as em verdades absolutas para si, e tenta convencer o maior número de pessoas. Dessa maneira, ele se liga à corrente energética que permeia essas crenças, fortalecendo esse fluxo. Ele tenta ao máximo impor essa ilusão, acreditando ser realmente bom que todos adiram à mentira que se tornou verdade. É uma massa de energia que tende a cegar as pessoas. Como um religioso fanático, que nada vê além das próprias crenças, acreditando serem as únicas e verdadeiras, segregando povos e nações. Todo poder é separatista e se opõe à unicidade na qual vivemos, permeados pelo amor que não pune. Libertar-se desse emaranhado de correntes a que encarnados e desencarnados estão afiliados desde o início de seu caminho na Terra é um desafio individual e coletivo. Os que se libertarem conseguirão fazer grandes mudanças, contanto que não se iludam novamente, pois a sensação logo após sair das redes é de perda de poder. É por isso que os espíritos vão constantemente à Terra. Tomam consciência, mas não têm a força para a nova ação que liberta. A consciência traz a clareza, a ação traz o compromisso de agir segundo essa nova consciência. É preciso força, pois, para ingressar no novo, é necessário abdicar totalmente do velho, sem olhar para trás.

— Nós — continuou o espírito — nos denominamos Guardiões da Terra, pois trabalhamos para manter o equilíbrio, organizando as redes impuras criadas pela cegueira humana. Dessa forma, elas não invadem as redes do amor.

Mahavir compreendeu as explicações do espírito e estava mais confiante quanto à tarefa que realizaria.

— Por enquanto é só. Observem o Senhor das Trevas trabalhar. Só assim aprenderão.

Eles foram, então, ao encontro do Senhor das Trevas.

Um homem baixo e gordo olhava assustado para todos os lados.

— Onde estou? Que lugar é este? Quem são vocês? — questionou o espírito, assustado.

O Senhor das Trevas aproximou-se dele sem nada dizer e olhou-o fixamente nos olhos, como se estivesse puxando algo de dentro do homem. Em poucos segundos, do estômago saiu uma energia amarela intensa, formando moedas de ouro. O homem começou a rir.

— Eu tenho uma mina de ouro! Ninguém é tão rico nem tão poderoso quanto eu! Poderei ter tudo o que quero e todos obedecerão a mim! — tornou, gargalhando de felicidade, sem notar mais o Senhor das Trevas e muito menos o ambiente onde estava. A energia que saía de seu corpo materializava moedas.

Mahavir sentiu o chão tremer. De repente, um grande ser, em forma humana, revestido de ouro, emergiu do chão. Um caminho dourado se fez entre o ser e o homem, cujos olhos brilharam. Ele, então, seguiu pelo caminho, sem delongas, sorrindo.

— Quanto tempo esse homem ficará encantado, eu não sei, mas sei que é muito melhor observar essa rede do que a da parteira! — declarou Turi, rindo. — Podíamos ter iniciado por essa! — gargalhou.

— Essa alma só dava valor ao dinheiro e ao poder que com ele conseguia, portanto, é facilmente seduzida por ele. Um dia, esse encanto cessará, e aí virá a dor — explicou o Senhor das Trevas.

Mahavir olhou para fora. As várias almas pareciam não saber o que ocorria.

— As almas lá fora não ficam mais assustadas ao verem o que acontece com os outros que vêm antes delas? — perguntou Mahavir.

— Elas não conseguem ver nada além de si mesmas, por isso, antes de iniciar, temos de olhar fixamente para elas a fim de tirá-las do transe hipnótico em que se encontram — esclareceu o Senhor das Trevas.

— Para que tantos soldados guardando este lugar, se elas não conseguem se mover direito, nem enxergam nada? — indagou Mahavir.

— Exatamente por estarem em transe é que temos de protegê-las. Enquanto estão no limo, ficam mais resguardadas, porque ainda não foram identificadas. Aqui, como é espaço de transição e distribuição, se não formos astutos, seres contrários à luz tentarão roubá-las. Os soldados às vezes pegam espíritos que se infiltram na tentativa de roubá-las. A boa condução das almas às redes às quais pertencem é de extrema importância. Por isso temos de verificar a situação na qual a alma está presa e trazer toda a energia e rede às quais ela se associou.

— Por que tentariam roubá-las e para quê? Como isso é possível? — perguntou Mahavir, indignado.

— As almas têm ligação com mais de uma rede cármica, mas estão prontas para lidarem com uma de cada vez. Caso uma alma se envolva com mais de uma rede e ainda não esteja pronta para lidar com as consequências, ficará mais tempo adormecida e subjugada a serviços que não promoverão seu crescimento. É um pequeno atalho do desvio da lei.

— Com que propósito eles querem retardar o crescimento dessas almas, que já é naturalmente tão lento? — Mahavir estava indignado.

— Para terem mais serviçais e mais poder. Eles fazem dessas almas escravas. Há guardiões responsáveis por averiguar se todos estão nas redes pertinentes: são os fiscais da Lei. Se cometermos um erro aqui, daremos mais trabalho para esses fiscais, pois é bem mais difícil resgatar as almas que foram retidas indevidamente. Essa é a consequência que recai sobre nós: se você fizer uma entrega errada, sofrerá o dano causado nessa alma e o trabalho a mais imposto ao fiscal. Por ora, é isso que precisam saber. Chega de perguntas. — O Senhor das Trevas interrompeu o diálogo bruscamente, deixando Mahavir com mais questões inacabadas.

— Quero ver se aprendeu, Mahavir. Faça você, e eu o observarei. Lembre-se de não se envolver na história para não deturpar a percepção da alma e fique atento ao local por onde sai o maior fluxo energético.

Mahavir deixou a sala em que estavam e dirigiu-se à sala central, onde as almas ficavam. Seus olhos varreram o ambiente. Eram muitas almas! Ele certamente teria muito trabalho. Uma mulher idosa chamou-lhe a atenção. Não era muito alta, e suas costas estavam curvadas. Pegou-a pela mão, e ela nada fez, seguindo-o naturalmente. Eles foram até a sala onde o Senhor das Trevas estava aguardando-os.

Mahavir posicionou-se no centro da sala ao lado da senhora e fitou-a por uns instantes nos olhos. As pernas da mulher esticaram-se para baixo, e o chão em volta dela ficou mole, como se a sugasse para a terra, consumindo-a. No centro de suas pernas, o fluxo de energia parecia puxá-la para baixo. Os olhos da mulher estavam estatelados, e ela agonizava, debatendo-se. Tentou se agarrar a alguma coisa, mas de nada adiantou.

— Onde estão minhas coisas? Não deixarei minha casa! A casa é minha! — gritava a senhora. — Vocês não vão tirar minhas coisas! — A mulher debatia-se e tentava, desesperada, se agarrar a alguma coisa.

Seu corpo era absorvido pelo solo. Uma montanha de terra emergiu no centro da sala, e Mahavir ergueu os olhos. Uma enorme cabeça, sustentada por uma grande quantidade de terra, movimentou-se para cima e para baixo, olhando para o Senhor das Trevas. No instante seguinte, a mulher se foi e o chão reconstituiu-se.

— Muito bom! — disse o Senhor das Trevas.
— Que rede era essa? — interrogou Mahavir.
— É a rede de quem enxerga na matéria a única segurança. Para essas almas, a vida é somente a matéria. Elas não conseguiram vislumbrar nada na vida além do material. Essas almas são tragadas pela terra para se sentirem seguras até perceberem que a segurança não reside na matéria e, sim, na força do espírito. Você se saiu bem. Não interferiu com pensamentos, deixou fluir. É isso que tem de fazer. Continue! Ainda ficarei observando-o.

Mahavir foi até a grande sala e trouxe a alma de um rapaz jovem, cujo corpo estava todo dilacerado. Carne humana e ossos banhados em sangue constituíam a estrutura daquela alma, já sem forma humana definida.

Já no centro da sala de trabalho, Mahavir colocou-se ao lado da alma, fixando diretamente os olhos esbugalhados do jovem. O corpo do rapaz começou a se dissolver, e, em seu lugar, uma energia rubra sustentava apenas a cabeça, num fluxo constante para baixo. Não havia um ponto do corpo do rapaz que expelisse a energia; era como se todo o corpo fosse a energia que descia, sendo reconhecível somente o rosto.

— O resto de corpo do rapaz é esse fluxo que agora corre para baixo. Continue olhando para ele e observe o que acontece — orientou o Senhor das Trevas.

Abriu-se uma vala imensa bem abaixo do rapaz, como um poço. Uma névoa quente e escura subia por ele. Vozes gemiam, gritando por socorro. O rapaz começou a gritar, apavorado, enquanto descia involuntariamente ao poço.

Do poço emergiu um ser, também sem corpo definido, somente com a cabeça pairando sobre grande quantidade de energia rubra. Os grandes olhos do ser encontraram os olhos do Senhor das Trevas, e uma ligeira reverência foi feita. No instante seguinte, o rapaz já descera ao poço e o solo se fechara.

— Que rede é essa? — perguntou Mahavir, intrigado.

— Ele não tinha corpo, não é? Se ele estava aqui sem corpo, é porque feriu o próprio corpo na Terra. Ele se suicidou e por isso foi para o poço dos suicidas.

Uma jovem senhora, de semblante sereno e olhar apático, era observada por Mahavir. Seus braços e pernas esticavam-se como pele sem vida, amorfos. Ela não pareceu se incomodar; continuava imóvel.

Mahavir ficou atento aos seus braços e às suas pernas, que continuavam se alongando, até que, na extremidade de seus membros, outros membros de outros seres se uniram, também com semblantes apáticos e amorfos.

Uma grande rede de seres com semblantes calmos e olhar apático surgiu a partir do corpo da mulher.

Um vendaval fez Mahavir fixar seus pés no chão. As almas entrelaçadas balançavam de um lado para outro, sendo forçadas a sair da inércia. O vento ficara mais violento, trepidando toda a rede. Como um trovão, uma voz disse:

— Dê minhas almas! Eu as levarei para onde eu quiser. Minha vontade é absoluta. — Em meio ao vendaval, um tufão se formou, carregando todas aquelas almas.

O Senhor das Trevas elogiou Mahavir, que não se distraiu em nenhum instante, mantendo-se firme, e explicou:

— Esse ser é poderoso e violento. Arrasta qualquer um que não esteja firme em seus propósitos. Se você vacilasse por apenas um minuto, ele o engolfaria também.

Mahavir estremeceu só de imaginar ser engolfado por aquele ser e percebeu o quão perigoso era aquele trabalho.

— Ele é o dono das pessoas que não exercem sua própria vontade e ficam à mercê dos outros, renunciam ao poder de agir por si e entregam em vida seu poder pessoal. Isto é só uma continuidade das não ações que elas tiveram em vida. No pós-morte humano, tudo se materializa de forma mais intensa e total, pois não há as distrações que o mundo terreno propicia. As consequências aqui são imediatas; vocês já estão avisados. Mahavir, você está pronto para realizar o trabalho sem minha presença constante. Você e Turi ficarão aqui realizando esse trabalho.

Quanto mais trabalhava, mais ágil Mahavir ficava. Bastava olhar para as almas e já identificava as redes a que pertenciam. Acostumara-se com os diversos donos que vinham resgatá-las, e eles começaram a reverenciá-lo a cada entrega, como faziam com o Senhor das Trevas.

Mahavir respeitava cada vez mais esses reinos e os guardiões de almas em desespero. A ajuda individualizada, à qual estivera acostumado, não fazia mais sentido para ele.

Ficava claro, conforme executava seu trabalho, que aqueles que ajudam os outros de maneira desenfreada, como se fossem salvá-los, escondiam uma grande manifestação de poder.

Ele passou a enxergar um sentido maior em todo sofrimento e em toda dor. Participar de forma ativa do encaminhamento daqueles espíritos e a compreensão das redes o fizeram amar intensamente esse processo.

Ao encaminhar uma alma, milhares de outras também eram beneficiadas, e ele contribuía para o equilíbrio cósmico. Esse foi o primeiro passo de sua caminhada em direção ao amor universal. Ele ficou um longo período realizando esse trabalho.

— Vamos, Mahavir. É hora de você conhecer as redes — disse, certa vez, o Senhor das Trevas. — Você verá como as almas ficam após serem levadas por seus donos.

Mahavir sorriu, satisfeito. Pensara que nunca iria conhecê-las.

— Que rede quer conhecer primeiro?

A pergunta pegou Mahavir de surpresa, mas, prontamente, ele respondeu:

— Primeiro, quero ir à rede do poder do ouro. Não entendo como pode ser ruim. Todos vão para lá felizes...

O Senhor das Trevas soltou uma gargalhada que Mahavir estranhou.

"Primeira vez que o vejo rindo!"

O Senhor das Trevas abriu os braços, e um trilho dourado se formou à frente deles. Caminharam pelo trilho, que brilhava como ouro.

"Agora entendo por que encanta tanto os espíritos. Foi uma boa escolha essa minha!"

O Senhor das Trevas observava-o e, da escuridão do capuz negro em sua cabeça, Mahavir pôde ver um sorriso de canto de boca.

Em dado momento, o trilho que seguiam despencou bruscamente, fazendo Mahavir cair no chão e deslizar. No final, havia uma suntuosa porta dourada. Mahavir levantou-se, e o Senhor das Trevas estava ao seu lado.

A porta abriu-se. Um enorme espaço repleto de esculturas humanas em ouro, estátuas das mais diversas formas, dinheiro por todo o chão encantou Mahavir. Eles seguiram caminhando por esse espaço.

Quando passava por uma das esculturas humanas, Mahavir assombrou-se. Olhos se mexiam. Eram como humanos de ouro, estáticos, tendo apenas movimento ocular. Aproximou-se. Ouviu vozes abafadas e grunhidos. Barulho de algo se chocando sob a superfície. Aquilo o aterrorizou.

— Há almas aí dentro? — perguntou ao Senhor das Trevas.

— Não era isso que queriam? Agora o têm em abundância. São ricos e prisioneiros da dourada vaidade. Gostou?

— É bonito, mas de que adianta virem para cá se estão todos imóveis? — Essa dúvida angustiava Mahavir, que não percebia o sentido daquilo.

— Essas almas ficam aqui até tomarem consciência de que não há valor algum no dinheiro e que ninguém deve deter o que não é seu. Dinheiro e ouro são energias que devem fluir — esclareceu. — Olhe embaixo das esculturas.

Dos pés das esculturas saíam fios dourados em direção à crosta terrestre. Eles envolviam certos encarnados.

Mahavir continuou sem entender e indagou:

— A quais humanos esses fios se ligam? E para quê?

— Esses fios envolvem os humanos que são fascinados pelo poder que atribuem à aquisição de dinheiro. Esses espíritos encarnados saem daqui na tentativa de se libertarem da ilusão do poder do dinheiro, mas muitos não conseguem. Tendo ou não dinheiro, passam toda a vida correndo atrás dele, desperdiçando a encarnação, pois escolhem ficar sob o comando do dinheiro. Esses voltam para cá. Essas almas encarceradas nas esculturas assistem daqui às más escolhas que os outros continuam fazendo. Isso as angustia, mas é uma inteligente forma de aprenderem com os erros e acertos dos outros, podendo se preparar melhor para o próximo encarne. E como estão ligados, emanam suas angústias aos encarnados, como forma de acordá-los. Estão aí dentro trabalhando!

— Por isso pessoas que se entregam ao poder do dinheiro acabam muitas vezes se deprimindo... Estou começando a entender... — considerou Mahavir com gratidão pelos ensinamentos que o Senhor das Trevas se dispunha a dar.

— Como este reino se interliga às esferas superiores? — continuou.

— Diga-me: qual é o anseio de quem quer ouro?

— Poder...

— Poder sobre o quê?

— Sobre o mundo, sobre as pessoas. Desejam comandar.

— E qual esfera celestial tem o poder de comandar?

Mahavir pensou. Não se recordava de nenhuma das esferas ter tal poder.

— Alguma que ainda não conheço?

— Exatamente. O que faz o homem querer o poder do dinheiro é o desejo de estar no lugar da Criação, da Inteligência que rege tudo, esquecendo-se de que essa Inteligência visa ao Todo. Eles, por sua vez, visam apenas a eles, fechando-se na bolha da vaidade.

— Então, quando essas almas encarnam, têm a possibilidade de se conectar com essa Inteligência?

— Têm a possibilidade, mas parte ínfima consegue. É preciso abrir mão da estreita visão voltada para si mesmo.

Mahavir se satisfez com o que ali aprendeu e compreendeu como a rede se ligava às dimensões superiores. Não era fácil, mas possível. E agradeceu mais uma vez o tempo que lhe fora destinado.

Fizeram o caminho de volta em silêncio. Mahavir observava a rede de forma diferente, com gratidão.

— Agora vamos à rede dos assassinos — informou o Senhor das Trevas. Abrindo os braços, um fluxo de sangue emergiu, fazendo-os deslizar. Mahavir tentou equilibrar o corpo para não cair e escorregar como da outra vez. Eles deslizaram rapidamente por um estreito tubo formado pelo fluxo de sangue. Mahavir ouviu lamúrias e gritos.

Chegaram a um imenso espaço aberto. O chão estava coberto de sangue. Em imensos lagos de sangue, havia almas imersas que se debatiam, como se estivessem guerreando. Uma tentava ferir a outra, fazendo jorrar sangue às alturas.

Ninguém saía vitorioso. Era uma guerra constante. A raiva que eles exalavam era intensa. Brigavam avidamente. Fora do lago, seres também guerreavam.

Mahavir lembrou-se das lutas que travara em vida. Não eram muito diferentes do que via, mas ali não existia ninguém no comando e muito menos tribos. Eram uns contra os outros, indistintamente.

Mahavir percebeu que, fora dos lagos de sangue, seres estáticos observavam os que guerreavam, mas pareciam estar confusos.

— Por que eles estão brigando? O que esperam?

— Nada além de se sentirem, por alguns instantes, vencedores e mais fortes. Querem testar o próprio poder. Querem matar.

— E aqueles que observam?

— Comentarei sobre eles depois.

Mahavir sentiu o chão mover-se. Um ser enorme, com vários tentáculos, saiu de dentro do lago fazendo uma cascata de sangue cair violentamente sobre todos os que estavam ali.

Algumas almas que estavam no lago foram sugadas pelo seu movimento, afundando no lago.

— Este é meu território. Sei quem são, mas cuidado onde pisam — ameaçou o ser, fazendo ecoar sua voz por toda a extensão daquele local. — Eu os deixarei ver. — O ser desapareceu em meio ao sangue, e a pressão com que caíra fez afundar mais algumas almas.

Mahavir voltou-se para o Senhor das Trevas.

— Por que ter cuidado com o lugar onde pisamos? Não dá para ver nada além de sangue. — Quis saber, olhando para o chão.

— Observe as pequenas variações de cor e textura. São valas que escoam esse sangue até a terra, como pequenos afluentes — tornou o Senhor das Trevas, apontando para uma vala.

Mahavir observou. Em toda a extensão daquele local, pequenas valas direcionavam um fluxo energético de cor sangue para a Terra.

— E o que acontece se pisarmos nessas valas?

— Não queira saber e não pise! — falou bruscamente. — Esta rede está muito ligada à Terra e aos humanos. Cada uma das valas se liga a uma parte. Onde houver brigas, discórdias, guerras, onde a ira e o desejo de vingança e poder estiverem presentes estará essa rede, potencializando o ódio que os humanos sentem.

— Qualquer pequena briga, como a que ocorre nas famílias?

— Sim. Basta atacar alguém com palavras ou com armas, é tudo igual. O sentimento que impulsiona é o mesmo: querem ter poder sobre o outro, impor sua vontade, fazer justiça com as próprias mãos imundas de ódio.

— Mas se for potencializado o que os humanos já têm de ruim, isso não dificultará o processo de encontrarem a paz?

— Quem briga quer paz ou quer guerra? Eles têm o que querem. Quando se ataca, também se é atacado. Aqueles que se ligam a esta rede estão num ciclo interminável de ataque e contra-ataque. Quanto mais se ataca, mais medo se tem do revide, e esse medo impulsiona para um ataque mais feroz, visando à aniquilação do outro. Esse movimento cíclico multiplica o sentimento de perseguição e medo.

— E aqueles que estão parados, observando, estáticos?

— São almas que estão no processo de consciência. Estão percebendo a inutilidade do ódio e das brigas. Em breve, serão retiradas desta rede e conduzidas para os hospitais para um próximo reencarne.

— Elas serão libertas desta rede?

— Não. Estarão na Terra conectadas a esta rede. Se, por acaso, derem vazão a esse tipo de sentimento, tudo será intensificado. Porém, se elas se mantiveram isoladas de brigas e discórdias, acessarão as dimensões superiores e serão capazes de trabalhar a favor desta rede, emitindo luz por meio da ligação estabelecida. Se reparar, existem poucas, mas existem essas emissões de luz.

Mahavir prestou bastante atenção. Olhou ao redor em busca de filetes de luz. Eram realmente poucos.

— O que devem fazer os encarnados e desencarnados para se libertar dessa força?

— Aqui estão seres que se achavam poderosos através da violência direta ou indireta, ceifando vidas, de maneira que as próprias vontades prevalecessem. Não havia respeito algum pelo outro, apenas o desejo de que as coisas saíssem a seu modo. Lembra-se da parteira? Ela queria dinheiro. Se não tivesse o suficiente, ela matava mulheres. O que faz uma pessoa achar que é dona da vida do outro?

— A arrogância de cogitar ser a Inteligência que Tudo Rege.

— Exatamente. Agora sinta o sincronismo que existe.

De repente, ficou claro a Mahavir. "Todas as redes são movidas pelo poder... os humanos sempre pensam em si e no que podem conquistar, sem sequer cogitar os outros. Cada um tem a própria rede de acordo com o poder ao qual se vinculou na Terra. Quanto mais o humano acha que é poderoso, mais ele se distancia da verdadeira Inteligência."

Juntos, Mahavir e o Senhor das Trevas regressaram ao serviço de encaminhamento.

Mahavir ficou bastante tempo realizando o serviço de encaminhamento. Ficava-lhe cada vez mais claro o processo que vinculava as dimensões superiores às dimensões terrenas.

Ele compreendeu que as Trevas e todos que lá trabalhavam, inclusive o serviço que ele próprio desempenhava, mantinham a ordem, fazendo todas as engrenagens universais funcionarem perfeitamente.

Apesar de todos os seres humanos estarem imersos nas redes cármicas específicas e, mesmo no pós-morte da carne, continuarem com as ligações, não significa que todos sejam resumidos às mesmas consequências.

Cada ser humano tem um filete de ligação único, que diz respeito à história do espírito. As redes têm a mesma essência cármica, mas as almas que lá estão se diferenciam por qualidades espirituais únicas.

Os seres que, após diversas encarnações, conseguem trazer a consciência em Terra e se libertar dessas redes podem ativar a consciência indireta dos outros seres ainda imersos na rede. Isso pode acontecer, mas sempre respeitando a livre escolha de cada ser da rede.

Uma vez em determinada rede, não importa se encarnado ou desencarnado, o ser estará conectado a ela, alimentando-a. Não há separação entre a matéria e o espírito.

Mahavir acabara de encaminhar uma alma, quando avistou o Senhor das Trevas vindo em sua direção.

— Mahavir, você executará outro trabalho.

Ele se animou e aguardou a notificação do Senhor das Trevas.

— Você trabalhará diretamente nas redes, no resgate das almas que já têm a mínima consciência.

— Como aqueles que vimos estáticos na rede de sangue?

— Exatamente.

Mahavir lembrou que, nas redes que visitara, vários seres guardavam o local e aqueles que lá estavam, assim como havia uma força que atuava para a manutenção dos seres na rede.

— Como farei isso? — perguntou, intrigado.

— É um trabalho de extrema astúcia. Entregar almas, como tem feito, agrada aos seres que comandam as redes, mas, quando a intenção é dar aos que lá estão ferramentas para que se libertem, não somos tão bem aceitos.

Mahavir ouvia atentamente.

— Os seres que guardam as redes fazem de tudo para que os que lá estão permaneçam. Você terá permissão de atuar somente com as almas que já apresentarem algum indício de consciência e, mesmo assim, fará seu trabalho sob a rígida supervisão deles. Como na Terra, quando algum praticante de uma religião não está mais tão fiel aos seus preceitos, os líderes dela tentam persuadi-lo a continuar a pensar como eles, incutindo-lhe medo e culpa. Ao mesmo tempo, esse praticante estará, pela dúvida, aberto para ouvir outras opiniões, sem que os líderes possam fazer algo. Seu trabalho será com esses seres que já estão em dúvida quanto ao que veem e sentem nas redes.

— Pelo que me diz, é um trabalho perigoso. O que ocorrerá se eu falhar?

— Guerra. Se você se aproximar de quem não está apto ao resgate, os seres que guardam as redes o atacarão e os que trabalham com você, assim como terão brecha para desequilibrar o serviço da luz. Não é uma guerra como se conhece na Terra — pelo menos por enquanto —, mas uma guerra sutil de infração. Lá nas redes, você terá cartas de permissão de serviço. Se algum ser não o deixar fazer seu trabalho, apresente as cartas e conecte-se às dimensões de luz. Isso poderá apaziguar qualquer mal-entendido.

— Compreendi.

— Você poderá ficar tentado a resgatar mais almas do que tem permissão. Se isso acontecer, elimine imediatamente tal desejo. Faça seu trabalho somente com as almas de que tem permissão. Não pense que, convencendo mais almas do que lhe é permitido, fará o bem. Pelo contrário, você agirá contra a Inteligência. As almas com condição de resgate são aquelas que já absorveram o aprendizado da rede, já experienciaram suas ações potencializadas e a dor inerente a elas. Para essas almas, ficar aqui é sinal de estagnação, não de evolução, nem para a própria alma, nem para a rede e menos ainda para o Universo. Está claro?

Mahavir assentiu com a cabeça. Sabia o quanto isso era difícil para ele, mas já compreendera a grande arrogância por trás desse sentimento.

Após as explicações, o Senhor das Trevas levou-o às diversas redes que existiam no submundo, e ele lá ficou, muitos anos, executando seu serviço.

Mahavir desenvolveu uma astúcia necessária para a atuação nas redes: era preciso saber como, quando e com quem falar. Seu trabalho consistia em mostrar para as almas as vantagens e desvantagens de viver sob aquele domínio sempre envolto no amor.

A princípio, trazer o amor para as redes lhe foi difícil, pois a tensão era demasiada. Porém, com o passar do tempo, o amor o envolvia e o conectava às dimensões superiores automaticamente, e Mahavir podia sentir a interligação durante sua tarefa. As palavras que dizia não eram tão importantes quanto o sentimento que emanava.

Por vezes, outras almas, que não as permitidas para Mahavir trabalhar, se deslumbravam com o sentimento de amor emanado por ele.

Algo mudava nelas, e isso conscientizou ainda mais Mahavir de que, ao distribuir seu amor involuntária e indistintamente, muitos outros podiam ser beneficiados. Emocionado, ele percebia quão grande e imenso era o trabalho da luz.

Mahavir lembrou-se de sua existência na Terra quando foi Joé. Aquele homem, que despertara sentimentos confusos nele — que Mahavir agora entendia ser amor —, o resgatou da escuridão para o início de seu caminho na luz da consciência.

Era semelhante ao que ele fazia nas redes: distribuía o amor e os que estavam prontos agarravam-se a essa nova verdade. Ele não fazia com a intenção de libertar, mas de servir ao amor.

E quando algumas almas que não estavam sendo trabalhadas por Mahavir se libertavam com sua emanação de amor, os seres que comandavam as redes, por vezes, nada faziam para impedir.

Mais tarde, Mahavir compreendeu que as redes sobrecarregadas geravam desarmonia, em nada benéfica à luz ou às trevas.

Ele percebeu que a permissão que tinha de trabalhar ali não era dada por benevolência, mas porque todas as dimensões, inclusive a das Trevas, trabalhavam para o equilíbrio cósmico. Como uma balança cósmica: se algum dos lados pesa mais que o outro, tudo sucumbe.

Entender essa lei harmônica da vida fez Mahavir vibrar no amor universal.

"Estamos todos no mesmo barco, na mesma gangorra cósmica buscando o ponto estável entre todas as polaridades."

Após serem resgatadas das redes, Mahavir e seus companheiros conduziam as almas a uma estação transitória preparatória.

Nela já havia claridade e não era tão densa quanto aquela em que trabalhara anteriormente. Lá, as almas recebiam ensinamentos. Mahavir viu semelhança com sua experiência no mosteiro.

Ali, as almas eram trabalhadas de maneira a ativar sua consciência: acessavam suas memórias e analisavam o porquê de agirem de determinada forma na Terra, mas somente até o ponto que suportassem.

Conhecer a história ajudava o espírito a se preparar melhor para o encarne, despertando uma força motivadora à mudança. Essas almas saíam dessa estação imbuídas de coragem e com conhecimento necessário para galgarem ao menos um passo a mais na evolução.

Existiam almas que iam diretamente da rede para a carne, sem qualquer tipo de preparação. Isso ocorre quando a dor sentida pela alma já não surte mais nenhum efeito: ela está esgotada. Isso se deve também à superlotação da rede em que está. Ao nascerem, executam as mesmas coisas, aumentando a energia e o poder da rede às que estão associadas.

Mahavir, quando se deparava com almas esgotadas, enchia-se de compaixão.

"Seria bom se eles pudessem ir para a estação...", pensava.

A estação, para algumas almas, era o início de uma grande mudança. As almas que lá passavam saíam das redes momentaneamente podendo sentir a verdade da Inteligência abastecendo-lhes para uma nova vida, mesmo que ainda estivessem ligadas à rede.

Ir à Terra sob o esquecimento de sua própria história é uma das maiores sabedorias cósmicas: prova que o amor é a única força que vigora nas ações, permitindo que não deixe o espírito se perder em culpa ou remorso, mas que aja pelo instinto amoroso.

É por esse motivo que o encarne se dá sem levar as memórias espirituais e terrenas. Apesar de esquecer os fatos, o amor genuíno nunca é ceifado.

O processo de evolução é como um rio. Todos são levados pela correnteza. Alguns se prendem em alguma pedra por determinado período, mas o fluxo é certo para todos.

Mahavir estava na estação transitória preparatória, observando uma alma que acabara de resgatar se conscientizando de sua vida. Ela exalava puro amor. Quando olhava para as almas, não mais as enxergava como individuais, mas como parte de uma extensão e vasta coletividade.

— Mahavir — o Senhor das Trevas chamou, cortando-lhe os pensamentos — , tenho ordens de levá-lo de volta às dimensões superiores. Você terá um novo reencarne e deve se preparar.

Mahavir foi pego de surpresa. Não pensava nisso havia muito tempo.

— Está bem. A obediência é uma valiosa lição que obtive aqui — tornou, sorrindo. — Quando será?

— Agora. Eu o levarei a um hospital. No trajeto, tirarei suas capas de energias densas. De lá, você poderá ir sozinho até a Casa de Cristal, onde o aguardam.

— Terei de ficar um pouco no hospital?

— Sente-se mal por acaso? — perguntou com ironia o Senhor das Trevas. — Não, será apenas uma passagem rápida para fluidificar seu corpo etérico e possibilitar que prossiga. Muito tempo servindo aqui nas Trevas densificou-o, dificultando a passagem para as dimensões superiores.

Mahavir assentiu com a cabeça.

O Senhor das Trevas abriu os braços ao redor de Mahavir, e uma espessa energia ergueu-se, envolvendo-os. Mahavir sentiu os pés saírem do chão; estavam flutuando.

O corpo de Mahavir dava solavancos. Era como se algo se desprendesse dele, como se seu corpo descamasse em peles e mais peles.

Esses solavancos foram diminuindo de intensidade até cessarem completamente, e Mahavir sentiu seus pés tocarem um solo macio. Sentia-se mais leve.

A espessa energia que o envolvia se desfez, e ele viu o grande jardim que rodeava todo o hospital. Esfregou os olhos, pois havia muito não via tanta claridade.

O aroma das flores transmitia-lhe leveza e suavidade. Mahavir não se conteve; abriu os braços e rodopiou. Uma leve brisa o acariciava, e ele tinha a sensação de flutuar mesmo com os pés no chão.

O Senhor das Trevas observava-o com um leve sorriso e disse:

— Sentiu falta de tudo isso?

Mahavir parou de rodopiar.

— Já havia me esquecido de como é estar sem as capas densas, sentindo a luz em mim e ao meu redor.

— Aproveite, pois terá pouco tempo. Estou entregando-o no tempo justo. Caminhe pelo jardim para se energizar mais. Quando se sentir pronto, vá até a Casa de Cristal. Adeus, Mahavir.

Boa sorte! — despediu-se o Senhor das Trevas virando-se e indo ter com dois espíritos que o estavam aguardando.

— Adeus! Obrigado! — tornou Mahavir.

Estava feliz de estar ali. O Senhor das Trevas de costas ergueu um braço assinalando que ouvira.

Mahavir ficou no jardim o tempo suficiente para se restabelecer e dirigiu-se para a Casa de Cristal.

Já no átrio, Mahavir respirou profundamente. A luminosidade, o movimento silencioso dos espíritos, as mandalas sendo confeccionadas e a meditação que se desenrolava no centro do átrio pacificaram o espírito de Mahavir. Ficou um pouco parado, na reverência interna da beleza que via e sentia.

Dois espíritos foram ao seu encontro, com largo sorriso. Envolveram-no em uma energia amorosa e, sem dizerem nada, indicaram-lhe um pequeno arco para adentrar.

Caminharam até o local indicado. Mahavir seguiu-os olhando com encantamento a beleza dali; sentiu-se como se fosse a primeira vez que ali estava. Tudo parecia novo para ele. Após atravessarem o arco, uma pequena sala azul com uma maca transparente ao centro se desvendava. O espírito de menor estatura disse:

— Deite-se, por favor. Nós lhe transmitiremos energia para que você retome a vitalidade fluídica.

Mahavir deitou-se, e do corpo dos dois espíritos uma energia azul entrelaçava-se, formando uma barreira de luz azul. Aos poucos, filetes de luz azul saíram do corpo dos espíritos indo ao encontro do corpo de Mahavir, penetrando-lhe. Ele sentiu-se cada vez melhor, em paz, leve, a ponto de adormecer.

Quando abriu os olhos, falou meio sem jeito:

— Quanto tempo dormi? Sinto-me muito disposto...

— Foi pouquíssimo tempo, o suficiente para integrá-lo. Não se preocupe — sossegou-o o espírito.

Mahavir levantou-se e viu que seus corpos reluziam como antes. Ficou feliz com sua roupagem.

— Para onde irei agora?

— Para sua casa — disseram-lhe com uma suavidade que provocou nostalgia em Mahavir.

— E qual é minha casa? Já estive em tantos lugares que não sei se algum deles é meu.

— Você irá daqui para a dimensão do amor. Vamos apenas abrir caminho. Você poderá ir só.

Dizendo isso, o teto da pequena sala estendeu-se como um túnel de luz azul esbranquiçada, por onde começaram a descer ondas de energias coloridas que envolveram Mahavir e o levaram, embalando-o.

Ele nem teve tempo de se despedir dos espíritos que o ajudaram. Começou a ouvir os lindos sons provenientes da dimensão do amor.

Quando abriu os olhos, de seu corpo saía um forte fluxo amoroso. Ele pôde sentir a luz e a sombra dentro dele, as trevas e a conexão da luz em equilíbrio. Estava regido pela força da consciência e do amor, e isso integrou todas as potências de sua alma. Estar novamente ali era simplesmente maravilhoso.

Os seres em círculo, exalando amor, as nuvens de amor descendo para a Terra, Mahavir estava absorvendo o máximo desse lugar. Lembrou-se de Aná e olhou para todos os lados à sua procura, mas não a encontrou.

Uma mulher baixa, de cabelos encaracolados, foi ao seu encontro. Ela materializou uma nuvem rosa e convidou-o a subir. A nuvem começou a girar em círculos, e fechou Mahavir e a mulher em um casulo de pura luz de amor.

Ela fitou-o e disse:

— Sou eu que terei a honra de lhe mostrar o planejamento de sua próxima vida. Você partirá direto desta dimensão para que a força de seu amor se manifeste na Terra, ficando bem resguardado em seu coração tudo o que viveu aqui e nas dimensões das redes cármicas. Sua missão será praticar o amor universal. Você deverá promover o bem a todos, sem apegos.

— Como eu fazia nas redes?

— Sim, exatamente isso, mas em vida é mais difícil, pois, naturalmente, há o envolvimento pessoal. Você se reencontrará com espíritos com quem tem forte ligação e que o auxiliarão a transpor o amor individual expandindo-o para o coletivo.

Mahavir escutava atentamente, pois sabia que na Terra nada era tão simples. Ela continuou:

— Sua mãe será Aná, que já está na Terra.

Mahavir não se conteve de alegria.

"Com Aná ao meu lado tudo será mais fácil", pensou e continuou a ouvir mais relaxado.

— Seu pai será Omã.

— Eu já me perdoei pelo que fiz a ele, porém ele ainda guarda rancores de mim... — falou abaixando a cabeça com tristeza, pois sabia que teria de restabelecer o equilíbrio nessa relação.

— Seu irmão será o Gerard, que também já reencarnou. Para a família se completar só falta você. Sua família lhe propiciará recursos financeiros suficientes para estudos e realizações. Isso, contudo, será uma grande prova. Se tudo der certo, também há a programação de seu casamento com uma de suas esposas em vidas anteriores. Alguma dúvida?

— Dúvidas não tenho. Este momento sempre me traz apreensão, porque sei que o planejamento nada determina e que tudo dependerá de minhas ações. Estou feliz em partilhar a vida na Terra com todos que lá já estão e sei de antemão dos desafios que enfrentarei — tornou serenamente e convicto do que o esperava.

— Você descerá ligado ao Senhor das Trevas e a esta dimensão. Espiritualmente, tudo estará a seu favor para realizar sua missão. Não temos tempo a perder. Iniciaremos apagando suas memórias e ativando ao máximo seu sentimento, por isso sua descida será diretamente daqui. Você já sabe como isso funciona, mas só lembrando: sentirá um leve torpor e pequenas contrações. Depois, não se lembrará de mais nada e ficará imerso em uma energia que se assemelha a um útero de amor, até a sua forma física se diluir em uma única célula, que será diretamente levada ao útero de Aná — falou a pequena interlocutora, abrindo os braços e expandindo círculos de energias luminosas, aos quais outros espíritos se juntaram, potencializando as ondas que se formavam ao redor de Mahavir, cobrindo-o por inteiro.

CAPÍTULO 8

— Venham, meninos! A comida está na mesa! — Joseph ouviu sua mãe chamar, enquanto conversava na sala com seu irmão John. Os dois correram para a cozinha.

— Sentem-se devagar — disse Anne, com a docilidade de sempre. Toda vez que olhava para sua mãe, Joseph orgulhava-se de se parecer tanto fisicamente com ela. Tinha traços finos e olhos azuis brilhantes, exatamente como Anne.

Na mesa havia peixe e batatas. Seu pai, Robert, observava-os com olhar austero.

Eles sentaram-se, e Robert fez a prece.

— Agradecemos, Senhor, o alimento e a família. Amém.

Em seguida, comeram.

Quando Joseph ia se levantar, o pai o repreendeu de forma rude:

— Fique! Precisamos falar sobre o que aconteceu hoje na escola.

— Pai, eles estavam maltratando o menino! Eram os três mais insuportáveis da escola! Eles mereceram a surra que lhes dei! — relatou Joseph, orgulhoso.

— Desde quando é você que decide quem está certo e quem está errado?

— Eram três grandes contra um da minha idade. Eu não queria brigar, mas tirar o menino do meio deles. — A voz de

Joseph se retraiu, e ele olhou para a mãe, que estava sentada à sua frente.

— Batendo nos três? Não foi essa a educação que lhe dei. Violência é o pior comportamento que um homem pode ter! — bradou Robert.

Joseph encolheu-se e olhou para a mãe.

— Robert, ele ao menos teve o impulso de ajudar o outro menino...

— Não tem que haver impulso de ajuda, mas comportamento sensato! — disse o pai, olhando fixamente para Joseph.

— Está bem, pai, me desculpe... — respondeu, com a cabeça baixa.

— Que isso não se repita. Não quero ser alertado de que meu filho não se comporta de maneira educada na escola. — A voz do pai era seca. — Você não é mais criança! E se comporta da mesma forma como quando tinha dez anos!

Joseph estava acostumado a seu pai lhe chamar sempre a atenção. Ficava triste, pois queria agradá-lo, contudo, não podia fazer nada, porque seu pai sempre dizia que ele fazia tudo errado. As explicações que lhe dava nunca eram suficientes para persuadi-lo de que não agira errado.

— Vá, filho. Pode se retirar da mesa — tornou sua mãe, amorosamente.

Joseph levantou-se e foi até seu pai:

— Obrigado, pai, por me ensinar. — Abraçou o pai, que não retribuiu. Foi, então, até sua mãe e deu-lhe um beijo na face. Ela olhou-o profundamente e disse em seu ouvido, baixinho:

— A mamãe o ama.

Joseph foi para a sala junto com o irmão.

— Ele é teimoso, Anne. — Joseph ouviu seu pai dizer.

— Ele só é bom, Robert. É um garoto bom.

— Onde vê bondade em bater?

— Robert, ele seguiu o instinto de ajudar. Estavam agindo maldosamente com um menino, e Joseph foi até lá, pois seu senso de justiça não lhe permitiu ficar quieto.

— Às vezes, penso que esses meninos têm sorte de ter um pai como eu, pois, se dependesse só de você, seriam arteiros inconsequentes! — E eles riram.

Joseph adorava ver os pais juntos. Eles sempre se entendiam, mesmo com opiniões divergentes.

"Vou me casar com alguém igual à minha mãe", sonhava ele.

Apesar de o pai sempre tecer elogios a John, Joseph não tinha ciúme e adorava o irmão. Eles viviam juntos quando John não estava estudando.

— John, por que você não me ajudou a defender o menino?

— Porque não é certo. Não era comigo. E eu tenho muitas coisas para estudar, que vão me fazer bem melhor do que me enfiar em briga que não é minha.

— Mas e se fosse com você?

— Se fosse comigo, eu me defenderia. Como não era, continuei com o que tinha de fazer! Isso é lógico, Joseph!

— Mas isso não é certo. Se por acaso pegam algo meu, você não vai buscá-lo para mim?

— Vou, Joseph, mas porque você é meu irmão!

— Por que eu sou melhor do que qualquer outra pessoa?

— Porque é meu irmão, Joseph! — John estava ficando sem paciência. — É por isso que você sempre se mete em confusão! Acha que todo mundo é sua família! Você não pode fazer a vida de todo mundo melhor. Você é um tolo por pensar assim.

John abraçou Joseph, e eles riram.

— É, nisso acho que nunca vamos concordar... — disse Joseph ao irmão.

Joseph cresceu ouvindo do pai que ele era rebelde, teimoso e inconsequente. Da sua mãe, ouvia que ele era bondoso, justo e amoroso, e, do irmão, que era tolo. Ele mesmo não se importava com nada disso; apenas queria agradar ao pai, tarefa que cada dia mais descobria ser impossível. Nada que ele fizesse o agradava.

Por muito tempo, isso o incomodou, até que Joseph aceitou que seu pai talvez nunca fosse admirá-lo e não podia fazer nada sobre isso.

— Estou indo para a escola. Você vem junto hoje?

— Claro, mãe! Quero conversar com os pais daquela menininha.

Joseph transformara-se num rapaz bonito, não muito alto.

— Não sei por que gosta tanto de conversar com os pais das crianças! — comentou Anne, sorrindo.

— Gosto de entender, ou pelo menos tentar entender, o que os levam a tratar as crianças dessa forma... Você podia fazer algo com esses pais, mãe! Eles precisam de ajuda... talvez mais que as crianças.

— Não é possível, filho... Eles não gostam de ouvir.

— Eles me escutam!

— Mas você é ainda um adolescente. O que fala soa como curiosidade. Se eu falo algo, parece que estou me impondo e, como sempre estão alterados por causa de bebida, poderia arrumar uma grande confusão.

— Olhando por esse lado, acho que tem razão...

Eles saíram da grande e suntuosa casa em que moravam. Joseph achava sua mãe uma mulher de sorte. Ela trabalhava não por dinheiro, mas porque gostava.

Seu pai tinha recursos suficientes para manter a casa, deixando-a livre para ir até as escolas mais humildes e cuidar das crianças.

Joseph sonhava com o dia em que pudesse fazer algo com os pais das crianças que a mãe ajudava. Algo que os ajudasse a mudar aquela maneira de viver.

"Se permanecerem assim, como educarão bem os filhos?", pensava.

Ficaram na escola em que a mãe trabalhava o dia todo. Joseph ficava na entrada da escola, recebendo as crianças e conversando com os pais.

Ninguém da escola opunha-se a Joseph ajudar. O que eles mais precisavam era de pessoas que estivessem lá sem nada cobrar, e a família de Joseph tinha certo prestígio na cidade.

Certa vez, na porta da escola, Joseph viu um pai batendo em uma criança de não mais que cinco anos. Ele correu para perto deles e puxou a criança para junto de si.

— O que está fazendo? — gritou Joseph, desacorçoado.

— Não se meta, moleque! Ele é meu filho!

— Mas isso não lhe dá o direito de bater nele dessa maneira!

O choro da criança sobrepunha-se aos gritinhos de alegria das outras que brincavam próximas.

— Quem é você para me dizer como devo tratar meu filho? — O pai da criança deu um soco no rosto de Joseph.

Joseph sentiu o sangue, mas não revidou. Apenas ficou olhando-o ir embora com a criança. Uma profunda tristeza invadiu seu coração. Ele tinha de encontrar um jeito de colocar juízo na cabeça daqueles pais.

Joseph cresceu. Chegara a hora de definir sua profissão.

— Pai, quero estudar a mente — confidenciou, certo dia, a Robert, causando-lhe espanto.

— Você? Com a cabeça conturbada que tem? Nunca conseguirá sustentar uma família com isso, Joseph! Quando irá crescer? — A voz de seu pai soava com irritação. — Veja seu irmão! Está estudando medicina. Isso, sim, é profissão de homem!

— Filho... talvez esse não seja realmente o melhor caminho... — contemporizou a mãe, deixando transparecer aflição. — Por que não trabalha com seu pai?

Trabalhar com o pai era tudo o que Joseph não queria.

— Pai, admiro muito o que o senhor faz, mas lá as pessoas não são alegres. Só me agradaria trabalhar lá se fosse para levar alegria a elas.

— Alegria? Como pensa em levar alegria aos meus funcionários? — questionou o pai, gargalhando.

— Ainda não sei... mas deve haver uma maneira! — tornou, entusiasmado.

— Você não vai à minha indústria para levar alegria — devolveu Robert com ironia. — Amanhã, você irá comigo para trabalhar com finanças. Eu irei ensiná-lo.

Joseph sabia que aquele tom de voz do pai encerrava a conversa, mas não desanimou. Sabia que suas ideias não o agradavam, mas, se tinha de estar na indústria do pai, iria tirar o melhor proveito disso.

O pai tentou fazer o filho entender de finanças, mas parecia não haver jeito. Quando Robert deixava a sala, Joseph esperava até o pai se afastar e ia conversar com os funcionários. Quando Robert retornava, via as máquinas paradas e o filho falando em meio aos funcionários.

— E com o bom trabalho que aqui exercem, vocês ajudam a aquecer milhares de pessoas! — dizia Joseph, animado. — Se o corpo dói, lembrem-se...

— Jooooseph! — gritou seu pai certa feita. — Venha já aqui!

Ele pareceu não se importar com o pai.

— Como veem, meu pai me chama delicadamente. — E todos riram. — Voltem aos seus afazeres e lembrem-se: o pouco que fazemos é muito! — E correu ao encontro do pai.

O olhar furioso de Robert não o incomodou.

— O que pensa que está fazendo?

— Pai, seus funcionários trabalham sem a menor alegria. Em nada se diferem das máquinas que você tem aqui.

— Eles me servem muito bem, moleque! — Robert estava furioso. — Tudo o que construí foi sem conversas como você anda fazendo. Você está transformando meus funcionários em grandes preguiçosos! Eles estão dispersos! Não produzem mais como antes! O que pensa que está fazendo? — Robert parecia que iria explodir de raiva.

— Pelo menos eles estão felizes! — replicou o filho com um sorriso.

Aquele comportamento de Joseph pareceu enfurecer ainda mais o pai.

— Saia já daqui. Vá para casa!

Joseph abaixou a cabeça e foi embora. O dia todo pensou em como fazer algo notório ao seu pai. Já não sabia como agir, pois tudo o que fazia pensando ser bom gerava retaliação de Robert.

— Você é criativo, filho, tem jeito para falar. Encontre algo que o agrade — consolou-o a mãe, quando ele estava no quarto pensativo.

— John faz medicina, mas não gosto da ideia de cuidar de doentes! A única coisa que gosto de fazer é conversar...

— Você encontrará algo bom, tenho certeza — sua mãe o beijou e deixou-o sozinho.

No dia seguinte, Joseph tomou uma decisão. Após o almoço, comunicou-a à família.

— Vou estudar os filósofos! — disse, animado.

Seu pai gargalhou. A mãe ficou encantada, e o irmão assustou-se.

— Eu já estou desistindo de Joseph, Anne. Cada dia é uma história diferente e infrutífera! — disse Robert.

— O que pretende fazer estudando os filósofos? — perguntou John.

— Se o que mais gosto de fazer é entender como funciona a mente das pessoas e se me dá prazer conversar, estudar os filósofos me trará mais sabedoria e eu poderei confortar, esclarecer e ajudar mais pessoas! — Joseph sorriu só de se imaginar falando com pessoas.

Somente sua mãe o compreendeu. Mas não havia problema. Ele estava determinado.

Durante os anos que se seguiram, Joseph aplicou-se ao estudo dos vários filósofos, buscou escolas de filosofia onde se encontrava com jovens e adultos que já tinham muito conhecimento.

Lá, sentia-se confortável e aceito. Não pensava muito no que faria com tudo o que estudava e aprendia e sofria cotidianamente rejeições por parte do pai. Para Robert, Joseph não fazia nada.

Na escola, Joseph começou a ensinar os poucos jovens que, assim como ele, chegavam sem saber direito o que fazer. Ele discorria sobre os vários filósofos e metodologias de tratamento com pessoas.

Joseph gostava quando o ouviam. Sua mãe fora uma vez ouvi-lo. Ela lhe disse que seus olhos brilhavam e que ele falava com muita eloquência. Pela primeira vez, Joseph sentiu que alguém se orgulhava dele.

Joseph promoveu debates, palestras, e ganhou notória credibilidade na escola de filosofia. Quando conversava com Jonh, percebia que ele também o admirava pelo que pensava e falava.

Propôs à escola onde a mãe trabalhava ter um dia de conversa por semana com os pais alcoólatras. A ideia foi prontamente aceita, e Joseph passou a conversar diretamente com pessoas que precisavam de ajuda, mesmo sem saberem.

Tinha astúcia para fazê-los perceber que certos comportamentos estavam afetando a si mesmos mais que a qualquer outro. Muitos pararam de beber e conseguiram melhorar suas vidas. Eles tornavam-se gratos a Joseph.

Certo dia, Jonh perguntou a Joseph:

— Por que não fazemos um trabalho juntos?

— Como? — Joseph riu. — Você receitando remédios e eu receitando livros?! — E os dois gargalharam.

— Eu falo sério. Podemos trabalhar juntos nos hospitais. Eu consulto os pacientes e depois você conversa com eles, encorajando-os. Creio que, assim, eles tomariam os remédios da forma correta e teriam a esperança necessária para seguirem à risca o que eu lhes prescrevesse. Não tenho o dom da palavra como você. Nós dividiríamos o valor que eles me pagassem.

Joseph ouviu com alegria. Poderia ser uma boa ideia.

Eles seguiram com isso, e a melhora dos pacientes foi incrível. John entusiasmou-se tanto que os irmãos logo abriram um consultório.

Joseph mantinha-se ocupado com os pacientes de John, as idas aos hospitais, as aulas na escola de filosofia e os encontros semanais na escola onde sua mãe trabalhava.

Sua vida ganhara sentido. Ver que estava fazendo alguma diferença na vida das pessoas enchia o coração de Joseph de alegria. Ele não tinha o respeito do pai, mas isso não importava mais a ele. Amava muito o pai, mesmo sem sua aprovação e admiração.

Conforme conversava com as pessoas, descobria que conseguia amá-las rapidamente.

Joseph tinha sucesso com as mulheres. Já namorara várias vezes. O cortejo o atraía, pois exigia eloquência e exposição de conhecimentos, e ele percebia que isso encantava as mulheres.

No entanto, nenhuma mexera tão profundamente com seus sentimentos quanto uma morena de cabelos cacheados. Esta o encantara assim que seus olhos pousaram nos dela na escola de filosofia. Passaram a se ver todos os dias, namoraram e se casaram.

Ele adorava ouvi-la falar de artes. Tinha um conhecimento profundo dos vários pintores, o que os incentivou a pintar. Joseph ficava horas a fio conversando com ela sobre tudo. Eles encaixavam-se em ideais de um mundo melhor. Joseph ganhara certa notoriedade na cidade. Era reconhecido pelas conversas que transformavam vidas e por sua amorosidade. Todos confiavam nele.

É claro que o que fazia não era muito comum, e o dinheiro que lhe pagavam era pouco. Como vinha de família abastada, a falta de recursos por meio do que fazia não era motivo de preocupação para ele.

Anos se passaram. Joseph estava com trinta e cinco anos e construíra uma família com sua esposa. Tinham três filhos: duas meninas e um menino.

Moravam em uma casa pequena, porém, muito bem decorada.

Sua filha mais velha estava doente havia dias. John não conseguira diagnosticá-la. Os sintomas não se encaixavam em nenhuma doença conhecida. John debruçou-se nos livros, em busca da cura para a sobrinha, mas sem sucesso.

— Como isso é possível? Você cura tantas pessoas! — lamentou Joseph para o irmão, em lágrimas.

— Gostaria muito de ter uma resposta para lhe dar. — John pegou nas mãos do irmão, encarando-o. — Infelizmente, os sintomas, da maneira como se apresentam em minha sobrinha, nem eu nem os outros médicos conseguimos enquadrá-los num diagnóstico preciso. Sinto muito!

"Sinto muito."

As palavras do irmão ecoavam na cabeça de Joseph. Um aperto em seu coração machucava-o. Toda vez que entrava no quarto da filha e via aquele pequeno corpo definhando na cama sem que nada pudesse ser feito, Joseph sentia como se toda a sua vida tivesse sido em vão. Era como se tudo o que aprendera e lecionara, todas as conversas que tivera, tudo tivesse sido inútil, pois, quando ele realmente precisava colocar em prática o que sabia, nada fazia sentido. A possibilidade de perder a filha o deixara transtornado.

Após dois meses, a menina morreu.

Silêncio.

Vazio.

Joseph repetia para si mesmo tudo o que falara em tantos anos, enquanto ajudava as pessoas que passavam pelo mesmo momento que ele.

Nada fazia sentido para ele.

Ele e a mulher afundaram-se numa tristeza profunda. A vida tranquila e feliz que levavam transformara-se em um poço de melancolia.

Foram três meses estarrecedores.

— Joseph! — John abriu a porta de seu quarto. Anne estava logo atrás dele. — Estou pensando em fazer um novo tipo de trabalho, mas preciso de sua ajuda.

Joseph olhou para o irmão e para a mãe. Não estava muito animado.

— Vamos transformar o que aconteceu com sua filha e que tanto nos entristeceu em algo bom. Pensei em reservarmos uma parte do consultório para atendermos as famílias dos pacientes. Convidei médicos renomados da cidade para pesquisarmos sobre essa doença. Estou empenhado em encontrar sua cura, Joseph. — A voz do irmão era carregada de ânimo. — Mas preciso que você ajude com as famílias dos doentes. Assim, além de oferecermos o tratamento ao doente, também daremos orientação e conforto às pessoas que vão lidar com a doença.

— Foi o que faltou para mim e minha família... — O olhar de Joseph pousou na janela.

— Por isso mesmo, Joseph! Levante-se e venha comigo, eu lhe peço — implorou John.

— Filho, lembre-se do bem que você fazia quando conversava com as pessoas. De que adianta ficar nessa tristeza? O que acha que sua filha iria preferir? Ver o pai acamado ou trabalhando para que ninguém passe pelo que passou? — observou sua mãe, com voz doce.

Anne tinha o hábito de convencê-lo sempre. Sua maneira de falar, seu olhar meigo e o amor que sentia por ele o fortaleceram.

Joseph olhou para o irmão. Também o amava muito. Levantou-se.

— Está bem. Talvez essa seja uma boa maneira de não sucumbir. Vocês têm razão...

Desde que John lhe propusera o trabalho com as famílias dos doentes, Joseph pôs toda a sua energia nisso. Ele recuperou a vitalidade, e, aos poucos, sua vida começou a caminhar, fazendo-o encontrar sentido nela novamente.

A cada família que se sentia esperançosa, a cada olhar sereno das mães que o agradeciam, ele percebia que seu movimento apático de outrora era também egoísta.

O atendimento surtia efeito nas famílias, e John e a equipe médica trabalhavam insistentemente na compreensão da doença.

Sua mulher não compreendia muito bem. Certa noite, ela lhe perguntou:

— Como você suporta reviver a tristeza da perda de nossa filha na história de outras famílias todos os dias?

— Eu não revivo nada na história dos outros, mas conquisto um pouco de vida através da vida que consigo despertar em alguém.

No início, foi difícil para Joseph olhar para alguém que sabia que iria morrer e incentivá-lo a ter esperanças. E era muito difícil lidar com as famílias. Ele, contudo, tentava fazer pelos outros aquilo que não conseguiu fazer por si mesmo. E com isso encontrou um novo sentido para sua vida.

Os anos se passaram, e a ferida no coração foi se fechando. Joseph realizava um bonito trabalho com seu irmão. As pesquisas traziam novas resoluções para a medicina, e ele acalentava as famílias.

Aos poucos, pequenos grupos da escola de filosofia pediram-lhe que ensinasse o que ele fazia. Joseph ficou muito feliz.

Com o tempo, ele já não ensinava mais o que aprendera nos livros, mas o que seu coração dizia para falar. Era como se tudo o que aprendera se fundisse ao que sentia, e Joseph traduzia num novo tipo de tratamento.

Os grupos que iam assistir a ele nas conversas com as famílias encantavam-se com a maneira de Joseph expor seu conhecimento.

Em uma das conversas com as famílias, Joseph foi interrompido pelo irmão.

— Joseph, por favor, venha até aqui um minuto. — Sua voz era tensa.

Joseph pediu licença à família e ao grupo que o assistia e foi ter com o irmão fora da sala.

— Estou no meio do trabalho... é urgente? — Joseph notou a expressão de pavor do irmão.

— Sim. Nossa mãe acabou de morrer — lamentou, com lágrimas nos olhos.

O coração de Joseph acelerou. Suas pernas bambearam, e por um instante ele achou que fosse cair.

John abraçou-o, chorando baixinho, e Joseph retribuiu o abraço.

Após avisarem a família e o grupo sobre o ocorrido, foram direto para o hospital onde Anne estava.

Lá chegando, viram o corpo sem vida de sua adorável mãe.

— Ela é muito jovem, John!

— Foi um acidente, Joseph. Um veículo desgovernado a pegou desprevenida. Morreu na hora. — A voz do irmão estava embargada pelas lágrimas.

— Como? Quem conduzia o veículo? — gritou Joseph, chorando compulsivamente. Sabia que de nada adiantava fazer justiça com as próprias mãos, mas tamanho sofrimento embaçava seu discernimento.

— Isso não importa! Foi um acidente. Muitos viram. O homem que conduzia entrou em desespero quando viu nossa mãe morta. Ele também não deve estar bem — disse John, soluçando.

— Como viveremos sem ela, John? Sem sua meiguice? Sem seu amor? Sem sua compreensão? — perguntava entre lágrimas.

— Ela sempre me confortou! — Joseph agachou-se e levou as mãos à cabeça.

Chorara toda a tarde, inconformado. A dor dilacerava-lhe a alma.

Ficou dias e dias lembrando-se de sua mãe e chorando, buscando desesperadamente esperança para continuar a vida. Rezou como sua mãe fazia.

Sabia que não poderia se deixar abater, como ocorreu após a morte de sua filha. Por mais que compreendesse a naturalidade da morte, era para ele uma dor insuportável. Em seu trabalho, Joseph dava conselhos aos infortunados; agora, ele deveria se autoaconselhar, e foi assim que fez. Começou a trabalhar após uma semana, e todos os dias reservava uma hora para refletir sobre a dor diante da morte de seus entes amados.

E o que Joseph constatou em relação a si foi que a maior dor que sentia era da sua impotência diante dos fatos e do apego que tinha aos que amava. Essa constatação lhe trouxe tristeza, mas também força.

"Preciso vencer esse apego. É a segunda pessoa que perco em minha família."

Ele ouviu de várias pessoas que o homem que conduzia o veículo que matara sua mãe não estava bem. Joseph pensava todos os dias no homem.

"Ele deve estar com muita culpa."

Algo dentro de Joseph o alertava de que aquilo não era bom para ele, para o homem e para sua mãe. Decidido, foi conversar com o homem.

— Venho lhe dizer que não o perdoarei. — O homem arregalou os olhos. — Porque não há nada para ser perdoado — tornou Joseph com amor. — Não há como controlar certos acontecimentos em nossas vidas. Estamos todos sujeitos a acidentes. Sua imprudência, assim como a doença de minha filha, foram instrumentos da vida. Não há necessidade de culpabilidade, mas de aceitação. — Conforme Joseph falava, o homem soltava as lágrimas.

— Você não imagina o bem que me faz dizendo isso — confessou o homem, soluçando.

Eles abraçaram-se, e, naquele abraço, uma forte amizade teve início.

Reconciliar-se e fazer amizade com aquele homem foram a maior graça que Joseph alcançara. Ele percebeu que, se levasse a vida pelo senso de justiça racional apenas, haveria grande chance de cair nas valas do egoísmo e se fechar para o amor.

"Perdi minha mãe, ganhei um amigo", concluiu ele.

A vida de Joseph foi repleta de perdas daqueles que amava. Seu pai, seu irmão, sua esposa e a outra filha morreram, enquanto ele ainda vivia. Somente um filho ficara vivo e já constituíra a própria família.

Joseph estava bem velho e locomovia-se com dificuldade. Sua mente estava clara e lúcida como sempre. Não estava doente, mas seu físico estava desgastado.

Ele definhava a cada dia, e os medicamentos já não surtiam efeito. Sabia que sua morte era iminente. Joseph reviu sua história na mente, todos os momentos bons que tivera com sua mãe, com sua adorável esposa, o quanto aprendera com a rudeza de seu pai, com sua pequena filha que partira tão cedo, deixando-o com o gosto amargo da impotência, e agora ele deveria partir deixando o filho caçula sozinho. Essa era sua única dor no momento, mesmo sabendo que tudo estava certo e que ele nada poderia fazer.

Cada um vive sua própria história. Joseph apenas rezava para que seu filho lidasse bem com sua partida, porque em todas as outras ele estivera presente confortando-o.

Era cedo. O sol nascia majestoso. Joseph despertou mais animado vendo a claridade adentrar seu quarto. Tentou levantar-se para ir até a janela, mas o peso do corpo foi maior. Seu corpo não correspondeu à disposição que sentia.

Ele acordara com muita alegria, queria sair correndo e dizer a todos como a vida era maravilhosa, como ele foi e era feliz. Tinha vontade de agradecer a todas as pessoas que tinham ido aos seus encontros para ouvi-lo falar.

O quarto inteiro iluminou-se com a luz do sol. A luz era tão forte que Joseph levou a mão aos olhos. Respirava com dificuldade. Fechou os olhos.

Quando tentou abri-los, não conseguiu mais. Sentiu seu corpo sendo puxado pela luz que enxergava, mesmo de olhos fechados. Seu corpo parecia flutuar.

— Despeça-se de seu corpo e venha comigo. — Joseph ouviu uma voz doce.

Pensou estar sonhando, pois, quando conseguiu abrir os olhos, viu seu corpo imóvel no leito e ele flutuava na luz. A voz continuou:

— Isto não é um sonho. Você já completou sua vida.

— Isto quer dizer que morri? — tornou Joseph, surpreso.

— Sim, seu corpo não tem mais forças para manter o espírito. Você precisa relaxar e vir com a luz.

Joseph olhou novamente para seu corpo imóvel, pensou em como seu filho reagiria ao vê-lo morto e pediu àquela voz:

— Se possível, deixe meu filho sentir a paz que estou sentindo. — Uma lágrima rolou por sua face.

— Ele ficará bem; já está preparado.

Em paz e sem resistência, Joseph deixou-se ser conduzido.

A velocidade da luz foi aumentando. Joseph sentiu que subia muito rápido. Quanto mais subia, mais leve se sentia. Ouviu sons musicais que não lhe eram estranhos. Os sons acalentavam-no e faziam-no sentir-se em casa.

A luz, antes apenas branca, tornara-se colorida e envolvia-o em suaves nuvens. Cada vez mais, tinha a sensação de já ter estado ali, mas pensava: "É claro que nunca estive".

E continuava a se deliciar com as sensações extremamente agradáveis que o faziam se sentir rejuvenescido e com a vitalidade de sempre. Todo o cansaço do corpo desaparecera.

Seu corpo parecia ter parado de subir. Joseph abriu os olhos. Estava em um lugar pleno de luzes coloridas em constantes movimentos suaves, e ele flutuava em meio à luz.

"Eu conheço este lugar...", pensou.

Uma mulher pequena e de cabelos encaracolados sorriu e disse:

— Seja bem-vindo! Você teve uma excelente vida! Cumpriu sua missão com exímia presteza.

A mulher também não lhe parecia estranha e tinha a voz que ouvira pouco antes.

— Algumas pessoas estão à sua espera — falou apontando para o lado.

Joseph não podia acreditar no que via. Seu coração pulava de alegria. Não sabia o que fazer nem o que dizer.

Estavam todos ali: sua mãe, seu pai, suas filhas, seu irmão, algumas crianças e pessoas que ele ajudara e muitas outras que, no momento, ele não reconhecia.

Todos o aplaudiam e entoavam sons musicais lindíssimos que faziam todo aquele espaço vibrar em luz e amor. Os espíritos abraçaram Joseph, que chorava de emoção.

Um senhor robusto, que ele não soube dizer quem era, mas que tinha a certeza de conhecer, fitou-o fixamente e disse:

— Como sempre, você se superou!

Ao ouvir essas palavras, Joseph, em um impulso incontrolável, abraçou-o e apenas conseguiu dizer, sem saber ao certo por quê:

— Obrigado! Obrigado! — Não entendia por que todos estavam felizes por ele. Parecia uma grande festa de amor. Rever todos tão vivos em morte, poder olhar novamente para os familiares e ver que todos estavam bem, assim como ele, era algo inacreditável e indescritível.

Joseph não soube estimar quanto tempo ficou ali junto de todos, até que a mulher de cabelos encaracolados se aproximou e explicou:

— Você compreenderá melhor tudo isso após resgatar suas memórias.

— Eu me lembro de tudo; sempre tive boa memória! — Ele sorriu. — Apenas alguns que estão aqui, sei que os conheço, mas não me lembro de onde. E este lugar deve ser o céu! — tornou Joseph.

— Estou me referindo à memória de suas outras vidas. Será rápido e indolor. Cenas passarão à sua frente, incorporando em seu espírito tudo o que você viveu. Sua forma física permanecerá com esse aspecto, assim como a forma física de alguns que aqui estão poderá alterar-se ou permanecer a mesma.

— Você está dizendo que eles vão se transformar em outras pessoas?

A mulher riu delicadamente.

— É mais ou menos isso. Vão se transformar em si mesmos. Fique tranquilo, pois tudo se esclarecerá. Fique aqui no centro. — Todos os espíritos que lá estavam formaram um círculo. — Entregue-se sem questionamentos, está bem? Apenas sinta.

Energias coloridas circularam entre os espíritos, formando uma parede de luz que se estendia para cima e para baixo.

As imagens começaram a surgir na frente de Joseph. Desde sua preparação para o encarne até a vida de Roumu. Tudo se passou muito rápido sem que ele sentisse dor, a não ser algumas leves pressões. Joseph abriu os olhos.

As energias que permeavam o círculo dos seres foram ao encontro do corpo de Joseph, movimentando-se mais velozmente, como um vendaval de energia que subia muito além de onde estavam.

Pequenos pontos de luz cintilantes desceram, permeando as energias coloridas que o envolviam. Joseph tinha a sensação de estar em um céu estrelado, como no mosteiro. Ele admirava tanta beleza e sentia muita gratidão.

Do mais alto desceram os raios de luz, da dimensão que trabalhara. Eles percorreram seu corpo e foram além, levando nas redes cármicas novos impulsos de vitória, iluminando-as.

Nesse momento, todos os mundos se uniram num único, reinos da luz e reinos das trevas, celebrando a vitória do amor. Joseph sentia-se inteiro, como se todas as suas experiências fossem banhadas em luz. Um forte sentimento de amor o envolvia.

"Este é o retorno mais feliz que tive às esferas espirituais", concluiu Joseph.

Aos poucos, as energias diminuíram de velocidade, voltando a se mover suavemente. Joseph ainda estava muito emocionado com tudo. Seu coração pulsava fortemente, e as lágrimas que escorriam eram de júbilo e gratidão.

Nunca sentira algo tão intenso em todas as suas existências.

Olhou ao redor e todos ainda estavam ali. Alguns mantiveram o mesmo aspecto físico, outros voltaram à forma com que mais se identificavam espiritualmente. Sua mãe, seu pai e seu irmão preferiram manter a forma da última encarnação.

Reconheceu o homem robusto que antes o cumprimentara. Era o Senhor das Trevas.

— Você está diferente! — disse ao Senhor das Trevas.

— Você presenciou apenas uma parte de meu trabalho — respondeu, sorrindo para ele. — Continuará trabalhando comigo! Não desperdiço um bom soldado!

— Será, como sempre foi, um imenso prazer e privilégio.

— Você conquistou a liberdade de transitar em todas as esferas da quinta dimensão. Esta é a dimensão da consciência da unicidade. Você é bem-vindo às redes onde ainda há dores, bem como às redes de luz que transcendem a capacidade de um ser humano permear, por enquanto. Poderá descer e subir livremente nas trevas e na luz. Terá como objetivo conduzir a humanidade ao caminho da integração com o Todo por meio do amor incondicional, que permitirá a ascensão do nível de consciência hoje individual e egoísta à consciência da unicidade — relatou o Senhor das Trevas.

Joseph não sabia se deveria se alegrar ou se apavorar diante de tamanha responsabilidade. Não se sentia em condições de fazer o que o Senhor estava determinando, mas sabia muito bem obedecer com total aceitação.

Envolto em luz, o Senhor das Trevas ergueu os braços acima da cabeça de Joseph e bradou:

— Eu, pelo poder dos Reinos da Terra e dos Reinos do Céu, o denomino Senhor do Sétimo Portal!

Um imenso feixe de luz vindo do mais alto atravessou o corpo de Joseph e foi direto ao centro da Terra, formando um caminho de luz que a tudo interligava.

Joseph sentiu todo o seu corpo estremecer. Várias capas de luz revestiram seu corpo, fortalecendo-o para que ele pudesse realizar seu trabalho sem sentir as diferenças de vibração. Sentiu-se forte e em plena luz.

Todo o seu corpo era luz. Joseph sentia todas as dimensões pulsarem dentro dele, simultaneamente, sem distinção. Uma nova jornada espiritual descortinava-se ao espírito Joseph.

"Na continuidade de meu caminho espiritual retornei diversas vezes à Terra, com missões específicas. Hoje, caminho entre as esferas de luz e de trevas, conduzindo as almas para esse caminho de luz e ascensão, no qual todos podem e devem trilhar.

Basta amar e servir ao amor. Basta enfrentar os próprios desafios e renunciar ao poder egoísta que afunda em solidão e sofrimento. Alcançarão o céu e descobrirão que luz e sombra são uma coisa só.

Eu sou um dos Guardiões do Sétimo Portal. Minha história é uma pequena amostra das várias vidas que tive e uma pequena amostra da vida de todos os seres humanos. O caminho de todos é semelhante na dor e no amor.

A escolha é de cada um.

Se o homem viver na Terra sabendo da vida pós-Terra, será mais cauteloso em cada atitude que tomar. Não desperdiçará o tempo da Terra.

Algumas passagens de minha história podem tê-lo assustado, mas elas são retratos do que ocorre com algumas almas que se desviam do caminho do amor.

O homem precisa acordar para o amor. E não há outro caminho de salvação a não ser o amor. Liberte-se do desejo de poder, pois ele lhe rouba o verdadeiro poder, que é amar.

Não há, como já disse, nenhuma lei que o punirá. A lei serve para conduzi-lo ao caminho do bem. Desperte para o amor. Isto é tudo o que almejo compartilhando minha história.

Cessem as guerras na Terra, assim, o inferno não terá como se alimentar e cessará. Cesse o ódio e dê lugar à paz.

As esferas de luz que lhe apresentei são acessíveis a qualquer ser humano e trabalham incessantemente para o bem de todos. Com pequeno esforço, muito poderá fazer."

Joseph

GRANDES SUCESSOS DE
ZIBIA GASPARETTO

Com 20 milhões de títulos vendidos, a autora tem contribuído para o fortalecimento da literatura espiritualista no mercado editorial e para a popularização da espiritualidade. Conheça os sucessos da escritora.

Romances
pelo espírito Lucius

A força da vida
A verdade de cada um
A vida sabe o que faz
Ela confiou na vida
Entre o amor e a guerra
Esmeralda
Espinhos do tempo
Laços eternos
Nada é por acaso
Ninguém é de ninguém
O advogado de Deus
O amanhã a Deus pertence
O amor venceu
O encontro inesperado
O fio do destino
O poder da escolha
O matuto
O morro das ilusões
Onde está Teresa?
Pelas portas do coração
Quando a vida escolhe
Quando chega a hora
Quando é preciso voltar
Se abrindo pra vida
Sem medo de viver
Só o amor consegue
Somos todos inocentes
Tudo tem seu preço
Tudo valeu a pena
Um amor de verdade
Vencendo o passado

Crônicas

A hora é agora!
Bate-papo com o Além
Contos do dia a dia
Conversando Contigo!
Pare de sofrer
Pedaços do cotidiano
O mundo em que eu vivo
Voltas que a vida dá
Você sempre ganha!

Coletânea

Eu comigo!
Recados de Zibia Gasparetto
Reflexões diárias

Desenvolvimento pessoal

Em busca de respostas
Grandes frases
O poder da vida
Vá em frente!

Fatos e estudos

Eles continuam entre nós vol. 1
Eles continuam entre nós vol. 2

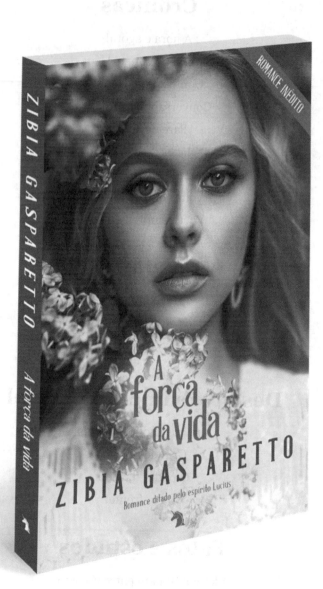

A força da vida

As sábias leis da vida sempre nos colocam diante da verdade, forçando-nos a enxergar nossas fraquezas para que, assim, aprendamos a trabalhar em favor do nosso progresso.

Assim aconteceu com Marlene, uma linda jovem da alta sociedade carioca, que, acostumada a ter todos os seus caprichos atendidos, se deixou levar pela vaidade, atraindo para si situações mal resolvidas do passado e causando dor e arrependimento em todos que a cercavam.

Sempre utilizando o livre-arbítrio, a moça enfrentou os desafios que se interpuseram em seu caminho e aprendeu que cada escolha envolve uma consequência.

Auxiliada pela espiritualidade, Marlene terá de buscar as verdadeiras aspirações do seu espírito para encontrar em si a força da vida.

Este e outros sucessos, você encontra nas livrarias e em nossa loja:

www.vidaeconsciencia.com.br/lojavirtual

Rua das Oiticicas, 75 — SP
55 11 2613-4777

contato@vidaeconsciencia.com.br
www.vidaeconsciencia.com.br